Ralf Schiebler

WAHNSINN UND GENIE

und andere Artikel
zwischen Kunst und Wissenschaft

RALF SCHIEBLER

WAHNSINN UND GENIE

und andere Artikel
zwischen Kunst und Wissenschaft
einschließlich zweier Dialoge
mit Rainer Walther

Belser Verlag

CIP-Kurztitelaufnahme der Deutschen Bibliothek
Schiebler, Ralf:
Wahnsinn und Genie und andere Artikel zwischen
Kunst und Wissenschaft einschließlich zweier
Dialoge mit Rainer Walther / Ralf Schiebler. –
Stuttgart; Zürich: Belser 1984
ISBN 3-7630-1786-0

Umschlag und Typographie: Klaus Detjen, Hamburg
Umschlagbild: Théodore Géricault, *Mazeppa*,
ca. 1822, Coll. Duc de Trévise
Satz: LibroSatz, Kriftel/Taunus
Druck und Bindung: Richard Wenzel, Goldbach
Printed in Germany · ISBN 3-7630-1786-0

Inhalt

Die hellenistischen Philosophen

Das Zentrum der Philosophie bleibt im 3. Jahrhundert das politisch machtlose Athen. Ein Philosoph antwortet auf den Wunsch eines pergamenischen Herrschers, ihn an seinen Hof zu ziehen: »Bilder muß man von ferne betrachten.« Es ist die Aufgabe der Philosophie, Sprachmodelle und Erklärungssysteme zu liefern. Dabei spielt die räumlich zu überbrückende Entfernung keine Rolle. Bezeichnenderweise begegnet uns das Phänomen des Herrscherkults bei den Griechen zum Zeitpunkt, wo sich die für sich noch überschaubaren Poleis zugunsten eines übernationalen Verwaltungsapparats auflösen. Der siegreiche spartanische Feldherr Lysander ist der erste Grieche, den seine Mitmenschen wie einen Gott unter Zuhilfenahme von Standbildern verehrt haben. Ganz andere Dimensionen nimmt dies bei Alexander an; er erkennt die Notwendigkeit, die neu eroberten Riesengebiete nicht nur technisch-bürokratisch, sondern auch durch Schaffung eines allgemeinverbindlichen Bezugsbildes zusammenzubinden. Die persisch-makedonische Massenhochzeit in Susa ist nicht nur die faktische Vereinigung von 10 000 Menschen, sie verweist vielmehr symbolisch auf Verschmelzung und Freundschaft. Nach dem Tod des Hephaistion fordert Alexander von den Griechen des Mutterlandes dessen Verehrung als Gott und seine eigene dazu. 323 erscheinen in Babylon tatsächlich griechische Festgesandte vor ihm mit Kränzen auf dem Kopf.

Natürlich gibt es schon bei Homer das immaterielle Weiterleben nach dem Tod, nämlich im Andenken der Nachfahren, doch hat erst Platons Ideenlehre diese Vorstellung theoretisch fundieren können. Im Symposion wird der Eros als Zeugungskraft im Körperlichen wie im Geistigen definiert, was ja nur bedeuten kann, daß hier physisch und ideell der Vergänglichkeit und dem Tod entgegengearbeitet wird. Daß gegen Ende des 4. Jahrhunderts der einzelne, noch lebende Herrscher wie im Mythos verehrt wird, muß man strukturell mit zwei Entwicklungsvorgängen erklären: dem der Individualisierung, d. h. die Leistung des einzelnen geht nicht mehr in seiner unmittelbaren Umgebung, konkret der Polis, sozusagen stillschweigend auf, sondern verkettet sich ganz eng mit der jeweiligen Persönlichkeit, verkündet deren eigenständig erworbene Kapazität; zweitens der Nivellierung, worunter man nicht Einebnung aller Unterschiede verstehen darf, vielmehr die zu einem fiktiven Anfangspunkt bestehende Chancengleichheit aller Menschen. Soziologisch konstatieren wir eine Grenzverwischung zwischen den Nationalkulturen; zusammen mit den verbesserten Verkehrswegen, einer hierarchischen Bürokratie, der Ausbildung von Funktionseliten und der Akkumulation des Kapitals ergibt dies im Überblick das Bild einer sich auffächernden Vielheit, wo alles sich an seinem kleinen oder großen Platz absetzt, sei es nun infolge eigener Leistung oder irgendeiner Schicksalsfügung. In der Wissenschaft verwirklicht sich dieses Phänomen, wenn man einige wenige große Forschungsinstitute, Museen und Bibliotheken errichtet und dort einer Unzahl spezieller Fragestellungen nachgeht, ohne jedoch nach allem Sammeln und empirischen Beobachten einen stringenten Gesamtzusammenhang wahrnehmen zu können. Es fügt sich in dieser Übergangsphase des 3. Jahrhunderts nichts zu einer organischen Einheit, die Riesenschiffe oder für den Kriegseinsatz gepanzerte Holztürme mit 3 000 Mann Besatzung verdeutlichen, daß durch die Quantität des Aneinandergereihten, Addierten die Nichtexistenz des vereinfachenden Prinzips imposant kompensiert wurde. Eklektizismus ist ebenso das Stichwort für die Philosophie des 3. Jahrhunderts. Babylonischer Volksglaube, zoroastrischer Dualismus[1] und der Buddhismus Indiens werden assimiliert. Die Vermischung von strenglogischer Wissenschaft und Religion (Begründungsmythos) ist, wie unten auszuführen, ein Hauptkennzeichen der stoischen Philosophie. Ist der Alexanderzug 334-324 die alleinige Ursache eines solchen geistigen Modells, oder bereitete seinerseits der Fortgang der Philosophie im vierten Jahrhundert den Boden für seinen Machtanspruch? Zum ersten ist zu berücksichtigen, daß Alexander sich den Machtverhältnissen oder genauer gesagt den Legitimierungsverfahren der östlichen Reiche aufs geschickteste anzupassen wußte. In Ägypten trat er als Nachfolger der Pharaonen auf, deren nur für die Fellachen obligatorischer Königskult auch weiter bestehen blieb. In Babylon vereinnahmte er den Reichsgott Marduk, und bei den Persern strebte er die Nachfolge der Achämeniden an. Zum zweiten ist es aber ganz augenfällig, daß die Philosophie seit dem 5. Jahrhundert, genauer, die Sophisten und Sokrates, ihre hauptsächlichen Problemlösungen für die individuelle Umweltbewältigung des Menschen angeboten haben, nicht aber für die Erklärung kosmologischer Gesamtzusammenhänge. Hauptmedium dieser direkten Lebenshilfe ist eindeutig der Dialog. Sokrates meint, daß die Wahrheit in einer schrittweisen Konsensusbildung gefunden werde, nicht etwa fertig und konsumierbar irgendwo aufbereitet liege und nur genommen werden müsse. Gerade die Technik des Sich-unwissend-Stellens, die Ironie, beabsichtigt, den Gesprächspartner sich sukzessive ein ganz anderes Sprach- und Orientierungssystem schaffen zu lassen. Sprache ist nicht ein lediglich die Wirklichkeit abbildendes, vielmehr ein dynamisch diese Wirklichkeit zwischen die Worte nehmendes, veränderndes Medium. Die Sophisten Protagoras (480-410), Gorgias (480-375), Hippias und Prodikos (um 400) haben die Sprache selbst thematisiert, ihre Doppelbödigkeit und Relativität erkannt und sodann zu einer konsequenten Lehre von der Rhetorik verarbeitet. »Pántōn chrēmátōn metrón estin ánthropos« heißt, den Menschen als aggressives Subjekt auf sich selbst zu stellen.

An dieser Stelle ist es nötig, das Bild der Philosophie ab Sokrates, so wie es sich der klassifizierenden Forschung darstellt, nachzuzeichnen, um zu klären, inwiefern die Philosophie des 3. Jahrhunderts den Herrschern der Diadochenstaaten in Machtanspruch, Legitimierung, Prunksucht, Verschwendung zuhilfe kam und dem einfachen Menschen Handlungsanleitung, Gemütsruhe und Trost verschaffte. Dabei wird sich zeigen, daß die Assimilierung östlicher Religionen, die seit Alexander forciert wurde, die griechische Wissenschaft und Philosophie durchaus konsequent von der Auflösung jeglicher Sprache, die gleichzeitig die totale Zurückgezogenheit des Individuums auf sein animalisches Minimum kennzeichnet, zu dem Punkt führte, die Welt, wenn auch spekulativ, als Einheit zu sehen. Die Hoffnungen solcher Utopie werden am Beispiel des zenonischen Idealstaates vorgeführt werden.

Diogenes Laertius führt in seinem Kompendium »Über Leben, Ansichten und Aussprüche der berühmten Philosophen« aus dem Jahre 225 n. Chr. die folgende von Sokrates abzweigende Entwicklungslinie an: Antisthenes–Diogenes–Krates–Zenon–Kleanthes. Dies Buch ist die einzige Gesamtdarstellung der griechischen Philosophie von einem Griechen, und ihr zu vertrauen, was vor allem die hellenistische, speziell aber die kynische Philosophie, wo anderweitige Überlieferung spärlich und indirekt ist, angeht, ist ebenso unumgänglich wie riskant, trotz des feierlichen

Versprechens von Diogenes: »Amártyron oudèn aeídō«. D. R. Dudley z. B. bemerkt zur oben angeführten Philosophenabfolge, die traditionelle Sicht, nach der der Kynismus als eine sich von Sokrates herleitende, von Antisthenes (440-365) gegründete Schule erscheine, müsse aus dem Grunde aufgegeben werden, weil »Antisthenes had no direct contact with the cynics, who never formed a school of philosophy at all, being intolerant of organization and impatient of theory«. Alexandrinische Philosophiegeschichtsschreiber und die Stoiker hätten Interesse gehabt, alle Genealogien auf Sokrates zurückzuführen und Zenon über den Kyniker Krates an Diogenes zurückzubinden. »The succession Socrates-Diogenes-Crates-Zeno is a fabrication.« Natürlich werden wir zugeben, daß, wenn ein Mensch eine Menge von Einzelüberlieferung mit einem auch nur minimalen Anspruch auf Sinngebung zusammenfaßt, viele Aspekte unter dem Zugriff der Klassifikation verloren gehen. Nur deshalb spricht man ja in der (Kunst-)Geschichte von »Entwicklung«. Wenn wir so von vornherein das massive Durchscheinen der Subjektivität bei Diogenes Laertius in Rechnung stellen, werden wir zweierlei feststellen: Diese Philosophiegeschichte, die selbst ein Stück Philosophie ist, ist, wie Otto Apelt im Vorwort zu seiner 1921 erschienenen Übersetzung formuliert, »eine populäre Geschichte der griechischen Philosophie als einer mit dem griechischen Volkstum eng verwachsenen Sache«. Beobachten wir zweitens, daß die stoische Philosophie Inkarnation eines Strebens nach Ordnung des eklektisch aus der Überlieferung Angeeigneten ist, daß, genau gesprochen, die Relation des Bildes zum Abgebildeten, der Konstruktion zur Wirklichkeit ihr zentrales Thema abgibt, was sich aus den tatsächlich erhaltenen Fragmenten sicher ableiten läßt, dürfen wir schließen: Entwirft Diogenes Laertius die Entwicklungsreihe von Sokrates bis zu Zenon und Kleanthes, so trifft das den Kern der Sache, und im gleichen Sinne hat der Diogenes von Sinope vom Diogenes Laertius in seiner populären Formulierungskunst gerade die anekdotische Luftigkeit erhalten, die den Stoikern vorschwebte, als sie ihn zu ihrem Heiligen machten. In extremer Ausprägung scheint sich hier, was geschichtliche Methodik angeht, zu bestätigen, daß es wichtiger ist, wie etwas aufgefaßt worden, als wie es wirklich gewesen ist. Wer aber war der wirkliche Diogenes? Sollte sein Wirken in der ständigen Verdunkelung seiner Existenz bestanden haben? (Laertius nennt allerdings 10 bis 20 Bücher, die er angeblich geschrieben habe.)

Neben den Kynikern und der Stoa, deren Hauptanliegen autárkeia und áskēsis des Individuums sind, führen auf der mehr aristokratischen Seite Akademie und Peripatos die Lehren ihrer Gründer Platon und Aristoteles fort. Speusippos (347-339) und Xenokrates (339-314) betreiben bei der Erklärung der Welt eine Art Zahlenmetaphysik. Ersterer verkürzt die Ideenlehre zum Dezimalsystem, er projiziert mithin willkürlich eine feste Anzahl von Kategorien auf den Kosmos; letzterer bringt die Gegenstände der Philosophie jeweils in ein Dreierverhältnis zueinander: Zeus-Hera-Kosmos offenbaren ebenso wie Sonne-Mond-Erde oder Denken-Meinen-Wahrnehmen die fiktive Trias Gott-Weltseele-intelligibler Kosmos. Der intelligible Kosmos ist auch Bereich der Ethik, und in der Gleichsetzung von Glückseligkeit und Tugend erkennen wir, welche Bedeutung man jetzt der aktiven Gestaltung der Welt beimißt. Die Akademiker sind bei den hellenistischen Herrschern recht beliebt, doch bleiben sie aus vornehmer Zurückhaltung stets auf Distanz. Polemon, der die Schule von 314 bis 270/69 leitete, ist Sohn eines reichen Rennstallbesitzers; Diogenes Laertius vergleicht ihn, der tieferen Gemütsregungen unzugänglich ist und es für die Hauptsache erklärt, mit seiner eigenen Seelenverfassung nicht in Widerspruch zu geraten, mit einem Bild von Melanthios, der fordert, es müsse das »Gepräge einer gewissen Selbstherrlichkeit und Härte tragen«.

Aristoteles' Nachfolger im Peripatos ist Theophrast (372/1-288/7). Er hat über 2 000 Schüler, unter ihnen Menander und Demetrios von Phaleron. Während er selbst eine Einladung Ptolemaios' I. nach Alexandrien ausschlägt, geht Demetrios, der zwischen 317 und 307 die Regierung in Athen führte, nach seiner Kapitulation vor Demetrios Poliorketes als Berater in Wissenschaft und Religion[2] zu Ptolemaios I. Theophrast verdrängt das Buchwissen zugunsten einer breitgefächerten empirisch-naturwissenschaftlichen Forschung. Beispiele sind die aristotelische Psychologie, deren Definition der Seele als Gestalt und Form der Materie des Körpers es natürlicherweise schwer hat, mit den Unsterblichkeitsversprechungen Platons in Konkurrenz zu treten. Oder der nie ganz geglückte Versuch, den Telos-Begriff ohne jede spekulative Beimischung nur biologisch zu fassen. Verglichen mit Kynikern und Stoikern hat der Peripatos ein zwangloses Verhältnis zur Realität, etwa richtet sich gegen die Stoa die Bemerkung, autark sei nur das Tier oder Gott, oder wenn man »megalopsychía anstelle utopischer Träumereien« fordert. Für Kassandros (301-297 König von

Makedonien) schreibt Theophrast einen Königsspiegel. Ist es denkbar, daß seine Beliebtheit in derartigen Kreisen darauf zurückzuführen ist, daß er, offenbar unter dem Eindruck der Naturgesetze, Natur mit Schicksal, also der von den Stoikern geschätzten Heimarménē, identifizierte? In diesem Zusammenhang sei auch Straton von Lampsakos angeführt, der Theophrast ablöste und bis 269/68 den Peripatos leitete. Wegen seiner Neigung zur exakten Naturforschung erhielt er den Beinamen »ho physikós«. Die Weltbildung erfolgt seiner Lehre nach durch Naturkräfte auf physikalische Weise. Ein zwingender Geschehensablauf und -zusammenhang bringt alle Erscheinungen der Natur völlig zwecklos, ohne Entelechie hervor. Dieser Mann, dessen Schüler Aristarchos von Samos das heliozentrische Weltbild postulierte, war geradezu prädestiniert dazu, Erzieher des Ptolemaios Philadelphos zu sein. Bevor er die Leitung des Peripatos übernahm, unterrichtete er[3] den Mann, der später den hellenistischen Königskult kreierte, als er 283 seinen Vater als »sōtēr« und dessen Frau, Berenike I., nach deren Tod sowie 270 seine Schwestergemahlin Arsinoe II. apotheosieren ließ. Stratons konsequent monistisch-mechanistisches Weltbild spiegelt exakt den streng hierarchischen Aufbau der ptolemäischen Militärtyrannis. Wenn uns vor allem in Ägypten eine Anzahl äußerst kurzfristiger und desto prunkvollerer Unternehmungen überliefert ist, dann müssen wir die weltanschaulichen Begründungen für etwas, das heute unter dem Stichwort »Verschwendung« läuft, einmal im Bereich eines behaupteten Determinismus sehen – dieser wurde natürlich, wie ich weiter unten zeige, in extenso von der Stoa kultiviert und bedeutet, daß der unabänderliche Lauf der Dinge in vollen Zügen eben auch in seiner Nichtigkeit gelebt werden will –, zum zweiten ist es unumgänglich, daß wir hier die Wahrnehmungsformen, die sich in jener Gesellschaft ausbildeten, untersuchen. Straton von Lampsakos nämlich lehrte dann später im Peripatos, in der Seele, dem Hēgemonikón, der Leitstelle des Bewußtseins, fänden die sinnlichen Wahrnehmungen und die psychischen Affektionen statt, nicht etwa in den gereizten Körperteilen selbst. Denken und Wahrnehmen seien nicht voneinander zu trennen. Man könne nichts denken, was nicht vorher Ursache eines sinnlichen Eindrucks gewesen sei, ebensowenig käme eine Wahrnehmung ohne Beteiligung des Denkens zustande. Deshalb gilt Straton übrigens als erster Nominalist, weil er die Relativität der Begriffe unter dem Diktat der Wahrnehmung erkannt hat. Wie ist eine derartige Lehre mit den Prunkunternehmungen und dem Herrscherkult bei den Ptolemäern in Verbindung zu setzen? Über die »Repräsentation«: Auf Münzen, in öffentlicher Architektur, im Stadtbild, im immer wieder vorgestellten Bild des Herrscherpaares und bei den zyklisch wiederkehrenden Pompaí wird über die allgemeine Verfestigung der Wahrnehmung, die dem Sicherheitsbedürfnis des Menschen entgegenkommt, hinaus – über die soeben angeführte Kenntnis der wechselseitigen Beeinflussung von Denken und Wahrnehmung das ganz direkte Bewußtsein von einer schichtenmäßig konzipierten, eschatologisch auf den Herrscher ausgerichteten Gesellschaftsstruktur vermittelt. Werden bei einer pompḗ überdimensionale Götterembleme, Thyrsosstäbe, Phalloi, bewegliche Dionysosammen, Nike- und Athenapuppen mittransportiert, dann geht das über zu kontemplativer Betrachtung geschaffene Statuen oder mythologische Malereien insofern hinaus, als die affektive Stimulierung erhöht, nach Dantischen Kriterien die tropologische Sinnebene bedeutsam wird. Es ist auch unbedingt notwendig, daß Wein in Mengen verschüttet wird, denn würde er ans Volk verteilt, ließe das lediglich auf die Wohltätigkeit des Herrschers, die wandelbar ist, rückschließen, so aber scheint durch die überdimensionale Opfergabe das schicksalhafte Ausgeliefertsein auch des Herrschers hindurch. Die Aktion fördert viel weniger die Zuwendung zu einem Spender als zum Spektakel selbst, das etwas Mächtigeres verkündet. Kommt die Frage auf Ursache und Wirkung, so ist im vorliegenden Falle klar, daß Straton die im Peripatos verkündeten Ideen in Alexandrien vorgelebt bekommen hat. Doch darf man andererseits die theoretische Durchbildung und Festigung der herrscherlichen Machtabsicherung durch die Philosophen keinesfalls unterschätzen. Folgende Episode vom stoischen Philosophen Sphairos (3. Jahrhundert) ist bei Diogenes Laertius überliefert: »Nachdem er [Sphairos] in den Wissenschaften weit genug fortgeschritten war, begab er sich nach Alexandrien zum Ptolemaios Philopator. Als da einmal die Rede darauf kam, daß der Weise auch schwankende Meinungen haben werde und Sphairos dies leugnete, wollte der König ihn widerlegen und ließ ihm aus Wachs geformte Granatäpfel vorlegen, und als Sphairos sich dadurch täuschen ließ, rief der König triumphierend aus, er habe einer falschen Vorstellung seinen Beifall gegeben. Da gab Sphairos die wohlgezielte Antwort, seine Beifallgebung habe nicht die Bedeutung, daß es wirklich Granatäpfel wären, sondern daß es wahrscheinlich sei, daß es

Granatäpfel wären; es sei aber ein Unterschied zwischen einer ergreifenden und einer wahrscheinlichen Vorstellung.«[4] Es ist deutlich, daß der König mit seinem sicherlich ausgeprägten Realitätssinn nie auf den Gedanken käme, zwischen der »phantasía katalēptikē« und der »phantasía nach dem Augenschein« zu unterscheiden. Andererseits wird ihm eingeleuchtet haben, daß solche Differenzierung eine ästhetische Anreicherung seiner Repräsentationsunternehmungen zur Folge haben konnte.

Es mag hier anklingen, daß die letztendlichen Unterschiede zwischen den verschiedenen Philosophenschulen im 3. Jahrhundert weniger sachlich begründet als Ausgeburt von Streitlust und generell der Thematisierung der Sprache waren. Ein Satz wie der des Skeptikers Timon (320-230): »hōs anéplatte Plátōn ho peplasména thaúmata eidṓs« charakterisiert ein Phänomen, das nach den Sophisten vor allem bei den Kynikern ausgeprägt ist: die Bezeichnungen sind plötzlich wichtiger als die bezeichneten Dinge. Ein extrem wortgebundenes Denken bleibt humorvoll, doch letztlich schwerfällig und unwirksam am Boden und eng an sich selbst. Es kann aber schockieren, das ist sein praktischer Reiz.

Im 5. und 4. Jahrhundert war in den Poleis ein fähiger Mann auch prinzipiell zu allem fähig. Er mußte eine Reihe von öffentlichen Funktionen wahrnehmen. Sokrates war Soldat gewesen, Protagoras hatte sich als Jurist versucht, Platon wollte einen Staat nach seinen Idealen errichten, Xenophon war General. Im frühen Hellenismus sind dagegen nur wenige direkt politisch involvierte Philosophen zu benennen, wie der schon angeführte Demetrios von Phaleron, wie Persaios und Philonides, die sich bei Antigonos Gonatas betätigten – ersterer wird zum Kommandanten von Akrokorinth bestellt, scheitert und kommt um (243) –, und Kerkidas von Megalopolis, Staatsmann, Feldherr und Gesetzgeber seiner Vaterstadt. Die Philosophie findet vielmehr ihre Aufgabe weniger darin, Neues vorzuschlagen, als das Vorhandene auszugestalten, zu ordnen, tiefzuloten und erträglich zu machen, was sonst unerträglich bliebe. So erlebt sowohl die Erkenntnistheorie, bis zu logischen Spielereien, Fang- und Trugschlüssen getrieben, als auch die Ethik, die das Verhalten des einzelnen Menschen in seiner unmittelbaren Umgebung thematisiert, einen Aufschwung. Epikurs »láthe biṓsas« ist hier die hedonistisch-quietistische Variante.

Wurde schon eben die Tendenz des Peripatos zu stoischem Gedankengut anhand der Heimarménē-Konzeption von Theophrast und des monistisch-mechanistischen Weltbilds bei Straton aufgezeigt, komme ich jetzt, wie die angeführte Sukzession des Diogenes Laertius es besagt, zum eigentlichen Wegbereiter der Stoa, dem Kynismus. Auch hier ist die Frage zu stellen, inwieweit Handlungsanleitungen für den alltäglichen Gebrauch des einfachen Menschen und inwieweit Begründungshilfen für politische Machtansprüche geliefert wurden. *Antisthenes* (440-365) aus Athen lebte anfangs im aristokratischen Kreis seiner Schüler, später kleidete er sich nur mehr als Arbeiter[5]. Und dies war der augenfällige Ausdruck für ein ganz tiefgreifendes Verlangen nach Bedürfnislosigkeit, Einfachheit, Übung zur Steigerung der geistigen und körperlichen Schlagfertigkeit. Diese Philosophie zielt auf die möglichst totale Autonomie und Freiheit des Individuums. Charakteristisch ist es in diesem Zusammenhang übrigens, die Todesarten der einzelnen Philosophen, seien sie auch zuweilen anekdotisch, aufzuzählen. Sokrates stirbt in freiwilliger Akzeptanz des staatlichen Gesetzes; auch scheint er sich mit den bevorstehenden Begegnungen mit den griechischen Geschichtsgrößen im Jenseits zu trösten. Antisthenes stirbt an Kräfteverfall, während ein Besucher ihn fragt: »Du bedarfst doch nicht etwa eines Freundes?« Diogenes stirbt durch Verhalten des Atems. Krates rezitiert: »So machst du dich auf, du buckliger Alter, /Wanderst zum Hades hinab gebeugt von der Last deiner Jahre.« Zenon stolpert aus der Schule, bricht sich die Finger, zitiert Aischylos: »Schon komme ich, was rufst du mich?« und erwürgt sich dann selbst. Kleanthes enthält sich, weil er seinen Weg beendet glaubt, in Russellschem Alter einfach der Nahrung. Ein bekanntes stoisches Bild für den Menschen auf dem Lebensweg ist ein hinter einen Wagen gebundener Hund, der die freie Wahl hat, sich zu wehren und dann gewaltsam gezogen zu werden oder freiwillig zu folgen. Mögen die Stoiker diese Extremhaltung auch zwecks Herstellung von Kontinuität auf die Kyniker rückprojiziert haben – und in der Tat wäre denen ein alles einbegreifendes Schicksal noch zu metaphysisch erschienen –, immerhin läßt sich bei Antisthenes ablesen, wie stark die Sprache abtötet, will sagen, die Sprache ist für Antisthenes ein Mittel, Irrglauben kurzzuschließen und ihn ad absurdum zu führen: »Als er in die orphischen Mysterien eingeweiht wurde und der Priester sagte, die dieser Teilhaftigen hätten im Hades viele Freuden zu erwarten, erwiderte er: Warum also stirbst du nicht?« In höchstem Maße ist die Sprache didaktisch, rhetorisch. Einem Jüngling, der sein Schüler werden wollte und fragte, was er dazu nötig habe, erwiderte er: »ein neues Büchelchen, ein neues Griffelchen, ein neues Täfelchen!« (mit »neu« [kainoũ] auf »kaì noũ« [und Verstand] anspielend), und immer wieder soll er seinen Sinnspruch »lieber verrückt als entzückt« angebracht haben. Diesem Motto, inhaltlich gesehen, entsprechen die beiden Idealgestalten Kyros und, vor allem, Herakles, ersterer als Verkörperung des Barbarischen. Schon der Sophist Prodikos hatte gegen Entrée »Herakles am Scheideweg« rezitiert. Antisthenes vollzieht hier eine allegorische Neuinterpretation des Mythos für eine individualistische Anwendung. Für die Tugend, aretē̃, kann man sich entscheiden, sie ist lehrbar, besteht im Handeln und ist ausreichend zur Glückseligkeit. Vom Wissenden muß man lernen, das Schlechte zu meiden; so war auch Sokrates' daimonion immer nur abratend tätig gewesen. Daß der Weise alles hat, was andere haben, für ihn nichts fremd und unergründbar ist, unterstreicht die Bedeutung von Sprache, Willen und Wissen, muß aber immer in Verbindung mit der unbedingten Prioritätsforderung des unprätentiösen, an den Gesetzen der Tugend orientierten Handelns gesehen werden. Die Gesetze des Staates sind zu mißachten, wenn sie nicht vom Gewissen nachvollzogen werden können. Es gilt das Leistungsprinzip, deswegen ist Antisthenes gegen die Abstimmungstechniken der Polis, wo jemand Feldherr werden kann, ohne etwas gelernt zu haben. Hier spielt der Begriff des »pónos« eine entscheidende Rolle; er bezeichnet einen Wert, ein Ziel, das eigentlich auch Zweck sein könnte; das ponos-Ideal kompensiert die faktischen Mühen und schafft die Bedingungen für größere Leistungsbereitschaft. Hier wollen wir die Grundlegung für die dann von *Diogenes von Sinope* verwendbar gemachte Vorstellung vom Herrscher als leidendem euergétēs sehen. Auch Herakles ist sowohl doũlos als auch basileús. Er entspricht dem kynischen Philosophen, der laut Diogenes »der Vaterstadt, dem Haus, der lieben Heimat fern ist, ein Bettler, Flüchtling, kämpfend um sein täglich Brot«. Die Sage von Theseus bietet natürlich eine ähnliche Motivsammlung[6], die man wie die heroischen Taten des Herakles hätte allegorisieren können. Da aber Theseus national auf Athen fixiert ist, ist es verständlich, daß Diogenes, der sich ausdrücklich einen Kosmopoliten nennt, ihn nicht wählt. Die geistige Qualität des Herakles wird durch die Überlieferung gestützt, er sei vom Centaur Cheiron, der für seine Weisheit, Sanftmut und Frömmigkeit und weil er in die Zukunft sehen konnte, bekannt war, in der aretē̃ unterrichtet worden. Der irdische sophós kommt dem mythischen Vorbild am nächsten. Er ist ein Freund derer, die ihm gleichen, überläßt nichts der týchē, selbst den Tod nicht. Durch phantasia, das Pendant zur körperlichen Askesis, bereitet er sich auf reale Entscheidungen vor[7].

Das Bild des kynischen Helden bietet nur möglicherweise zwei Anwendungsbereiche: Dem einfachen Menschen wird es ermöglicht, seine materielle Armut als Anreiz zur Selbstgenügsamkeit zu nehmen, außerdem ist es dem Sklaven möglich, geistig über seinen Herrn zu gebieten (– Diogenes selbst wurde an Xeniades verkauft –); zweitens kann der Mächtige seine Position in genau der gleichen Weise wie der Mittellose auffassen und glaubwürdig machen, daß er ebensogroßen ponos aufzuwenden hat, um das Lebensziel, die Glückseligkeit zu erreichen. Der Tod ist ein adiáphoron, denn wenn er da ist, merken wir ja doch nichts von ihm; gefragt, zu welcher Stunde man frühstücken müsse, antwortet Diogenes: »Der Reiche mag frühstücken, wenn er Lust hat, der Arme, wenn er etwas zu beißen hat.« Und »als er einst Weiber an einem Ölbaum erhängt sah, sagte er: ›Möchten doch alle Bäume solche Frucht tragen.‹« Diogenes nimmt alles beim Wort, läßt der Utopie die Luft ab. Als er das delphische Orakel gefragt hatte, ob er »paracharáttein to nómisma« dürfe und es das bejahte, fälschte er die Münze in Sinope, nach anderer Version war sein Vater der Fälscher, und er, Diogenes, hat in der Verbannung sich dies Motto zueigen gemacht. Solche Umwertung der Werte hat letztendlich so etwas wie eine Monadologie hervorgebracht, d. h. vor jedem Anspruch, den ich an andere zu stellen berechtigt bin, muß ich die Fähigkeit ausgebildet haben, »mit mir selbst zu verkehren«, wie Antisthenes sagt. Die kynische Philosophie hat die Tendenz, jedermann in seiner hergebrachten sozialen Stellung zu belassen und dabei das »freie Wort« als das Schönste zu postulieren. Unter »Wort« fallen hier auch demonstrative Aktionen, wie diese: Als die ganze Stadt Kriegsvorbereitungen trifft, rollt Diogenes Fässer hin und her; bei Tag läuft er mit einer Lampe herum, um einen Menschen zu finden; er frühstückt und onaniert auf dem Markte, und »bei einer Mahlzeit warf man ihm Knochen hin wie einem Hunde, doch er bepißte sie beim Weggehen wie ein Hund«. Seine philosophische Methode liefert zwar Selbstbewußtsein auf allen Seiten – Alexander hat angeblich gesagt: wenn ich nicht Alexander wäre, möchte ich Diogenes sein –, aber gerade wenn wir die Weiterentwicklung der kynischen Lehre betrachten, fällt es nicht schwer zu konstatieren, sie sei unmoralisch und stimuliere nur hilflose Indifferenz. Teles (um 240) etwa sagt: »Weil mein Sohn oder meine Frau tot ist, ist das ein Grund, mich zu vernachlässigen und mich nicht mehr um meinen Besitz zu kümmern?« Einem reichen Mann erklärt er: »Du gibst freizügig, und ich nehme tapfer von dir, weder kriechend noch mich erniedrigend noch murrend.« – Viel wurde um einen Zusammenhang der Äußerung Diogenes', er sei ein Kosmopolit, mit Alexanders Staatslehre spekuliert, zumal zwei Schüler, Onesikritos und Anaximenes, im Gefolge des Eroberers sich befanden. Eine Ähnlichkeit der Konzeption des Philosophen und des Staatsmanns ist auf jeden Fall festzustellen, der Unterschied liegt in der absoluten Größe. Alexanders Blick richtet sich auf die Brüderschaft der Menschen in konkret politischem Sinn und auf den König als nómos émpsychos. Einige Jahre nach seinem Tod errichtete Alexarchos auf dem Berg Athos seinen kleinen Weltstaat »Ouranopolis«, auf dessen Münzen der König und seine Gefolgschaft als Sonne und Mond, die Bürger als Sterne symbolisiert werden. Auch Diogenes glaubt an die kosmische Ordnung, aber er muß ja erst lernen, mit sich selbst zu verkehren (– tò dýnasthai heautȏ homileȋn).

Krates (360-280) aus Theben fügt der diogenischen autarkeia die philanthropia hinzu, die sich den Hund zum menschenliebenden Wachtier macht. »Was ich erlernt und erdacht und im Bund mit den Musen erworben, ist mein eigen; die Güter des Glücks sind eitel und nichtig.« Sinn der Philosophie sei, ein Tagmaß Bohnen und einen kummerfreien Sinn zu besitzen. So lange müsse man philosophieren, bis man die Feldherrn für Eseltreiber hält. Krates treibt eine praktische Philosophie, die auf die Alltagsbedürfnisse abgestimmt ist. Apuleius zufolge wurde er als »lar familiaris« verehrt, kein Haus war ihm versperrt, er war unparteiischer Schiedsrichter bei häuslichen Streitigkeiten (thyrepanoíktēs). Wie Herakles wilde Tiere, Ungeheuer und Riesen beseitigt habe, so sei Krates gegen Wut, Neid, Begierde, Lust vorgegangen. Luxus und Ausschweifung führten nur zu Tyrannei und Revolution. »Heil der Einfachheit, Freude der Weisen, Tochter der berühmten prudentia, die, die dem Pfad der Gerechtigkeit folgen, mögen deine Tugend ehren.« Die Askese ist kein Ziel für sich, sondern Mittel zur Erlangung von apátheia, gleichbedeutend mit eudaimonía, – dóxa und tímē sind tȳphos, Blendwerk. Eine bei Strabo wiedergegebene Episode zeigt Krates in einer Schusterwerkstatt. Während der Schuster seiner Arbeit nachgeht, liest Krates den Protreptikos, den Aristoteles für den zyprischen König Themison schrieb. Schließlich meint er zu seinem aufmerksamen Zuhörer: »Thiliskus, ich glaube, ich muß dir eine ›Ermunterung zur Philosophie‹ schreiben, weil ich sehe, daß du besser qualifiziert bist als der Mann, dem Aristoteles dies Buch widmete.« Andere seiner Fragmente wenden sich gegen die megarische und epikureische Lustlehre, mit der Begründung, in den verschiedenen Stadien des Lebens überwöge in jedem Fall der Schmerz. Bedürfnis und Armut könne man überwinden, wenn man Linsen und Bohnen sammle. Leichtigkeit des Gedankens und großes Anpassungsvermögen sprechen aus dem Folgenden: ». . . mit Gleichmut wirst du die Geldbörse voll sehen, und ohne Bedauern leer, du wirst zum schnellen Geldausgeben bereit sein, wenn du reich bist; aber wenn du arm bist, wirst du nicht von Verlangen geplagt werden. Dein Leben wird darauf abgestimmt sein, daß du dich situationsgerecht verhältst, ohne Verlangen für das, was du nicht besitzt, und ungestört von den Wechselfällen des Glücks.« (Zitiert von Teles.)

Was die Mann-Frau-Beziehung bei den Kynikern betrifft, so hatte sich Antisthenes nur geistreich auf die Frage hören lassen, welche Frau er, der Fragende, denn heiraten solle: »Wenn eine schöne, so gefällt sie allen, wenn eine häßliche, so wird sie dir nicht gefallen.« Auch sonst ist er realistisch: Nur mit solchen Frauen soll man sich einlassen, die einem Dank wissen, – die schönste Frau heiraten, – Ehebrecher wären besser ins Bordell gegangen, und allein der Weise weiß, wen er lieben darf. Diogenes dann verficht die Promiskuität, er rät »tòn peísanta tẽi peistheísẽi syneĩnai«.

In der Philosophie hatten sich bis dahin nur wenige Frauen betätigt, etwa die Pythagoräerinnen, die Platonschülerinnen Axiotheia von Phlius und Lasthenaia aus Arkadien, Arete, Tochter und Schülerin Aristipps. Theoretisch ist das verwunderlich, wo Sokrates postuliert hatte, die aretẽ sei für Frau und Mann dieselbe. Die »kynogamía« des Krates mit Hipparchia ist Ergebnis eines offenbar als ungewöhnlich zudringlich empfundenen weiblichen Werbens; der Philosoph gab nach, weil sie versprochen hatte, seine Lebensweise ganz zu teilen. »Das Mädchen entschied sich alsbald, legte die gleiche Kleidung an wie er, zog mit ihm herum, wohnte ihm im Freien bei und ging mit ihm zu den Mahlzeiten.« – Krates hat Menschen Alltagsproblemlösungen gegeben, für die eine Religion und Akademie oder Peripatos zu weitschweifig waren (– Platon meinte ja, »adýnaton plẽthos philósophon eĩnai«).

Im Jahr 308 gründet *Zenon* aus Kition, nachdem er vor Piraeus Schiffbruch erlitten hat, in der Athener stoá poikílē die nach diesem Ort benannte Philosophenschule Stoa[8]. Hatte der Kynismus bisher schon die vollständige Selbstabsicherung des einzelnen betrieben, stellt sich jetzt das Problem, das Ganze klassifizierend in den Griff zu bekommen, was vor allem den Menschen unumgänglich ist, die eine hohe Position in der gesellschaftlichen Hierarchie innehaben. Einen strengen Nominalismus versucht paradoxerweise eine kosmologische Theologie aufzuwiegen. Tarn vermutet Chaldäereinfluß. Zenon weist Platons Ideenlehre, die Unsterblichkeitsvorstellung und die aristotelische Lehre von den begrifflichen Wesen zugunsten der Vorstellung, subjektive Begriffe würden durch Abstraktion gebildet, zurück. Wie Heraklit glaubt man, die Seele bestehe aus materiellem Feuer (aus dem die Elemente Luft, Wasser, Erde hervorgehen). Man bekämpft die metaphysischen und skeptischen Tendenzen der Zeit mit dem Materialismus des Alltagsdenkens: Tisch, Gott, Seele, Tugend, Gerechtigkeit – das alles ist gegenständlich vorhanden. Die Seele vergeht mit dem Körper. Das wichtigste Thema der stoischen Philosophie ist der letztlich unüberbrückbare Gegensatz zwischen kosmischem Determinismus, der an Astrologie und den zufallsunabhängigen Naturgesetzen festgemacht wird, und individueller menschlicher Freiheit. Ich erwähnte schon das recht makabre Gleichnis vom Hund hinter dem Wagen; in der Tat besteht die einzige Vermittlung dieses Widerspruchs (– Epikur löst ihn mit der unvorhersehbaren parénklisis der Atome –) darin, daß der »Weise« postuliert wird, der schrittweise zum allumfassenden Bewußtsein der Gottheit vordringt und dann aus Einsicht zwingend frei handelt. Alles, was passiert, ist schon früher passiert und wird jeweils nach den periodisch stattfindenden ekpyrōseis (Weltbränden) noch unendlich oft wieder passieren. Zusätzlich zum materialistischen Strukturgebäude nimmt man einen höchsten Gesetzgeber mit weiser »prónoia« an; er ist Gott oder Zeus oder Natur, die Seele der Welt, an der jeder Mensch Anteil hat. Alles hat in dieser Welt einen Zweck auf den Menschen oder die Gesamtheit hin. Die Struktur des Denkens betont ganz eindeutig die eschatologische Sinnebene. Die Tugend des Menschen nun, um auf die Normen des gesellschaftlichen Handelns zu kommen, besteht in dem Willen zur Übereinstimmung mit der Natur[9].

Schlecht ist der, der unfreiwillig folgt, aber folgen muß er. Das ist die

Konstruktion eines Sprachsystems, deren Unwiderlegbarkeit offensichtlich ist und die solange funktioniert, wie Machtmittel reichlich da sind. Gesundheit, Glück, Reichtum, Besitz sind in erster Linie unwichtig (adiáphora), nur die Tugend, die Unerschütterlichkeit angesichts eben jener Güter zählt. Wird beispielsweise jemand von einem Tyrannen eingekerkert, so hat er ja die Freiheit eines Sokrates, der dem Staatsgesetz sich nicht widersetzen will. Der Weise, Idealverkörperung des Menschen, ist jemand, dessen Urteilskraft so gut ist, daß er Herr über weltliche Lüste ist und keine äußere Kraft ihn seiner Tugend berauben kann. So ist, scharf formuliert, die Tugend die perfekte kompensatorische Knebelung durch Sprache. Der Apátheia-Begriff steht dafür, daß der Weise kein Mitleid fühlt. Tod von Verwandten oder Unglücke von Freunden dürfen nicht erschüttern. Güte und Liebe sind keine als Emotionen vorrangig anzustrebenden Eigenschaften, keineswegs ist politisches Engagement im Hinblick auf Friedensstiftung und sozialen Ausgleich zu würdigen, sondern als besondere Art, seine persönliche Tugend zu verwirklichen. Gerechtigkeit heißt zu wissen, was jedem zukommt. Die Stoa hat eine klare Einteilung ihrer Philosophie in Physik, Logik und Ethik vorgenommen. Die Philosophie gleicht einem Fruchtgarten, dessen Mauer die Logik, dessen Bäume die Physik und deren Früchte die Ethik sind. In Logik und Erkenntnistheorie hat die Stoa vom heutigen Gesichtspunkt aus das beste geleistet, was auf die Dominanz der Naturwissenschaften, des Beobachtens, Sammelns, Erklärens und Klassifizierens im 3. Jahrhundert zurückzuführen ist. Höchst interessant ist die Definition des Kriteriums der Wahrheit als der »phantasía katalēptikē«, die impliziert, daß es verschiedene Deutlichkeitsstufen der Wahrnehmung gibt, die objektiv, d. h. über Konsensus, festgestellt werden können. Kataleptisch ist die Phantasie, »die von einem realen Objekt ausgeht und in einer diesem adäquaten Gestalt in der Seele abgeknetet und abgesiegelt ist, in einer Eigenart, wie sie ohne Bestand des Objektes nicht auftreten könnte«. Die phantasía katalēptikē bedarf der Beurteilung durch den Logos, hier werden drei Arten des Urteils unterschieden: Zustimmung, Verneinung und Zurückhaltung. Dies soweit, um anzudeuten, daß die stoische Philosophie vor allem eine systematische Analyse unserer Wahrnehmungsformen geleistet hat. Dagegen konnte sie wenig Handlungsanleitungen und Veränderungsimpulse geben.

Daß die stoische Philosophie auf die hellenistischen Herrscher zugeschnitten war, ist leicht verständlich (– Gilbert Murray sagt, alle bedeutenden Könige nach Zenos Lebzeiten waren Stoiker). Hierfür drei Beispiele:

1. Kleanthes schreibt einen »Hymnus an Zeus«. Charakteristisch ist daneben folgendes kleine Gebet:

»Führe mich, o Zeus, und du, Schicksal,
wohin ich auch je von euch beordert werde,
auf daß ich furchtlos folge; denn wenn ich nicht will, werde ich,
schlecht geworden, um nichts weniger folgen.«

2. Antigonos Gonatas wirbt um Zeno. Hier der bei Diogenes Laertius überlieferte Briefwechsel:

»König Antigonos entbietet dem Philosophen Zenon seinen Gruß. – Mein Leben überstrahlt, denke ich, das deine an äußerem Glück und Ruhm, dagegen stehe ich an Fülle des Wissens und der Bildung sowie der vollendeten Glückseligkeit, wie du sie besitzest, hinter dir zurück. Darum habe ich mich entschlossen, dich aufzufordern, zu mir überzusiedeln, überzeugt, daß du dich diesem Wunsche nicht versagen wirst. Triff also alle Anstalten, mein Genosse zu werden, in vollster Klarheit darüber, daß du Erzieher werden wirst nicht etwa bloß für mich allein, sondern für die Gesamtheit aller Makedoner. Denn wer den Herrscher Makedoniens erzieht und zu einem tugendhaften Leben anleitet, der weist ohne Zweifel auch dessen Untertanen den Weg zur Manneswürde. Denn wie es mit dem Fürsten steht, so ist es aller Wahrscheinlichkeit nach in der Regel auch mit seinen Untertanen bestellt.«

Zenon antwortet:

»Dem König Antigonos entbietet Zenon seinen Gruß. – Ich weiß deine Lernbegier wohl zu schätzen, insofern du es dabei mit der wahrhaften und wirklich nützlichen, nicht aber mit der gemeinen und zur Sittenverderbnis führenden Bildung hältst. Denn wer erfüllt ist von dem Triebe nach Philosophie und der vielgepriesenen Lust aus dem Wege geht, dieser Verführerin so mancher jugendlichen Seele zur Weichlichkeit, der neigt offenbar nicht bloß von Natur sondern auch durch eigene Willenskraft zu edler Geistesart hin. Eine edel angelegte Natur aber, unterstützt durch angemessene Übung sowie auch durch ausgiebige Belehrung, schreitet leicht vorwärts auf dem Wege zur Erreichung der vollen Tugend . . .«[10]

Damit dem König die Glückseligkeit auch zuteil werde, schickt Zenon – er selbst fühlt sich, siebzigjährig, zu schwach – seine Schüler Persaios und Philonides an den Hof.

3. Zenon schrieb nach Diogenes Laertius ein Buch »Über den Staat«. Was läßt sich, trotz nur indirekter spärlicher Überlieferung, über Aufbau und Organisation dieses fiktiven Staates[11] aussagen? Am Anfang seiner Politeia weist Zenon auf die Fehler der Gegenwartsgesellschaft hin und beansprucht, sein Werk böte Abhilfe. Daß keine Beschreibung von Bestehendem, sondern ein utopischer Entwurf gegeben wird, erinnert an den platonischen Idealstaat[12]. Der zenonische Idealstaat soll so beschaffen sein, daß nur »hoi spoudaĩoi« miteinander in Freundschaft leben, »hoi phaũloi« sich aber befeinden. Ob der Staat sich lediglich auf die spoudaĩoi erstrecken soll, ist unwesentlich, da die Schlechten sich selbst von den Regeln entbinden würden. Die spoudaĩoi – katà-phýsin-lebende Weise – sind notwendigerweise Freie. Vielleicht müssen wir also ein großes Sklavenheer einkalkulieren. Plutarch sagt, Zenon habe für die Polis wie für den Einzelmenschen gefordert, in Übereinstimmung mit sich selbst zu leben. Aus der Tugend erwachse eudaimonía. Garant solcher Harmonie ist Eros, Gott der Liebe und Freiheit. Die Tugenden der Bewohner sollen die Stadt schmücken, herkömmliche Weihgeschenke sind abgeschafft. Im Bildungswesen wird die »enkyklios paideia« für unnütz erklärt. Promiskuität, koinonía gynaikõn, ist ja schon von Diogenes bekannt; Philodemos faßt es so zusammen: »hõs étyche dé, pãsi kaì pásais chrẽsthai«. So würde der Staat von Familienstreiterei und Eifersuchtsdramen entlastet. Inzest[13] und homosexuelle Beziehungen sind erlaubt. Daß die Päderastie der Aufrechterhaltung des Staates dient, weil es die Güte des Jungen ist, die den Mann anzieht und vor der er sich nicht blamieren will, kennen wir aus der Rede des Phaidros in Platons Symposion.

Männer und Frauen sollen die gleiche Kleidung tragen; das hat bereits Diogenes propagiert und von Krates und Hipparchia ist es praktiziert worden. Eine Radikalisierung des platonischen Staatsgedankens ist es, wenn Zenon keine Tempel, Gerichtsgebäude oder Gymnasien in seiner Polis vorsieht. Tempel und Götterstatuen seien Erzeugnisse von Baumeistern und Künstlern und deshalb der Götter unwürdig. Man braucht keine Künstler, und die Religion ist bilderlos: μὴ δεῖν θεοῖς οἰκοδομεῖν ἱερὰ ἀλλ' ἔχειν τὸ θεῖον ἐν μόνῳ τῷ νῷ, μᾶλλον δὲ θεὸν ἡγεῖσθαι τὸν νοῦν, ἔστι γὰρ ἀθάνατος.

Geld soll weder zum Handel noch für Auslandsreisen geprägt werden. Platon hatte Geld vorgesehen, außer für die Wächter, Diogenes dachte an eine »Knöchelwährung«. Unter Weisen braucht man eben kein Geld, ebenso wie man sich die Frauen teilt. –

Es ist verständlich, daß Antigonos sich für einen Mann interessierte, der den Weisen alles gehören ließ, argumentierend, »das Gesetz habe ihnen unbedingte Vollmacht gegeben«. Jedem Herrscher muß es lieb sein, von seiner existentiellen Machtposition auf moralische Qualifikation schließen zu dürfen.

Hellenistische Philosophen waren Sklaven, wie Diagoras (um 400), Bion (300-250), Pompylos, Perseus und Menippos; oder Aristokraten wie Theophrast, Ariston und Speusippos. Im Verhältnis zu den Herrschern der Ptolemäer und Antigoniden waren sie Umworbene, geistreiche Narren (– s. Eukleides –), willfährige Erzieher und distanzierte Selbständige. Der Peripatetiker Demetrios von Phaleron und der Kyniker Kerkidas von Megalopolis betätigten sich selbst als Politiker. Von letzterem stammt ein bemerkenswertes Fragment aus der Zeit der Kleomenischen Reformen auf der Peloponnes, das die Ungerechtigkeit des Schicksals beklagt. »Hat Iustitia denn die Sehkraft eines Maulwurfs, schielt Phaeton mit einem Auge?« Kerkidas erwägt die Möglichkeit, daß Zeus doch nicht für alle derselbe sei. Aber, besänftigend: »Überlassen wir das Problem den Astrologen; ich glaube, für sie wird das leicht zu lösen sein.« Letzten Endes verläßt der Philosoph so das Sprachsystem der Allegorien nicht, er bleibt unschlüssig, im ungewissen darüber, was das Fatum bringen wird: »Wenn die Gottheit einen günstigen Wind von achtern wehen läßt, halte sie in Ehren; aber obgleich Menschen gut fahren, wird doch ein plötzlicher Windstoß den gerühmten Reichtum und das stolze Glück hinwegblasen. Wer soll sie dann zu dir aus der Tiefe wieder hochspeien?«

Akademie nach Platon	Speusippos	347-339	Leiter der Schule
	Xenokrates	339-314	
	Polemon	314-270/69	
	Krates aus Athen	269-268	
	Arkesilaos von Pitane	268-242/41	(sog. 2. Akademie,
	Lakydes aus Kyrene	241-215	Kritizismus)
	Karneades aus Kyrene	160-129	(sog. 3. Akademie)
Peripatos nach Aristoteles	Theophrast von Eresos	372/1-288/7	Lebensdaten
	Eudemos von Rhodos	4. Jahrhundert	
	Aristoxenos aus Tarent	4. Jahrhundert	
	Demetrios von Phaleron	350-280	
	Dikaiarchos aus Messene	um 310	
	Straton von Lampsakos	-269	
	Lykon aus Troas	(299)-225	
	Ariston von Keos	-200	
Kyniker	Antisthenes	440-365	
	Diogenes	404-325	
	Monimos	um 340	
	Onesikritos	um 330	
	Krates	360-280	
	Metrokles	um 300	
	Bion von Borysthenes	1. H. 3. Jahrhundert	
	Menippos von Gadara	Mitte 3. Jahrhundert	
	Kerkidas von Megalopolis	2. H. 3. Jahrhundert	
	Teles	um 240 v. Chr.	
	Menedemos	2. H. 3. Jahrhundert	
Skeptiker	Pyrrhon von Elis	360-270	
	Timon aus Phleius	320-230	
Stoa	Zenon aus Kition	336/5-264/3	
	Ariston von Chios	um 240	
	Herillos von Karthago	um 260	
	Persaios von Kition	um 270	
	Philonides		
	Kleanthes von Assos	330-233	
	Sphairos	3. Jahrhundert	
	Chrysippos von Soloi (zweiter Begründer der Stoa)	281-205	
Epikureer	Epikur	341-270	
	Metrodoros von Lampsakos	4. Jahrhundert	
	Kolotes von Lampsakos		
Kyrenaiker	Aristipp aus Kyrene	435-355	
	Theodoros von Kyrene	um 300	
	Hegesias von Kyrene	um 300	
	Philonides (Freund des Antiochus IV)		
Megariker	Stilpon	330-270	

Anmerkungen

1 Im Zoroastrismus, der persischen Nationalreligion, kämpft der einzige Gott, Ahura Masda, die Verkörperung des Guten, gegen den bösen Geist Ahriman.

2 Er dichtet auch religiöse Hymnen.

3 Nach *DL* erhielt er 80 Talente.

4 *DL* VII, 177

5 Die klassische Tracht des Kynikers besteht aus Tribōn (abgewetztem Mantel), den Antisthenes doppelt gefaltet trägt, Quersack und Stock.

6 philanthropía, leidender euergétēs, perierchómenos

7 »Die Übung, lehrte er, ist eine doppelte, einerseits eine geistige, andererseits jene körperliche, bei deren regelmäßigem Betrieb sich eine Denkweise bildet, die dem tugendhaften Handeln Vorschub leistet.« (*DL* VI, 70)

8 Das Orakel hatte ihm geraten, er müsse sich mit den Toten paaren.

9 ὁμολογουμένως τῇ φύσει ζῆν

10 *DL* VII, 7

11 Vgl. H. C. Baldry, in: The Journal of Hellenic Studies, Vol. LXXIX, 1959

12 Er war analog der dreifachen Unterteilung der Seele in Logistikon, Thymoeides und Epithymētikon und der Völker in Griechen, Thraker/Skythen und schließlich Ägypter/Phöniker gegliedert nach den Ständen der Archontes, Phylakes und der Bauern/Handwerker. Gerechtigkeit heißt, daß jeder sich selbst und anderen jederzeit Identität hinsichtlich seiner Stellung in den Klassen der Gesellschaft geben kann und daß jeder »das Seinige tut«.

13 Gilt aber nur unter sophoī, deshalb keine eugenetischen Vorbehalte.

Literaturangaben

Hermann Bengtson, *Griechische Geschichte*, München 1969

Carl Schneider, *Kulturgeschichte des Hellenismus*, Bde. 1 u. 2, München 1967, 1969

Jacob Burckhardt, *Griechische Kulturgeschichte*, Berlin/Stuttgart 1898–1902

Friedrich Ueberwegs *Grundriß der Geschichte der Philosophie*, 1. Teil: Die Philosophie des Altertums, Hrsg. Karl Praechter, 13. Aufl., Tübingen 1953 (= 12. Aufl., 1923)

Bertrand Russell, *History of Western Philosophy and its connection with political and social circumstances from the earliest times to the present day*, London 1946

Donald R. Dudley, *A History of Cynicism*, London 1967

Ragnar Höistad, *Cynic Hero and Cynic King*, Diss. Uppsala 1948

Max Pohlenz, *Die Stoa, Geschichte einer geistigen Bewegung*, 3. unveränd. Aufl., Göttingen 1964 (1. Aufl. 1948)

Diogenes Laertius, *Leben und Meinungen berühmter Philosophen*, übersetzt und erläutert von Otto Apelt, Bde. 1 u. 2, Leipzig 1921, abgekürzt: *DL*

Die Entwicklung der pompejanischen Wandmalerei

– cusuc erat nunc templum est –

Die Pompejaner, so wie alle Bürger des römischen Imperiums, schmückten die Wände ihrer Häuser zur Gänze mit haltbaren Fresken[1]. Das verschüttet konservierte Pompeji überliefert uns Wanddekorationen innerhalb eines Datierungsspielraums von ca. 200 Jahren und ein in der Kunstgeschichte einmalig vollständiges soziokulturelles Umfeld. Es fehlen nur die damaligen Menschen (von denen es einige Gipsabgüsse gibt). Seit den Anfängen der Archäologie und der Ausgrabungen im 18. Jahrhundert zogen die Wandmalereien die unterschiedlichsten Interessen und Wertungen an. Aristokratischer Rokokogeschmack erfreute sich an galanten Szenen und raffinierter Ornamentik, schnitt Einzelbilder aus der Wand, weil er den Gesamtzusammenhang mangels Überblick nicht erkannte. Winckelmann entzückten die 20 cm kleinen Schwebefiguren aus der Villa des Cicero; »denn sie sind flüchtig wie ein Gedanke, und schön, wie von der Hand der Grazien ausgeführt«, und zu gewissen dionysischen Szenen: »Wollüstiger kann nichts gedacht, und schöner nichts gemahlt seyn«[2]. Goethe fand erst, als er 1830 die Zahnschen Stiche in Händen hatte, das rechte Gefallen, beim Besuch 1790 war er noch stumm geblieben. Jacob Burckhardt ist fasziniert von der außergewöhnlichen Fähigkeit des Dekorierens und Arrangierens, die die Pompejaner besaßen (1870). Und fachmännisch urteilt Arnold Böcklin: »Man erstaunt, wie groß ihre Kenntnis der malerischen Mittel war, wie sie durch Härten das eine weich, und durch weiche Formen das andere hart erscheinen ließen.«[3] (Eine bemerkenswerte Aussage, denn sonst scheint nicht Antiphrase, sondern Angleichung die Spezialität der Pompejaner zu sein.)

Das Ganze des Phänomens systematisch-historisch in den Griff zu bekommen, versucht schließlich die Wissenschaft[4]. Die legendäre Meisterleistung kommt von August Mau, der mit psychologischem Einfühlungsvermögen – gestützt auf die dokumentative Kraft eindeutig datierbarer

Mauerarten (Tuff, Wechsel von Ziegel und ziegelförmigem Haustein, Reticulat, Wiederhergestelltes) – die Masse der Malerei in 4 Stile klassifiziert, den Inkrustationsstil, den Architekturstil, den Kandelaberstil, den vierten Stil. Die Einteilung leuchtet so ein, daß spätere Forscher sie zwar ausgestalten, aber nicht umstoßen können. Sie leistet, wie Stilgeschichte überhaupt, eine Charakterisierung künstlerischer Formen und verbindet sie mit dem Formgefühl einer Epoche. Der 1. Stil hat »eine gewisse Armut an Formen«, »eine etwas nüchterne Eleganz«, »eine gesuchte Einfachheit«.

»Kunstgeschichte als *Kunst*geschichte« (Sedlmayr) betreibt Curtius, der nicht schematisiert, sondern verlebendigt. Daß er 3. und 4. Stil als gleichzeitige Varianten auffaßt, erscheint in seiner hinreißenden Beschreibung nur konsistent. Gegen die Verwischung wendet sich positivistisch-exakt Beyen. Es folgt Schefolds »Kunstgeschichte als Geistesgeschichte« (Sedlmayr), die den »Sinn« der Wandmalerei durch Parallelisierung mit gleichzeitiger Literatur (z. B. Horaz) zu erläutern sucht.[5] Derlei Analogsetzungen sind immer besonders angreifbar[6]. Die Kriterien der Interpretation haben zudem einen Gegenwartsbezug[7], der manchem nicht paßt.

Was bis heute fehlt, ist eine soziologisch fundierte Interpretation der Wandmalerei[8]. Diese möchte ich im folgenden auch nicht geben, vielmehr aus den Bildern einige strukturelle Eigentümlichkeiten der Dekorations-Kunst, die als Sprache aufgefaßt wird, und des zugrundeliegenden Denkens bestimmen. Der Streit, ob die »Entwicklung« der Wandmalerei eine geistige oder eine natürliche sei, verfehlt sein Objekt. Eine notwendige und gewollte »Entwicklung« kommt uns vor Augen, sei es nun der Beglaubigungskraft einer dauernd wiederholten Forschermeinung oder den nackten Tatsachen des Befunds zu verdanken.

Am Anfang steht die Mauer. In eine raumabschließende Hülle integriert, wird sie zur Wand. Die Struktur der Mauer lebt im Dekor weiter, im Rahmen des Dekors wuchert das Ornament. Im Inneren der Propyläen schon finden wir eine Differenzierung in Plinthe, Orthostaten, Gesims und Hauptzone vermittels unterschiedlich dunklen Marmors, in der Tholos in Epidauros (360 v. Chr.) eine reichhaltige, komplex in Stein ausgeführte Dekorationsornamentik. Für den ständigen dekorativen Gebrauch stellt man sie aus Stuck her. Das ist der griechische »Masonry Style«, wie er im Hieron von Samothrake (letztes Viertel d. 4. Jhs.), bei gewissen Fragmenten aus Olynth (Mitte 4. Jh.) und an einer Agoramauer gegeben ist, welche aus Orthostaten, Gesims und Hauptzone komponiert ist. Wichtiges Charakteristikum des Masonry Styles ist der imitierte »drafted margin« der Mauerbautechnik[9]. Wohnhäuser auf Delos haben schon plastische Mäanderfriese und Eierstäbe. August Maus Erster Stil umfaßt dagegen die römisch-campanischen Wände. Jüngste Funde in Coas[10], Morgantina (Sizilien) lassen uns ihn bis ca. 250 v. Chr. zurückverfolgen. Erhabene Quader – zuweilen mit Marmorinkrustation imitierendem Stucküberzug – fügen sich zu struktureller und farblicher Rhythmik. Nicht real-inkrustierte Wände sind also prototypisch für die des Ersten Stils, sondern in Stein ornamentierte Wände für sowohl die marmornen als auch die stuckierten.

Der Masonry Style der *Häuser auf Delos* (Curtius, Abb. 36, 45) vom Ende des 2. Jahrhunderts ist erstens tektonisch wahrer (weil etwa die Orthostaten direkt über der Plinthe sind), zweitens ornamental komplizierter, wenn in der »nervösen Zone« zwischen stuckierten Flecht- und Eierstabbändern ein gemalter Erotenfries verläuft, als die zum reinen Dekor, d. h. einer atektonischen Strukturierung der Wand verfremdeten pompejanischen Beispiele des 1. Stils: Im Tablinum der *Casa di Sallustio* (VI, 2, 4) liegen die

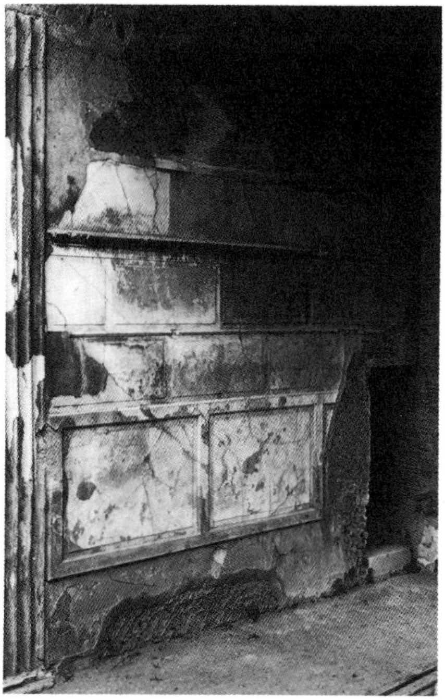

funktionslos gewordenen schwarzen Orthostaten, die von einem erhabenen Stuckrahmen umgeben sind, über einem Sockel; darüber zwei Schichten fugenversetzter buntbemalter »Quader« (Rechtecke); zwischen ihnen feine Horizontalprofile, oben ein Zahnschnitt. Der 1. Stil hat Bandbreite: An Delos erinnert die Ostwand der rechten Ala desselben Hauses, wo eine umrahmte friesartige Fläche über den kleineren Rechtecken liegt; zukunftsweisend sind in der *Casa del Fauno* (VI, 12 = *Casa di Goethe*, Curtius Abb. 41) über die Horizontallagen (– der Sockel ist ebenso hoch wie die »Orthostaten«, oben folgen fünf gleiche »Quaderreihen« –) flache dorische Pilaster geblendet. Die einstige Oben-Unten-Differenzierung gibt die Wahrnehmungsdominanz an die Vorne-Hinten-Staffelung ab. So geht logisch der nächste Entwicklungsschritt dahin, das einfache Gestaltgesetz sich überschneidender Figuren und die seit Euklid[11] bekannten, in der hellenistischen Bühnenmalerei angewandten Regeln der perspektivischen Bildkonstruktion für eine illusionistische Erweiterung der Zimmerwände zu benutzen; ersteres ist im *Haus des Trebius Valens* (Curtius Abb. 50) zu sehen. In der vorderen Ebene reichen sorgfältig kannelierte/schattierte und kurioserweise »bereifte« Säulen vom Fußboden bis zur Decke, dahinter über Sockel und Horizontalband eine rhythmisierte Mittelzone, die nicht mehr Orthostaten, sondern Paneele assoziieren läßt; ganz oben drei Reihen buntfarbiger Quader, die in der Eckzone spielerisch verkantet, miteinander verzahnt werden.

Der Sprung vom ersten zum zweiten Stil (der in Pompeji mit der Koloniegründung 80 v. Chr. passiert) ist trotz aller Konsequenz der entschiedenste, weil er über den Abgrund Realität–Bild geht. Allerdings war ja auch der 1. Stil die entkörperlichende Imitation realer Steindekoration, und der 3. wird das »Bild im Bild« erfinden, um so die »Illusion« bewußt als festen Bestandteil der Realität zu erweisen. Der 4. Stil ist dann nur noch Oberbegriff der mannigfaltigen Variationen und Anwendungen des Bekannten in der letzten und deshalb bestdokumentierten Zeit Pompejis nach dem Erdbeben 62/63 n. Chr. Die Hauptleistung wurde bis zur Zeit des Augustus erbracht: ein konsequentes Durchspielen aller Möglichkeiten, welche die Kunsttheorie der Mimesis hergab.

Raum 15 der *Villa dei Misteri* hat auf einem scheinbar vorspringenden Sockel schattenwerfende ionische Säulen, deren Basenkanten längs der Tiefenlinien (in Fischgrätenperspektive) konvergieren, deren Kapitelle

Gebälkverkröpfungen tragen. Dahinter buchtet im Oberteil das mit vielfach lisenierten, fast geschliffenen Steinen durchsetzte Quaderband zurück; die Hauptpaneele scheinen vermittels der Licht-Schatten-Verteilung jeweils von einem erhabenen Rahmen umgeben, wie es realiter beim Haus des Sallust der Fall ist. Der korinthische Oecus am Peristyl der *Casa delle Nozze d'Argento* (v, 2) ebenso wie der der *Casa del Labirinto* (vi, 11, 10), beweist, mit welcher Freude man sich den Übergang von Wirklichkeit und Bild ausschmückte: Im ersten Haus übernehmen winzige gemalte Tierkaryatiden die gleiche Aufgabe, die in Wirklichkeit kleine Konsolen überm Architrav erfüllen (anderswo werden Satyrn und Mänaden mit Charis dort eingespannt), im zweiten wandeln sich die schlichten Umgangssäulen der Wirklichkeit zu mit Rautenmuster und Blitzbündel verzierten Phantasiesäulen. Diese Malereien sind die *Vorboten* derer, welche die um 25 v. Chr. geschriebenen kritischen Bemerkungen Vitruvs gemeint haben: »Aber all diese Motive, die aus der Wirklichkeit stammen, werden jetzt von einer unbilligen Mode verworfen. Denn an die Wand malt man jetzt lieber

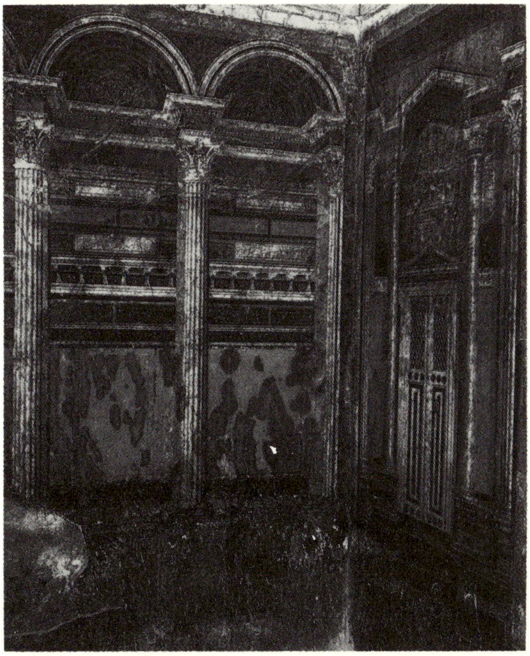

Villa dei Misteri, Ein- und Ausblicke im Cubiculum 16

Monstren als klare Abbilder der dinglichen Welt. Statt der Säulen malt man geriefelte Stengel mit krausen Blättern und Voluten, statt der Giebel Zierwerk ... haec autem nec sunt nec fieri possunt nec fuerunt« (VII, 5). Im genannten Oecus der Casa delle Nozze d'Argento ist ein fortgeschrittenes Element verarbeitet, nebensächlicher als beim Labyrinth-Haus, schlichter auch als im Cubiculum 16 der Mysterienvilla, wo hinter kassettierter Wölbung der blaue »Himmel« erscheint: Über geschwungenen Vorhängen geht ein Durchblick in nicht näher definierten Freiraum.[12]

Der zweite Stil vereinheitlicht die Räume, faßt sie von einer Achse her zusammen. Er verzichtet auf die Substanzialität des 1. Stils, was auch daraus hervorgeht, daß man keine figürlichen Fußbodenmosaike mehr hat. Im Bildraum kann sich der Verfügungsdrang der Römer anmutig ausleben, den im politischen Ereignisraum Sklaven und Gegner des Imperiums direkt zu spüren bekamen.[13]

Daß die Ausmalung der *Villa von Boscoreale* um 50 v. Chr. datiert wird[14], verwundert angesichts der fliegenden Niken auf den Bronzekandelabern und den dionysischen Figürchen, die die Gesimskonsolen tragen[15]. Tür und zentralistische Ausrichtung erinnern aber ans Cubiculum 16 der Mysterienvilla, der Supraportenfries mit Jagdszene an Delos. Schwere Sockel, korinthische und marmorierte Säulen sind einer Scherwand zugeordnet, auf welcher tragische Theatermasken[16] und hinter der ein z. T. mit schwarzem Tuch verhangener, von steilen Portikus umgebener Hof sich befinden. Über der türbekrönenden Volute schwebt Eros auf einer geheimnisvollen Schale.

Zum ersten Mal hat hier die Wandmalerei einen symbolischen Sinn; er ist willkürlich zu der materialfunktionellen Ausarbeitung des Themas »Wand« hinzugekommen. Dennoch muß er einer unmittelbar vorhandenen geistigen Lebensform – so wie der »Raum« die unmittelbare Wohnform ist – entsprochen haben. Was ist ihr Hauptinhalt? Isis-Religion ist zu speziell gegriffen, Theater zu entlegen, Eros als Grundkonstante zu allgemein. Doch gab es im ersten vorchristlichen Jahrhundert die »Götterverschmelzung«[17]. Der Pantheongedanke wird sozusagen noch in handfesterer Gestalt vorgeprobt: als Konzeption der Allgöttin Venus. Dahinter steht die Theologie Alexandriens. In Pompeji ist in vielen Häusern die Dreiheit Artemis-Aphrodite-Dionysos nachgewiesen[18]; was sich durch die spätägyptische Gleichsetzung von Hathor mit Aphrodite und Bastet mit Artemis, die beide Erscheinungen der Isis seien, erklärt. Dionysos entspricht Osiris; Artemis, Tyche (Fortuna), Kybele und Isis werden verquickt.[19]

Hinter der verschlossenen Tür der Malerei von Boscoreale wird ein ähnliches Heiligtum suggeriert wie es im Oecus der Casa di Labirinto als eine von Säulengängen umgebene Tholos sichtbar ist. Der Unterschied liegt darin, wie stark man jeweils den Reiz des Verdeckten, Halbverdeckten, Greifbar-Nahen ausspielen will. Die Tholos verweist auf eine imaginäre Kultstätte der Aphrodite, die Masken auf die uralte Einheit des tragischen Theaters mit dem dionysischen Ritual. Der Schauplatz frühhellenistischer Komödien war oft ein solcher Bezirk. Satyrspiele gibt es in Rom nicht, das satyrische Szenenbild im Haus hält nur die allgemeine Atmosphäre aufrecht[20]. Im folgenden Jahrhundert wird auch die römische Tragödie zugunsten des psychologisch raffinierten Pantomimus verschwinden.

Die Ostwand von Oecus 3 der *Casa di Obellio Firmo* (IX 10,1)[21] schottet ab, was in Boscoreale noch potentiell zu öffnen war. Die grün umrandeten, von links beschatteten roten »spanischen Wände« der Mittelzone, vor denen sehr schlanke, kannelierte, bossierte und geschuppte Säulen die Gebälkverkröpfungen stützen, sind zu Bildträgern geworden. Die mittlere der Tafeln, die zuweilen als Reminiszenzen an hölzerne Theaterkulissen des Proszeniums interpretiert werden, ist mit dem »Abziehbild« einer Göttin mit Diadem verziert. Das Ausblicksmotiv ist auf die Stereotype der fluchtenden Säulenreihe verkürzt; an den Seiten der Oberzone taucht zum ersten Mal das Bild im Bild – Aphrodite mit Szepter – ohne die realistische Überleitung der Pinax-Klappen auf.

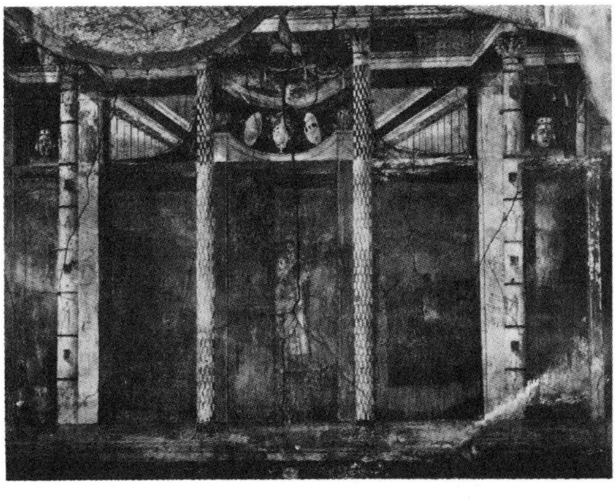

Die räumliche Illusion vermindert sich insgesamt von oben nach unten: das Gebälk in seiner manchmal überkompensatorischen Perspektive euphorisch, die Ausbuchtung im Oberteil der Mitteladikula schon schematisch, die orientalisierenden Säulenbasen wie in einer architektonischen Ansichtszeichnung in die Fläche gewandt, und die Greifen, Hermen und Kandelaber im Sockel vollends ornamental unterdrückt. Das Ganze von gediegener Eleganz, ein sublimer Aphrodite-Isis-Kult, der seine ausgesprochene Symbolik – Schilde und Uräusschlange – in die vornehme Mode des Ägyptisierens kleidet. So paßt die Wand vorstellungsmäßig in den Zeitraum zwischen der Eroberung 30 v. Chr. und Vitruvs polemischen Sätzen.

Die wesentlichen Eigentümlichkeiten des 3. Stils, der sich um 15 v. Chr. in der Cestius-Pyramide nachweisen läßt und seine erste Ausprägung in der um die Zeitenwende zu datierenden *Villa des Agrippa Postumus (Boscotrecase)*, des Sohnes der Julia und des Agrippa, findet, sind die Umfunktionierung der einst raumschaffenden Sockel und Säulen zu dekorativen Strukturelementen der Wand, die Institutionalisierung des abgebildeten Einzelbildes, anstelle eines illusionistisch gebundenen Durchblicks, und die ornamentale Einbindung kleiner figürlicher Einzelformen in ein arabeskes Gefüge.

Der 3. Stil ist Abklärung, Form und Inhalt setzen sich ab: Das aussagekräftige mythologische und das Landschaftsbild verselbständigen sich gedanklich in dem Maße, als die architektonisch inspirierten Elemente die Wandfläche zentralistisch gestalten und das Rankenwerk[22] eine Vielzahl visionärer Erscheinungen beherbergen muß. Die rein geistige Qualität der Einzelbilder ermöglicht über das Medium ihrer räumlichen Zuordnung die gedankliche Konstruktion antithetischer Exempla.[23]

Während die von Julia und Agrippa ab 19 v. Chr. erbaute Villa unter der Farnesina in Rom in ihrer Ausmalung das Scharnier zwischen 2. und 3. Stil darstellt, haben wir im ländlichen Refugium Boscotrecase das fertige Muster des 3. Stils.

Die *Hauptwand des Raumes 4* (jetzt in Neapel) besticht durch ihre ausgewogene Proportionierung. Das zu einer regelmäßig ornamentierten Borte verflachte Gebälk ist von der Mitteladikula mit ihren goldschmiedehaft ziselierten Halm-Säulchen (man muß schon genau hinsehen) zu den Seiten hin abgetreppt; über ihm, die Flächen jeweils exakt halbierend, Festons,

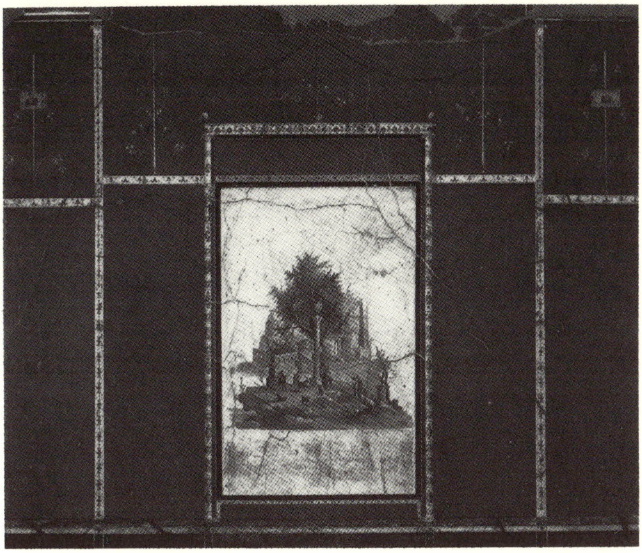

Girlanden (fadendünne, nicht die der Ara pacis), Ranken; unter der roten Hauptfläche ein schwarzer Sockel, dessen lakonische Linearunterteilung ihrem Konstruktionsraster entspricht. In der Mitte, kunstvoll von allem Tektonischen abgerückt, wurde eine weiße Fläche eingespannt, auf der sich, wie projiziert, ein Landschaftsbild abhebt. Obgleich es sich in seiner Quasi-Aquarelltechnik von der Wand insgesamt distanziert, fällt in ihm die korinthische Weihgeschenksäule auf die Zentralachse. (Auch die Mittelbilder der Seitenwände sind kompositionell ebenfalls auf die Blickposition des Eintretenden und die Richtung des Lichteinfalls bezogen.[24]) Dargestellt ist keine unberührte Natur (was überhaupt erst im Cinquecento möglich wird), sondern eine von Zeichen durchdrungene. Nichts kann allein stehen, alles bedarf einer Zuordnung: der Baum der Säule, die Säule der Kybelestatue, ihres Tempels, ihrer Schilde und Tympana, der Strauch der Priapbasis, Geißen und Bock des Hirten, der Hirt der heiligen Säule, das Wasser der Brücke, der Hain der Temenosmauer, der Tempel des auf seinen Stufen Ausruhenden.

Zum Naturbestandteil gehört die übernatürliche Wirkungsmacht, das Numen, wie zu jeder Person ihr Genius. Das Numen, der »genius loci« wird im Bild materialisiert dargestellt, sei es in Form kultischer Artefakte, sei es in Gestalt einer mythischen »Teilpersonifikation« (Herbig), die etwa verwandt wird, wenn sich eine Nymphe aus ihrem Teich erhebt, um Athene, die sich »im Spiegel des Teiches erblickt«, einen Spiegel entgegenzuhalten[25].

Man kann mit Grund behaupten, daß die erste bildsprachliche Anwendung des Prinzips der Metaphorisierung in die Zeit des 3. Stils fällt, wo das »Bild an sich« entdeckt wurde (und damit der Unterschied zwischen Bildraum und Ereignisraum). Die Römer, die die unbedeutenden Menschen klein, die bedeutenden aber groß, die Besiegten winzig, den Sieger riesig darstellten, hatten offensichtlich ein Gefühl dafür, daß die »Stimmung« einer Landschaft etwas mit der Stimmung der in ihr Agierenden zu tun habe: Unter dem Baum einer sakral-idyllischen Landschaft »wird der grimmige Polyphem, derselbe, der im Hintergrund das Schiff des Odysseus zu zertrümmern droht, zu einem verliebten Hirten, der Galathea schmachtende Lieder darbringt«[26].

Die Maler arbeiten dabei mit den Erzähleinheiten der Topoi, von denen es zwei Hauptstimmungsträger gibt: den »locus amoenus« und die schreckensvolle »epische Landschaft«[27]. Der psychologische Ausdrucksreichtum, den auch Plinius den Arbeiten des Ludius zuschreibt[28], ist ja die Essenz der mythologischen Szenen. Was bei denen zu selbstverständlich ins Auge fällt, machen die Landschaftsbilder deutlich: Die Topoi sind immer mythisch strukturiert. Der Mythos ist Bestandteil der Alltagssprache.[29]

Welch andeutungsleichte Mitteilungseffektivität sie hat, wenn sie sich der zeichenhaften mythischen Einheiten bedient, wird an einer Wand aus der *Villa des Cicero* klar, wo die Erfindung des späten 2. Stils (Villa unter der Farnesina), das »Durchblicksbild«, zum »Abziehbild« auf der materiellen, kostbaren Farbfläche der Wand reduziert wird.[30]

Verstehen wir unter Ornament die distektonisierende Überformung der Bedeutungsträger durch ein gestalthaftes Linienmuster – wie hier der Maler Kandelaber, Skarabäus, Schallbecken, Lyra, Eros-Medaillon, Thyrsosstab und Girlanden dem wandunterteilenden Formschema eingliedert –, so wäre das »ornamentale Denken« eine Art der Überstülpung des Mythos über den Gedanken (oder dessen Aufblitzen unter dem Mythos hervor), wie hier die handflächengroße tanzende Mänade in der geometrischen Mitte des Feldes die Beziehung zum Silen weit über ihr sucht, der witzigerweise auf einem ornamental verbauten Thyrsos seiltänzelt, wie er realiter einen über der Schulter trägt. Der Ausdruck geht aber jenseits

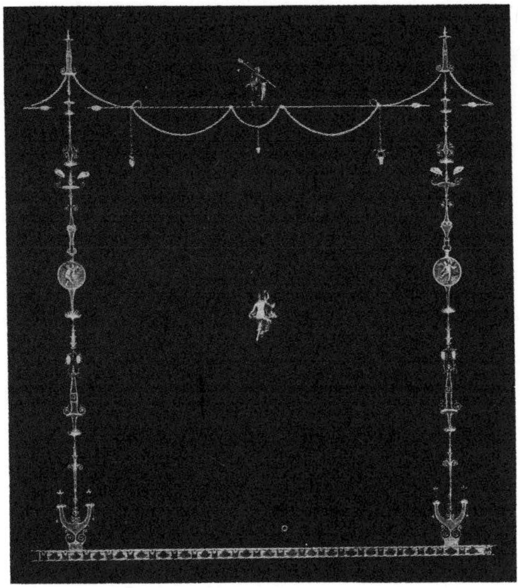

bloßer Hypostasen über die Gestaltqualitäten: Das Balancierende, Raffinierte, Verschlungene und Tarierte, das Zwischen-Nähe-und-Distanz-Schweben stimuliert die erotischen Gefühle. Gleichzeitig fühlt man direkt den intellektuellen Genuß des Entzifferns nach, den solche Subtilitäten genau so wie Gemmen und Kameen bereiten, und den apodiktischen Imperialismus, der immer in der extremen Grazie liegt.

Wieder mit tiefenräumlichen Zitaten filigraner Architektur durchsetzt, besonders in der neuentdeckten Oberzone, sind die *Wand aus dem Haus v, 1, 14*[31] (wo Herbig »die gleichen Kreuzchen, Sternchen, Blumen und Ranken, Diademreihen, Broschen und nadelartigen Gebilde, wie sie der Goldarbeiter als Kombinationen aus Edelmetall und Edelsteinen anfertigt«, findet[32]) und die Wände des Tablinums der *Casa di M. Lucrezio Frontone* (v, 4, 11). Der Sockel ist dort zweigeteilt: Unter einer Predella, die den statischen Bau abschließt, erstreckt sich eine Gartenlandschaft, deren Umfassungsmauer in der Mitte einmal vor einer Fontäne (für Aphrodite), einmal vor einem Krater (für Dionysios) zurückweicht. Die versteckspielerische Lust des Ornaments hat Curtius in einer ausführlichen Beschreibung nachempfunden.[33] Hier tummelt sich auf Friesbändern und Blumenborte vornehmlich dionysisch-mittelmeerisches Gerät: Lyren, Muscheln, Krönchen, Blätter, Eicheln, Schallbecken, Trinkhörner, Kesselchen. In der

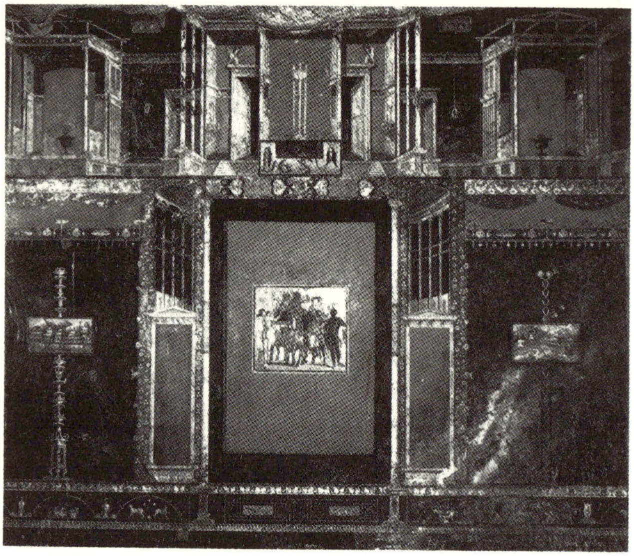

basilikalen Architektur der Oberwand, die wegen ihres hölzernen Baus – wie im 4. Stil der aufgespannte Teppich, etwa des Hauses IX, 5,11 – an hellenistische Prunkzelte erinnert, weisen Dreifüße und Greifen auf Apoll, Masken und Kratere auf Dionysos[34]. Die Zweiteilung folgt den zentralen Bildern, die sich nun auf den gegenüberliegenden Wänden jeweils als 45 cm hoher, abgeschlossener Kompositionsraum vom farblich gestaffelten Grund – einem Rot, das von Schwarz gerahmt wird, darauf die Säulchen, dann die grüne Borte – abheben.

Die Darstellungen mit viel Sinn für Feinheiten der Erzählung: Der aus Kopienvorlagen addierte Triumphzug des Dionysos mit Ariadne, wo etwa die Beziehung des von Dionysos hingestreckten Weinpokals zum darunter reitenden Silen, der sich die Augen wischt, von flötendem Satyr und tanzender Mänade und die harmonischen Farben eine originäre Komposition suggerieren (in Bild- und Ereignisraum gibt es kausalistische Ereignisschritte). Und »Ares und Aphrodite«, vor denen Amor sich zur Aktion rüstet[35]; rechts vorne zwei pikiert herausblickende Frauen, im Hintergrund ein Mann zwischen zwei Frauen, welche neugierig bis ratlos zu Ares schauen, der Aphrodite gerade an die Brust greift. (Man findet oft solche Zuschauerfiguren; sie veranschaulichen, als wäre man im Theater, eine denkbare, gängige oder erwünschte psychische Zuwendung zur vorgeführten Handlung, sind die mythenausdifferenzierende Reaktionshilfe für den Betrachter im Zimmer.)

Betrachten wir das Ausmalungskonzept des Tablinums, so sind Dionysos- und Aphrodite-Bild antithetische Pendants: »Wir können sie als Gegenüberstellung einer strahlend heiteren, froh gefeierten, legitimen Götterhochzeit mit einer fatal ehebrecherischen, in dumpfer Verwegenheit wahrgenommenen illegitimen Liebelei begreifen.«[36]

Weiter enthält die Wand beschaulichere Elemente: gemalte Tafeln von Stilleben und Hafenlandschaften an Füllhorn-Pinienzapfen-Kandelabern. Sind es Votivgaben oder, erstere, die »xenia« des Vitruv[37], Surrogat-Abbildungen derjenigen Eßwaren-Gastgeschenke, die man früher den Beherbergten real gegeben hatte, und, letztere, topographische Ansichten römischer Villenkomplexe in Meereslage?

Wir finden hier zum ersten Mal ein wirklich ästhetisches Verhältnis zur Natur.

Anmerkungen

1 Zur Maltechnik s. W. Klinkert, Bemerkungen zur Technik der pompejanischen Wanddekoration, in: L. Curtius, Die Wandmalerei Pompejis, Darmstadt 1960 (photomechan. Nachdruck der 1. Aufl. 1929), S. 433ff.

2 Sendschreiben von den Herculanischen Entdeckungen, 1762, zit. n. Curtius, a.a.O., S. 4

3 1866, zit. n. Curtius, a.a.O., S. 21

4 Die wichtigsten Werke: A. Mau, Geschichte der dekorativen Wandmalerei in Pompeji, 1882; L. Curtius, a.a.O.; H. G. Beyen, Die pompejanische Wanddekoration vom zweiten bis zum vierten Stil. I, 1938, II,1, 1960. K. Schefold, Pompejanische Malerei, 1952 (= PM); ders., Vergessenes Pompeji, 1962 (= VP)

5 PM

6 Was A. Rumpf in der Rezension ausnützte, in: Gnomon 26, 1954, 353ff.

7 Siehe Schefolds einleitende Bemerkungen in PM zum Tiefstand der heutigen Kunst.

8 Curtius streift das Thema mit allgemeinen Ausführungen, S. 29ff.

9 »It is the peculiarity of the raised plaster designs of the Greek world that they restrict themselves, exclusively, to motivs developed originally in connection with the cutting and fitting together of stone blocks, specifically in walls.« (V. J. Bruno, Antecedents of the Pompeian First Style, AJA 73, 1969, S. 308)

10 Als da sind: erhabene Stuck-Imitationen von Marmorballustraden; Mäander und floreale Muster im vollen Relief.

11 Siehe J. Engemann, Architekturdarstellungen des frühen zweiten Stils, in: RM Erg.-H. 12, 1967

12 Nach Beyen und Schefold (cf. VP, S. 41) gelten folgende Datierungen: Villa dei Misteri 60-50 v. Chr.; Haus des Labyrinths: 50-40 v. Chr.; Haus der Silbernen Hochzeit: 40-30 v. Chr.; Beyen hat den 2. Stil nach Phasen und Stufen unterteilt: 1a = die geschlossene oder prospektlose Wand; 1b = ihre allmähliche Auflösung durch Einführung von Durchblicken; 1c = die freie Komposition von Wand und Prospekt (Phase 1 von 80-50 v. Chr.); 2a = Zentralisierung der Wände, ein vollständiges Stockwerk ist jetzt in der Oberwand eingeführt (in Rom 50/45-35/30, in Pompeji 45/40-30/25) (zit. n. R. Herbig, Rez. Gnomon 34, 1962, 82ff.)

13 Auch Schefold analogisiert die hierarchische Form des 2. Stils und die sich ausbildende monarchische Herrschaftsform zur gleichen Zeit (s. VP, S. 27).

14 VP, S. 27

15 An der Westwand des Tricliniums.

16 Nach Curtius »Nachahmungen von im Theater aufgestellten Votiven«.

17 Siehe Schefold, VP, S. 30

18 Siehe Schefold, VP, S. 197ff.

19 Schefold schließt daraus, »daß die Maler, die den zweiten Stil am Anfang des 1. Jahrhunderts v. Chr. in Rom geschaffen haben, stark mit Alexandria verbunden waren« (VP, S. 31). Bei Plinius heißt es vom Maler *Serapion*: »Theaterdekorationen malte er vortrefflich, Menschen konnte er nicht darstellen.« (n. h. 35, 37)

20 Z. B. an der Alkovenrückwand eines Zimmers der Villa von Boscoreale (Curtius Abb. 73); vgl. Vitruv v 6,9: »satyricae (scenae) vero ornantur arboribus, speluncis, montibus reliquisque agrestibus rebus in topiodis speciem deformatis.«

21 ca. 25 v. Chr. zu datieren

22 z. B. in der Casa del Centenario (IX, 8,3)

23 Siehe Schefold, VP, S. 189ff. Die angeführten Pendants lassen sich nach folgenden Themenkreisen gruppieren: »Liebesschicksale«, »Heldentum und Liebe«, »Sieg«, »Held und Frevler«, »das Musische«, »Aphrodite, Dionysos, Artemis gefeiert«. – Schefold meint, »die Wandlung (vom 2. zum 3. Stil) entspricht genau der gleichzeitigen der Dichtung. Die flächige Verfestigung der Form ist der formale Ausdruck dafür.«

24 s. VP, S. 62

25 s. R. Herbig, »Schön wie von der Hand der Gratien«. Der III. Stil in der pompejanischen Wandmalerei, RM 69, 1962, S. 178

26 E. Simon (Rez. von v. Blanckenhagen/Alexander, The Paintings from Boscotrecase, 1962), Gnomon 44, 1972, S. 199, über das Polyphem-Gemälde in Boscotrecase

27 Ibid., zit. n. E. R. Curtius, Europäische Literatur u. lateinisches Mittelalter

28 N. h. 35, 37: »Auf seinen Bildern werden ferner Vornehme bei dem sumpfigen Zugange eines Landhauses von gedungenen Frauen schwankend und furchtsam auf dem Rücken getragen, und so hat er noch viele andere scherzhafte und witzige Einfälle.«

29 Wenn jede Mahlzeit ein Opfern war (wie Schefold, VP, S. 35, schreibt), dann war Religion der Alltag.

30 Curtius, Abb. 222 (Rekonstr. v. P. Herrmann). Uneinigkeit herrscht bezüglich der Datierung. Während Herbig, a.a.O., schreibt, die Villa sei »in der Zeit um Christi Geburt gebaut«, meint Schefold, VP, S. 71, sie gehöre »in die Zeit von Neros Regierungsantritt«. Die Entscheidung hängt davon ab, ob man die so abstrakte Dekoration als unmittelbare Entwicklung oder nur als Reaktion auf einen Illusionismus auch des 3. Stils für möglich hält. Schefolds Auffassung muß vor allem einen nochmaligen Umschwung zum vollillusionistischen neronischen 4. Stil miterklären können.

31 Curtius, Abb. 120

32 a.a.O., S. 185

33 Curtius, S. 62-66

34 VP, S. 72

35 Nach Curtius im »Haus des Hephäst, dessen Abwesenheit . . . der buhlerische Schlachtgott benutzt, um die Gattin des häßlichen Schmieds zu verführen« (S. 250).

36 Herbig, a.a.O., S. 180

37 6, 7, 4

Die Nacht in der deutschen Romantik an zwei Beispielen

Salomon Gessner: Die Nacht, 1753

Nehmen wir Gessners fünfseitiges Schriftstück ganz wörtlich und direkt als Zwiesprache mit der »stillen Nacht«, so läßt sich interpretieren: Einerseits ist die Natur als selbständige Gesamtheit verstanden, sie ist des eigenen Bewußtseins fähig, tritt in Kommunikation mit sich selbst und höheren Wesen: Nebel umschleichen Weinberge, Haine und Fluren, die Wolken, die Vögel verabschieden Phoebus, die göttliche Sonne, und der Hirt bläst ihr sein Lied. Ein intensives Wechselspiel der Wirkungen, ein Hin und Her von Strahlung und Vibration. Dunkelheit folgt dem Abend, sichere Ruhe und Harmonie scheinen nun alles zu bedecken.

Doch Gessner sieht in der Nacht die »sänftere Schönheit«. Die Schönheit selbst wird »sanft«, obgleich sie es ist, die sanft macht oder genauer die, um empfunden zu werden, den Sanften voraussetzt. Und es ist klar, daß eine solche Offenheit gegenüber dem, was die Dinge erzählen wollen, was sie unter sich schon immer redeten, vom darin lebenden Menschen nur in dem schwebenden Zustand zwischen Bewußtsein und Unbewußtheit erreicht werden kann. Erst nachdem ein »lauschender Waldgott« den Schlafenden wecken konnte, ist dieser selbst fähig zu lauschen, und schüchtern kann er seinen Blick den dunkeln Wald durchstreifen lassen, erst wenn eine Nymphe »schüchtern durchs Gebüsch rauscht[e]«.

Wahrnehmung ist Hingabe und Wachsamkeit in einem: »Wie lieblich überfällst du mich hier!«

Daß dies Wechselspiel innerhalb der anfänglich fremden Natur Gessner im Grenzbereich von Traum und Wirklichkeit erfaßt und mit einbezieht, sichert methodisch eine präzise Beschreibung des nächtlichen Spektakels.

Hier zeigt die Natur ihr zweites Gesicht: Sie kommt in ihren individuellen Einzelheiten zum Vorschein, »zitternden Blättern«, »winkendem Gras«, »triegenden Gestalten krummer Stämme«; »Lichter hüpfen auf dem schwarzen Bach«.

Wenn die am Tag vom Sonnenlicht einseitig beanspruchten Sinne sich in der Nacht den Reizen der Berührung, des Duftes und der Laute – »sanftem Gezwitscher«, »Balsam-Gerüchen« und dem »mossigten Stamm« – hingeben können, so versinnbildlicht Gessner damit die Aufgabe vordergründigen Sehens und Denkens zugunsten der Versenkung. Was demnach Zeitlosigkeit, »Vergessenmachen des Augenblicks« bedeutet, weil ja das Licht die Zeit anschaulich macht, gerät im folgenden zur augenzwinkernden Kennzeichnung ewigen Altseins:

»Ihr witzlose Mädchens mit rohten Wangen und schönem Mund, wann die Nacht des Alters einst diesen Reitz euch raubt, dann gleicht ihr geruchlosen Tulpen bei Nacht.« –

Ob es eine zweckfreie und neutrale Betrachtungsweise ist, die der Dichter dem »strauchichten Hügel« und dem rieselnden Bach offeriert – »ich hör, ich höre sein Rauschen, er stürzt sich an moßichte Steine und trängt sich schäumend durch enge Wege« –, oder ob er in einem analogischen Schlußverfahren und abhängig von zeitweiliger Stimmung wahrnimmt und beschreibt, kann nicht entschieden werden; denn suggeriert die Passage: »Dort ist es, wo ich einst am blumichten Ufer beym Mondlicht das schönste Mädchen fand, es lag da in Blumen hingegossen im leichten Kleid, leicht, wie die dünnsten Wolken, in die sich durchscheinend der Mond oft hüllt«: Gessner sah erst den Mond, dann das Mädchen –, so ist doch nicht ausgeschlossen, daß er im Mond fortan das Mädchen, in »dünnesten Wolken« ihren hauchdünnen Umhang erblickt und beim »heischren Gesang« Entsprechendes hört.

Die Wörter und die von ihnen benannten Pflanzen, Tiere, Lichter und Geräusche scheinen der Wahl des erotisch gelaunten Dichters entzogen. Während diese sich dem schüchtern schweifenden Auge gleichsam zufällig, ganz »wahrscheinlich« darbieten, so versuchen jene, dem Charakter der Dinge ganz nahe zu kommen, ihm ähnlich zu werden: »Welch sanftes Taumeln fließt durch mein wallendes Herz«; »Sey mir gegrüßt dunkle Laube, wie hoch wölben sich die Ranken mit Trauben behangen.«

In dem Satz: »Stammeln und bebende Lippen mahlten ihr da mein unaussprechliches Entzücken« wird die onomatopoietische Methode in der Aussage selbst anschaulich.

Kurz nachdem der Dichter das erinnerungsträchtige Ufer passiert hat, entschwinden die Visionen seiner nächtlichen Begegnung, und voll Begeisterung ruft er aus: »Aber! Götter! was seh ich! dort auf der dunkeln Fluhr! Flammen hüpfen daher, mit hüpfenden Flammen, sie wollen sich haschen, jetzt tanzen sie im Kreise.«

Gessner weiß natürlich, daß für die Gelehrten die Irrlicht-Erscheinung wissenschaftlich »entheiligend« »entflammete Dünste« sind, er selbst aber beobachtet liebevoll, verlebendigt oder vergöttlicht. Physikalisch kausal zu denken, ist ihm langweilig, insofern er am allumfassenden Leben genauso teilnimmt, jede natürliche Regung auch auf ihn wirkt.

»Milde Götter seyd ihr, die gutthätig des Nachts erscheinen, ihr führet den irren Liebhaber zum ängstlich wartenden Mädchen, oder ihr beleuchtet beyden den Weg, wan sie geheime Gebüsche besuchen, oder führet lauschende Verräter irre.«

Und teleologisch klingt seine schelmische Frage an Luna, die sich verfinstert: »Kannst du Keusche die leichtsinnigen Spiele der Götter auf den Wolken nicht vertragen? Oder hat ein Satyr dir Endymion zu geruffen?«

Im folgenden steigert sich der Eindruck, die Erlebnisse des Ich-Erzählers seien nicht unabhängig von seinen Wünschen. Luna fordert er auf, ihn zum Erinnerungsort einer Laube zu führen, »wo sich kriechende Reben, im hohen Gewölbe mit Trauben behangen umarmen, wo ich oft in kühlen Schatten, an die grüne Wand hingelehnt, mit Brüdern trank«. Assoziationen an nächtliche Gelage, »den Silberthon des vollen Bechers« steigen auf und beflügeln die Idee: »Ihr Brüder, die ihr jetzt fern in trägem Schlummer lieget, ach wäret ihr hier!«, und im schwindelerregenden Wechsel der Bilder von Wunsch, Realität, »Wirklichkeit«, Traum, Wirklichkeitsdeutung und Phantasie läßt Gessner uns mit flimmernden Augen und ernüchtertem Sinn zugleich zurück.

War Gessners Assoziation der Begegnung mit dem »himmlischen Mädchen« von Wunsch oder vergangener Wirklichkeit inspiriert? Ist das Erscheinen der Zechkumpanen auf Vision zurückzuführen oder die Erhellung der Szene – »welch heilger Schimmer« – auf ein tatsächliches Gelage? In diesem Fall könnte der Faun mit Ursache erwacht sein. Doch wie, wenn – analog der Biene Dalís – ein dringendes Bedürfnis ihm nach Sammlung

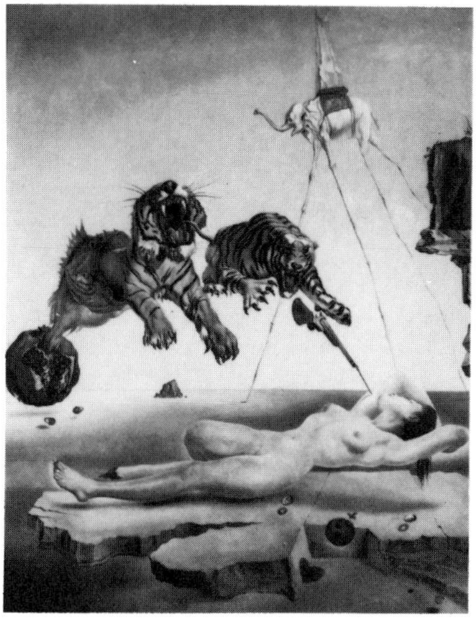

der Argumente das weckende Trinklied spielte? Warum konnte Gessner es dann hören, träumte er sich selbst in einen Pan, der an des Vaters Seite sich ausschläft? Die kleine Radierung legt es nahe.

Der Mensch ist nur ein Wesen mit seinem Bewußtsein unter den Pflanzen, Vögeln, Musen und Naturgöttern.

Die Anspielung auf Leibnizens Theorie – »auch waren wir schon Brüder ihr Freunde, da wir noch Atomen waren, da lachten wir schon im holen Rebblatt« – will auch nur eine Art gesamtheitlichen Naturgeist beschwören, dessen Charakter sich am besten im Bild des Traums veranschaulicht. Ewigen Schlaf und ewige Jugend hat sich Endymion von Zeus erbeten, bei Nacht küßt ihn die Mondgöttin.

Caspar David Friedrich: Zwei Männer in Betrachtung des Mondes, um 1819/20

Zwei Männer verweilen an einem von der unteren Bildmitte in einer Rundung nach links ansteigenden Weg und betrachten den Mond, der im Zentrum des Bildes zwischen dem Geäst eines schräg nach rechts gewachsenen schweren Baumes hell leuchtet. Der linke der beiden, der jünger scheint, hat dem Älteren, einer infolge des weiten Umhangs, des Stocks und seines aufrechten Stands würdig wirkenden Gestalt, den Arm auf die Schulter gelegt.

Wie dem Felsen rechts ein gleicher auf der anderen Seite des Weges zugeordnet ist, lassen sich ohne Schwierigkeit Entsprechungen zwischen einerseits der linken Figur und der neben ihr stehenden, von der Witterung recht mitgenommenen Fichte und andererseits der knorrigen, entwurzelten, auf steinigem Grund sich lehnenden Eiche und dem unbeweglich-statuarischen Mann konstatieren.

Vom Bildbetrachter abgewandt, sind sie desto mehr in den Anblick des tief am Horizont stehenden rundsichelförmigen Mondes versunken. Die wasserdampfhaltige Atmosphäre wird fühlbar, weil das Licht gestreut ist.

Daß die Luft nun hier im Zentrum des Bildes sensitiv – als Dichtigkeit und Strahlung – erfahrbar ist und also mindestens ebenso stark dessen Zuschauer wie die abgebildeten Männer berührt, ist entscheidend für die Relation Betrachter-Bild-Gegenstand. Denn die Vertiefung der Männer in das Licht des fernen Planeten, die durch den Rahmen der auf dem Felsen

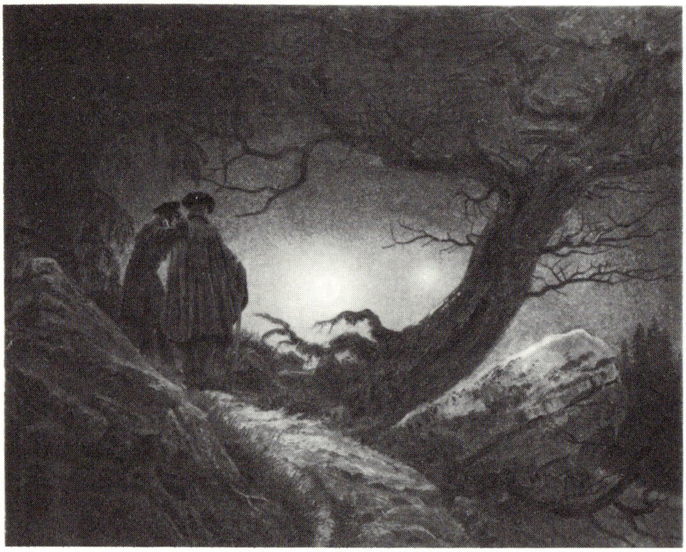

Öl/Lw., 35 × 44 cm, Dresdner Galerie

gewachsenen Baumgruppe und das Medium der nächtlichen Luft gewährleistet wird, findet ihr exaktes Analogon in unserer, des Publikums, durch das Transportmittel »Bild« erzielten Versenkung in das, wovon es Abbild ist.

Ebenso wie die beiden Männer ja die wahre Quelle dessen, was sie sehen, nur indirekt erfassen können, da sie lediglich den Widerschein der Sonne im Auge haben, vermag der einmal über den im Bild befindlichen Weg mit den zwei Rückenfiguren identifizierte Zuschauer den Herkunftsort der dem Mond Licht-spendenden Sonne nur zu ahnen, das heißt in der »Versenkung« zu erfahren; sei er Gott, das Erkenntnis ermöglichende Prinzip oder Naturgesetzlichkeit.

	Baum		
Zwei Männer		Mond	(Widerschein der Sonne)
⋮	Baum	⋮	
⋮	⋮	⋮	
↓	↓	↓	(Widerschein des erkenntnis-
Betrachter	Bild	»Erkenntnis«	ermöglichenden Prinzips)

Das Bild wird Gegenstand seiner selbst und damit ins Bewußtsein gehoben. Die Nacht stellt insofern den geeigneten Träger der Reflexion dar, als ihr Merkmal die Finsternis, ihr Attribut erst das »kühle« Licht der Gestirne ist. Das Sonnenlicht erfaßt, indem es gestreut wird, den ganzen Raum, kann wegen seiner Grellheit nicht direkt gesehen werden und läßt die Dinge vor unseren Augen erst entstehen; Schein und Wesen sind ununterscheidbar. Wenn Friedrich fordert, das leibliche Auge zu schließen, um mit dem geistigen zu schauen, dann liegt in der Nacht noch die bestmögliche visuelle Vergegenwärtigung. Jedes Bild braucht das Licht, weil es unseren Augen gleicht, das potenzierte Bild ist schon Reflexion.

Ein Vergleich mit früheren motivähnlichen Gemälden oder Radierungen, etwa der Illustration Jean-Michel Moreaus d. J. zu Rousseaus »Emile«, dokumentiert, mit welch meisterhafter Konsequenz Friedrich aufgegriffene Bildtraditionen formalinhaltlich »auf den Gehalt« bringt. Es handelt sich eben nicht nur um äußere Straffung und allgemeine Verinnerlichung: Während bei Moreau der Betrachter zwar ebenfalls eine lose Identifikation mit den beiden schwärmenden Jünglingen eingehen wird, um ihnen die Großartigkeit der Natur nachzuempfinden, bedarf es bei

Friedrich der bewußten Unterscheidung von Ich und Bild, Mensch und Natur, Natur und Gott.

Eine Überprüfung des Erklärungsmodells mag am Bild »Mondaufgang am Meer« von 1821 erfolgen.

Vermittels der »hyperbolischen« Flächenstrukturierung markiert Friedrich sein Bild als Vorwurf des physiologischen Auges, die Form der Wahrnehmung ist deutlich festgehalten; so gerät das Dargestellte seinerseits in den immateriellen Bereich.

Das im Vordergrund befindliche Ufer schiebt sich mit seinen massigen rundgeschliffenen Steinblöcken ins seichte Wasser, es scheint ebenso leicht einzutauchen, wie es im umgedrehten Sinn vom Meer überflutet wird. In diesen Grenzbereich haben sich zwei Männer, von hinten nur noch als Schatten auszumachen, vorgewagt und blicken auf zwei sich vom Meer nähernde leichte Segelboote. Am Ufer beobachten sie ihrerseits zwei sitzende Frauen, deren Viertelprofile im Mondlicht glänzen. Ihnen, den Verharrenden, sind zwei mächtige Anker links vorne im Geröll zugeordnet. Der Himmel, der mehr als die Hälfte des Gemäldes einnimmt, wirkt oben leicht und beweglich, gegen den Horizont schwerer und dunkel, seine Beziehung zu Ufer und Meer ist »chiastisch«; dies trifft für die Blickrichtungen von Bildbetrachter einerseits und dargestellten Personen andererseits zu. Das Mondlicht vermittelt zwischen dem Hell-Dunkel des Himmels und dem Leicht-Schwer der Erde. Wie die Männer bloß Schatten sind, ist der Glanz neben ihnen bloß Widerschein. Die Lichtquelle ist fern und nur mittelbar zu sehen. In dem Hin und Her des Lichtes, der Blick-, Denk- und Assoziationsrichtungen wird das Gesamtbild reflexiv, insofern es sich um die grauen Gestalten, den Stein, das Wasser, das Weißschimmernde, die Wolken und den aufgehenden Mond verdichtet.

Die Kluft zwischen Abbild und dem, was davor- bzw. dahintersteht, ist unüberbrückbar, solange man im Materiellen verbleibt.

J. M. W. Turner

Der Ausstellungszyklus »Kunst um 1800« der Hamburger Kunsthalle fährt nach einem Intermezzo des Katalysators Gotthard Graubner fort mit den Werken des zu Lebzeiten wegen seiner Lässigkeit höchst umstrittenen Engländers Joseph Mallord William Turner (1775-1851). Er hat jeweils ein bißchen von Ossians Nebelromantik, Blakes Archaik, Füsslis Wort-Bild-Verknüpfung und Friedrichs versatzstückhafter Tiefensymbolik. Landschaft und Farbe sind die Themen dieses »Ikarus, der sein Ziel erreichte«, den der deutschrömische Maler Koch unter die »eingebildeten ästhetischen Dummköpfe« einreihte, die Kunst nur als luxuriöse Privatangelegenheit betrachten.

Zu Beginn des 16. Jahrhunderts gibt es eine wechselseitige Durchdringung der bürgerlichen Handelsware »Landschaftsmalerei«, die nördlich der Alpen in der Tradition der mittelalterlichen Werkstatt betrieben wird, einerseits, und der sich mit dem wissenschaftlichen Empirismus ändernden Natursicht, die den Theorieleistungen der italienischen Renaissance-Künstler des 15. Jahrhunderts zu verdanken ist, andererseits. Das merkantile System verlangt nach von Spezialisten produzierten Einzelobjekten, und die weltoffene Philosophie des Subjektivismus glaubt im zentralperspektivisch konstruierten Kontinuum eines pantheistisch gestimmten Landschaftsbilds ihren Standpunkt zur Außenwelt klar und selbstbewußt einnehmen zu können. Die Humanisten offerieren zur geeigneten Klassifikation des neuen Genres die beim römischen Architekten-Schriftsteller Vitruv (1. Jh. v. Chr.) vorgebildete Einteilung der Theaterbühnen in tragische, komische und satyrische. Giorgiones »Gewitter« gelangt, da vom neoplatonischen Gedanken des »himmlischen Eros« inspiriert, ebenso wie die kosmologische Untergangsvision in der Landschaft der »Mona Lisa«, im imaginären Museum zu den *idealischen* Landschaften, die ihrerseits in heroische und idyllische zerfallen. Im 17. Jahrhundert stehen dort die Großmeister Nicolas Poussin und Claude Lorrain, deren Tradition später zurücktritt zugunsten des pittoresken Topographie-Bildes, wo der

Bürger dem Rohen und Ursprünglichen seinen ästhetischen Reiz abgewinnt.

In dieser Zeit wird die Wahrnehmungskapazität von Künstlern und Kunstkennern so von der Systematik historischen Klassifizierens überformt, daß eine unvoreingenommene Sicht der Natur unmöglich ist. Reiseführer bringen den Touristen zu den düsteren Felslandschaften eines Jacob van Ruisdael, dem lieblichen Ambiente eines Claude, und sogar rauchig getönte Gläser werden mitgenommen, um Wald und Wiesen proportionsgerecht ins Bild zu setzen, dem Betrachter verfügbar zu machen.

Wo soviel Mimesis im Spiel ist, bedeutet William Turner Vollender und Zeitenwender. Die Akademie, in die er 14jährig eintritt, propagiert die Nachahmung der antiken Plastik, weil das hilft, das Ideale aus dem Wirklichen herauszuziehen. Nebenbei lernt er im Atelier des Architekturzeichners Malton, koloriert außerdem Stiche, die topographische Ansichten zeigen. Das zwischen 1807 und 1819 in Anlehnung an Claudes »liber veritatis« entstandene »liber studiorum« besteht aus einer Serie von 81 Schabkunstblättern, die die Vitruvsche Dreiteilung der »Landschaftsmalerei« über die Kategorien der historischen, gebirgigen, pastoralen Landschaft, der Seestücke und Architekturdarstellungen hinaus didaktisch so ausdifferenzieren, daß jedem nur denkbaren Naturausschnitt sein Empfindungswert angeheftet ist.

Es ist ein bewundernswerter Vorgang – auch wenn es nur auf die Bedeutung des Lernens durch Nachahmung zu Anfang des Lebens verweist –, wie William Turner die herkömmlichen Muster bis zur Perfektion erfüllt und sich andererseits dann auf das Wagnis einläßt, der Farbe, vor allem der besonders autonomen Aquarellfarbe, ihren eigenen, »natürlichen« Lauf zu lassen. Eines Tages bekennt er, zu Tränen gerührt, vor einer Hafenansicht seines Sonnenmaler-Vorbilds Claude, niemals werde er fähig sein, »ein Bild wie dieses zu malen«.

Von seinen späteren Bildern geht ein Sog von Befreiung aus, gerade von diesem: »Sklavenhändler werfen die Toten und Sterbenden über Bord – ein Taifun kommt auf« (1840), dem die Zeilen »Hoffnung, Hoffnung, trügerische Hoffnung, wo ist dein Markt jetzt?« beigegeben sind. Die Sklaven ertrinken, doch Wellen, Wind, Schiff und Himmel, Licht und Farbe haben sich selbständig gemacht. Ein Zeitgenosse sprach von den »Ketten, die nicht versinken wollen«. Welcher Realismus und welche Lebensenergie hier, verglichen mit Friedrichs »gescheiterter Hoffnung«, deren im Packeis verkeiltes Wrack gleichsam in unserem melancholischen Innern zersplittert.

Die heraklitischen Elemente toben im Kampf ihrer prästabilierten Bestimmungen, und längst ist über dem Werk sein Schöpfer vergessen. Der ungeformte ruhige Grundstoff, den Werner Hofmann in Graubners Werken konstatiert hat, ist durch den Schöpfungsakt des Malens in Bewegung und Widerspruch geraten, Sinnbild, wenn man so will, für eine See- und Weltmacht England, die als Vorreiter der industriellen Revolution in ihrer liberalen Staats- und Wirtschaftsform auch die explosivsten Sprengsätze des florierenden Kapitalismus in den Fabriken lagert.

Turners »Regen, Dampf und Geschwindigkeit« – er behandelt es in der Form einer barocken Allegorie – berührt das Problem von Bewegung oder, was dahinter steht, von *Zeit*, das erst später ins Sichtfeld der Naturwissenschaftler gelangen sollte, bevor Einstein es 1905 in ein nahtlos erweitertes Newtonsches Weltbild einfügte. Die seit Stephensons erster Lokomotive

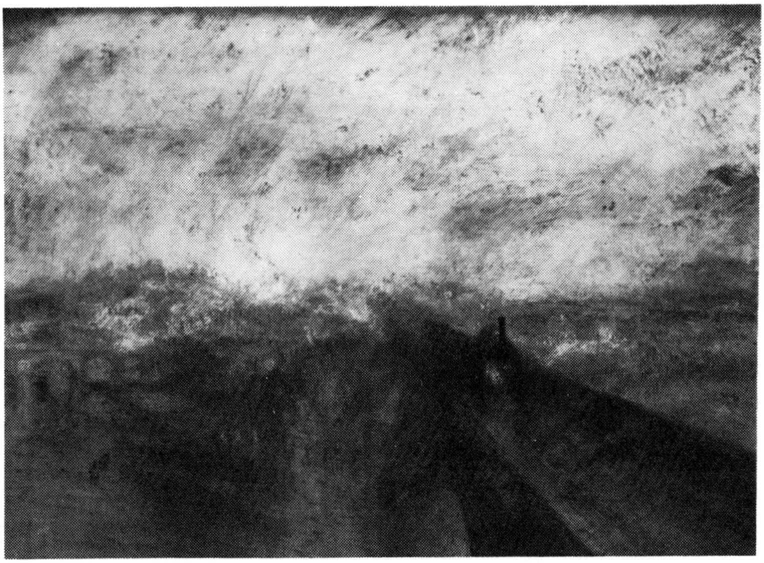

William Turner, *Rain, Steam, and Speed – the Great Western Railway*, 1844, Öl/Lw., 91 × 122 cm, National Gallery, London

»Rockett« 1829 ausgebrochene Eisenbahn-Manie kam, wo die »Geschwindigkeit« nicht mehr nur die von Hund und Hase auf der Jagd oder der Pferde beim Rennen war, aus dem schon von Newton als Relativität der Bewegung gekennzeichneten Erlebnis, daß es gleichgültig ist, ob man auf festem Erdboden oder in einem ebenmäßig bewegten Gefährt seinen Tee trinkt. Wer nun aus dem Fenster seines Waggons blickte, konnte sich zur Landschaft verhalten »wie die Erde zur Sonne«. Jetzt war in der Wirklichkeit möglich geworden, was die Landschaftsmaler seit der Renaissance mit ihren Bildern zu realisieren versucht hatten, nämlich die Definition eines subjektiven Standpunkts zur objektiven Natur. Turner malt ja keine Bewegung wie die chronophotographisch inspirierten simultaneistischen Futuristen, sondern Momentaufnahmen voller Spannung und Drama, aber Stillstellungen sind es dennoch.

Die Entwicklung eines maschinellen Verkehrsmittels läßt damals bereits die Vision einer Weltgesellschaft aufkommen, wie sie McLuhan mit seiner »die Welt ist ein Dorf«-Vorstellung ins elektronische Zeitalter übersetzt hat, und in einigem Zusammenhang damit steht die Reisefreudigkeit mancher romantischer Künstler, die die schnell wechselnden, flirrenden Umweltsensationen benötigten, um im synästhetischen Erlebnis Stoff für ihre von den philosophischen Prinzipien der *Analogie*, der *Reflexion* und des *Mediums* getragenen Bildideen zu finden.

Turner reiste viel; zuerst im Norden, seiner Heimat; 1802 anläßlich des Friedens von Amiens und nach Aufhebung der Kontinentalsperre (1815) auch auf den Kontinent, am liebsten nach Italien, 1819 und 1828 mit Hauptziel Rom, in der 30er Jahren und 1840 allein nach Venedig, der einstmals mächtigen, heute vom physischen Verfall ihrer Kulissen bedrohten, zu seiner Zeit immerhin rettungslos schönen Stadt aus farbigem Licht und Schatten, Tizian-, Tintoretto-, Veronese-Sunsets, Canaletto-Topographie, Byrons Seufzerbrücken-Romantik (»a palace and a prison on each hand«), etc.

Geschichte ist eben verschieden von dem, was sich sinnlich wie eine Korrosionsschicht letztendlich an ihren Produkten aufweist; Turners Bilder sind Pendants der Netzhaut, wo die Farbe sich im Wechselspiel nackter Wellen und vibrierender Nervenbereitschaft einstellt, – wie physikalische Felder, die nur unter der Bedingung existieren, daß man etwas in sie hineintut.

Farbe ist keinesfalls symbolistisch eingesetzt, vielmehr komplementär, sie komponiert sich nach den Spielregeln unserer Wahrnehmungsweise, lichtgelb zu schattenblau. »Per analogiam naturae et historiae« hat der Maler den Fleck vom Schwamm an der Wand fortzuspinnen und zu vollenden (hierüber geht der anekdotische Streit zwischen Leonardo und Botticelli), der Schöpfungsprozeß ist gefühlvoll gesteuertes Ineinandergreifen von zufällig Vorgegebenem und bewußter Selektion.

Jede kreative Leistung beginnt mit einem interesselosen Finden, und weil der Mensch einfach nicht eingreifen darf, damit das Spontane nicht gewaltsam, das Natürliche nicht gekünstelt wird, muß er sich von seinem Genius überlisten lassen. Zur »creatio ex nihilo« wird die Produktionsmethode beim Albatros-Genie des ausgehenden 19. Jahrhunderts, das, wie z. B. fast perfekt Victor Hugo in seinen Fleckenzeichnungen, automatisch-intuitiv ein fixes Konzept umsetzt oder, wie später Salvador Dali, nur mit der magischen Sprache den besprochenen Gebilden das entlockt, was sie darstellen. Um Marmorierungen und Farbabstufungen zu erhalten, spannte Turner zuweilen in Wasser getränkte Papiere auf Bretter und ließ dann Farbe darauf tropfen. In Aquarellfarbe getauchte Papiere hängte er zum Trocknen an die Wäscheleine, um sie dann je nach Themenversprechungen zu sortieren.

Er hinterließ 19 000 Zeichnungen, darunter wackelige Skizzen aus der Postkutsche; er zeichnete ununterbrochen, verzettelte die Natur in flüchtigen Merkzeichen, in Umrissen und Farbangaben; Jahre später konnten die Bestandteile in völlig neuem Bild-Zusammenhang erscheinen.

Wahnsinn und Genie

Genius-Genese

Wenn Homer vom Denken spricht, verwendet er anschauliche Modelle, die zu dem, was sie meinen, im Verhältnis der Analogie stehen. Die seelischen Organe sind eigenständig gegenüber dem Menschen. Geistige Kräfte gleichen den körperlichen des Kriegers. Letztbegründungen laufen über die Götter, die personifizierten Wirkungseinheiten. Die Götter sind denselben Handlungsgesetzmäßigkeiten wie die Menschen unterworfen, weil sie deren ungetrübtes Gleichnis sind. Das wichtigste Merkmal der Götter ist ihre Leichtigkeit, Reinheit und Konsequenz. Sie inszenieren das irdische Leben, Willensentscheidungen der Individuen sind von ihnen gesteuert. Und doch fingiert man die Möglichkeit, sich zu widersetzen. Wer ausersehen ist, tut allerdings gut daran, sich den Wind in die Segel blasen zu lassen.

Heraklit kreiert den Logos. Das ist der Versuch, die Interaktionsdistanz zu den Göttern abzubauen. War ja schon zuvor das Wort, die Sprache implizit allgemein, etabliert sich jetzt ein Vernunftgesetz, das einer Menge von Menschen verbindlich ist. Im selben Moment wird die Abgründigkeit des Denkens bewußt. Neue Klassifikationen und Wertsetzungen sollen geleistet werden. Sokrates propagiert gegen die Sprachkünste der Sophisten die Selbstreflexion des einzelnen. Der Asebeia, einer Abwandlung der homerischen Hybris, beschuldigt ihn die Anklageschrift: er glaube nicht an die offiziellen Götter und wolle neue Dämonen einführen.

Auf diesem Terrain, überwölbt vom platonischen Ideenhimmel, gedeihen die Wurzeln des Genius-Konzepts. Sokrates besaß so viel Positivität, daß seine innere Stimme, das Daimonion, nur abratend tätig war. Es existiert eine Art von leichter Vollkommenheit aller menschlichen Eigenschaften und Funktionen, die Platon im Bild des Enthousiasmos faßt. Wie im bewußtseinsauflösenden Rausch ist der Poietes ganz einer fremden Wirkung ausgeliefert, wird von ihr durchdrungen, daß er ihre Züge annimmt. Beim Kreativen sprechen die leichtlebenden Götter homerischer Konzeption.

Daß Einbüßung an Ideenreinheit beim Übergang in die irdische Welt unvermeidbar ist, formuliert erst Dante nach Thomas von Aquin ausdrücklich in seiner Stufen-Theorie: Die Natur gebe Gottes Wahrheit genau so mit zittriger Hand wieder wie der Künstler die der Natur. Die Abweichung gegenüber Platon ist nur durch die zwischenzeitliche Erfindung des Genius zu erklären.

Die griechische Eros-Auffassung unterscheidet zwei Arten der menschlichen Zeugungskraft: eine hinterläßt Kinder, die andere geistige Produkte. Beides überdauert den Tod. Einen besonderen Effekt erlaubt seit dem 5. Jahrhundert die Apotheose, indem der hinübergerettete Gewinn im auf eine Person bezogenen Ruhm manifest wird. Der Mensch lebt weiter im verbindlichkeitsstiftenden Andenken an den Menschen.

Die Struktur des römischen Genius ist ebenfalls die immaterielle Zuordnung zu einem Individuum, im übertragenen Sinne jeder Assoziation und jedem Aufenthaltsraum der Menschen. Der persönliche Gott gewährt als *comes* dem ihm Anvertrauten Schutz. Er ist ein guter Daimon, dem Glücke und der Fruchtbarkeit verwandt. Mit der Geburt tritt der *comes*, die Personifikation aller Möglichkeiten des Geborenen, in Aktion. Man muß sich ihm gegenüber großzügig verhalten, damit er bei guter Laune bleibt. Hauptfest des Genius ist der Geburtstag. Bei Schwur und Beschwörung wird er angerufen; Sklaven benutzen den ihres Herrn. Nach Servius (4. Jahrhundert n. Chr.) ist dem Genius die edelste Stelle des Körpers, die Stirn, geweiht. Daß der Genius in Gestalt der Schlange in Ehebetten *(lecti geniales)* zu erscheinen pflegt, verweist deutlich auf seine Schöpferkraft.

(Auch für Götter bietet er eine Summe ihrer Persönlichkeit.)

Insgesamt konstituiert der Genius ein höchst allgemeines geistiges Prinzip der Zustimmung und des Widerspruchs, das sich beim einzelnen besonders ausprägt, zum Bestandteil der Sprache aller, also kulturmanifest werden kann (bei Cäsar oder Augustus). Als natürlicher Gott, Mittler zwischen dem Irdischen und den Olympiern – do, ut des – ist er ein Denkkonstrukt, das direkte Kommunikation gewährleistet.

Das Irrsinnige, die Mania, ist nichts als eine jenseits der Vernunft liegende Kreativität und Produktionsfähigkeit. Die Griechen sahen die intellektuelle Leistung nicht im klappernden Skelett bloß logisch wahrer und rationaler Aussagen sich verkörpern, sondern ließen ihre Pythia in Delphi eingehüllt durch heilige Dämpfe im Delirium wahrsagen. Den tropologischen und methodischen Charakter dieser Art der Mitteilung, die auch die des enthusiasmierten Dichters ist, propagierten nach Platon Aristoteles und Seneca.[1]

Die Renaissance kennt drei Typen des Genies, den ingeniösen Hofmann, der sich bildet, das Naturgenie, das sich äußert, und den Besessenen, vom Wahnsinn Getriebenen; für ihn steht um 1600 Caravaggio. Das 17. Jahrhundert ist von der großen Nähe und gleichzeitig der scharfen Abgrenzung von *esprit* und *folie* überzeugt (Pascal; Dryden, Shakespeare). Ende des 18. Jahrhunderts verleitet die Erforschung der Nervenkrankheiten dazu, in der anormalen Reizbarkeit des tertium comparationis der beiden zu erblicken.

Schelling gilt (1810) der Wahnsinn als Basis des Verstandes, welcher ins Schwanken gerät, durchbrochen wird, wenn das Gemüt erkrankt. Wahnsinn ist das notwendig fruchtbare Pendant des Verstands. Schopenhauer beleuchtet die Gefahr der genialen Fixierung und des Zusammenhangsverlusts. In den 20er Jahren des 19. Jahrhunderts verweist Renaudin in Frankreich auf den Wert der Halluzination für den Künstler. Es folgen ab 1833 wissenschaftliche Untersuchungen, die das Genie als hyperästhetischen Psychopathen fassen. Pathographien über Sokrates, Tasso, Cardano erscheinen.

Das Problem liegt in der somatischen Bestimmung der organischen Veränderung, die die nervöse Überempfindlichkeit von Genie und Irrem bewirkt. Um die Mitte des 19. Jahrhunderts bietet die Darwinsche Selektionstheorie die Möglichkeit, jene Zusammenhänge mit der Degenerationshypothese zu erklären. Die Erblichkeitsforschung erfährt durch ein 1847 in Paris erschienenes Buch Prosper Lucas' ihren Aufschwung. Der Mediziner Morel (1809-73) definiert: »Degenerationen sind krankhafte Abweichungen vom normalen Menschentyp, erblich übertragbar und zu fortschreitendem Verfall führend.« Die Erkrankung der geistigen Fähigkeiten steht, da sie physisch und moralisch verursacht werden kann, im Zentrum. Sie ist nach außen an den Stigmata, abweichenden Merkmalen am Körper des Kranken, erkennbar.

Moreau de Tours (1804-84) konstatiert 1859 in »La Psychologie morbide dans ses rapports avec la philosophie de l'histoire ou de l'influence des névropathies sur le dynamisme intellectuel«, das Genie sei Neurose im Sinne der gesteigerten Reizbarkeit des Nervensystems. Dieselben organischen Konditionen, die Grundlage der Geisteskrankheiten bis zur Idiotie sind, sind auch bei Menschen, die sich durch Originalität des Denkens, Tiefe der Empfindungen und geistige Überlegenheit vor anderen auszeichnen, anzutreffen. Moreau macht Experimente mit Haschisch und findet so die gemeinsame Wurzel des irren und des genialen Denkens: den »rêve éveillé«. Im übrigen ist der große Denker und Künstler ein »dégénéré supérieur«. 1864 erscheint Cesare Lombrosos »Genio e follìa«. Immer weiter verlagert er die Explikation exzentrischen Denkens vom Feld des Irrsinns in das der Entartung.

Es wird im folgenden nicht auf die Abarten des Geniekults oder der Genieentwertung eingegangen, sondern auf einige Formen zu denken und zu sprechen, sei es in der Kunst, im Wahn oder in der Wissenschaft. Dabei wird sich zeigen, daß »Genie und Wahnsinn« ein grobes Mißverständnis gegenüber Künstlern ist, die man ausschließen will. Diese jedoch haben den Ball aufgenommen und den Wahn für die letzten 100 Jahre für die Kunst und das Denken, die Kommunikation fruchtbar gemacht. Wo die Wolken bei Magritte das Bild verlassen, ist der Angelpunkt.

Wissenschaft und Wahnsinn: Objektivation der Leidenschaften Ausgrenzung der Leidenschaften

Als Philippe Pinel[2] 1793 die Geisteskranken in Bicêtre von ihren Ketten befreit, gerät ihm das zur symbolischen Aktion. Für die meisten seiner Zeitgenossen ist es ein wahnwitziges Risiko, den Menschen, die Tiere sind, Willensfreiheit zuzugestehen. Vierzig Jahre später erhebt ihn die Fachliteratur zum Philanthropen, der die Irrenhäuser humanisiert habe.

Nach Foucault[3] grenzt das, was die wissenschaftliche Fundamentierung des Irrenwesens zu sein beansprucht, den objektivierbar gemachten Wahnsinn gegen die vernünftige Gesellschaft aus und bedroht den Kranken mit moralischem Zwang. Entsprangen die Heilmethoden des 18. Jahrhunderts noch einem in der Physiologie begründeten anschaulichen Denken, das mit kalten Duschen die geistige Belebung, mit Blutzufuhr die Erneuerung der Psyche, im rotierenden Stuhl auch die Aktivierung des Intellekts herbeizaubern konnte, begründet man 100 Jahre später die gleichen Verfahren mit der pädagogischen Notwendigkeit, die Kranken in den moralischen Kommunikationszusammenhang der Gesunden wieder einüben zu müssen: Die eiskalte Dusche und das Herumwirbeln sollen nun die Selbsterkenntnis des Irren fördern.

Der Status der Wahnsinnigen ähnelt dem der Leprakranken im Mittelalter, und von den in den Internierungshäusern, den *hôpitals généraux*, Festgehaltenen, den Abweichlern und Müßiggängern, den Schwachen und Armen des Vernunftzeitalters, bleiben sie als einzige zurück. In der Revolutionszeit sind öffentliche Institutionen, die an Mangel erinnern, unliebsame Wahrzeichen; Bicêtre und Saint-Lazare bilden Herde der Fäulnis, die ihre verderblichen Ausdünstungen über ganz Paris verbreiten. Aber die Geisteskranken, wild wie Tiere, können nicht im Schoß der Familie gehalten werden.

Das beginnende 19. Jahrhundert übergeht den Wahnsinn als positiven Kulturbestandteil, wie er vom Ausgang des Mittelalters bis zum Anfang des 17. Jahrhunderts in den Narrentänzen und -festen, in den Bildern von Bosch und Brueghel, in der Literatur von Erasmus und Shakespeare thematisiert worden ist.

Diderot hat im »Neveu de Rameau« die Alltäglichkeit des Irrsinns aufleuchten lassen. Doch man reagiert ängstlich.

Der Mensch nach 1800 verändert, weil er den Wahnsinnigen seelisch-moralisch kuriert, ihn in einem festen juristischen System zum Kind entmündigt, sein eigenes Wesen, er wird *homo psychologicus*, der sich in den Stricken von innerem und äußerem Zwang verfangen hat. Die Wurzeln der Psychologie, so Foucault, finden am Ende des 18. Jahrhunderts ihre Nahrung im Boden der pathologischen Erfahrung, d. h. der wissenschaftlich objektivierenden Betrachtung, die ihren Gegenstand, die Bewußtseinsspaltung, dabei selbst erst hervorbringt, weil sie mit moralischen Kategorien operiert.

Es ist bemerkenswert, daß die Kliniker des beginnenden 19. Jahrhunderts sich der stoischen Pathe-Theorie entsinnen, der in Abgrenzung zu den klassischen Konzepten von Bremse und Skorpion die menschlichen Temperamentswerte Traurigkeit, Furcht, Begierde, Lust als die eigentlichen Verursacher des Wahnsinns gelten. Ohne die vergegenständlichenden Erklärungsweisen Morgagnis zu vergessen, der lokalisierbare Prozesse im Gehirn der Verrückten annimmt, und Galls, dem die Ausbuchtungen des Schädels über die Art der geistigen Verformung erzählen, finden Pinel und sein Schüler Esquirol[4] die Quelle des Wahnsinns in der gestörten Reizbarkeit des Nervensystems und des Intellekts. Als Geisteswissenschaftler wollen sie die ihnen anvertrauten Irren, als seien sie Kinder, pädagogisch-moralisch therapieren.

Hat man einmal angenommen, daß die Sensibilisierung der menschlichen Gefühls- und Verstandeswelt die Verhaltensweisen beeinflußt, muß man die Fähigkeit zur »passion« zugleich in den Tiefen der Seele als auch an ihrer Oberfläche erblicken, insgesamt als die Kraft, die sie bewegt und turbulent macht.[5]

Die Leidenschaften sind von der Veranlagung des einzelnen und den Einflüssen, denen er ausgesetzt ist, abhängig. Persönliche Bedingungen (Alter, Geschlecht, Temperament und Lebensart) zählen ebenso wie die Einflüsse der Gesellschaft: Gesetze, Zivilisation, Sitten; wie die politische Lage der Völker, das Klima und die Jahreszeiten.

Vermittels der Sozial-Aitiologie wird das Irrenhaus zum Gleichnis der Außenwelt. Es ist die »verkehrte Welt«, in der wir uns grell beleuchtet wiedererkennen. Weil die Logik der Reize und Handlungen zerbrochen ist, leben die Geisteskranken, allein mit sich selbst, in babylonischer Sprachverwirrung. In Goyas »Hof der Irren«, den von oben ein atmosphärisches Licht erfüllt, herrschen noch die Gewalt-Methoden der vorklinischen Psychiatrie: In dumpfer Unkenntnis der Ursachen von Aggression, Abgeschlossenheit und Selbstverlorenheit schlagen die Wärter auf die Irren ein, werden ihnen ähnlich, schließen den Kreis der Hilflosigkeit.

Esquirol bietet bei den angenommenen Ursachen des Irrsinns eine differenzierte Skala, die nicht theoretisch-vollständig durchdringen, sondern tabellarisch-vielfältig erfassen will. Vorstellungen magischer Art werden verworfen, z. B. die Montesquieus, der Nebel sei die Hauptursache der vielen Selbstmorde in England, oder die von Leuret und Mitivier, der

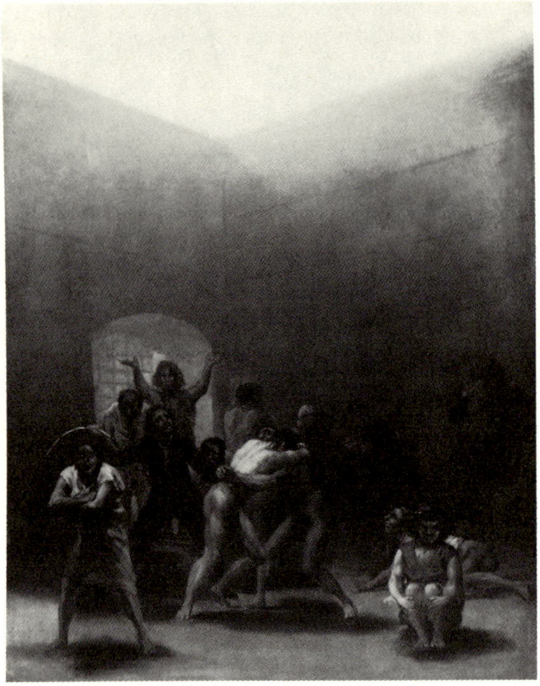

Francisco de Goya, *Corral de locos,* 1794

Mond beeinflusse den Puls der Geisteskranken. Psychische Epidemien, die plötzlich eine Menge von Individuen erfassen, erklären sich statt mit der Jahreszeit anhand des Berufs der Menschen. Von höchstem Interesse sind hier »die herrschenden Ideen jedes Jahrhunderts«. Wie die Entstehung des Christentums auch die der religiösen Melancholie ist, der den Kreuzzügen folgende ritterliche Geist die *melancholia erotica* mit sich führt, so produziert die Revolutionsphase in Frankreich mit den Freiheits- und Neuerungsideen Geisteskrankheiten, die den politischen Stürmen ganz entsprechen. Technische Erfindungen begünstigen infolge eines abergläubischen Beziehungswahns der Menschen Halluzinationen und Illusionen.

Das Phänomen der Identifikation des Ähnlichen scheint auf im Vorschlag Esquirols, die Geschichte der Revolution mit den Pathographien einiger Irrsinniger zu schreiben. Die Art der Geisteskrankheiten werde von den politischen Vorgängen gestempelt. »Der, der durch die Schrecken der

Revolution zur Geisteskrankheit geführt wurde, wäre zwei Jahrhunderte vorher aus Furcht vor dem Teufel und Zauberern erkrankt«, und unter Napoleon habe es viele Nacheiferer des Idols in den Anstalten gegeben. So sei die Vervierfachung der Zahl der Kranken von 1786 bis 1836 nicht auf einen wirklichen psychischen Verfall, sondern die Erweiterung der Hospitäler und Spezialisierung der Behandlung zurückzuführen. Bei dieser Art konstitutiven Denkens wird einsichtig, daß man in England im 18., in Amerika im 19. Jahrhundert die zivilisatorische Leistung proportional zur Ausbreitung der Neurotiker wachsen sieht. Nach Humboldt gibt es unter den Wilden Amerikas keinen Wahnsinn.

Wie ist der Wahnsinn nun mit dessen positivem Pendant, der intellektuellen Kraft, verwoben? Esquirol antwortet *more psychologico*: Abweichungen vom ausgewogenen Denken, z. B. Oberflächlichkeit und Fixierung, prädisponieren uns zum Wahn. Das Genie gleicht dem Irren zwar in der starken Sensibilität und scheinbarer Regellosigkeit der Gedanken, entgeht aber dem Verhängnis durch gezielten Widerstand gegen die Gefahren ausschließlich metaphysischer Spekulation, streberischer Dauerbeschäftigung und unverdaubarer Exzesse. Und wenn Esquirol meint, der Opium- und Narkotika-Konsum fördere, gleich dem Kohlendampf, dem die Handwerker ausgeliefert seien, Geisteskrankheiten, dann vertraut er noch nicht wie später Baudelaire darauf, den Wahn darstellend durchdringen, abbildend ausnützen zu können.

Esquirols Artikeln im »Dictionnaire des Sciences Médicales« sind Kupferstiche beigefügt, die die Unterformen der Geisteskrankheit beispielhaft illustrieren: *lypémanie, monomanie, manie, démence, idiotie/imbécillité*.[6]

1. Eine 36jährige Landarbeiterin zeigt manische Symptome: Eheprobleme, häuslicher Verdruß haben ihren Zustand mitverursacht; oder sind dessen Auswirkungen? Sie leidet unter Angst, insbesondere der Vorstellung, man wolle sie vergiften. Die Zeichnung präsentiert sie im Moment höchsten Aufbegehrens und der Aggression gegen die Außenwelt. Die Zwangsjacke ist aber nur vordergründige Außenwelt. Hoffnungslose Wut versprengt sich im Zwischenreich von Bewußtem und Unbewußtem, das Gesicht trägt die Spuren schmerzhafter Konvulsionen, Augen, Mund und sträubende Haare öffnen sich ins Leere. Die distinguierende Momentaufnahme suggeriert vollkommene Flüchtigkeit: Ein Maniacus kann sich nicht konzentrieren, erreicht nie sein Ziel und vollführt lächerliche, funktionslose Gebärden.

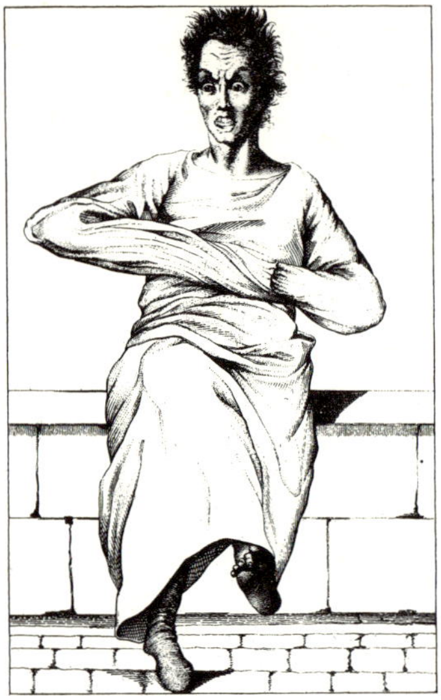

Manie

Dem physiognomischen Denken erscheint das innere Wesen am Äußeren.

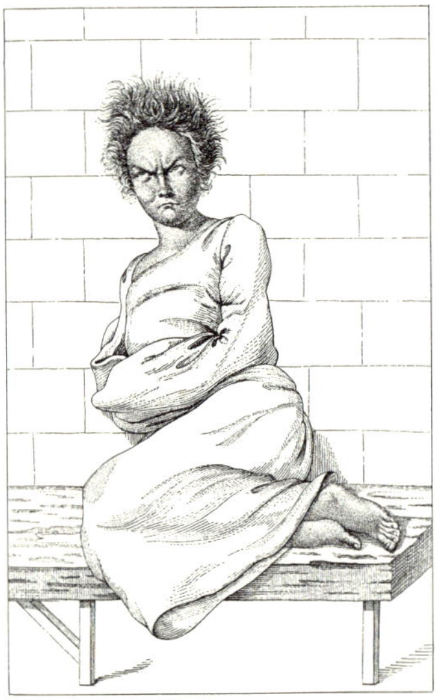

Manie

»Der Kopf ist gewöhnlich, hoch, die Haare sträuben sich empor, . . . die Augen [sind] roth, funkelnd, feurig, und dem Glanze der Sonne trotz bietend gegen den Himmel gerichtet.«

Bleibt die Frage, inwieweit hier empirisch beschrieben und didaktisch verknüpft wird.

2. Fälle von Melancholie (– um sich von Moralisten und Dichtern abzuheben, zieht Esquirol die Bezeichnung »Lypemanie« vor –) stellen zwei junge Frauen dar, die seit mehreren Jahren Insassinnen der Salpêtrière sind: Beiden stocken Sprache, Körperbewegungen, Verdauung, Menstruation. Die eine verharrt, wenn man sie dazu gebracht hat, ihr Bett zu verlassen, den ganzen Tag auf einer bestimmten Bank, den Kopf nach links geneigt, den von kräftigen Augenbrauenwülsten geschützten Blick auf den Boden geheftet, die stets auf die gleiche Weise ineinandergreifenden Arme in den Schoß gelegt. Die andere, durch den Tod eines ihr nahestehenden Herzogs in den politisch schwierigen Zeitläuften bereits mit 17 Jahren schlagartig ergraut, sehr mager, hockt mit angewinkelten, in dieser Position erstarrten Beinen Tag und Nacht auf dem Bett, die Ellbogen auf die Knie, den Kopf in die rechte Hand gestützt; die großen blauen Augen fixieren ununterbrochen ein Kreuz an der Wand.

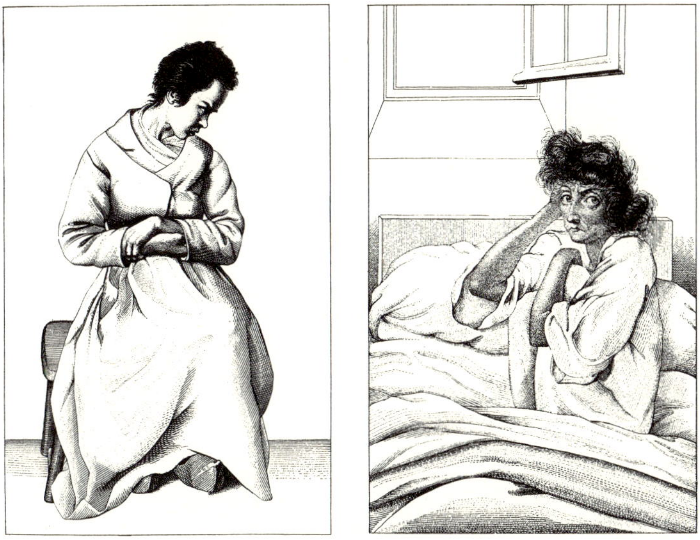

Lypemanie (oder Melancholie)

Die reglosen Körper verraten dem Arzt die schmerzhafte Verspannung des Geistes und der Gefühle. »Dies ist kein tobender, klagender, schreiender, weinender Schmerz mehr, dies ist ein unzugänglicher Schmerz ohne Tränen, der schweigt.«

3. Dämonomanie ist für Esquirol die direkte Folge der Internalisierung von Normen. Die dem direkten Blick verborgene Macht der Polizei (um 1812) gewährleistet, wie in früherer Zeit das religiöse System, die Angst vor Strafe, und der antike Daimon ersteht, zwingender als im »Faust«, als zuredendes und drohendes Gewissen wieder auf. Theomanisch ist der Glaube, gottbegnadet zu sein, kakodaimonisch die Gewißheit der Höllenverdammnis.

Die Niederkunft der Kauffrau H. fand inmitten halluzinierter Feuerflammen statt. Später schloß sie für Geld den Pakt mit dem Teufel. Der sei mit ihrem Körper verschwunden, versichert sie, habe nur ihr Ebenbild zurückgelassen, das fortan der Versuchung ausgesetzt sei, sich ins Wasser zu stürzen und zu erwürgen. Ihr entrückter Körper hat mit seinem Bild auch dessen innere Bestimmung zurückgelassen. Er kettet das Außen noch von ferne.

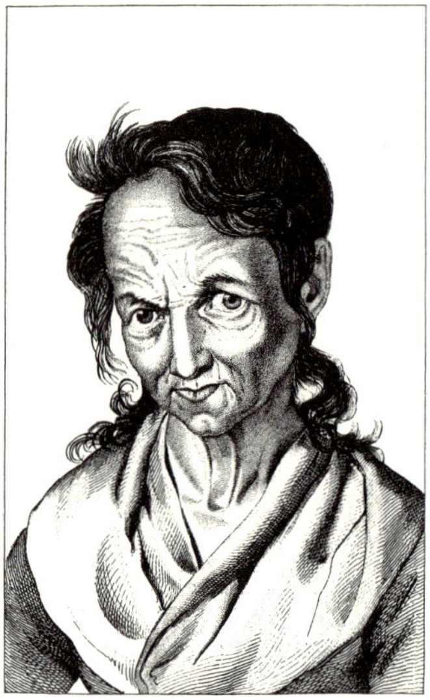

Bildnis einer 55jährigen Dämonomanen

Das anonyme Porträt der H. stellt den direkten Blickkontakt zum Betrachter her. Die Frau mit der zur Nasenwurzel hin gefurchten, hochgewölbten Stirn, der fahl-schwarzen Haut und den angespannten Sehnen, dem sardonisch lächelnden Mund und den harten, spröden Haaren sieht uns ziemlich gutgläubig an, allen Zwiespalt, der noch in ihr steckt, mutwillig zurücklassend. Sie ist überzeugt, das Modellsitzen werde ihr, dem Modell ohnehin ihres geraubten Körpers, Hilfe bringen, da der Erzbischof das Bild zu Gesicht bekommen soll. Dann wenigstens würde ihr Ebenbild dem Verbindungsmann Gottes einen Hauch von Unversehrtheit übermitteln.

Kunst und Wissenschaft: die Monomanen Géricaults und Esquirols

Ein Vergleich dieser Illustrationen des psychiatrischen Genres mit den ungefähr zur gleichen Zeit entstandenen Irrenporträts Géricaults für seinen Freund, den Psychiater an der Salpêtrière und Lieblingsschüler Esquirols, Dr. Georget, ist von großem Reiz.

Fünf Gemälde aus der Zehnerserie sind bis heute katalogisiert. Die Zeit der Entstehung kann mit den Monaten zwischen dem Herbst 1822 und dem Mai 1823 genauer fixiert werden als deren Umstände und Motive. Oprescu sieht Kontinuität mit Géricaults Vorliebe für Gewaltszenen, seinen Leichenschauhausstudien und denen abgeschlagener Verbrecherköpfe, medizinisch Interessierte preisen den erhöhten Realismus, und Margaret Miller[7] meint, nie zuvor seien Irrsinnige »so getreu und mit solch sympathischer Zurückhaltung« porträtiert worden. Dr. Georget gehe in der Wissenschaft die gleiche Denkstraße wie Géricault in der Kunst. 1821 verteidigt ersterer in seiner »Physiologie du Système Nerveux« gegen das metaphysische Modell, die Geisteskrankheit zu erklären, die beobachtende, empirisch-deskriptive Methode. Das bedeutet, daß jede Seelenerscheinung mit äußeren, körperlichen Zeichen korrespondiert. Was aber kommt der Problemlösung eines Géricault näher als das Vermögen, dem Löwen die Wildheit, den Kern an der Schale und am Pferd den ungestümen Reiter abzulesen?

Den Wahnsinn als eine Art des menschlichen Verhaltens unter extremen Bedingungen hat Géricault bei den Vorbereitungen für »Das Floß der

›Méduse‹« studiert; einige Soldaten revoltierten in der zweiten Nacht des Schiffbruchs, als Hunger und Angst vor dem Ertrinken sie jede Kontrolle verlieren ließen. Der endgültig inszenierte Moment, in dem fern am Horizont Rettung auftaucht, konzentriert sich dann auf den Punkt, wo Realität und Halluzination verschwimmen. Gegen Ingres, dem nur das Schöne wert der Kunst scheint, diskutiert Géricault die Grenzfälle und Schattenseiten der menschlichen Gesellschaft.

Ich stelle die wissenschaftliche Monomanie-Auffassung dar, um einen ikonologischen Kreis um die Monomanen-Bilder Géricaults zu schlagen. Die Monomanie ist die Zivilisationskrankheit par excellence. »Es gibt keine wissenschaftliche Entdeckung, keine Erfindung in den Künsten und keine wichtige Neuerung, die ihr nicht als erregende Ursache gedient hätte.« Sie umfaßt Melancholie, Manie und die Monomanie im eigentlichen Sinne (um welche es hier geht).

Ihr Vorläufer ist Pinels »folie raisonnante«, eine »manie sans délire«, die in der Revolutionszeit aufkam und grassierte. Die affektiven Fähigkeiten sind erkrankt, ohne daß der Verstand beeinträchtigt wäre, der Mensch befindet sich z. B. in einem Blutrausch ohne Ideenkohärenz, hat einen blinden Impuls zu Gewalthandlungen, aber keinen Vorstellungsschaden. Schopenhauer greift diese Idee auf, bildet das Begriffspaar Wille-Intellekt, um sie zu erklären: Der Wille bricht sich Bahn, indem er die reflektive Erkenntnis vorübergehend suspendiert, reißende Leidenschaften setzen die Vernunft außer Kraft. Esquirols Monomanie-Konzept formuliert eine solche partielle Dominanz der »passions« im inneren Leben der Menschen, die gegen Indifferenz mit künstlichen Bedürfnissen revoltieren.

»Tantôt le désordre intellectuel est concentré sur un seul object ou sur une série d'objets circonscrits; les malades partent d'un principe faux, dont ils suivent sans dévier les raisonnements logiques, et dont ils tirent des consequences légitimes qui modifient leurs affections et les actes de leur volonté.«[8]

Unterschieden werden *monomanie intellectuelle*, *monomanie affective* und *monomanie instinctive*, je nachdem, ob der Patient falschen Denk-Axiomen anhängt, einen pervertierten Charakter besitzt oder unbezwingbaren Trieben ausgeliefert ist. Im letzteren Fall spricht man von »monomanie sans délire«. (Daß die Monomanie-Idee später zur Exklusion des Genies verwendet wird, läßt sich hier ahnen. Exzentrizität in Denken und Verhalten ist gegründet auf Halluzination oder kranken Charakter.)

Unendlich wie die fixierten Objekte sind auch die Arten der Monomanie. Géricault liefert uns fünf glänzende Beispiele dafür, was das gesamtheitlich empfundene Bild gegenüber dem sprachlichen Diskurs und seiner didaktischen Veranschaulichung in den erwähnten Illustrationen mehr leistet. Er nimmt der Betrachtung die Härte wissenschaftlicher Klassifikation, die Distanz bedeutet, und läßt in den Porträtierten den Porträtierenden hindurchsehen. Die Hygrotes der Augen fängt die ganze Verlorenheit zwischen einstürmender Außenwelt und innerer Vision ein. Ihr Flackern steht für einen Moment still, gleichzeitig kommt ein intensives Gefühl von Erreichen, Beherrschen, Hingelangen.

1. Die »Monomanie du commandement militaire« zeigt einen mit einer Polizistenmütze, weißem Hemd, dunkler Weste und einem graubraunen, über die Schulter gelegten Umhang bekleideten Mann. Über der Brust hängt die Medaille eines Polizeikommissars mit der Nummer 121. Seine Gesichtszüge sind markant und entschlossen. Der Ansatz eines Bartes verstärkt das Kinn. Mund und Nase ziehen sich nach unten und vermitteln, wie die senkrechten Stirnfalten über der Nasenwurzel, den Ausdruck selbstbewußter Autorität. Der Kopf ist leicht von uns abgewandt, die Augen blicken nach links, observierend, was der Staatsgewalt obliegt, uns Bewunderer mißachtend. Ein wenig stört nur die Quaste der schräg aufgesetzten Kappe: Jede Bewegung des Kopfes brächte sie in unwürdige Bewegung.

Esquirol schreibt:

»Monomane sind mehr als andere Gestörte Täuschungen unterworfen, und oft sind diese Täuschungen allein die Ursachen ihrer thörichten Handlungen. Fortgerissen von den Ideen und vertieft in den Empfindungen des Glückes, das sie Tag und Nacht beschäftigt und dessen sie allein würdig zu sein glauben, zeigen sie . . . wenig Zuneigung zu ihren Verwandten und Freunden.«

Géricault präsentiert den Fall eines dienstübereifrigen Polizeibeamten, eines ambitiösen Militärs, der einen früheren Posten verlor oder das angestrebte Ziel nicht erreichte. So verfiel er in fixen Wahn. Die Kuriosität, die das Bild, wird es vom Einzelfall gelöst, bietet, verweist über die anagogische Sinnebene auf den Zustand der französischen Staatsdiener nach 1815.

2. »Monomanie du vol des enfants«. Der Mann mit dem Barett ist ganz auf sein Ziel konzentriert und scheint doch zugleich zu resignieren. Augen und Mund, wäßrig durch kleine Glanzlichter, wirken mild und liebevoll. Licht-Schatten-Kontraste akzentuieren die Stirn, die nicht stark, aber unregelmäßig gefurcht ist. Die Kleidung ist warm, Kinn und Wangen werden von einem Bart umschlossen. Zu spüren, wie geborgen, wie umhüllt und gesichert dieser Kopf ist. So soll auch der Kinderdieb in sich ruhen und von seinem Verlangen ablassen. Géricault gelingt es, diesen Fall zwischen die konstruktive Eindeutigkeit des Begriffssystems zu legen:

»Dans la lypémanie, la sensibilité est douloureusement excitée ou lesée; les passions tristes, oppressives, modifient l'intelligence et la volonté . . . Dans la monomanie, au contraire, la sensibilité est agréablement excitée; les passions gaies, expansives, réagissent sur l'entendement et la volonté; le monomaniaque vit trop au dehors, et reporte sur les autres le superflu de ses sentiments.«[9]

Das Traurige und Bedrückte des Mannes können Folge der Behandlung in der Anstalt sein, die Expansivität und Ausstellung seiner Wünsche machen ihn zum Monomanen.

3. »Monomanie de l'envie«. Eine weiße Haube, deren Schnürbänder sich gelöst haben, bedeckt den Kopf der alten Frau. Der nach oben

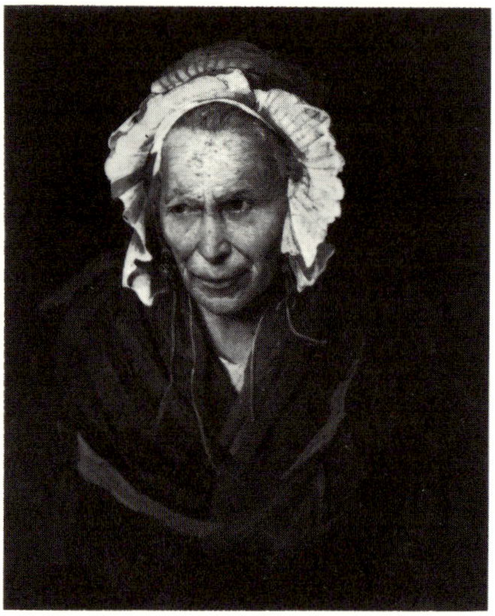

Théodore Géricault, *Die manische Neiderin*, ca. 1822

gezogene Mund und scharfe Nasolabialfalten sind die Spuren unausgesetzter Begierde. Einander asymmetrische Augen, eingeschlossen unter der schimmernden Stirn, richten sich aufs ewige, imaginäre Ziel.

4. Auf uns richten sich die wilden, wäßrigen Augen der *monomaniaque du jeu*. Ihre Krücke ähnelt einem perversen Croupiers-Rechen. Auch ihre Haare hält ein weißes Tuch, und warme Stoffe schützen ihren Körper. Eine faszinierende Ausgeliefertheit liegt in der Distanz zwischen den Bildwelten ihrer Wünsche und uns, den Mitspielern.

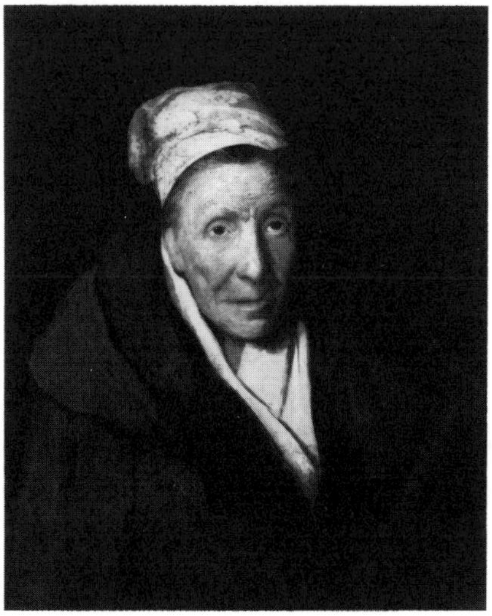

5. Ganz aus der Reihe fällt die »monomanie du vol«. Der Mann, hutlos, ungekämmt, mit weißem Kragen und grünem Rock, ist jung und weiß, was er will. Sein Stolz und seine Kühnheit haben nichts Lächerliches an sich wie der Polizist mit seinen angemaßten Attributen, nichts Vergebliches wie der Kidnapper, keine kleinliche, verlorene Begehrlichkeit wie die monomanen Frauen. Er könnte ein Künstler sein.

»In meine Anstalt aufgenommen, zeigte er eine außerordentlich belebte und aufgeregte Physiognomie, einen stolzen und gravitätischen Gang und . . . wollte sich ferner nicht mehr rasieren lassen. Er glaubte, er wäre durch sein Genie der erste Mensch der Welt, man trachte nach seinem Leben, weil man fürchte, er werde das Universum beherrschen. Er sei Apoll und Cäsar . . .«[10]

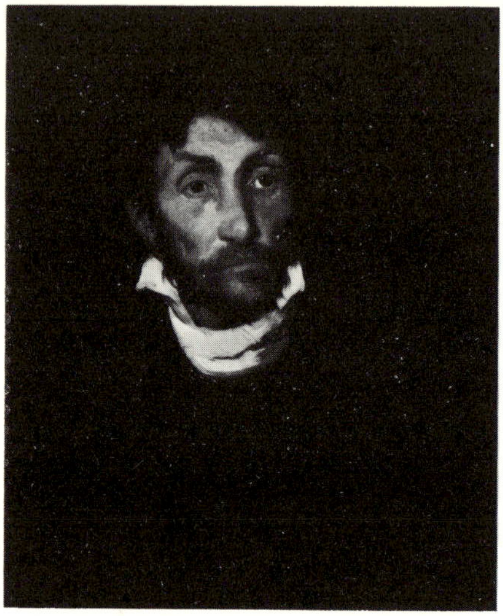

Was alle fünf Monomanen, die Géricault portraitierte, gemeinsam haben, ist etwas höchst Subtiles und dennoch sehr wichtig, um den Maler vom Irrsinnigen zu unterscheiden. Im wäßrigen Film der Augen, an der Grenze zwischen Realität und Bild, der Zone von Spiegelung, Brechung und reiner Transparenz, in diesem Medium der Wirkung und der Reaktion, glänzt die Schicht der Utopie, ihres Anspruchs und der Kraft, sie zu verwirklichen.

Noch einmal: die Monomanen Géricaults und Georgets

Die Umstände der Begegnung von Géricault und Georget müssen ebenso wie die genaue Datierung der fünf erhaltenen Wahnsinnigenporträts bei näherer Betrachtung als in bestimmten Punkten ungeklärt gelten.

Aimé-Azam[11] verficht die These, daß Géricault selbst 1819 im Gefolge des Medusa-Eklats nervenkrank gewesen sei und sein Freund Georget ihm als Therapie sozusagen die Objektivationsleistung der Irrenporträtierung verordnet habe[12]. Sie stützt sich dabei auf die Briefe eines gewissen Castel, aus denen hervorgeht, daß Géricault im Oktober 1819 krank im Bett lag, und auf den rein stilistischen Befund, aufgrund dessen sie – »nach dem vorwiegend in Brauntönen gehaltenen Kolorit«[13] – die Bilder »eher an die Schaffensperiode der ›Medusa‹ annähern [möchte] als an die helleren und im ganzen gesehen doch erquicklicheren Bilder von weit weniger makabrem Inhalt, die nach Géricaults Londonreise entstanden sind«[14]. Dagegen legt sich Margaret Miller[15] auf den Zeitraum Ende 1822/Anfang 1823 fest; sie folgt darin Clément[16].

Das Gefühl, verfolgt zu werden, konnte sich bei Géricault in seiner damaligen Situation schon leicht einstellen. Es war die Kunstkritik, die ihm durch Überinterpretation seiner Werke zu schaffen machte. Er schreibt:

»Heute sind unsere Zeitungsschreiber auf dem Gipfel der Lächerlichkeit angelangt. Jedes Bild wird vor allem und hauptsächlich nach dem politischen Geist beurteilt, aus dem heraus es geschaffen wurde.«[17]

Im übrigen war er generell von düster-hypochondrischem Charakter, wie einem undatierten Brief an seinen besten Freund, Dedreux-Dorcy, zu entnehmen ist:

»S'il est pour nous sur terre quelque chose de certain, ce sont nos peines. La souffrance est réelle, les plaisirs ne sont qu'imaginaires.«[18]

Aber rechtfertigt die damit angezeigte Sensibilität und Disposition zu labilen Geisteszuständen schon die Behauptung, Géricault habe es nötig gehabt, sich von einem Psychiater eine Selbstbefreiungstherapie vorschlagen zu lassen?

Zeichnet nicht vielmehr die seinem ganzen Werk entnehmbare *Konzeption* eine Art der Zuwendung zur Welt vor, deren Konsequenz auch die Auseinandersetzung mit den Wahnsinnigen war? Traf derjenige, der das Medusa-Unglück genauestens recherchierte und rekonstruierte, der die Schrecken des Krieges malte und doch vom Soldatischen fasziniert war, der die Köpfe Guillotinierter zu Studienzwecken wochenlang in seinem Atelier aufbewahrte, der Löwen und fauchende Katzen in zig-fachen Ansichten zeichnete und die emotionsgeladenen Gesichter der Menschen auf der Straße festhielt, der anatomische Untersuchungen betrieb, deren Realismus weit über das in der David-Schule Übliche hinausging, und der einen Freund, der an Gelbfieber litt, auf der Straße mit den Worten »Wie schön Du doch bist!« begrüßte, weil er gerade nach der Gesichtsfarbe eines

Sterbenden suchte – traf dieser Mensch nicht nur *im rechten Moment* auf jemanden, der sich, wenn auch auf andere Art, nämlich wissenschaftlich, mit der gleichen Thematik: dem Tierischen und dem Überzivilisierten im Menschen beschäftigte?

Es stellt sich die Frage, was der Künstler vom Wissenschaftler lernte und umgekehrt. Denn der Wissenschaftler reagierte seiner Natur nach auf seinen Gegenstandsbereich, das Krankhafte, Anormale, mit Ausgrenzung, Klassifizierung und Systematisierung, während der Maler sich dem Sichtbaren einfühlte und anverwandelte.

Schon aufgrund dieses grundsätzlichen Methodenunterschieds wird die Vermutung unwahrscheinlich, die Irrenbildnisse Géricaults seien zur Illustration des 1820 erschienenen Buches Georgets, »De la Folie«, bestimmt gewesen, abgesehen davon, daß zu diesem Zweck Lithographien oder Stiche geeigneter gewesen wären und keiner der gemalten Fälle sich im Text beschrieben wiederfindet. Nichtsdestoweniger kann es zwischen Géricault und Georget Verstärkungseffekte gegeben haben, wie etwa um die gleiche Zeit auch Constable wissenschaftliche Wolkenstudien betrieb und verarbeitete (Michelangelo war den Wissenschaftlern seiner Zeit noch voraus gewesen, als er vor den Medizinern die Erlaubnis zur Leichenautopsie bekam).

Betrachten wir zunächst die Gemälde Géricaults, um dann zu beurteilen, inwiefern seine Konzeption die Tendenzen der Psychiatrie um 1820 förderte. Georget war einer ihrer hervorragenden Vertreter, Lieblingsschüler von Jean Etienne Dominique Esquirol, dem Nachfolger Philippe Pinels, der seit der Revolution die moralisch-psychologische Therapie der Kranken durchgesetzt hatte. Vorher hatte in den Irrenhäusern die nackte körperliche Gewalt geherrscht. Einen Eindruck von derartigen Zuständen vermittelt Goyas »Hof der Irren«[19]. Goya selbst schreibt in einem Brief vom 7. 1. 1794 zu dem Bild:

> »Es stellt einen Irrenhof dar, in dem zwei völlig Nackte sich prügeln, während ihre Wärter auf sie und andere mit Säcken einschlagen (diese Szene habe ich in Saragossa selbst erlebt).«[20]

Und sein späteres »Irrenhaus«[21] zeigt die verkehrte Welt, ein Chaos, in dem jeder mit seinen Gedanken allein ist, seine Rolle zwischen Herrschaft und Verdammnis spielt.

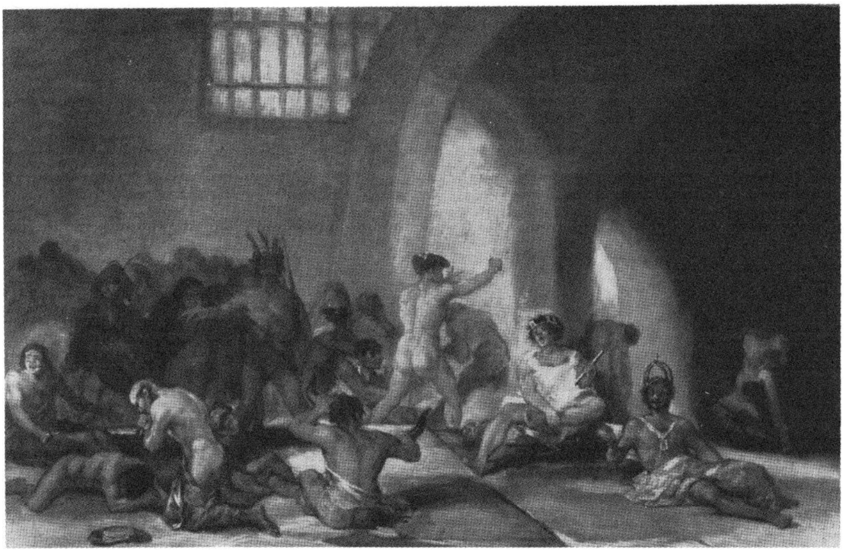

Francisco de Goya, *Casa de locos*, um 1800

»In einem Irrenhaus sind die sozialen Bande gebrochen, die Gewohnheiten sind verändert, die Freundschaft hört auf, das Zutrauen ist zerstört. Man handelt ohne Mitgefühl, man schadet, ohne zu hassen, man gehorcht aus Furcht. Jeder hat seine Begriffe, seine eigentümlichen Leidenschaften, seine eigentümliche Sprache; die Gedanken haben keine Gemeinschaft.«[22]

Die Kehrseite der von Pinel eingeführten pädagogisch-psychologischen Behandlung ist es aber, daß viele Menschen mit ausgeprägten Leidenschaften (*passions*) – die in den Stürmen der Revolution desto häufiger vorkamen – interniert werden; ihre Krankheit ist eine »folie raisonnante«, die von Esquirol (der Royalist war) erstmals so genannte *Monomanie*, deren Ursachen in einer sich immer weiter verkomplizierenden Gesellschaft zu suchen seien. Die Kranken argumentierten logisch einwandfrei, sagt man, nur die Voraussetzungen, von denen sie ausgehen, seien falsch. Georget definiert:

»Wenige fixe, herrschende Vorstellungen, um die sich das Irresein ausschließlich bewegt, über alle übrigen Gegenstände ein ziemlich gesundes Urteil, machen den Charakter dieser Gattung aus, welche unstreitig am häufigsten vorkommt ... Ehrgeiz und Stolz bei Männern; Eitelkeit, Liebe, Bigotterie bei Frauen, charakterisieren diese Krankheit häufig . . . Das Heimweh, die Misanthropie, der Spleen, der religiöse Fanatismus, die Erotomanie, oder verliebte Ecstase sind Varietäten der Verkehrtheit natürlicher Vorstellungen.«[23]

Wegen dieser Angaben scheint die auf Clément[24] zurückgehende Identifizierung der von Géricault Porträtierten als Monomanikōn zuzutreffen, wenn auch die einzelnen Arten der Monomanie nicht an Georgetschen Fallbeschreibungen exemplifiziert werden können. Die folgenden Benennungen sind daher nur provisorisch.

Monomanie du commandement militaire[25]*:*

Wir erblicken einen mit einer Polizistenmütze, weißem Hemd, dunkler Weste und einem graubraunen, über die Schulter gelegten Umhang bekleideten Mann. Über der Brust hängt die Medaille des Polizeikommissars mit der Nummer 121. Die Gesichtszüge sind markant und entschlossen. Um das Kinn der Ansatz eines Bartes. Mund und Nase ziehen sich nach unten und vermitteln mit den senkrechten Stirnfalten über der Nasenwurzel den Eindruck von Autorität. Der Kopf ist leicht abgewandt, die Augen blicken nach links, als hätten sie etwas zu observieren.

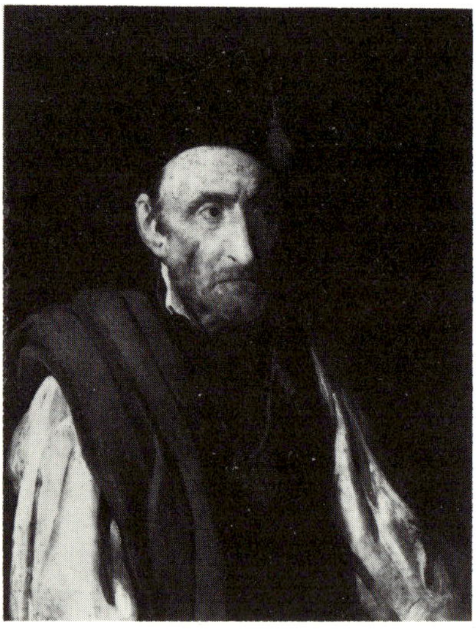

Der Habitus des Mannes wirkt komisch, weil wir den Unterschied zwischen seiner wirklichen Lage und der, in der er zu sein glaubt, kennen. Jede Bewegung des Kopfes würde die Quaste der schräg aufgesetzten Kappe in unwürdige Bewegung bringen.

Nach Georgets oder Esquirols Ursachenforschung könnte es sich um einen gegen seinen Willen pensionierten napoleonischen Kommissar oder Militär handeln, der nun im fixen Wahn die Rolle weiterspielt, die er in Wirklichkeit verloren hat.

Monomanie du vol des enfants[26]*:*

Der Mann mit dem Barett ist ganz eingenommen von dem Objekt seiner Wünsche. Augen und Mund sind feucht, wirken mild und liebevoll. (Daher die Benennung »Kinderdieb«?) Licht-Schatten-Kontraste beleben die Stirn, die unregelmäßig gefurcht ist. Die Kleidung ist warm, Kinn und Wangen werden von einem Bart umschlossen. Der Kopf ist geborgen, umhüllt und gesichert.

Gewiß besteht ein Zusammenhang zur Tatsache, daß es ein Hauptanliegen Georgets war, zu erweisen, daß die Verrücktheit ein Gehirnleiden sei[27].

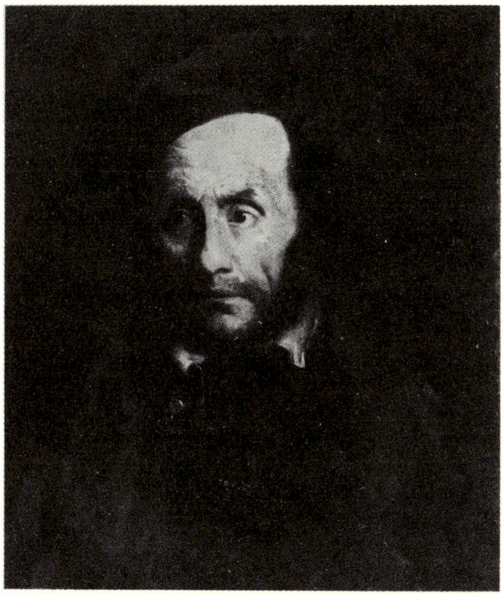

Monomanie de l'envie[28]:

Eine weiße Haube, deren Bänder sich gelöst haben, bedeckt den Kopf der alten Frau. Ihre Haut ist gelb. Der nach oben gezogene Mund und scharfe Nasolabialfalten können die Spuren unausgesetzten Neides sein. Ein ungleiches Augenpaar blickt wild unter den buschigen Brauen hervor. Auch hier fällt die warme »Verpackung« der Frau auf.

Monomanie du jeu[29]:

Die alte Frau, deren Haar von einem weißen Tuch zusammengebunden wird, richtet den Blick direkt auf uns. Wieder sind die Augen asymmetrisch und wäßrig, die Augenlider leicht gerötet. Sie trägt die schwere braune Anstaltskleidung. In der Hand eine Holzkrücke. Vor allem der große, schiefe und ungestalte Mund drückt die Mischung von wahnhafter Lust und Gefräßigkeit aus, die man der Spielleidenschaft zuordnen mag.

Monomanie du vol[30]:

Der jüngere Mann fällt deutlich aus der Reihe der bisherigen Fälle. Als einziger ist er hutlos. Er blickt skeptisch, die Mundwinkel sind nach unten, die Augenbrauen nach oben gezogen, als habe er gerade etwas entdeckt. Seine etwas zerwühlten Haare und die lässig gebundene weiße Kragenbinde verleihen ihm den Habitus eines Künstlers: Man vergleiche etwa das Porträt des Ascensió Juliá »El Pescadoret« von Goya[31].

Die Klassifikation als Kleptomane oder auch zuweilen »wahnsinniger Mörder« ist noch fraglicher als die der anderen Porträtierten. Eher hat er die Hybris eines eingebildeten Königs oder eines anderen bedeutenden Menschen[32].

Allerdings bleibt der Dargestellte eindeutig im Bereich der Monomanie; eine Manie böte schon ein viel krasseres Bild:

»Sie erscheint als ein Auffahren, als heftiger Zorn über gegenwärtige oder abwesende Gegenstände oder Individuen . . . Der Wütende ist erkennbar an den fun-

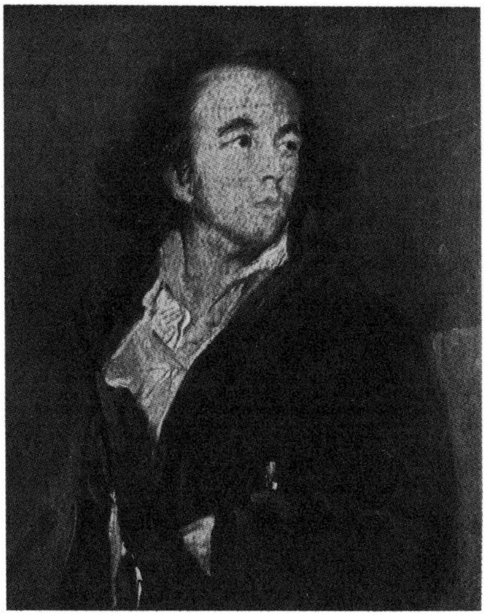

Francisco de Goya, *Porträt des Ascensió Juliá »El Pescadoret«*, 1798 (Ausschnitt)

kelnden Augen, an der allgemeinen Anspannung, an dem Toben, Schimpfen, Drohen, ja an der Äußerung von Gewalttätigkeiten.«[33]

Géricaults Bilder huldigen keiner Ästhetik des Schreckens wie Caravaggios »Medusa« auf dem hölzernen Rundschild[34] (die vielleicht schon deshalb ein verklausuliertes Selbstporträt ist, weil Medusa und das eigene Gesicht nur im Spiegel gesehen werden dürfen bzw. können).

Aber Schrecken, Mitleid oder Bestürzung sind das, was diese Bilder noch am ehesten auslösen können. Gombrich hat unter Verwendung des von Bühler für die Linguistik entwickelten Schemas gezeigt, daß das visuelle Bild vor allem die Funktion des »Appells« erfüllen kann, viel weniger gut jedoch die eines (deskriptiven) Symbols und eines (expressiven) Symptoms.[35]

Um letztere Funktion geht es nun gerade in der Physiognomik, wo Gesichtszüge über einen Charakter Aufschluß geben sollen oder, im Fall der psychiatrischen Diagnose, als Symptome für Krankheiten genommen werden.

Es soll im folgenden gezeigt werden, daß Géricault und Georget sich an einem Punkt befinden, wo die Fragwürdigkeit der physiognomischsymptomatischen Analyse bemerkt wird. Bei Georget dadurch, daß der physiognomische Ausdruck nur eines von sechs Symptomen der Geisteskrankheit wird, bei Géricault dadurch, daß er keine spezifischen Signifikanten in den Porträts verwendet.

Die rigoroseste Lehre von der Ablesbarkeit des Wesens an der Erscheinung, d. h. der Persönlichkeit an Schädelform und Gesichtszügen hatte Lavater in seinen 1775-78 erschienenen »Fragmenten« gegeben. Sie war weit verbreitet und allgemein anerkannt, wohl weil sie so praktisch war. Er hatte sich die Tatsache zunutze gemacht, daß die Physiognomie eigentlich eine Domäne der bildenden Kunst, vor allem der Zeichnung, ist. (Insofern wirken die Plastiken Franz Xaver Messerschmidts als widernatürliche Fixationen.) Die Zeichnung begünstigt wegen ihres Schematismus die Physiognomik.[36] Deshalb nannte Lavater die Zeichnung das Schriftsystem der Universalsprache der Physiognomik.

Er bewegte sich an der Grenze zum Karikaturhaften, Lichtenberg hat das z. B. in seinem »Fragment von Schwänzen« köstlich persifliert.

Die Georgetsche Auffassung läßt sich dagegen so festmachen:

»Das Wesen der Körper der Materie ist uns unbekannt. Alles, was wir davon erkennen können, sind die Eigenschaften, die Attribute, mit denen sie begabt sind und die mit unserem Vermögen in Berziehung stehen.«

Daraus resultiert ein hartnäckiges Studium der organischen Erscheinungen, ohne daß eine letzte Ursache für sie angegeben werden könnte. Das »Wesen« ist eine Fiktion, eine Hypostase, eine Metapher.

Falsch ist demnach die Behauptung Bergers, für Georget sei die Art der Erkrankung direkt an den organischen Mißbildungen ablesbar gewesen[37]. Der sah es nämlich differenzierter: Zwar will er mit Lavater das Gesicht den »Spiegel der Seele« nennen, weil

»mit der Zeit und durch die Wiederholung derselben Ideen, derselben Leidenschaften und Gemütsbewegungen, und folglich derselben Bewegungen der Muskeln und der Haut seiner verschiedenen Teile es gewöhnlich einen besonderen, bei den verschiedenen Individuen ziemlich regelmäßig denselben, Ausdruck behält ... Aber Lavater ist in der Anwendung dieser Beobachtungen viel zu weit gegangen. Es ist zum Beispiel unmöglich, etwas aus den angebornen Dispositionen der verschiedenen Teile des Gesichts zu folgern, weil sie keine Beziehung mit den ... Gehirn-Funktionen gehabt haben. Die Nase sei lang oder kurz, eine Adler- oder

Stumpfnase, der Mund sei klein oder groß, das Gehirn hat hieran keinen Anteil; es sind nur die erworbenen Anlagen, die Anordnung, der Ausdruck der Züge, der Augen, der Haut der Stirn und zwischen den Augenbrauen, die von dem Einfluß des Gehirns haben abhangen, und die die Natur dieses Einflusses anzeigen können. Immer ist es besser, da der Ausdruck der Physiognomie nur eine Wirkung ist, zu der ihn bedingenden Ursache zurückzugehen, ohne ihn jedoch zu vernachlässigen, wenn er nützliche Belege liefert.«[38]

Insgesamt steht Georget der kranoskopischen Forschung zurückhaltend gegenüber, will präzise Aussagen erst nach weiteren umfangreichen Beobachtungen machen. Sein Lehrer Esquirol hatte immerhin schon eine Sammlung von 500 Schädeln Verrückter angelegt.

Lavater selbst hat die Unterscheidung von Physiognomie und Pathognomie gemacht: letztere behandelt nur die erworbenen (nicht die angeborenen) Gesichtszüge. Georget wäre also ein *Pathognomiker*, Géricault ebenfalls, denn in den Irrenporträts konzentriert er sich sichtlich auf die nuancierte Darstellung von Augen, Nasenwurzel, Mundstellung und Hautbeschaffenheit.

Geistesverwandt waren die beiden darin, daß sie sich dem Tierischen im Menschen zuwandten. Géricault hatte den seinen Instinkten überlassenen Menschen auf dem Floß der »Méduse« gezeigt. Georget gelangt aufgrund des Vergleichs des Menschen mit dem Tier zur Unterscheidung von vegetativem und animalischem Nervensystem. Zentralbestandteil des letzteren ist das Gehirn, »das Organ der intellektuellen Fähigkeiten«[39]. Vor allem die Stirn-Partie steht in engem Zusammenhang mit der Intelligenz. Und so plädiert er auch dafür, die Ursachen für eine gestörte Intelligenz im Gehirn zu suchen; weil aber das wahre Wesen der organischen Störung unbekannt ist[40], gilt es, die Krankheit psychologisch zu erklären:

»So ist es der Fall bei der Hysterie, bei der Hypochondrie, wo wir bei genauer Untersuchung finden, daß Seelenleiden, als: getäuschte Hoffnungen, fehlgeschlagene Erwartungen, Verlust von geliebten Gütern des Lebens, übermäßige Anstrengung des Denkvermögens, nicht aber ursprüngliche Affection der Geschlechts- oder Dauungsorgane, genannte Übel hervorgebracht haben.«[41]

Der Materialismus Georgets (– »allen Lebenserscheinungen liegen zunächst materielle Werkzeuge zum Grunde, ohne welche sie nicht zu begreifen wären«[42], sogar moralische und intellektuelle Erschütterungen gelten als physiologische Ursachen –) wird gemildert durch das Eingeständnis, daß er utopisch ist –, denn die Anatomie ist noch nicht soweit, »daß sie uns alle Geheimnisse der Organisation enthüllt, daß wir ihre zartesten Beziehungen auffassen, alle Modifikationen erkennen können, welche Alter, Geschlecht, Temperament, Empfindung darinne hervorbringen«[43].

Ebensowenig wäre es ja Géricault eingefallen, über seinen hartnäckigen Studien des Materiellen (der Anatomie, des Gesichts) das Rätsel des Unerklärlichen, das das Leben und die Leidenschaften sind, zu vergessen. Radikale, unprätentiöse Beschränkung auf das Sichtbare hebt letztlich das Bewußtsein vom Nicht-Sichtbaren. Seine Irrenporträts sind ein Versuch, um Verständnis für die Leidenschaften der Patienten zu werben, deren eigentliche Ursache uns unbekannt bleibt.

Seine Physiognomik ist wissenschaftlich zu nennen, insofern sie getreulich den äußeren Tatbestand konstatiert, ohne in die fixen Klassifikationen, die den Tardieuschen Stichen[44] oder Lavaters Illustrationen eigen sind, zu verfallen. Hier werden Menschen porträtiert und nicht wissenschaftlich archivierbare Musterfälle.

Eine auf interessante Weise ähnlich das Sichtbare übersteigende, d. h. idealisierende Konzeption wie die Fall-Illustrationen der Esquirol-Artikel offenbart die Porträtmalerei Davids. Sowohl ein Bild Esquirolscher Dämonomanie[45] als auch Davids Zeichnung des Menschenrechtlers Lepelletier de St-Fargeau bedeuten Abnormität oder Besonderheit der dargestellten Person – einmal in die Richtung des Irrsinnigen, einmal in die des Genialischen. Daß die Physiognomie in beiden Fällen lesbar ist, setzt Vertrautheit mit der Darstellungskonvention voraus (– mächtige Stirn und Nase, breiter Mund für den genialischen Menschen). Géricaults Bildnisse dagegen sind schon der einfachen Ausdruckserfassung zugänglich.

Die meisten der von Georget genannten Cerebral-Symptome eignen sich nicht für die malerische Wiedergabe: Schlaflosigkeit, Kopfschmerzen, Hitze, Spannung, Schwere des Kopfes. Auch die Art der Verrücktheit (z. B. »Monomanie«) ist nur ein Symptom (!). Interessant für Géricault werden aber

»die Abnormitäten der Sensibilität und Contractilität; die Haut des Schädels, das Gesicht ist verändert in Farbe, Temperatur. Es giebt hier Congestionen, inflammatorische Reizungen«[46].

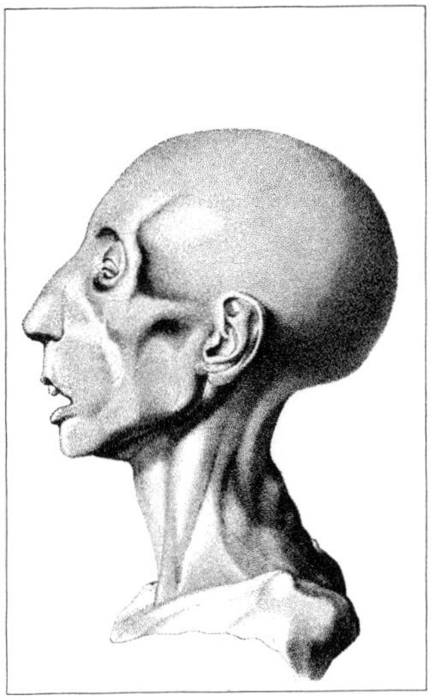 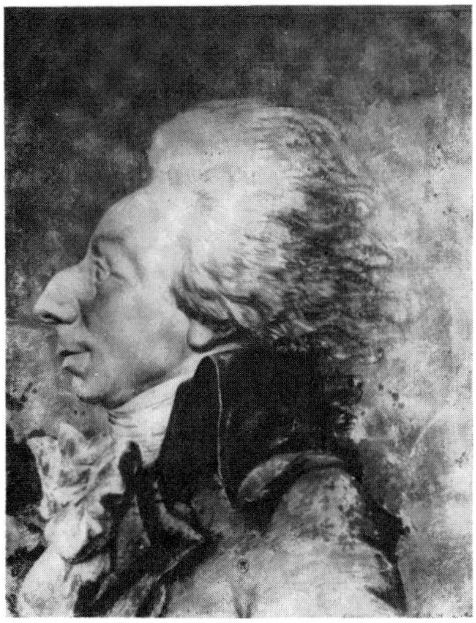

Links: *Dämonomanie,* Gipsabguß nach dem Tod der Patientin im Alter von 46 Jahren. Rechts: Jacques Louis David: *Lepeletier de Saint-Fargeau,* um 1792

Eitner bemerkt tatsächlich zur Farbe der Géricault-Bilder:

»What appears to be a muted harmony of dark browns, ochres, tans and yellowish whites is in reality a far more complex mixture of hues. The flesh tones are shot through with accents of green, purplish red, and blueish grey.«[47]

Was Georget unter der Rubrik »Krankhafte Beschaffenheit der äußeren Hirn-Hüllen, Ausdruck der Physiognomie« symptomatisiert, läßt sich in Géricaults Bildern wiederfinden: die Feuchtigkeit der Haut beim Kinderdieb, hervortretende Adern bei der Neiderin, glänzende und gereizte Augen in allen Fällen, Asymmetrien der Gesichtsmuskeln, besonders bei der Spielerin.

Georget schreibt:

»Die Capillargefäße des Gesichts, der Augen, der Schädelhaut, sind mehr oder weniger aufgetrieben und färben die Haut und die Bindehaut der Augen heller oder dunkler rot . . . Stirn, Gesicht, oft der ganze Kopf haben mehr Hitze, als der übrige Körper . . . Die Augen sind dann gewöhnlich glänzend, rege, belebt, zuweilen convulsivisch bewegt. Kurz, der Zustand aller dieser Theile kündigt an, daß in der Nähe ein Herd der Aufregung ist. Schwer ist es, die Physiognomie der Verrückten zu beschreiben. Man muß sie beobachten, um ein Bild von ihr zu haben. Die Individuen sind nicht mehr die Vorigen. Die Gesichtszüge sind anders gestellt, und das ganze Gesicht ist entstellt. Die Physiognomien . . . verändern sich nach den verschiedenen Leidenschaften und Vorstellungen . . . Der mit Monomanie Behaftete hat als König ein stolzes, hohes Ansehen; als Devot, ein demüthiges, mit dem er zum Himmel oder zur Erde starrend, betet; als Furchtsamer, schüchtern zur Seite blickend, flieht.«[48]

Wir kommen zur anfangs gestellten Frage zurück.

Der Künstler lernte also vom Wissenschaftler, die Wahrnehmung zu schärfen, d. h. gewisse Signaturen der sich gleichförmig darbietenden optischen Realität hervorzuheben wie Augen, Augenbrauen, Stirnhaut etc.

Der Wissenschaftler lernte vom Künstler die Möglichkeit der Mehrdeutigkeit, d. h. er lernte, von äußeren Erscheinungen nicht einsinnig direkt auf spezifische Krankheiten zu schließen, sondern die Ursachenforschung breiter zu betreiben.

Der menschliche Realismus Géricaults könnte Georget etwa dahingehend beeinflußt haben, daß er die verschiedenen Arten des Irrsinns (– Blödsinn, Manie, Monomanie, Stumpfsinn –) nur als *Symptome* der Verrücktheit, nicht aber als ihr Wesen auffaßte.

Ferner führte ihn die wohlwollende und verständnisvolle Sympathie mit den Patienten dazu, sie wegen ihrer eingeschränkten »moralischen Freiheit« (sprich Unzurechnungsfähigkeit) vor Gericht von Verbrechensvorwürfen zu entlasten – was ihm heftige Kritik einbrachte:

»Die Obrigkeit ist deswegen erschrocken und fürchtet, daß Schuldige der öffentlichen Gerechtigkeitspflege entgehen möchten, wenn sie sich verrückt stellen.«[49]

Georget argumentiert dagegen:

»Es ist besser . . ., hundert Schuldige freizusprechen, als einen Unschuldigen, einen Geisteskranken zu bestrafen, zumal wenn es sich um die Todesstrafe handelt, denn hier ist der Irrtum nicht wieder gut zu machen.«[50]

Géricaults (wie auch Goyas) Schilderung des Tierischen im Menschen dient im Endeffekt dazu, die Höherwertigkeit des Menschen zu erweisen, und die Grausamkeits- und Todesszenen steigern nur das Bewußtsein vom Guten und Lebendigen.

So gilt auch Georgets Interesse bei der Verteidigung der Verbrecher der Reinhaltung des Menschengeschlechts im Sinne des hehren Ideals, wie es die Revolution getragen hat:

»Ist es übrigens nicht tröstlich für die Menschheit, einige Thatsachen, die sie entehren, einer Krankheit des Geistes zuschreiben zu können? Und heißt es nicht, die Würde des Menschen herabsetzen, wenn man so leicht das Dasein vernünftiger Ungeheuer zugiebt, welche so unerhörte Verbrechen, ohne Interesse, und blos aus Lust, sich in dem Blute ihrer Nebenmenschen zu baden, begingen?«[51]

Während für Georget Physiognomie der Effekt einer Ursache ist – Lavater war sie noch Inkarnation eines Charakters –, kann Géricault über diese »wissenschaftliche Physiognomik«, der im bildlichen Bereich die 200 im Auftrag Esquirols angefertigten Stiche entsprechen mögen, hinausgelangen, weil die Weite seines Herzens die Wahnsinnigen nur als Einzelfälle unter den vielen Fällen menschlicher Leidenschaft auffaßt.

Es ist dies die Haltung dessen, der nur über das Äußere lieben kann, aber doch nicht das Äußere an sich liebt. Einer Frau, die er maskiert in der Oper getroffen hatte, schrieb er – »à une inconnue« –: *»Malgré l'incertitude où je suis de votre personnage, de votre physionomie, mon coeur vous est déjà tout dévoué.«*

Kunst und Wahnsinn (Tasso und Ophelia): Leidenschaft der Objektivation Leidenschaft der Grenze

Als Tasso[52] im Gefängnis sitzt, so Delacroix, und den Kopf nachdenklich auf die Hand stützt, schlagen die wirklichen Irren um ihn herum Lärm, ein Wärter schwingt seine Peitsche; einmal kniet neben dem sinnenden Dichter ein Mitbewohner, der auf dem Boden Schreibbewegungen vollführt. Delacroix ist ganz zornig beim Gedanken daran, wie der Denker von der Erbärmlichkeit der Menschen für wahnsinnig gehalten und eingesperrt wird. Mit Tasso malt er ebenso die kommunikative Stellung des Künstlers zwischen den Mitgliedern der Gesellschaft wie ein Modell seiner eigenen psychischen Konstellation. Hohngelächter umgibt ihn. Sein »Tod des Sardanapal«, ausgestellt im Salon 1827/28, wird von der Kritik vernichtet;

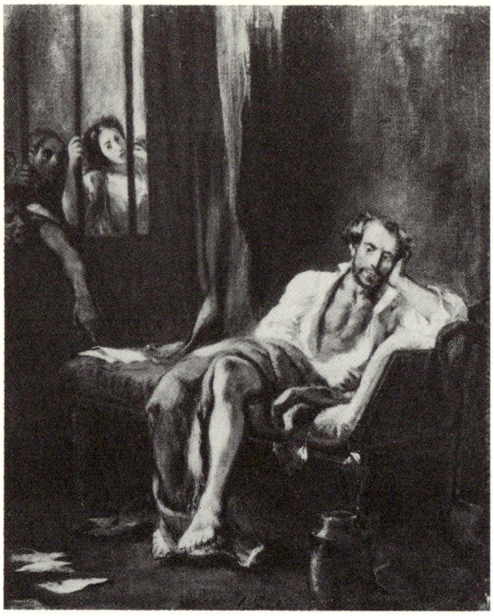

Eugène Delacroix, *Tasso im Irrenhaus*, 1827

sie beruft sich vor allem auf die akademischen Grundsätze: Ordnung, Stil, Angemessenheit der Bildsprache. (Die allgemeine Wildheit in der Kunst existiert seit Goya; unter der Kapuze des Buhmanns verbirgt sich da immer – in klarer Allegorese – der Inquisitor.)

Was sagen »Tasso« oder spätere Kerker-Szenen, »Ugolino und seine Kinder« und »Daniel in der Höhle des Löwen«, über das Selbstverständnis des Künstlers aus? Er fühlt sich ja nicht wie Faustens Margarete, die den Normen der Gesellschaft zum Opfer fällt – sie sieht im Wahnsinn nur noch die himmlische Rettung –, sondern wie Faust selbst, den der Daimon ständig weitertreibt. Die Aktualität des schwarzen Doppelgängers liegt auf einer Linie mit Geistererscheinungen und Idealvisionen der Walpurgisnacht. Delacroix macht Tassos Verdammung zu einer Analogie der unabänderlichen Wahrheitsproblematik des Künstlers: *»Meine Seele hat Flügel, aber der rohe Kerkermeister ist unnachsichtig.«* Psychische Erscheinungsformen und Körper werden getrennt (– Esquirol lokalisiert die Geisteskrankheiten im Gehirn, aber verursachend sind die »passions« –) und lassen sich als vergegenständlichte konfrontieren[53].

Delacroix malt das Thema »Ophelias Tod« in drei einander sehr ähnlichen Ölbildern 1838, 1844 und 1853. Sie gehören in die 1834 begonnene

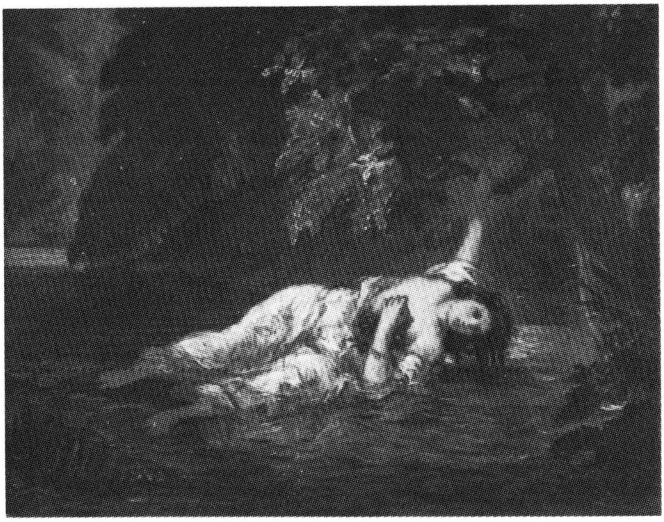

Eugène Delacroix, *Tod der Ophelia,* 1844

Folge von Hamlet-Illustrationen, die sich übrigens exakt an den englischen Text halten. Hamlet hat Ophelias Vater, den Hofmeister Polonius, in der Meinung, er sei der ihm nachspionierende Usurpator-König, getötet. Ophelia, die ihn liebt, brüskiert er. Sie wird wahnsinnig und ertrinkt:

»There, on the pendent boughs her coronet of weeds
Clamb'ring to hang, an envious sliver broke;
When down her weedy trophies and herself
Fell in the weeping brook. Her clothes spread wide,
And, mermaid-like, awhile they bore her up;
Which time she chanted snatches of old tunes,
As one incapable of her own distress.
Or like a creature native and indued
Unto that element; but long it could not be
Till that her garments, heavy with their drink,
Pull'd the poor wretch from her melodious lay
To muddy death.«[54]

Im Bild hält sich Ophelia noch mit der Rechten am gebrochenen Ast fest, die Linke drückt den Blumenkranz vor die Brust. Die Füße, ein Teil der linken Körperhälfte und die Haarspitzen sind schon ins seichte Gewässer eingetaucht. Sie erscheinen in der Form ungebrochen. An der Grenze des grünlich leuchtenden Wassers zum hellen, durchsichtigen Schleier Ophelias bildet sich eine enorme optische Vielfältigkeit, die indirekter bedeutsam ist als die Verklammerung der Hand mit dem Ast. Bemerkenswert ist, wie der Wahnsinn hier, in kongenialer Verschmelzung mit der unberührten Natur, sein aquatisches Element findet. Baudelaire[55] glaubt, daß die romantische Kunst mit Vorliebe in den nördlichen Ländern entsteht, weil der Nebel und die Feuchtigkeit, die Konstituenten eines wechselvollen Mediums, dort heimisch seien. Schon im 18. Jahrhundert ist den Engländern eine Prädisposition für den Wahnsinn und alle Arten nervöser Leiden nachgesagt worden, da die feinen Wassertröpfchen sämtliche Fasern des Körpers durchdrängen, ihn auflösen und empfänglich machen für das schwimmende Denken[56]. Hier spielen natürlich die humoralen Theorien der Antike ihre Rolle.

Der Zusammenhang ist klar: Nach der klassischen Epoche der Ausgrenzung des Wahnsinns aus dem Bereich der Vernunft seit Descartes dringt die Drohung der Verwischung in Gestalt des Sensibilitäts-Gedankens wieder vor, der in Hölderlin seinen ersten Höhepunkt erreicht. Im Wasser kann die Romantik erstens wegen seiner Lichtqualitäten ihren Reflexions-Gedanken manifestieren, zweitens erscheint dort, wo alles Leben sich in seinen Anfängen tummelt und sein Ende nimmt, ein mikrokosmisches Modell der Natur.

Sir John Everett Millais' »Ophelia«[57] ist vollständig vom Einfühlungsbedürfnis ihres Produzenten getragen. Er hatte sich in Julitagen ans friedliche Ufer eines Themse-Zuflusses begeben, wo er beim Malen und Sinnen Grenzerlebnisse hatte, »becoming intimate with the feelings of Ophelia«. Zu Hause posierte dann allerdings Miss Siddal in der Badewanne. Preziöse Natur überwölbt die Szene der singend im Blumenmeer Untergehenden, zart hält sie die Hände, als wolle sie uns bedeuten, sie gehe im Einklang mit dem Schicksal. Ein Botanik-Professor hält seine Vorlesung vor dem Bild, und Millais gibt der Frau den *appeal*, den sie seit Watteau und Gainsborough verloren hat: daß man sie küssen möchte.

Der Wahnsinn Ophelias und Gretchens ist psychologisch zwingend, der Tassos eine Beschuldigung, unter welcher er zum Märtyrer wird (weil seine Produkte mißliebig sind), bei Shakespeares Hamlet ist er Maske, hinter der sich Wahrheit desto rücksichtsloser äußert, und Methode zur Selbsterkenntnis.

»Tasso« und die Hamlet- und Faust-Illustrationen beweisen, daß der romantische Künstler den Wahnsinn darstellt und, im Sinne der Subjekt-Objekt-Identifizierung, sich im eigenen Denken darauf einläßt. Zusätzlich gilt, daß er sich außer im Verlies der unzureichenden Erkenntnis am Rande einer unverständigen Gesellschaft weiß.

Kunst als Gleichnis des Wahnsinns (Goya, Mazeppa, Poe)

Kunst als Grenzfall des Wahnsinns (Goya, Mazeppa, Poe)

1. Auf Blatt 43 der Caprichos[58] ist ein von Katzen, Eulen und Fledermäusen umgebener, offensichtlich schlafender Mann dargestellt. Der Sockel, auf den er die verschränkten Arme und den Kopf stützt, trägt die Inschrift: »Il sueño de la razon produce monstruos«. Genauso ist nun hier die außer Kraft gesetzte Vernunft allegorisiert, so daß gemeint ist: der barbarische Mensch weicht von Denkregeln ab und verfällt der Unwahrheit, wie: die »razon« erscheint auch in Gestalt des Träumenden, des Menschen, der schläft, um Überwirkliches zu imaginieren. (Der »Traum des Autors« verschlüsselt die Aussage, die der spanischen Gesellschaft gilt.)

2. 1819 erscheint »Mazeppa«, eine Verserzählung von Lord Byron. Nach der Schlacht von Poltawa ermuntert der Ukrainerfürst Mazeppa den niedergeschlagenen, flüchtenden Schwedenkönig Karl XII. mit einer Geschichte aus seiner Jugend: Als Zwanzigjähriger wird Mazeppa beim Liebesspiel mit einer Gräfin von deren Ehemann überrascht. Der läßt ihn zur Strafe nackt rücklings auf einem wilden Steppenhengst festbinden, der mit Peitschenhieben davongejagt wird. Während das rasende Tier nur seinem Instinkt folgt, erlebt der hilflose Mazeppa die Landschaft – Wälder, Ebenen, Sümpfe und Berge – nur am Horizont des endlosen Nachthimmels.

»Away, away, my steed and I
Upon the pinions of the wind,
All human dwellings left behind:
We sped like meteors through the sky
When with its crackling sound the night
Is chequer'd with the northern light:
Town – village – none were on our track
But a wild plain of far extent,
And bounded by a forest black;
And, save the scarce-seen battlement
On distant heights of some strong hold,
Against the Tartars built of old,
No trace of man.«

Géricault bearbeitet das Thema Anfang der 20er Jahre in Öl und als Lithographie[59]. Das Pferd steigt gerade aus dem Fluß, den es trotz gefährlicher Strudel durchquert hat; Mazeppa, festgezurrt und erschöpft, wendet den Kopf der nassen Mähne seines Gefährten zu. Delacroix, der sich auch an den Cruikshank-Illustrationen für George Clintons »Memoirs of the Life & Writings of Lord Byron« und Géricaults Essays über Byronsche Motive orientierte, machte 1824 Skizzen und eine Gouache zu dem fatalen Sujet[60], 1828 ein Ölgemälde nach Géricaults Lithographie. Horace Vernet und Louis Boulanger leisteten im 1827-Salon ihren Beitrag. Im Mai 1828 antwortet dann Victor Hugo, unter Byrons Motto »Away! – Away!«, mit Widmung an Louis Boulanger.

Der erste Teil des Gedichts suggeriert in seiner Bildlichkeit deutlich tiefere Bedeutungen: Schlangenartig winden sich die Stricke um Mazeppa, wie ein »gewalt'ger Feuerball« fliegt das ungleiche Duo dem endlosen Horizont entgegen. Die untertauchende Sonne

»Dreht sich auf seiner Stirn gleich einem großen Rade
Von Marmor buntgestreift mit Gold«.

Raben, Aasgeier, Eulen verfolgen sie in der Hoffnung auf Beute. Einem schwarzen Fächer ähnlich fliegen sie schattenwerfend zwischen Mazeppa und dem Himmel. Nach drei Tagen bricht das Pferd tot zusammen, der zerschundene Reiter wider Willen wird, obwohl die nächtlichen Vögel schon gierig kreisen, gerettet und avanciert zum Fürsten der Ukrainer. Jetzt kann er sich an seinen einstigen Peinigern rächen und die Vögel

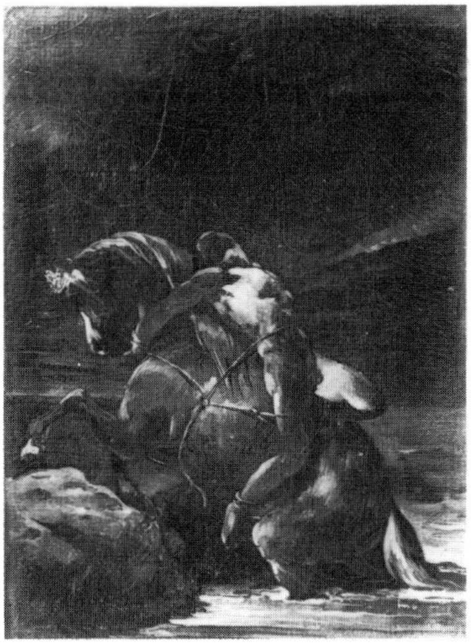

Théodore Géricault, *Mazeppa*

entschädigen. »Aus seiner Strafe wird erstehen seine Größe.« Hat sich Hugo bis jetzt aussagemäßig an die Byron-Vorlage gehalten, filtriert er im zweiten Teil aus dem sinnreichen Geschehen den Ego-Bezug. Das Roß wird zum ungebändigten Genius, der den wehrlosen Sterblichen in surreale Gefilde trägt. Platonisches Enthusiasmus- und römisches Ingenium-Konzept durchdringen sich. Erstens ist der Künstler ein Medium, das die Ideen der Gottheit makellos transfiguriert, ekstasisch, trunken und unverständig gegenüber dem, was es hervorbringt, zweitens befällt ihn sein ganz persönlicher Gott, der griechische Daimon, den Horaz, Pseudo-Longin und Sallust als »ingenium« internalisiert haben. Durch rauhe Natur, unerhellte Regionen geht der Genie-Ritt, böse, anmaßende Geister werden aufgeschreckt. Irdische Mähne und kosmischer Kometenschweif sind ununterscheidbar. Alles ist der hemmungslosen Subjektivität unterworfen:

»und für ihn auf seines Rosses Rücken
Wechselt in seiner Welt mit allen Augenblicken
Der ideale Horizont«.

Der Sterbliche erleidet mittelalterliche Gespensterqualen, gnadenlos treibt ihn der Genius zum verhängnisvollen Ziel. Im Ruhm der Nachwelt steht er aber »als König wieder auf«. (Bei Byron schläft Karl XII., nachdem Mazeppa, völlig hingegeben, zu Ende erzählt hat.) Hugo meint, das Genie könne eine Zeitlang sich und anderen unverstehbar bleiben, das aber gerade sei Prinzip oder, heroisch gesagt, Schicksal jeder schöpferischen Leistung. Boulangers Bild stellt den Moment dar, in dem die Fesseln des gewollten Wahnsinns (Away! – Away!) gerade noch rechtzeitig vor dem Exitus gelöst werden.

3. Die Mimesis-Auffassung, wie sie seit der Frührenaissance nach Platon interpretiert worden ist und mit Winckelmann wieder einen Höhepunkt erreicht, zeigt in der zweiten Hälfte des 18. Jahrhunderts ihr Ungenügen auch im Bereich des Wahnsinns und der Vernunft. Über Baumgarten, dem wie Leibniz der Dichter dem Schöpfer und das Gedicht der Welt äquivalent galt, geht Mendelssohn hinaus, wenn er das Genie eigenständig und frei von fremden Regeln den inneren Gesetzen seiner Psyche nachspüren sieht, und Pinel verwirft Winckelmanns Vorstellung von Apoll-Idealität und Mißbildung, Gredings Lehre von den Schädelanomalien oder Campers Gesichtswinkelmessungen zugunsten der psychologischen »Passions«-Theorie.

Edgar Allan Poe grenzt in der 1841 erschienenen Erzählung »The Murders in the Rue Morgue« »imagination« gegen »fancy« ab. Die eine geht analytisch in die Tiefe, die andere ist konstruktiv-kombinierend. Der Analytiker liebt (– wie der italienische Renaissancekünstler des 16. Jahrhunderts –) hieroglyphische Rätsel. An mathematischen Systemen erprobt er sein kalkulierendes »acumen«. Im Spiel erforscht er zusätzlich jenseits des bloßen Regelapparats die möglichen Gedankengänge des Kontrahenten. Vom Gesichtsausdruck schließt er auf Reaktionen (Gewißheit, Überraschung, Triumph, Enttäuschung), die ihrerseits Spielkonstellationen verraten. Vermittels solcher Grenzüberschreitungen gelingt es, die Wirklichkeit mit dem Spiel zu verflechten. Im ernsten Leben haben für ihn die meisten Menschen Fenster in ihrer Brust. Die Fähigkeit, sie zu öffnen, heißt »imagination«; sie verändert Einzelbestandteile durch neue Einordnung:

> »Even out of deformities it fabricates that Beauty which is at once is sole object and its inevitable test.«[61]

Die Umgebung, die solch verformende Kombinatorik ermöglicht, muß bizarr sein. Im Halbdunkel[62] vor allem, wo die physischen Reize sich abmildern, vermag das Gehirn Bilder fast wie im Traum zu assoziieren. Alle Ursache-Wirkungs-Relationen werden unwichtig. Messieurs Dupin & Poe üben sich so tagsüber bei geschlossenen Läden und genießen nachts die erinnerungsträchtige Abgründigkeit der wimmelnden Stadt.

Das Gegenbeispiel bietet der Polizeipräfekt. Anstelle ruhig zu beobachten, fixiert er sich vorschnell auf einige wenige Punkte. Er besitzt »ingenuity« in dem Maße, wie er auf vorgefundenem Grund ein Gebäude scharfsinniger Vermutungen, die in sich stimmig sind, errichten kann. Mathematische Axiome sollen ja nur mehr oder weniger sinnvoll hinsichtlich des möglichen Wirklichkeitsbezugs des Systems der Deduktionen gewählt werden; entweder setzt sie der Präfekt oder der Poet kommt ihnen durch Intuition näher. Die kann naturgemäß nicht rational-mathematisch sein.

»But the question is not yet settled whether madness is or is not the loftiest intelligence . . . – whether all that is profound – does not spring from disease of thought – from moods of mind exalted at the expense of the general intellect.«[63]

Charles Meryon und Victor Hugo (Wahnsinn der Wissenschaft, Genie der Kunst)

Als Charles Meryon am 12. 5. 1858 in die Anstalt Charenton eingeliefert wird, lautet die Aufnahmediagnose: »Délire mélancholique compliqué d'hallucinations«. Nach heutigen Begriffen handelt es sich um eine »zum ausgeprägten depressiv-paranoid-halluzinatorischen Schub entwickelte Schizophrenie«[64], d. h. um eine Störung der Gesamtpersönlichkeit, die sich kennzeichnet durch überwuchernde und fixierende Emotionalität, unbeirrbaren Wahnglauben und diskontinuierliches, bald abruptes, bald dahingleitendes Denken. In kunstwissenschaftlichen Kategorien gesprochen, entspricht dem völlig die Neigung,

1. suggestiv zu symbolisieren,
2. konstitutiv zu allegorisieren und
3. sich von Wortspielen und Zeichenassoziationen leiten zu lassen (d. h. zu emblematisieren).

Meryon besitzt diese Fähigkeiten von Anfang an. Panse, der sein »künstlerische[s] Schaffen mit Lebenslauf und Psychose in zeitliche Beziehung zu setzen« versucht, geht von der unangemessenen Unterscheidung zwischen 1. einem von »künstlerischer Stärke, Beseeltheit des Ausdrucks, persönlicher Note und belebender Phantasie« charakterisierten und 2. dem »pathologischen« Schaffen, unter dem alles Allegorische und Sprachkonstruktive subsumiert wird, aus, beobachtet, wie der »künstlerische Genius« mit der Psychose ringt, und vermutet, da er in einem ersten Beziehungserlebnis Meryons 1851 (– er verliebt sich in eine Nachbarin, ohne ihr jemals nahezukommen –) die Psychose anklingen sieht, die »größten Schöpfungen Meryons«, die *Eaux-fortes sur Paris*, hätten »ihren Glanz und ihren Zauber, ihren Stimmungsgehalt und das Visionäre in ihnen dem Herandrängen des durch die paranoide Psychose sich verändernden Weltbildes« zu verdanken. Tatsächlich ist klar, daß Meryon kraft seiner Persönlichkeit – auch eine Syphiliserkrankung muß zur Erklärung von Hemmungs- und ausgeprägtem Reinheitskomplex ins Feld geführt werden – nur besonders geeignet war, kommunikative Strukturen im mittleren 19. Jahrhundert bildlich umzusetzen. Wenn Hugo sagt: »Der Atem des Unendlichen durchzieht das Werk Meryons und macht seine Radierungen zu mehr als Bildern – zu Visionen«, dann ist das eine mildere und leichtere Rezeption, die ausschließlich auf das Produkt, nicht auf die Psyche des Produzenten gemünzt ist.

»Le Petit Pont« (1850), so Panse, sei »frei von jeder Hintergründigkeit und Belastung mit Symbolgehalten«; der Schatten links der Brücke sei nur zufällig einem Profil ähnlich. Später habe Meryon in der Psychose hier den sphinxhaften Napoleon III. hineingesehen. Fest steht aber, daß schon im ersten Zustand der Radierung eine Figur im Vordergrund auf den Schatten weist; die zum Abriß bestimmten Baukörper sind in gesteigerter Raumwirkung vor die mittelalterlich-bedeutungsschwangeren Türme von Notre-Dame gesetzt. Mit den steinernen Statuen und Viollet-le-Ducs Galeriefiguren, fabelhaften Kreuzungen zwischen Mensch und Tier, führt Meryon abgebildete reale Phantasiegestalten unmerklich und zwingend an die Grenze, wo das Wirkliche nur noch seine, des Künstlers eigenständige, »unwirkliche« Erfindung ist. Im Kleinsten und Unscheinbarsten vollzieht sich dieser Übergang, wenn auf der Turmspitze der Kathedrale winzige Menschen sichtbar werden.

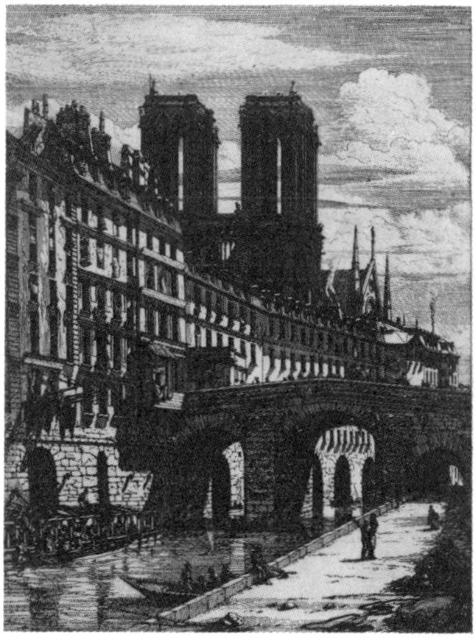

Charles Meryon, *Le Petit Pont*, 1850

Sobald die subjektive Wahrnehmung die Welt der Dinge in einem Maß überformt, daß die Interaktion mit anderen Menschen scheitert, herrscht Wahnsinn. Um die Vernunft wiederherzustellen, müssen entweder der einzelne oder die Gesellschaft ihre Sprache der des Gegenüber annähern. Weder Meryon noch seine Freunde sind dazu in der Lage (1867 schreibt Meryon aus Charenton an Bracquemond, daß sie sich trennen müßten, um Halbwahrheiten aus dem Weg zu gehen. Gewisse Personenkreise in der Gesellschaft nennt er »jene eingebildete, skeptische, ungläubige Clique«). Er flüchtet eben nicht nach Guernsey, sondern in sich selbst. In höheren Bezirken fühlt er sich aufgehoben:

»trotz meiner Schwäche [werde ich] von mächtigen Beschützern unterstützt«.

Die Größenvorstellungen steigen proportional zum Verschwinden von Wirkung und Anerkennung in, Resonanz bei und Orientierung an der Umgebung. Im September 1867 hält Meryon sich für Christus. Natürlich kann er es nicht einlösen, findet keine Gefolgschaft. Bild und Abgebildetes sind endgültig und uneinholbar voneinander abgefallen. Und nur in der Sprache der Kunst, dem autonomen Bereich des Schaffensrauschs, kann er sich nicht mehr wohlfühlen. Seine Radierungen können natürlich als zynische Kommentare der französischen Gesellschaft unter Napoleon aufgefaßt werden. Sie klingen eher fatalistisch als kritisch. Als er den Speranza-Ballon der 1854-Fassung des »Pont-au-Change« durch Drachen-Wolken und Vogelschwärme ersetzt, hängt er sein Thema: die Unbeständigkeit des Gedankens, zuallererst am Namen der Brücke auf. Ironisch kommentiert er, »auch die kaiserliche Regierung habe häufig Adler losgelassen, um die Vorzeichen zu studieren, wie im ›Moniteur‹ gestanden habe«.

Gegen 1854/55 hat Meryon noch keine »halluzinierten« Gestalten (Allegorien) in seine Veduten eingefügt. Wichtig sind aber seine emblematischen Arbeiten, die intensive Bild-Text-Relationen aufweisen, wie »Fluctuat nec mergitur«, 1854, »Le Stryge«, 1853, »Ancienne Porte du Palais de Justice«, 1854, »La Petite Pompe«, 1854. Letzterer sind einige Verse von schwerfälliger Wortbefangenheit beigegeben, die ebenso wie die Zeilen zu »Le Pont-Neuf«, 1853/54 –

». . .
O savants médecins,
Habiles chirurgiens,
De nous pourquoi ne faire
Comme du pont de pierre?« –

und zu »Ancienne Porte du Palais de Justice«:

». . .
Ce cas vraiment est grave
Et tristement je grave
que pour l'exorciser
Il faudrait la . . . raser«[65] –

Anspielungen auf die Syphilis-Erkrankungen sind.

Meryon mußte das, was er zu sagen hatte, noch mühsam im real Vorfindbaren verschlüsseln. Allegorische Droh-Visionen riskiert er um den Preis, verfolgt zu werden. Seine Exaktheit entsaugt den Gegenständen einen über sie hinausweisenden Sinn. Hugo erzeugt den entweder automatisch, sei es, daß er dem freien Lauf der Tinte oder einer bestimmten Materialqualität an einer Stelle illusorische Bedeutung entlockt, sei es, daß er dem Tisch die Gedanken der Freunde aufzuzeichnen befiehlt, oder

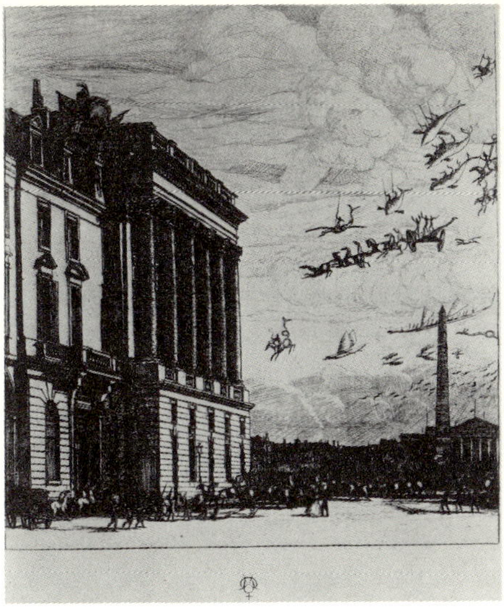

Charles Meryon, *Le Ministère de la Marine*,
Radierung, 1865/66

konstituiert, entwirft, verlebendigt bewußt, z. B. bei einer Visitenkarte, auf der die körperlichen Buchstaben seines Namens ein kleines Landschaftsbild transportieren. Gelingt es ihm auf diese Weise, das Unverbindbare und Auseinanderfallende, nämlich sich selbst als Menschen und seine Umgebung, etwa eine Landschaft, in der gemeinsamkeitsstiftenden Sphäre der Abbilder zusammenzufügen, parallelisiert er auf jene den traumhaften Metamorphosen-Abstieg in ungeahnte Tiefen und das Übereinanderliegen der Bilder.

»Wie in Seen, die tief schlummern in des Waldes Graun,
Kann man zwei Gesichte oft in Menschenseelen schaun:
Einen Himmel, der die Wasser, kaum bewegt von Sturmgewalt,
So mit seinen Strahlen wie mit seinen Wolken malt;
Und den schauerlichen, düster-dumpfen schlafenden Kesselgrund,
Der schwarz Gewürm und Schlangen hegt in seinem Höllenschlund.« –

Der lebende Name ist Hugos *figure*, das, worin er für andere existiert. Nicht stillschweigend, wie Meryon mit suggestiven Kombinationen und in seinem vieldeutig konstruierten Monogramm, sondern gegenständlich, aus-

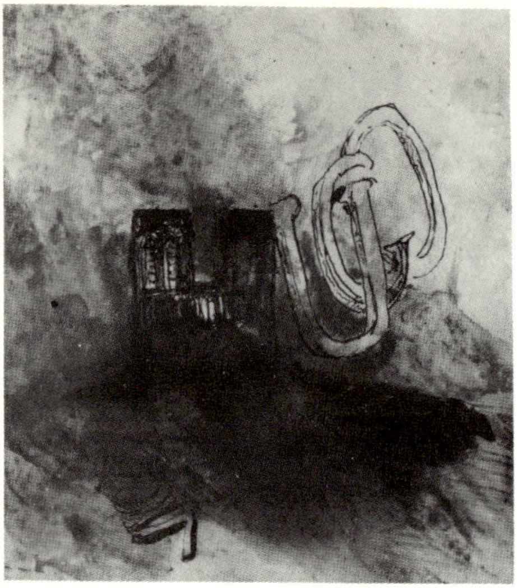

Victor Hugo, *Die Türme von Notre-Dame und der Name Victor Hugo,* ca. 1859, Tinte und Lavierung

gesprochen und unprätentiös manifestiert er sein Ego. Er weiß, daß es wichtig ist, einer Sache ihren Entstehungsprozeß anzusehen. Und der ist bei ihm von genialischer Leichtigkeit, eine Geburt aus dem Kopf des Zeus.

Analytisch-additive Methode steht gegen synthetisch-perspektivische. –

Alle Bilder sind ein Produkt evasiver Phantasie. Sie sind aber notwendig, damit wir uns verständigen, Identität erzielen können. In Esquirols Klinik lebte ein Mann, der nichts trinken wollte, bis man dahinterkam, daß er glaubte, mit dem Spiegelbild auf der Flasche seinen Bruder zu verschlucken. Mangel an Phantasie, wie er hier perfekt vorliegt, kann nur durch evasive Phantasie abgestellt werden. Hugo, den es »auf der Flucht vor dem Vater«[66], Mazeppa-ähnlich ins Exil trieb, hat in dieser Distanz die barocke Eigenständigkeit der Bildwelten, das l'art pour l'art, die Monadologie der Lebewesen vorformuliert.

Anmerkungen

1 Allgemeine Literaturhinweise:
Wilhelm Lange-Eichbaum, Genie, Irrsinn und Ruhm, München/Basel [4]1956 ([1]1928);
Hans Brög, Zum Geniebegriff, Düsseldorf 1973;
Erwin H. Ackerknecht, Kurze Geschichte der Psychiatrie, Stuttgart 1957;
Werner Leibbrand & Annemarie Wettley, Der Wahnsinn, Geschichte der abendländischen Psychopathologie, München/Freiburg 1961;
Johannes Cremerius Hrsg., Neurose und Genialität, Frankfurt 1971

2 1745-1826, übernimmt 1793 die Stellung des »médecin chef de l'hospice de Bicêtre«, der psychiatrischen Anstalt für Männer; die Salpêtrière beherbergt die weiblichen Irren; 1795 wird Pinel hier ebenfalls Chefarzt. Sein Hauptwerk erscheint 1801: »Traité médico-philosophique sur l'aliénation mentale ou la manie«.

3 Michel Foucault, Wahnsinn und Gesellschaft, Frankfurt 1969 (Orig. Ausg. Paris 1961); ders., Psychologie und Geisteskrankheit, Frankfurt 1968 (Orig. Ausg. Paris 1954)

4 Jean Etienne Dominique Esquirol, 1772-1840, löst 1810 Pinel an der Salpêtrière ab, hat seit 1826 die Erste Arztstelle in der Anstalt St. Maurice in Charenton bei Paris inne.

5 Vgl. Esquirol, Des passions considérées comme causes, symptômes et moyens curatifs de l'aliénation mentale, Diss. Paris 1805

6 Esquirol, Des Maladies mentales, Considérées sous les rapports médical, hygiénique et médico-légal, 2 Bde., Paris 1938 (eine Zusammenstellung z. T. überarbeiteter Artikel aus 25 Jahren ärztlicher Theorie und Praxis, begleitet von 27 Gravuren von M. Desmaisons und Ambroise Tardieu [1756–1844]; Esquirol spricht davon, er habe über 200 seiner Patienten zeichnen lassen [Bd. 2, S. 167]);
Esquirol's allgemeine und spezielle Pathologie und Therapie der Seelenstörungen, frei bearbeitet von Dr. K. Chr. Hille, Leipzig 1827 (Illustrationen, vgl. o.);
Esquirol, Von den Geisteskrankheiten, hrsg. v. E. H. Ackerknecht, Bern/Stuttgart 1968 (Illustrationen, vgl. o.)

7 Margaret Miller, Géricault's paintings of the insane, in: Journal of the Warburg & Courtauld Institutes 4, 1940/41, S.151-163; Etienne Jean Georget, 1795-1828

8 Esquirol (1838), a.a.O., Bd. 2, S. 1

9 a.a.O., Bd. 2, S. 2

10 Esquirol (1827), a.a.O.

11 Denise Aimé-Azam, Géricault und seine Zeit, München 1966

12 a.a.O., S. 185

13 a.a.O., S. 195

14 a.a.O.

15 Margaret Miller, a.a.O.

16 Charles Clément, Géricault, 1867, réimpr. Paris 1973, S. 317f.

17 Brief an seinen Freund Musigny, zit. n. Aimé-Azam, a.a.O., S. 188

18 Géricault, raconté par lui-même et par ses amis, Vésenay-Genève, 1947, S. 95

19 »Corral de locos«, 1794, Zink 48,8 × 32,7, Dallas, Meadows Museum, in: José Gudiol, Goya 1746-1828, Paris 1970, cat. 343

20 Zit. n. P. Gassier und J. Wilson, Francisco Goya, Frankfurt a. M./Berlin/Wien 1971, S. 112

21 »Casa de locos«, um 1800, 45 × 72, Real Academia San Fernando, Madrid, in: Gudiol, a.a.O., cat. 464

22 Jean Etienne Dominique Esquirol (1816/1968) a.a.O., S. 14

23 Etienne Jean Georget, Ueber die Verrücktheit, Leipzig 1821, S. 54/55 (Originalausg.: De la Folie, Paris, 1820)

24 Clément, a.a.O.

25 Öl/L., 80 × 65, Sammlung Oskar Reinhart, Winterthur

26 Öl/L., 65 × 54, Springfield Museum of Fine Arts, Springfield Mass.

27 Z. B. Georget, Ueber die Verrücktheit, a.a.O., S. 34

28 Öl/L., 72 × 58, Musée des Beaux-Arts, Lyon

29 Öl/L., 77 × 64, Musée du Louvre

30 Öl/L., 60 × 50, Musée des Beaux-Arts, Gand

31 1798, 56 × 42, Arthur Sachs, Paris; Gudiol, a.a.O., cat. 378

32 Vgl. Georget, Ueber die Verrücktheit, a.a.O., S. 69

33 a.a.O., S. 53

34 um 1596, Öl/L., auf einen konvexen Holzschild montiert, ∅ 60, Uffizien

35 E. H. Gombrich, The visual image, in: Scientific American, 3, 1972

36 »drawing is ›the only medium of fixing with certainty, of portraying, of rendering sensible an infinite number of signs, of expression, of shades, which it is impossible to describe in words, or in any other way except by drawing‹« (zit. n. José López-Rey, Goya's Caprichos, Princeton 1953, S. 65)

37 Klaus Berger, Géricault und sein Werk, Wien 1942, S. 40

38 Etienne Jean Georget, Ueber die Physiologie des Nervensystems und insbesondere des Gehirns, Untersuchungen über die Nervenkrankheiten überhaupt, Leipzig 1823, S. 86/87 (Orig. Ausg. Paris 1821)

39 Georget, Ueber die Verrücktheit, a.a.O., S. 15

40 a.a.O., S. 34

41 a.a.O., S. 20

42 a.a.O., S. 21

43 a.a.O., S. 24

44 aus: J. E. D. Esquirol, Des Maladies mentales, Paris 1838, a.a.O. (s. Anm. 6)

45 a.a.O.

46 Georget, Ueber die Verrücktheit, a.a.O., S. 41

47 Lorenz Eitner, Kat. Ausst. Géricault, Los Angeles 1971, S. 172

48 Georget, Ueber die Verrücktheit, a.a.O., S. 68f.

49 Etienne Jean Georget, Aerztliche Untersuchung der Criminalprocesse von Léger . . .; nebst Betrachtungen über die moralische Freiheit in gerichtlich-medizinischer Hinsicht, Darmstadt 1827, S. 95f. (Originalausg. Paris 1825)

50 a.a.O., S. 96

51 a.a.O., S. 97

52 Le Tasse dans la Maison des Fous, Öl/L., 49 × 60, 1824; Le Tasse en Prison, Zeichnung, 1824; Le Tasse dans la Maison des Fous, Zeichnung, 1825; Le Tasse en Prison, Sepia, 1827; Le Tasse dans la Maison des Fous, Öl/L., 60 × 50, 1827

53 Vgl. z. B. E. Delacroix, Der Konnetabel von Bourbon und sein Gewissen, Tuschzeichnung, 1835; Hamlet begegnet dem Geist, Lithographie, 1843; Hamlet und das Gespenst des Laertes

54 Hamlet, IV. Akt, VII. Szene

55 in den *Curiosités esthétiques*

56 Foucault, Wahnsinn und Gesellschaft, a.a.O., S. 30

57 1852/53, Öl/L., 75 × 112, Tate Gallery

58 1797, Aquatinta, war zuerst als Titelblatt vorgesehen

59 in Zusammenarbeit mit Eugène Lami

60 Siehe Fr. A. Trapp, The Attainment of Delacroix, Baltimore 1971

61 »On Imagination«, 1849

62 Für Novalis heißt die Nacht auch Unbesonnenheit aus Übermaß an Selbstreiz.

63 »Eleonora«, 1842

64 Friedrich Panse, Persönlichkeit, Werk und Psychose Charles Meryons, in: Archiv für Psychiatrie und Zeitschrift für Neurologie, CLXXXVII (1951), S. 205-320

65 1854. Siehe Kat. Ausst. Charles Meryon, Paris um 1850, Frankfurt/Hamburg/Den Haag 1975/76, S. 83; vgl. a. Kat. Ausst. Charles Meryon, Prints and Drawings, Toledo/New Haven/St. Louis 1974/75

66 so eine »Psychanalyse de Victor Hugo«

Zur symbolistischen Kunsttheorie

Die Gruppe der symbolistischen Maler läßt sich im historischen Rückblick dadurch rekonstruieren, daß wir feststellen, wer an welchem gemeinsamen Zusammenschluß und an welcher gemeinsamen Ausstellung teilgenommen hat. Es handelt sich beim erstmals 1886 vom Dichter Moréas verwendeten Begriff »Symbolismus« (wie übrigens auch beim »Impressionismus«) nicht um ein von Historikern nachträglich angebrachtes Etikett (– dieses Etikett gibt es auch[1] –), sondern um die in dieser Zeit verstärkter Wechselwirkung zwischen Kunst und Kunstkritik von theoriebewußten Männern verbindlich in das, was Kunstproduktion, -besprechung und -betrieb ausmacht, eingeführte Bezeichnung für ein bestimmtes bildnerisches Denken. Künstler reisen zwischen den Zentren Paris, London und Brüssel hin und her. Bücher und Zeitschriften informieren über Bilder, Ausstellungen und Theoriediskussionen (z. B. »The Studio«, London 1893).

1906 kann William Ritter in seinem Buch »Studien über die Kunst des Auslands« ein geschlossenes Bild symbolistischer Malerei mit ihren Protagonisten Puvis de Chavannes, Burne-Jones, Gustave Moreau und Böcklin präsentieren.

Zusammenschlüsse und Treffpunkte der Maler waren (– man mußte sich wie nie zuvor in der Geschichte der Kunst in einem Konkurrenzbetrieb gegen Andersdenkende, d. h. [Neo-]Impressionisten und Akademische, abgrenzen):

1884 Salon des Indépendants
Gruppe der xx, Brüssel
1889 Peinture du groupe impressioniste et synthétiste, Café Volpini
Pariser Ausstellung
1890 Salon de la Société Nationale des Beaux-Arts
1892 Pour l'Art, Antwerpen

1893 Münchner Sezession
1894 La Libre Esthétique, Brüssel
1897 Wiener Sezession
1898 Berliner Sezession
International Society

Die Geschichte der Kunstgeschichte verzeichnet in der zweiten Hälfte des 19. Jahrhunderts ein enormes Anwachsen von Schriften, die bildende Kunst besprechen, würdigen, einordnen. Unter den Zeitschriften sind die wichtigsten die »Gazette des Beaux Arts«, auf dem Literarsektor der 1890 von Vallette gegründete »Mercure de France«, die reichste Quelle publizierter Dichtung, Literatur- und Kunstkritik. Daneben stehen »La Vogue« (gegr. 1886), »La Plume« (1889-1905), »La Revue Blanche« (1891-1903, Hauptautor Gustave Kahn) und »L'Ermitage« (1890-1906) als wichtigste Magazine der symbolistischen Bewegung in den 90er Jahren, deren Zentrum Frankreich, also Paris, ist. Zu berücksichtigen auch Albert Auriers Avantgarde-Journal »Le Moderniste« (Gauguin-Beiträge). Kenneth Cornell[2] führt allein 55 literarische Zeitschriften an, die für die symbolistische Bewegung von 1881-99 von Bedeutung waren.[3]

Es ist eine simple Tatsache, daß das Schreiben über bildende Kunst ein literarischer Vorgang ist. Unumgänglich ist, daß die bildenden Künstler das, was berufene oder selbsternannte Theoretiker über sie schreiben, zur Kenntnis nehmen – denn in einer Gesellschaft, die im Markt- und Konkurrenzdenken alle Produkte auf ihre Verwertbarkeit hin befragt, ist der Künstler genötigt, Begründungen für seine Arbeiten zu liefern. Die kann er, wo die akademische Tradition nicht mehr verbindlich ist, keine festinstitutionalisierte Jurorenkommission über seine Zulassung entscheidet, nur durch ein autodidaktisches, »ursprüngliches« Denken und den Kontakt zu Kunsttheoretikern finden.

Die gesellschaftliche Funktion der symbolistischen Kunst im ausgehenden 19. Jahrhundert ist, daß man über sie spricht – nicht hinsichtlich der Frage, wie sie entstand, unter welchen sozialen oder ökonomischen Bedingungen, sondern unter dem Gesichtspunkt der *Bedeutung* des einzelnen Bildes, in die auch der persönliche Stil eines Künstlers eingeht; die Genius-Vorstellungen haben ihren größten Absatz. Bedeutungserzeugung und Bedeutungsentzifferung sind die Hauptprobleme des symbolistischen Kunstbetriebs. Bedeutung, so wird sie verstanden, hat letztendlich immer etwas Wortsprachliches, Konzeptuelles, Ideelles, sie zu finden, muß man literarisch sein, ihre Verkleidung leistet der Maler im Medium des Bildes.

Auch die modernen Maler brauchen in gewisser Hinsicht eine »Tradition«, d. h. einen vorgegebenen Formen- und Gedankenkanon, innerhalb dessen sich ihr Werk erst verstehen läßt, innerhalb dessen es überhaupt erst artikuliert werden kann.[4] Deshalb Zusammenarbeit mit den auf diesem Gebiet Fähigsten, den Literaten. Deshalb das viele Briefeschreiben.

Gauguin ist hier Vorreiter; sein Vater ist Journalist, seine Großmutter schreibende Feministin. Seine Freunde Émile Bernard (1868-1941) und Paul Sérusier (1863-1927) versorgen ihn mit Informationen zur Theoriediskussion; während Sérusier in der Académie Julian philosophisch doziert, verkehrt Bernard mit vielen Künstlern und schreibt über sie, z. B. van Gogh oder Cézanne; er ist mit dem symbolistischen Literaten und Kritiker Albert Aurier befreundet, den er bewegt, über Gauguin und die Symbolistenbewegung Theoretisches zu verbreiten. Aurier, für dessen »Le Moderniste« Gauguin 1889 seinerseits Kunstkritiken abliefert, führt ihn in Mallarmés Dienstagabend-Runde in der Rue de Rome ein, an der außerdem Rops, Redon, Munch und Whistler häufig teilnehmen. Sie ist ein gutes Beispiel für den handfesten Gedankenaustausch zwischen Wort- und Bildproduzenten. Deshalb werde ich auf Mallarmé eingehen und andererseits die »Selbstzeugnisse« und Theorieäußerungen der Maler Gauguin, Denis, Hodler, Munch, Redon, Ensor analysieren. Außerdem kommt die Scharnierfigur Albert Aurier zu Wort.

Ein schönes Merkmal der symbolistischen Malerei ist ihre »hermetische« Abgeschlossenheit. Ihre Deutung verlangt ein Maß an Einfühlung, das, obgleich intendiert, kaum zumutbar ist. »Der Christus malen will, muß mit Christus leben«, so zitiert Maurice Denis Fra Angelico[5] und meint: Wer uns verstehen will, muß wie wir leben, muß sich zu unseren esoterischen Höhen aufschwingen. Seit dem Ende des 19. Jahrhunderts bis heute bedeutet die Tatsache, daß jemand ein Kunstwerk nicht »versteht«, daß er vom Reich der Wissenden und Eingeweihten ausgeschlossen ist. Das von überirdischen Mächten inspirierte Künstlergenie des *fin de siècle* übt eine suggestive Kraft auf seine Anhänger aus, die den göttlichen Weihen fassungslos gegenüberstehen und bald eingestehen, in dem Versuch gescheitert zu sein, nachahmend ihr Vorbild zu erreichen. Dabei haben sie vergessen, daß die betreffenden Künstler ja gerade in dem Maße »genial«

waren, als sie der mimetischen Theorie endgültig den Abschied erteilten und stattdessen entweder die freieste Selbstäußerung (Gauguin) oder das »interesselose« Spiel auf der Ebene reiner Schönheit (Mallarmé) proklamierten (was sich nicht zu widersprechen braucht). Denis sagt: »Was ist große Kunst, wenn nicht die Verkleidung natürlicher Objekte samt ihren vulgären Empfindungsqualitäten durch Ikonen, die heilig, magisch und gebieterisch sind?«[6]

Kunst und Künstler haben etwas Apotropäisches und Anziehendes zugleich. Sie gebieten Ehrfurcht. Denis hat eine Vorliebe für den Doryphoros, den Diadoumenos, die Venus von Milo, die Nike von Samothrake, die Heiligen des Mittelalters, Propheten Michelangelos, Frauen da Vincis. Wie Parthenonfries und Beethovensonate können diese Objekte den damaligen Betrachter in eine so gut wie religiöse Ekstase versetzen, sie haben etwas Unzugängliches für ihn, weil sie durch ihre historische Distanz rätselhaft sind.

Könnten auch derartige Kunstwerke im Verlaufe einer wissenschaftlichen Analyse ihre Dunkelheit verlieren, weil sie dann in einer ikonographisch-ikonologischen Kontinuität stünden (– aber dieses trockene Brot kauen erst gewisse Forscher des 20. Jahrhunderts –), so ist die Bildsprache der Symbolisten zu ihrer Zeit eine jeweils individuelle, eigenständige. Während Mallarmé meint, »das Werk ist unpersönlich, und sobald man sich von ihm löst, duldet es keine Annäherung des Lesers. Es ist derart, daß es ganz allein dasteht: erschaffen, existierend«[7], ist für Gauguin die »Kunst eine Abstraktion von der Natur, während man vor ihr träumt«[8], eine eigene Schöpfung in Einsamkeit, die Aufschluß über sein Verhältnis zur Realität gibt. Farben haben für ihn einen bestimmten Ausdruckswert – fast im Sinne einer Privatallegorie –, und in einem Brief an Schuffenecker (1885)[9] bestimmt er das Verhältnis von Fühlen und Denken als ein zwingendes Auseinanderhervorgehen: »Alle unsere fünf Sinne kommen *direkt im Gehirn* an, abhängig von einer Unzahl von Dingen, die keine Erziehung zerstören kann.« Das Gehirn als Sklave der Sinne wird zwar von Form und Farbe eines Gauguinschen Bildes auf eine imaginär dahinter liegende Idee schließen, unüberbrückbar aber bleibt der Abstand zur ganz persönlichen Empfindungsweise des Malers. In die gleiche Richtung laufen Gauguins Bemerkungen zum »Synthetismus«[10], einem wohl von Bernard erfundenen Begriff: Synthetisch heißt danach, komprimierte Erfahrung in eine Farb-

oder Formgeste zu legen, Erinnerungen in einem Moment zu kristallisieren, die dann, bei der Interpretation, wieder heraussplittern, wie beim Musikhören. Edvard Munch redet vom »Zwang der Menschen zur Kristallisation«[11]. Solche Verdichtung kann nicht ohne Verschlüsselung passieren, und die Dechiffrierung fordert die ganze Persönlichkeit des Betrachters, der sich nicht mehr auf einen innerkünstlerischen, allgemeingültigen Bedeutungshorizont verlassen kann.

Es ist wirklich kein Unterschied in der Sache, nur eben ihrer Formulierung, ob Mallarmé von der Dunkelheit im Untergrund des Gedichts spricht, die sich in der »Nacht des Schreibens ein wenig lichtet«[12], oder ob Gauguin die Interpretation von Musik und Bildern direkt über die sinnlichen Vorstellungen ins Feld der Gedanken verlaufen läßt. Mallarmé hat hier seine »poésie pure«; unter der Reinheit der Poesie versteht er: »die Dinge aufzehren und verbrauchen im Namen einer zentralen Reinheit«[13], das heißt, abgesehen von der von allen Symbolisten verfochtenen Idee, das Gedicht oder Bild sei ein eigenständiger phonetischer oder formaler Organismus, der den Gesetzen von Harmonie und Dissonanz gehorche, daß den im Gedicht angeführten Gegenständen ihre Empfindungs- und Bildqualität zugunsten der in ihnen gespeicherten gedanklichen Strukturen genommen ist. Zwei Verse der *Hérodiade* (1869) lauten: »Zünd' an die Lichter, wo das Wachs bei leichtem Feuer und im nichtigen Golde eine fremde Träne weint«[14]. Am Anfang war das Bild einer Kerze, doch deren sinnliche Qualitäten weichen in der Periphrase den evozierten Abstrakta: Leichtigkeit, Nichtigkeit, Fremdheit, Trauer; dies sind Stimmungen der Sprechenden oder auch des Lesers. Die Haut der Sprache hat sich über sie gespannt, ist ihr Zeichen.

Um die Gemeinsamkeiten der schöpferischen Techniken von Mallarmé und Gauguin zu untersuchen, vergleichen wir das Sonett »Éventail (de Mme Mallarmé)« (1887) mit »D'où venons nous, que sommes nous, où allons nous« (1897), das Gauguin vor seinem Selbstmordversuch auf Tahiti malte, hinsichtlich der Art und Weise, wie beidesmal Bedeutung zustandegebracht wird.

Der Kritiker André Fontainas bemängelt im *Mercure de France* (1899), daß die Menschen der Gauguin-Träume, »trocken, farblos und steif, bloß unbestimmte Formen darstellen, die von einer metaphysisch nicht geschulten Vorstellungskraft schwach erdacht wurden und deren Bedeutung zweifelhaft, deren Ausdruck willkürlich ist. Solche Leinwände hinterlassen keinen Eindruck als den eines bedauernswerten Irrtums, denn abstrakte Begriffe werden durch konkrete Bilder nur übermittelt, wenn sie im Geist des Künstlers bereits die Gestalt einer natürlichen Allegorie, die ihnen Leben gibt, angenommen haben«[15]. Zu Recht meint Fontainas, der Ausdruck sei willkürlich, er ist es ebenso wie ein barockes Deckengemälde, wenn man das Programm nicht kennt[16], aber in unserem Fall gibt es ja nicht einmal eine Ikonologie oder ein Emblembuch, diese Enzyklopädien, wo die Barockgesellschaft (seit 1593) ihr Weltbild nachschlagen konnte. Im Gegenteil, das Bild ist in einem exotischen Kulturkreis entstanden, der Betrachter ist nun frei und vielleicht hilflos zu »interpretieren«, sogar die Farbe ist, nach Gauguin, »selbst enigmatisch in den Empfindungen, die sie uns gibt«, vermittelt die »musikalischen Empfindungen, die von ihr selbst herströmen, von ihrer eigenen Natur, von ihrer mysteriösen und rätselhaften inneren Kraft«[17].

Gauguin geht immerhin nicht so weit wie der »Psychophysiker« Charles Henry (1859-1926), der in seinem Hauptwerk »Le cercle chromatique« (Paris, 1888) innerhalb einer wissenschaftlichen Ästhetik auf biomathematischen Grundlagen die Schönheit physiologisch bestimmt. Die geistigen Vorstellungen in Form von Maß, Rhythmus und Kontrast korrespondieren da mit den biophysischen Prinzipien der Kraftschöpfung und der Verhinderung: Z. B. drückt die von links unten nach rechts oben ansteigende Linie »angenehme, dynamogene Empfindungen« aus, die von rechts oben nach links unten abfallende hingegen »unangenehme und gehemmte«[18].

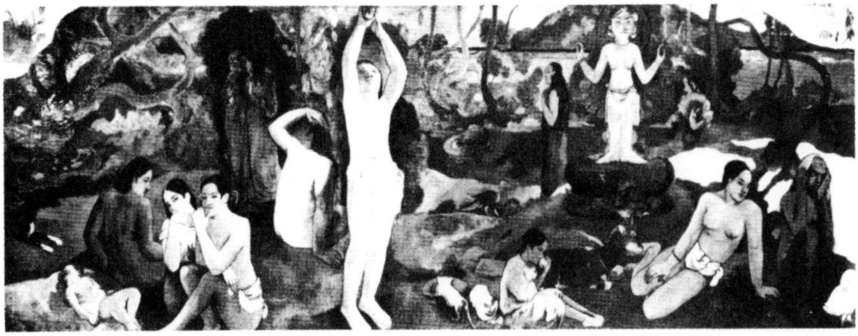

Paul Gauguin, *Woher kommen wir, was sind wir, wohin gehen wir*, 1897, Öl/Lw.

»Bevor ich sterben wollte, steckte ich all meine Energie hinein, solch ein schmerzvolles Leiden unter schrecklichen Umständen und eine so unveränderbar klare Vision, daß die Hast verschwindet und das Leben auftaucht.«[19] Während er das Bild beschreibt, interpretiert Gauguin dann unweigerlich:

Zwei Figuren »vertrauen sich gegenseitig ihre Gedanken an«. Die sitzende, bewußt die Perspektive verletzende Figur »sieht mit Erstaunen auf diese zwei, die an ihr Schicksal zu denken wagen«. Das Idol »scheint das Jenseits anzudeuten«. Das liegende Mädchen »scheint dem Idol zuzuhören«. Die alte Frau, »dem Tode nahe, scheint versöhnt und in ihre Gedanken versunken«. Ein weißer Vogel mit einer Eidechse repräsentiert »die Nichtigkeit der Worte«[20].

Die Deutung sieht in der Tat auf den ersten Blick beliebig aus. Doch was fürs Barock die Ikonologiebücher waren, das ist bei Gauguin ein Repertoire an unmittelbarem physiognomischem Wissen. Daher muß man angesichts der Art, wie die Figuren synthetisch auf eine Form gebracht wurden, die sprechende Ruhe dieses Bildes fühlen. Die griechische Auffassung von der *moĩra* hat auch Redon beschäftigt. Dort herrscht die Spannung zwischen Ausgeliefertsein und Selbstverwirklichung:

»Der Mensch bleibt dem Joch seiner Kultur unterworfen . . . es scheint fast, als seien jene, die, wie unter einem Zwang, ihr Leben mit der Erde verknüpfen, . . . ohne ihr Wissen an eine Art von Gesetz gefesselt, das mit der Erquickung des Menschen belohnt«[21] und:

»Wir alle werden mit einem anderen Menschen in uns geboren, mit Kräften, die der Wille erhält, fördert und bewahrt oder nicht bewahrt . . . Der Ausgang des Schicksals liegt in einem selbst.«[22]

Gauguins Bild besitzt die stille Gewalt einer existenziellen Präsenz, vor der Worte tatsächlich nichtig sind, weil sie zu schnell bezeichnen, d. h. abtöten. Bei Mallarmé heißt es: »Nachdem ich das Nichts gefunden hatte, fand ich die Schönheit«[23]. Dichtung ist für ihn »schweigender Aufflug ins Abstrakte«, ihr Text ein »Erlöschen«[24], und wenn er bekennt: »Mein Werk ist eine Sackgasse«[25], dann nur in Abgrenzung zu den ernsthaften Gläubigen auf der Fortschrittsbahn, die in spielerischer und heiterer Selbstgenügsamkeit keine »Angebote auf Vollendung« erblicken. Die Sprache will auch nichts mehr mitteilen, ebensowenig wie Gauguins Bild, weil sie naturhaft, ein Teil der Schöpfung und deshalb jeder unmittelbaren Verwertung zuwider ist. Ihr Ziel ist die Anspielung. Das Gemeinsame moderner Stile, schreibt Mallarmé 1896, liegt darin, »daß ihr Idealismus die natürlichen Gegenstände vermeidet, aber auch, als zu brutal, einen sie ordnenden exakten Gedanken«[26]. Direktsein verdirbt den Genuß, zu entziffern.

»Woher kommen wir, was sind wir, wohin gehen wir« ist, läßt man sich auf seine Suggestion ein, ein sehr philosophisches Bild. Maurice Denis, der selbst für sein Philosophie-Examen studierte, informiert uns, daß Sérusier in der Académie Julian Reden hielt über die Doktrinen Plotins und der Schule von Alexandrien[27]. Als er mit dem später »Talisman« genannten Zigarrenkistendeckel 1888 von Pont Aven zurückkehrte, formulierte er sogleich eine wissenschaftliche Lehre vom Synthetismus auf der »planen Oberfläche, die mit in einer bestimmten Ordnung verteilten Farben bedeckt ist«[28]. Gauguin hatte ihm eine Mallektion erteilt: »Wie sehen Sie diesen Baum? . . . ist er grün? Dann nehmen Sie auch Grün, das schönste Grün Ihrer Palette!«[29] Wahrhaftigkeit und Bekennermut braucht man anscheinend zum Malen der Farben, – die eine sichtbare Projektion der sprachlich geronnenen Vorstellung sind.

Ganz eindeutig steckt in dieser Kunstauffassung die Dantische Lehre von den vier Sinnschichten, auch Böcklin[30] meint sie implizit, wenn er das Bildwerk als Kompositum von Dichtung und Tonstück sieht, wo eine Geschichte erzählt, Denken provoziert und Eindruck gemacht wird.[31] Die nach den Gesetzen eines künstlerischen Organismus gelenkte Phantasie soll »beim Betrachter durch jähen Reiz eine vollständige Evokation auslösen und ihn vom Ungewissen zu den äußersten Grenzen des Gedankens ziehen«[32]. Die »suggestive Kunst« ist – das entspricht dem *sensus anagogicus*, dem mystischen – »wie eine Ausstrahlung von Traumvorgängen, wohin auch das Denken sich wendet«[33], zweitens, im *sensus tropologicus*, der musikalischen Komponente, »äußerster Aufschwung unseres Lebens«[34]. Künstler wie Rezipient sind da angesprochen. Kunst wird für die Symbolisten in einer zuvor nie gekannten Weise Medium der Selbsterkenntnis und des Selbstbewußtseins, darin bereitet sie den Weg für die Wissenschaft der Psychoanalyse, und dient der Reflexion der eigenen künstlerischen Entwicklung: Beim Zeichnen, sagt Redon, muß man sich bewußt sein, »daß ich es selbst sei und niemals einen Strich zu zeichnen, ohne daß meine Sensibilität und mein Verstand beteiligt seien«[35], dadurch führe man das

»Erwachen der Selbstgewißheit, die Erkenntnis des eigenen Ursprungs und der eigenen Kraft herbei«[36]. Oft besteht der Konflikt zwischen kontemplativer Anlage und dem Streben nach dem Sichtbaren, »Egoismus und Altruismus«, Abstraktion und Einfühlung. Denis löste ihn einmal mit der Lehre von der »subjektiven« und der »objektiven« Deformation (1909)[37]. Sie besagt erstens, daß nicht die Gegenstände, sondern unsere von ihnen veranlaßten Emotionen abgebildet werden, damit man, wie zum Beispiel beim Eintritt in eine gotische Kathedrale, auf bestimmte Empfindungen eingestimmt wird. Zweitens verpflichtet die *objektive Deformation* als Korrektiv den Künstler, »alles in Schönheit zu transformieren«. Zusammengefaßt: »Die expressive Synthese (das Symbol) eines Gefühls muß eine beredte Umsetzung davon sein und zugleich ein erfreulich anzusehender komponierter Gegenstand.«[38]

Ferdinand Hodler geht in seiner Theorie des »Parallelismus« (vor 1895)[39] insofern weiter, als er der bloßen Wiederholung (»Parallelisierung«) expressiver Bildeinheiten eine entsprechende Steigerung der emotionalen Werte zutraut. Nach dem Motto »gleich und gleich gesellt sich gern« fügt er Ähnliches zu einer Einheit wie der einzelner Blütenblätter, die sich zur Blume fügen.

Zu Mallarmés Gedicht »L'Eventail (de Mme Mallarmé)« (1887).

Avec comme pour langage
Rien qu'un battement aux cieux
Le futur vers se dégage
Du logis très précieux

Aile tout bas la courrière
Cet éventail si c'est lui
Le même par qui derrière
Toi quelque miroir a lui

Limpide (où va redescendre
Pourchassée en chaque grain
Un peu d'invisible cendre
Seule à me rendre chagrin)

Toujours tel il apparaisse
Entre tes mains sans paresse

Das erste Quartett, wo die Sprache anhebt, beschreibt erst einmal, wie sie, die Sprache, das macht und wie dann die nächstfolgenden Zeilen in anmutigen Rhythmus aus eben dieser »kostbaren Behausung« – einer Metapher auch für den Kopf des Dichters – herausgefächert werden. Der Fächer, oder seine Spiegelung im Hintergrund, oder – tautologisch – die homerisch geflügelte Sprache, ist das überbringende Medium, *la courrière.*

An seine, des Fächers, helle Erscheinung klammert sich – und wird in sie zurückfallen – die bildliche Vorstellung von ein wenig »unsichtbarer Asche«, dem oxymoren Überbleibsel des Oxydationsprozesses, das sich dann in seine winzigen Einzelbestandteile verflüchtigt. Die Asche wird also unsichtbar. Keine sichtbare assoziierbare Erscheinung bleibt, nur das Gefühl der Trauer, sei das ihr Grund oder ihr Vorwand. Der Fächer aber, obwohl zum poetischen Gegenstand erhoben, bleibt unberührt, wandelt sich nicht. Den Dingen wird ihr Platz belassen, durch Worte kann man sie nicht aus der Ruhe bringen. Sie, die Dinge, können hingegen ein Zeichen sein, das wir in ihnen erblicken, wie hier für eine Trauer. Sie ähnelt der Wehmut darüber, daß der Dichter die Dinge nicht berührt.

Gauguin (»Woher kommen wir, . . .«) wirft, als sein Lebensmut ihn verläßt, seine Verzweiflung in die riesige Leinwand voll lebendiger Schönheit.

Mme Mallarmés Fächer zerfällt unter dem »absoluten Blick« in die Gedankenasche eines Sonetts. Vor seinem Tod will Gauguin die Frage nach Ursprung, Sein und Ziel verewigen. Das Derealisierte überlebt. Wir können weder bei Gauguin noch bei Mallarmé vom Bild oder Gedicht auf eine außersubjektive Realität schließen, bei beiden dominiert das Ganz-bei-sich-Sein, die flache, schöne Materialität des Klangs und der evozierten Bilder, beide sind Ausdruck einer Persönlichkeit, so unendlich die sich auch versteckt.

Da hat der symbolistische Dichter und Kunstkritiker G.-Albert Aurier doch erheblich »anspruchsvollere« Vorstellungen von dem, was ein Gebilde der Kunst zu leisten habe. In dem »Essai sur une nouvelle méthode de critique« (Mercure de France, 1893) sieht er den Hang zum Mystizismus soziologisch gerechtfertigt, insofern er die einzige adäquate Antwort auf die gesellschaftliche »Brutalisierung, den Sensualismus und Utilitarismus« ist. Wo man mit Hilfe der positiven Wissenschaft auf das simple Niveau der Tiere zurücksinke, Frauen ausschließlich als Objekte der Lust sehe und Gott nurmehr eine nominale Abstraktion sei, da sei nur noch eine Liebe möglich, die zum Kunstwerk. »Laßt uns Mystiker der Kunst werden!« Die Einweihungsriten schließen den Erwerb seiner Lehre von der sog. *ideistischen* Kunst[40] ein, die, in Abgrenzung von realistischer und idealistischer, mit anderen Worten, illusionistischer Kunst, »die repräsentative Materialisation des Höchsten und Göttlichen in der Welt, der Idee«, sei.

Kunst gilt – das kennen wir schon von Millet – als Sprache, der die Objekte der Welt nur Zeichen sind im »enormen Alphabet, das nur der Genius buchstabieren kann«. Kein Objekt darf man an sich sehen, etwa analytisch-wissenschaftlich und auf konkrete Wahrheit abzielend. Hingegen muß der ideistische Maler eine »rationale Selektion treffen und nur die Linien, Formen, allgemeinen und besonderen Farben gebrauchen, die exakt die ideistische Bedeutung des Objekts beschreiben«[41]. Nicht das Objekt wird bedeutet, sondern die Bedeutung des Objekts.

Aurier bringt seine Forderungen auf die Formel: »Das Kunstwerk wird sein: 1. ideistisch, 2. symbolistisch, 3. synthetisch, 4. subjektiv, 5. dekorativ.«[42] Letzteres meint die ursprüngliche, materiell an die Architektur gebundene Wandmalerei, die am Anfang der Kunst, außerdem im Mittelalter, bei den Präraffaeliten und den Renaissancemalern anzutreffen ist. Ihre Tendenz zur Überformung teilt sie mit einer Lieblingsfigur der Symbolisten, der Arabeske, dieser Chiffrierung von fast nichts, oder mit den Metallen, Juwelen, Edelsteinen, in denen sich alle Erinnerung konkretisieren soll, die sie so faszinierten. Mallarmé: »Je weiter wir unsere Gehalte ausdehnen, und je mehr wir sie verdünnen, desto mehr müssen wir sie binden in deutlich markierten, unvergeßlichen Versen.«[43]

Man hat vor dieser selbstgenügsamen Abgeschlossenheit der Mallarmé-Gedichte – um auf das Problem des Hermetischen zurückzukommen – von Enthumanisierung gesprochen, meint damit aber nur den Abschied von der Erlebnis- und Bekenntnislyrik. Mallarmé hält Lyrik für ein genaues Verarbeiten der Worte, damit sie zu einer »Stimme werden, die den Dichter wie den Leser verbirgt«[44]. In der Sphäre der Objektivität geht es darum, jeden Rückschluß auf den Schreibenden zu vereiteln. Dichtung wird zu einem realitätsungebundenen mathematischen Konstrukt, einem rein geistigen Gebäude. Es hat aber den Vorteil, daß es in verschiedenen Lebenssituationen durch eine bestimmte Zuordnung zur Realität individuell genutzt werden kann. Das ist ja die katalysatorische Form aller Sprachangebote.

Die Salome der Dialogszene »Hérodiade«, ihrer Bestimmung bewußt, ein Wesen der reinen Idealität zu sein, verweigert sich der Natur, stirbt als Mädchen und geht ein in »weiße Nacht aus Eis und grausigem Schnee«: »Du reste, je ne veux rien d'humain«[45]. Ich wiederhole, diese Dinge sind nicht mit der mimetischen Brille zu sehen, vielmehr wollen sie eine ziemlich okkulte Vorgabe sein. Mallarmé war durch Vermittlung von Villiers de L'Isle-Adam mit den Schriften Eliphas Lévis bekannt und stand im Briefwechsel mit Michelet, der die Übertragung des Hermetismus auf die Dichtung propagierte.

Versuchen wir zum Schluß noch einen Vorstoß zum Kern der symbolistischen Bedeutungserzeugung. Wir hatten bereits die Technik der Periphrase, die einen vorgestellten Gegenstand, z. B. eine Kerze, zu einem Metapherngefäß macht: Form- und Strukturanalogien und adjektivische Epitheta werden benutzt, um eine zweite Bilderwelt im Gehirn hervorzurufen, die ihrerseits als metaphorische – ein schwingendes Zentrum unbestimmten Erwartens – Gefühlsregungen, später auch Gedanken beim Lesenden emporsteigen läßt. Diese Sicht, sagt Mallarmé, ist die eines »unpersönlichen, funkelnden, absoluten Blicks«. Eine Tänzerin, so heißt es in dem Aufsatz »Ballets« (1891), »tanzt nicht, sondern suggeriert mit ihrer Körperschrift etwas, was ein Text nur umständlich wiedergeben könnte . . . Die Tänzerin liefert Dir, durch den letzten Schleier hindurch, der immer bleibt, die Reinheit Deiner Ideen und schreibt schweigend Deine Vision nieder, in der Weise eines Zeichens, das die Tänzerin ist«[46].

So kann der absolute Blick sich selbst in die Augen schauen, der Logos seine Identität irgendwo finden, Orpheus ist da mit der Kraft zu bezaubern. Weil das Kunstwerk ein elektrisches Feld ist, das sich zwischen den Polen dessen ausdehnt, was der Künstler hineintut und der Rezipient hineinprojiziert, reizt es beide dazu, so etwas wie ihre soziale Identität[47] zu suchen. Der Widerspruch aber zwischen Unpersönlichkeit und Suggestivität, dem starken Werben und der Sucht, autonom zu sein, kennzeichnet das eigentümlich Pathos der Symbolisten.

Anmerkungen

1 In stilgeschichtlichen Entwicklungsreihen führt die symbolistische Dichtung bis zu Diderot, Rousseau, Novalis zurück, man findet Strukturähnlichkeiten zwischen Botticelli und Burne-Jones/Beardsley, Mantegna und Moreau, Giorgione/Dürer und Redon

2 The Symbolist Movement, New Haven 1951

3 Das *literaturwissenschaftliche* Etikett »Symbolisten« tragen außer den Größen Baudelaire, Verlaine, Rimbaud und Mallarmé etwa noch Huysmans, Maeterlinck, Claudel, Gide, Jiménez, d'Annunzio, Symons, Yeats, Ibsen, George, Hofmannsthal, Hesse, Rilke.

4 Vgl. Ernst Gombrich, *Expression & Communication* (1962) und *Tradition & Expression in Western Still Life* (1961), in: Meditations on a Hobby Horse, London & New York, 1963

5 Maurice Denis, Définition du néotraditionisme (1890), in: Herschel B. Chipp Hrsg., Theories of Modern Art, Berkeley & Los Angeles, 1968, S. 99

6 M. Denis, a.a.O., S. 100

7 Zit. n. Hugo Friedrich, Die Struktur der modernen Lyrik, Hamburg 1956

8 Brief an E. Schuffenecker, 1888, in: Chipp, a.a.O., S. 60

9 Chipp, a.a.O., S. 59

10 Notes synthétiques (ca. 1888), in: Chipp, a.a.O., S. 60ff.

11 Kunst und Natur (1907-08), in: Chipp, a.a.O., S. 114

12 Zit. n. Friedrich, a.a.O., S. 91

13 Brief von 1891, in: Friedrich, a.a.O., S. 103

14 a.a.O., S. 94

15 In: Chipp, a.a.O., S. 73

16 Insofern hat Tom Wolfe unrecht, wenn er behauptet, es sei eine ganz neue Sache, daß die Theorie die Kunst dominiere – »Erst erfährt man das Wort, und dann kann man sehen« (Das gemalte Wort, Frankfurt & Berlin, 1975, S. 65).

17 Diverses Choses (1896-97), in: Chipp, a.a.O., S. 66

18 Cf. José A. Argüelles, Charles Henry & the formation of a psychophysical aesthetic, Chicago & London, 1972. – Henry steht an dem Punkt, wo zwischen Nachahmung und Gestaltung der harmonischen Wirklichkeit der Sensibilisierungsgedanke bis zu der Idee erweitert wird, die Kunst spiegele unterbewußte Harmonien.

19 Gauguin, Brief an Daniel de Monfreid, 1898, über »Woher kommen wir . . .«, in: Chipp, a.a.O., S. 71

20 a.a.O., S. 72

21 O. Redon, Selbstgespräch/Tagebücher u. Aufzeichnungen 1867-1915, München 1971, S. 12

22 a.a.O., S. 22

23 Brief von 1866, zit. n. Friedrich, a.a.O., S. 88

24 a.a.O., S. 90

25 Ibid.

26 a.a.O., S. 92

27 Sie versuchte im 3. Jahrhundert n. Chr. zum ersten Mal die Systematisierung der christlichen Weltanschauung, nicht ohne die hellenistische Philosophie verarbeitet zu haben.

28 Maurice Denis, L'Influence de Paul Gauguin, 1903, in: Chipp, a.a.O., S. 101

29 Ibid.

30 Symbolismus in Europa, Kat. Rotterdam etc., 1975/76, S. 12

31 Ein sehr schönes Beispiel für die Verschmelzung symbolischer und allegorischer Sprechweise ist Walter Cranes »Die Rosse des Neptun« (1892): Aus dem vordersten Wellenkamm des Meers brechen die muschelgeschmückten Pferde auf ganzer Breite aus der Gischt. Ihr Wiehern wird in den zerplatzenden, zerstäubenden Wassermassen untergehen. (Das zeitliche Nacheinander des »schicksalhaften« Sichabrollens steht still in einer Art Sinuskurve.) Die Schaumkronen der Wellenberge dahinter sind plötzlich nasse, fliegende Mähnen. Neptun ist wild und hilflos. Am stillen Sandufer liegt eine jener Muscheln, deren Gehäuse sich wie eine Spirale mit mathematisch-buddhistischer Präzision langsam in eine feinste konische Spitze windet.
Für »Endymion« (1869 und 1903, von George Frederic Watts), den ewig Schlafenden, ewig Jungen, verdichtet sich im Wunschobjekt »Mond« seine mythische Diana. Das Bild ist da symbolistisch, wo die pure Allegorie sichtbar in Formen und der Materialität des Bildes von einer Urbeziehung – hier vieldeutig: dem träumerischen Verlangen des Jünglings – überformt wird.

32 Redon, a.a.O., S. 23

33 Ibid.

34 Ibid.

35 a.a.O., S. 14

36 a.a.O., S. 16

37 s. Chipp, a.a.O., S. 105ff.

38 a.a.O., S. 106

39 a.a.O., S. 107ff.

40 Le Symbolisme en peinture: Paul Gauguin [am Beispiel von »Vision nach der Predigt«, 1888], Mercure de France, 1891, in: Chipp, a.a.O., S. 89ff.

41 a.a.O., S. 91f.

42 a.a.O., S. 92

43 In einem Brief (1885), zit. n. Friedrich, a.a.O., S. 87

44 a.a.O., S. 83

45 a.a.O., S. 84

46 a.a.O., S. 104

47 Vgl. James Ensors »Mein Porträt von Masken umgeben« (1899): Der Künstler ragt unter den Karikaturen der Menschen, die seinen Ruhm begründen, hervor, auch der Tod kann nur sein Leben haben, – doch wo ist der Punkt, wo die Gesichter ihn überwältigen? »Und meine leidenden, empörten, unverschämten, grausamen, boshaften Masken, – und vor langer Zeit konnte ich sagen und schreiben, ›von Verfolgern beschattet, sperrte ich mich freudig ein in das einsiedlerische Milieu, das von der Maske beherrscht wird mit einem Antlitz von Glanz und Gewalt‹. Und die Maske rief mir zu: Frischer Farbton, heftiger Ausdruck, prächtiges Dekor, große unvermutete Gesten, ungeplante Bewegungen, köstlicher Aufruhr.« (J. E., Rede auf seiner Ausstellung im Jeu de Paume, 1932, in: Chipp, S. 113)

Kunst ohne Illusion

Am Schluß seiner Monographie über den Fauvismus nennt Marcel Giry, Professor für zeitgenössische Kunstgeschichte an der Universität Besançon, Namen von Malern, in denen die Fauves wieder auflebten: Soulages, Riopelle, de Staël . . .

Aus Dankbarkeit – und mit einem internationalen und noch zeitgenössischeren Blick – hätte er außerdem anführen können: Salomé, Chia, van Hoek, McLean . . .

Denn da es sich so verhält, daß viel weniger die alten Wilden die jungen beeinflußt haben als jene jungen Heftigen unsere Wahrnehmung der alten, zu ihrer Zeit an die 30 Jahre jungen, trifft Girys Buch auf eine geschärfte Aktualaufmerksamkeit für die Geschichtsepoche 1905-1907.

Was damals – unabhängig von, aber merkwürdigerweise parallel zu der deutschen »Brücke« – zwischen Normandie und Côte d'Azur in der Malerei geschah, läßt sich als zweite und dritte Station auf der Strecke *von Punkt zu Linie zu Fläche zu Volumen* bestimmen. Nach streng konstruiertem Divisionismus der Lichtimpression und vor den Perspektivspielen mit reduzierter Tonskala ereignete sich eine Explosion kompromißlos aufgetragener reiner Farbe (»ein Kilo Grün ist grüner als ein halbes Kilo«), die unweigerlich auch das klassische Umriß-disegno in Mitleidenschaft zog, was den Fauves ein weiteres, abschätzigeres Etikett einbrachte: »die Rückgratlosen«.

Acht Künstler bilden die von Giry aufgrund ihrer bildnerischen und theoretischen Systematik definierte Gruppe (Valtat, Camoin, Manguin, Seyssaud und Puy scheiden damit aus), und sie werden in drei Durchgängen, die jeweils ein Jahr umfassen, wobei Salon des Indépendants im Frühling und Salon d'Automne die natürlichen Akzente setzen, auf langwierige positivistische Weise sukzessive vorgestellt: Henri Matisse (1869-1954), Albert Marquet (1875-1947), André Derain (1880-1954), Maurice Vlaminck (1876-1958), Kees van Dongen (1877-1968), Raoul Dufy (1877-1953), Henri-Achille-Emile-Othon Friesz (1879-1949) und Georges Braque (1882-1963).

Zunächst jedoch sondiert Giry im politischen, philosophischen und künstlerischen Zeitgeist nach möglichen positiven und negativen Impulsgebern der Fauves. Ihre Affinität zu anarchistischen/sozialistischen Kreisen (z.B. Mecislas Golberg, Félix Fénéon, Marcel Sembat) ist evident, beinhaltet aber keinen gewalttätigen Aktivismus, ja verblaßt im Laufe der Zeit, als die Verträge mit Galerien kommen, zur Eingliederung in die bürgerliche Gesellschaft, wechselt zuweilen mit restaurativ-klassizistischen Tendenzen (Fleuret, Denis). Stark scheint die Faszination der subjektivistisch-vitalistischen Philosophie Bergsons, seines Lobes der *Intuition*, nicht minder attraktiv Nietzsches *Méditerranéisme* (schrieb er nicht den dritten Teil des »Zarathustra« in Èze?). Ein berechtigtes Mißtrauen gegen den historischen Allerweltsbegriff vom »Einfluß« einer »Quelle« hindert Giry nicht, ihn beim Abklopfen vieler künstlerischer Vorgänger der Fauves so differenziert zu verwenden, daß einsichtig wird, wie die Neuen sich das Alte – und zwar gleichzeitig so scheinbar Gegensätzliches wie das Werk von Delacroix und von Ingres – aneigneten, wie sie Maurice Denis' Theorien, weniger seine jüngsten Bilder, verwerteten, wie ihre Haltung derjenigen Gides ähnelte, ohne daß der dies anerkannte, wie Matisse und Marquet die Malerei Gustave Moreaus, ihres Lehrers, auf den Kopf stellten, aber von seinem begeisternden Unterricht, das Kopieren im Louvre eingeschlossen, voll profitierten.

Die skeptische Einschätzung einer »Quellenforschung« – man stelle sich unendlich komplizierte Strömungswirbel vor, die, gespeist aus dem Reservoir der Impressionisten, bei den *patres* der Moderne, Signac, Gauguin, van Gogh, Cézanne, ins Freie treten, über die Klippen der Vuillard, Sérusier, Redon, Guillaumin, Cross dahinschließend mannigfaltig gebrochen werden, leichter Niederschlag aus Afrika und Fernost reichert sie an – diese Kapitulation vor der Forderung nach vollständiger Abbildbarkeit der Geschichte hat eine geheimnisvolle Entsprechung in dem Hauptlehrsatz der Fauves. Er lautet: Ein Kunstwerk soll die Natur nicht nachahmen, sondern ein Äquivalent ihrer Wirkung auf die Seele des Künstlers erfinden. D. h. das (seiner Natur nach im wesentlichen ja optische) Gemälde muß den impressionistischen und neoimpressionistischen Anspruch auf perfekte Wiedergabe des Augenscheins preisgeben, denn es will auch die nichtoptischen Sinnesqualitäten in seiner Optik verdichten. Synästhetische Formation geht nur mit optischer Deformation. Welches Gefühl von elemen-

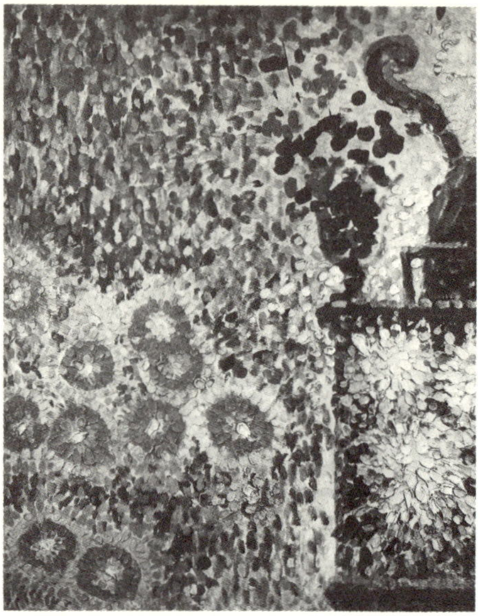

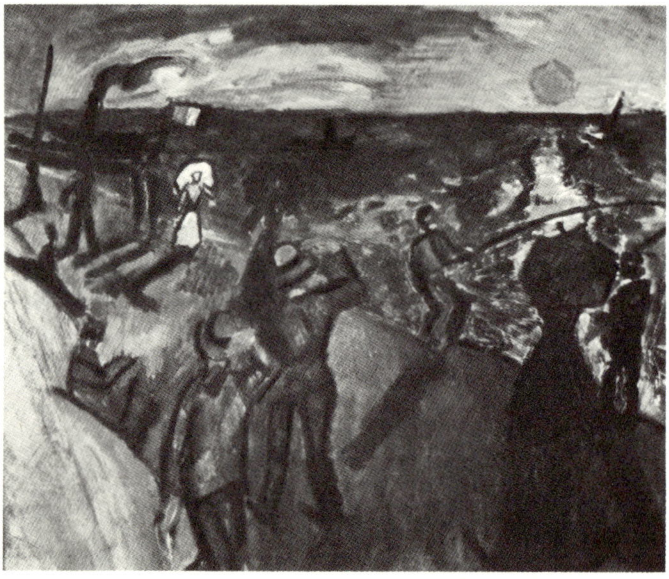

Oben: Kees van Dongen, *Der Cellist des Moulin de la Galette,* 1905
Unten: Raoul Dufy, *Angler, Windstoß,* 1907
(The Museum of Modern Art, New York)

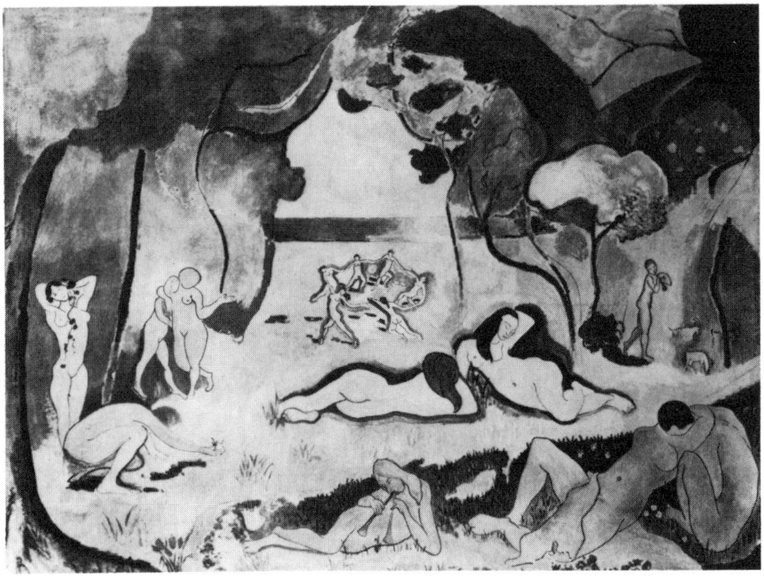

Henri Matisse, *Le bonheur de vivre,* 1906, 174 × 238 cm,
The Barnes Foundation, Merion/Penns.

tarem Druck in der gebogenen Angelrute auf Dufys »Pêcheurs à la ligne, coup de vent«, Hüte drohen fortzufliegen und mit ihren Sonnenschirmen Frauen, Penckschе Strichmännchen stemmen sich in die Bö.

Georges Braque formuliert das nicht erst zu Zeiten des Kubismus akute Problem folgendermaßen: »Ich könnte eine Frau nicht in ihrer ganzen natürlichen Schönheit darstellen. Dazu bin ich nicht geschickt genug. Niemand ist dies. Ich muß daher eine neue Art von Schönheit erschaffen, die Schönheit, die mir in Form von Volumen, Linien, Umfang und Gewicht erscheint, und durch diese Schönheit drücke ich meinen subjektiven Eindruck aus.« Ein Erregungszustand entlädt sich in einen Schöpfungsvorgang. Wunschverschiebung ermöglicht eine Kunst des Möglichen. Der Lichtraum wird zum Farbraum. Ist es von der Auffassung des Bildes als eines Schönheits-Äquivalents ein weiter Schritt zum Glauben, das Abbilden eines Objektes sei dessen reale Inbesitznahme? Kees van Dongen: »Ich liebe alles, was glänzt, funkelnde Edelsteine, glitzernde Stoffe und schöne Frauen, die fleischliche Wünsche erwecken ... all dies kann ich in der

Malerei vollkommener besitzen.« Die von den »objektiven Objekten« (Derain) ausstrahlenden Nervenreize umsetzend, übersetzend, zusammenfassend, »kondensierend« (Matisse), vereinfachend, übertreibend, fixiert der Maler den »Ausdruck« (Matisse) seines momentanen Lebensgefühls. Aber das Entscheidende ist, zu sehen, daß dies Gefühl, diese Leidenschaft, dieser Schock die jeweilige malerische Realisation, dekorative Komposition (Derain, Braque), die »expression« *ist.* Der Fauvismus ist eine illusionslose Kunst. Sein Goldenes Zeitalter liegt im Hier und Jetzt.

»Keine andere Bewegung der Malerei war von so kurzer Dauer wie der Fauvismus«, stellt Giry fest. Er schrieb ein Standardwerk für jeden, der sich länger damit beschäftigen will.

Marcel Giry, *Der Fauvismus*, Ursprünge und Entwicklung, Würzburg 1981.

Die futuristische Architektur und Sant'Elia

Der Literat Emilio Filippo Tommaso Marinetti und die Maler Boccioni, Carrà, Russolo, Balla und Severini hatten, angewidert von der passatistischen Kunst des Morbiden und Mumienhaften, fasziniert vom »Triumph der Naturwissenschaft« und überzeugt von der »strahlenden Herrlichkeit der Zukunft«[1] in den Jahren 1909/1910 die revolutionäre Bewegung des Futurismus ins Leben gerufen.

Sie trägt den Anspruch auf unbedingte Totalität schon in sich. Sie muß sich auf alle Bereiche der Kunst, ja gewissermaßen des Lebens schlechthin erstrecken: Literatur, Malerei, Bildhauerei, Fotografie, Film, Musik, Kleidung, Varieté, Politik und Architektur. Und wenn, nach dem Manifest der futuristischen Maler, »nur *die* Kunst lebensfähig« ist, »die ihre eigenen Elemente in der sie umgebenden Umwelt findet«[2], dann hieße das für die Umwelterscheinung per se, die »Beherrscherin der Künste«, die Architektur (– im weitverstandenen Sinne –): Sie hat das, was ihre Gesamtheit konstituiert, in sich selbst zu finden.

Allerdings konnte der Inspirator und Organisator der Bewegung, Marinetti, vorerst keinen praktizierenden Architekten, der diesen dialektischen Prozeß zu vollziehen imstande gewesen wäre, zu seinen Anhängern zählen. Angesichts der Affinität der Architektur zur mechanisierten Umwelt war das ein erheblicher Mangel. In der Tat enthalten aber schon die ersten Manifeste Überlegungen, an denen sich eine zeitgemäße Architektur orientieren sollte:

Aller Neuanfang setzt die Zerstörung des Bestehenden voraus (diese Radikalität muß ebenso für die Baukunst gelten):

»Ergreift die Spitzhacken, die Äxte und die Hämmer und reißt nieder, reißt ohne Erbarmen die ehrwürdigen Städte nieder!«,

schreibt Marinetti im Gründungsmanifest; und »besingen« will er

»die gefräßigen Bahnhöfe . . ., Fabriken, die mit ihren sich hochwindenden Rauchfäden an den Wolken hängen, Brücken, die wie gigantische Athleten Flüsse überspannen«[3].

So weit zum Inhaltlichen, das vornehmlich charakterisiert wird von den neuen technischen Erfordernissen des ersten »Maschinenzeitalters«.

Wichtiger waren den futuristischen Künstlern naturgemäß die »formalen« Aspekte, z. B. neuer Baustoffe wie Eisen, Stahl, Stahlbeton und Glas; so gilt diese Attacke im Manifest der futuristischen Maler: »machen wir Schluß mit der spekulierenden Architektur der Bauunternehmer des Eisenbetons«[4] eher der »Spekulation« mit alten Bauformen als der »angemessenen« Verwertung des Eisenbetons.

Schon Boccioni will die »Umweltplastik« schaffen, deren Aufbau architektonisch ist,

»nicht nur hinsichtlich der Konstruktion der Massen, – sondern der plastische Block wird in sich die architektonischen Elemente der plastischen Umwelt tragen, in der der Gegenstand lebt«[5].

Severini geht weiter, indem er das »Ende des Bildes und der Statue« voraussieht, denn:

»unsere bildnerischen Schöpfungen hingegen müssen in der freien Luft leben und sich in architektonischen Zusammenhängen vollenden«[6].

Die Komposition soll »dynamisch«, »in jeder Richtung nach dem Raum hin offen«, »vertikal rechteckig oder quadratisch und sphärisch«[7] sein.

Die energetische Bewegungspotenz, die die Spirale im Raum aufweist, erfaßte Giacomo Balla 1908 in seinem Bild »Die Winkenden« und 1912 Boccioni mit der Plastik »Entwicklung einer Flasche im Raum«[8]. 1913 überträgt Carlo Carrà in seinem Manifest (»Malerei der Töne, Geräusche, Gerüche«) die generellen Formgesetze auf eine weitgefaßte Baukunst:

»Wenn man von Architektur spricht, denkt man unwillkürlich an etwas Statisches. Das ist falsch. Wir denken hingegen an eine Architektur, die der dynamischen musikalischen Architektur ähnelt.«[9]

Das völlig unstatische Wesen der Architektur läßt sich nach den Kriterien der »conpenetrazione dei piani« (Durchdringung der Ebenen), »espansione nello spazio« (Ausdehnung im Raum) und »caducità« (Vergänglichkeit)[10] bemessen.

Als Projektion des futuristischen Geistes, der Fertiges ablehnt und von der »Bewegung, dem Licht und der Luft« lebt, muß die gebaute Umwelt, wie Enrico Prampolini es ausdrückt, quasi wolkenartig, »atmosphärisch«[11] sein. Seine Argumentation ist, daß, ebenso wie die Malerei eine logische Abstraktion der Bildhauerei und die Plastik eine logische Abstraktion der Architektur ist, das »Haus« der Zukunft eine Abstraktion der den futuristischen Lebenserfordernissen genügenden atmosphärischen Raumformen darstellt. Die momentane Architektur sei insofern anachronistisch, als sie sich nicht mehr aus der technisch und gesellschaftlich veränderten Umwelt ableiten ließe.

Insgesamt mußten diese in apodiktischer Polemik vorgebrachten poetischen Visionen notwendigerweise in einen gewissen Widerspruch zu den Möglichkeiten ihrer auch nur entwurfsmäßigen Realisierung treten.

Während Maler und Bildhauer die futuristische Idee in entsprechende Arbeiten umsetzen konnten, gab es in der Bewegung noch keinen Architekten. –

Von Marinetti beauftragt, übernahm es dann Carlo Carrà, anläßlich einer Architekturausstellung der Gruppe »Nuove Tendenze« im Juni 1914, den 26jährigen Antonio Sant'Elia, der dort seine Entwürfe einer »neuen Stadt« ausstellte, für die Futuristen zu gewinnen.

Obwohl Sant'Elia anfangs abgeneigt war, gelang es Carrà, ihn zu überzeugen, indem er ihm Ruhm in Aussicht stellte und ihm zusicherte, er werde seine künstlerische Freiheit behalten:

»Ich gab ihm zu bedenken, daß sein Name aus dem Dunkel, in dem er sich trotz seines großen Verdienstes befände, heraustreten würde und daß sein Beitritt im Ausland zeigen würde, daß es auch in Italien einen wahrhaft modernen Architekten gäbe ... Er sagte mir ..., daß er sich jedoch auf alle Fälle eine gewisse Handlungsfreiheit zu bewahren wünsche. Ich versicherte ihm, daß das bei der absoluten Freiheit, die unsere Bewegung charakterisierte, ganz selbstverständlich sei.«[12]

Unter der Führung Marinettis einigte man sich im weiteren, den Sant'Elia betreffenden Katalogtext (»MESSAGGIO«) der Ausstellung »Nuove Tendenze«, den der Journalist Buggelli für den (im Schriftlichen recht unbewanderten) Architekten verfaßt hatte, rhetorisch (d. h. in futuristischer Manier) aufzubessern und als »Manifest der futuristischen Architektur« mit der Unterschrift Sant'Elias am 11. Juli 1914 zu veröffentlichen.

Das Manifest[13] enthält eine scharfe Kritik an der bisherigen eklektizistischen dekorativen Architektur, welche die Schönheit von Zement und Stahl verschleiere; sie stelle ein »Mischmasch« dar, das unfähig sei, »wirkliche Größe« zu verkörpern und entspreche, indem sie weiter an »Vitruvschen Regeln« festhalte, nicht den neuen Bedürfnissen einer sich rapide entwickelnden technokratischen Gesellschaft. Sant'Elia proklamiert eine Stadt, die den in ihr lebenden Menschen materiell und geistig ganz gehört und wendet sich gegen die Entfremdung, die eine kopistische, anachronistische (und auch kommerzielle) Bautätigkeit mit sich bringe. Die futuristische Architektur sei etwas qualitativ völlig Neues. »Ästhetik« sei nichts anderes als das von der Empfindung einer technisch revolutionierten Gesellschaft Bestimmte. »Stil« gelte nicht länger als Kriterium der Baukunst; Veränderungen innerhalb eines solchen Rahmens seien auf modische oder politische Überzeugungswechsel zurückzuführen. Nun aber hätten sich die Lebensbedingungen an sich grundlegend gewandelt (durch die Entdeckung der Naturgesetze, erhöhte Möglichkeiten der Rationalität etc.). (»Das moderne Leben hat den Prozeß einer folgerichtigen stilistischen Weiterentwicklung in der Architektur zum Stillstand kommen lassen. Die Architektur löst sich von der Tradition, man muß zwangsläufig von vorn anfangen.«)

Die Materialien Eisen und Eisenbeton verlangten eine adäquate Verwertung.

Es existiere außerdem ein neues, die Massen begeisterndes Schönheitsideal, das den Sinn für das Monumentale und Statische ablöse durch den für das »Leichte, Praktische, Kurzlebige und Geschwinde«.

Dies dokumentiere sich eher in Hotels und Bahnhöfen als in Palästen. Das futuristische Haus müsse also eine »gigantische Maschine« sein, klar in Linien und Formen und im großen disponiert, ohne Treppen, mit Aufzügen »wie Schlangen aus Eisen«. Die in mehreren Etagen verlaufenden Straßen und Bahngeleise befinden sich unter der Erdoberfläche (das Niveau der Stadt als solcher wird so gehoben). Sie sind untereinander durch Metallaufstege und schnelle Rolltreppen verbunden. Dach- und Kellergeschosse werden stärker ausgenutzt.

Am Schluß des Manifests wird in der typisch futuristischen Art unter den

Ankündigungen »ich bekämpfe und verachte . . . und proklamiere« in 13 bzw. 12 aggressiven Thesen ein Resümee geliefert (hervor treten hier vor allem die Prognose: »Die Häuser werden kurzlebiger sein als wir. Jede Generation wird sich ihre eigene Stadt bauen müssen« und der kunstphilosophische Ausspruch: »Ich proklamiere, daß die futuristische Architektur deshalb keine trockene Mischung von Brauchbarkeit und Zweckdienlichkeit ist, sondern daß sie Kunst bleibt, also Synthese, Ausdruck«).

Angesichts der Tatsache, daß die Grundlage sowohl für den »Messaggio« als auch das Manifest zwar einige unzweifelhaft von Sant'Elia stammende Notizen darstellen, die Ausarbeitung aber vom Literaten Buggelli, »einem gründlichen Kenner des Futurismus«, und eventuell anderen futuristischen Theoretikern, etwa Marinetti, geleistet wurde, haben sich Zweifel an der Zurechnung Sant'Elias zum Futurismus ergeben. Auch zeigten italienische Architekturkritiker erhebliche Unterschiede zwischen »Messaggio«, der originaler Sant'Elia sei, und dem Manifest auf, die von anderen wiederum als »konstruiert« bezeichnet wurden; psychologische Begründung: man habe den Eindruck einer allzu starken Verbindung Sant'Elias zum mittlerweile politisch verdächtigen Futurismus möglichst vermeiden wollen.

Im ganzen dürfte nun eine Gegenüberstellung von Person und Werk Sant'Elias und andererseits den reinen futuristischen Architekturtheorien klarmachen, was sie verbindet bzw. unterscheidet. Die Frage ist, ob das, was den knappen Aufzeichnungen Sant'Elias in »Messaggio« und Manifest hinzugefügt worden ist, eine gerechtfertigte oder eine ungerechtfertigte Unterstellung darstellt.

(Vermutlich handelt es sich bei diesen Zusätzen um Einschiebsel emotionaler, polemischer oder aggressiver Art gegenüber einem sonst eher sachlich gehaltenen Text [z. B. »alles muß revolutioniert werden« gegenüber »die Dächer müssen ausgenutzt, die Kellergeschosse verwendbar gemacht werden«, und »werfen wir Denkmäler, Fußgängersteige, Säulenhallen und breite Treppen über den Haufen« gegenüber »versenken wir die Straßen und die Plätze, und heben wir das Niveau der Städte«][13].)

Antonio Sant'Elia, 1888 in Como geboren, machte dort 1906 das Abschlußdiplom als Maurermeister an der Technischen Hochschule, bevor er nach Mailand ging und 1909, nach einer Tätigkeit im technischen Büro der Stadtverwaltung von Mailand als Bauzeichner, mit dem Studium an der Accadèmia di Brera begann, das er aber schon im 2. Jahr abbrach. Er fand dann in einem Atelier als Zeichner eine Anstellung. Nachdem er 1912 ein Examen an der Accadèmia delle Belle Arti in Bologna abgelegt hatte, was einer Lizenz oder Berufserlaubnis entsprach, eröffnete er, wieder nach Mailand zurückgekehrt, 1913 sein eigenes Atelier, arbeitete jedoch weiterhin, schon aus finanziellen Gründen, mit Freunden zusammen, nahm mit ihnen auch an Wettbewerben teil. Erst 1914 wurden seine Arbeiten anläßlich der Ausstellung der Gruppe »Nuove Tendenze«, die sich 1912 aus seinem Freundeskreis – u. a. Chiattone – gebildet hatte, von der Öffentlichkeit voll gewürdigt und die Futuristen, wie oben erwähnt, aufmerksam; dennoch gelang es ihm auch dann nicht, sich völlig selbständig zu machen.

Zusammen mit den Futuristen, denen es gelungen war, ihn zu einem Beitritt zu ihrer Gruppe zu überzeugen, meldete er sich als Freiwilliger für den Krieg, in dem er 1916 den Heldentod starb.

Sant'Elias Arbeiten, von denen nur etwa 6 Entwürfe verwirklicht wurden (2 Bauten stehen noch), lassen sich gliedern in:

1. Frühe Skizzen,
2. Wettbewerbsbeiträge,
3. Ausgeführte Bauten,
4. Skizzen zu Architekturformen,
5. Entwürfe von Terrassenhäusern und Verkehrsanlagen in mehreren Ebenen.

Um Sant'Elias künstlerische Entwicklung erkennbar zu machen, ist es sinnvoll, auch frühe Arbeiten zu zeigen, die sich im allgemeinen nicht in das Bild des »Futuristen« fügen.

1. Frühe Skizzen

Für sein Examen 1912 in Bologna wählte Sant'Elia das Thema »Ein Triumphbogen zur Erinnerung an den Krieg in Libyen«. Die perspektivische Skizze zeigt ein gewaltiges Siegestor unter krönenden Pylonen. Über dem Portal befindet sich eine Sphinx, oberhalb dieser Figur sind Reitergruppen mit aufgerichteten Lanzen auf Sockeln grob angedeutet. Eine breite Treppe steigt zum Monument auf. Ihre zeichnerische Struktur findet sich in der horizontalen Schraffur der glatten Wandfläche wieder. Beeinflussungen durch die Wiener Sezessionisten können an Hand der Figuren (Sphinx, Reitergruppe) vermutet werden, die glatte Wandfläche mag auf Josef Hoffmann zurückgehen. Auch wird eine Auseinandersetzung mit Otto Wagner, mehr noch mit seinen Schülern deutlich. Eine Veröffentlichung der »Wagner-Schule« muß Sant'Elia bereits bekannt gewesen sein. Zum Vergleich sei eine Skizze Emil Hoppes von 1902 angeführt.[14] Sant'Elias Neigung zu klaren geometrischen Formblöcken konkretisiert sich in einer Skizze von 1912.

Das Thema der ausgedehnten Treppenanlage überträgt sich in Form einer entsprechend vergrößerten Terrassierung auf den Baukörper. Als Tiefenstufung kommt sie Sant'Elias Bedürfnis nach Volumengliederung, als Höhenstaffelung seiner Vorliebe für die Vertikalbetonung entgegen.

Neben diesen mehr theoretischen Studien existiert aber noch der Entwurf einer Mietshausfassade von 1912, in welchem Sant'Elia Dekorationsformen verwendet, wie sie von Klimt und Stuck stammen könnten, etwa geometrisierte Blumen- und Schlangenfiguren; die Ecken oberhalb des Dachgesimses werden in der Art Wagners betont. Die Arbeit beweist insgesamt den selbständigen Gestaltungswillen Sant'Elias.

2. Wettbewerbe

Im Jahre 1912 reicht Sant'Elia zusammen mit seinem Freund Italo Paternostro einen Wettbewerbsentwurf für den Friedhof in Monza ein. Die orientalischen Formen des Bauwerkes fallen ins Auge. Einerseits verweisen sie auf Sant'Elias Beschäftigung mit der Wiener Sezession (– denn die Einflüsse des Orientalischen bestimmten die Entwicklung des Jugendstils mit), andererseits tauchen gerade um diese Zeit in zahlreichen italienischen Zeitschriften Abbildungen indischer, tibetanischer und chinesischer Baukunst auf. Ein Vergleich von Grundriß und äußerer Gestalt macht eine erhebliche Diskrepanz deutlich, die Maßstabslosigkeit und das Übermaß an dekorativer Baumasse lassen sich keineswegs am Grundriß ablesen. Ferner wird der künstlerischen Komposition nicht eine gleichwertige Behandlung technischer Probleme zur Seite gestellt.

3. Ausgeführte Bauten

Die wenigen verwirklichten Projekte Sant'Elias vermitteln uns keinesfalls das Bild eines »futuristischen« Architekten. Es handelt sich vorwiegend um frühe Arbeiten geringeren Umfangs (– unter ihnen allein drei Grabstättenmonumente; das Gefallenendenkmal in Como sei später noch erwähnt).

1910 überträgt der Industrielle Remeo Longatti dem jungen Architekten Planung und Ausführung eines kleinen Landhauses in S. Maurizio bei Como. 1911 ist der Bau fertig. Er ähnelt äußerlich und im Grundriß dem Entwurf eines »modernen Hauses«, der als erste seiner Arbeiten 1911 in der Mailänder Publikation »Le case popolari e la città giardino« abgedruckt wird. Das Landhaus bietet im Vergleich zu letzterem einen geringeren Reichtum der Einzelform, auch der Grundriß ist außerordentlich einfach (die Einzelräume sind flügelartig ineinandergesetzt). An der Fassade treten vor allem ein (leicht florealer) Bruchsteinstreifen und das »modische« Fenster in Form eines halben Kreissegments hervor. Am Giebelfeld über dem Eingang befindet sich ein farbiges Fresko, dessen Dekoration an Klimt erinnert.

4. Skizzen zu Architekturformen

Es sind dies Versuche zur plastischen Form ohne jeden Hinweis auf ein gestelltes Thema, die Sant'Elia ab 1913 sozusagen als elementare künstlerische Studien neben seiner beruflichen Tätigkeit anfertigt.

Nur diese Zeichnungen – zusammen mit den noch folgenden Projekten »Terrassenhaus« und »Verkehrsanlagen« – werden vom heutigen Betrachter mit der »futuristischen Architektur« assoziiert. (So erklärte auch Marinetti 1937: »Die futuristische Architektur wurde 1913 von Antonio Sant' Elia erdacht.«) Sant'Elia geht aus vom Grundmotiv des vertikal gestellten Quaders, entweder »positiv« als Block und Pfeiler oder »negativ« als Ausschnitt. Oft verwandelt sich der Quader in ein prismatisches Segment, in Scheiben mit schrägen Stirnseiten, die Teil eines riesigen Piedestals sein könnten.

Der gegliederten Komposition des Körpers entspricht die Behandlung der Fläche. Die zusammenhängende Außenhaut wird gegen Flächenfelder gesetzt, die als Schraffur oder Gitter herausgelöst sind.

Andere Zeichnungen beweisen, daß auch die zylindrische Form zum Repertoire Sant'Elias gehört, die, mit dem Quader an der Längsseite verschmolzen, zu einer apsidenartigen Rundung führt.

Stößt der Zylinder in vertikaler Richtung auf eine schiefe Ebene, bildet sich als Schnittfläche eine Ellipse, deren Wirkung gerade durch die perspektivische Darstellung gesteigert wird. (Conpenetrazione . . .)

Die Technik der Perspektive erzielt die größtmögliche Raumwirkung und vermittelt Anhaltspunkte für die gewaltige Größe der Bauten. Auf Grund des tiefliegenden Augenpunktes und der Leblosigkeit der Umgebung wie der Gebäude selbst (– selten sind Tore oder Fenster eingezeichnet –) erscheinen die skizzierten Anlagen andererseits in sich geschlossen, unzugänglich und ohne Beziehung zum Menschen. Boccionis Parole »wir setzen den Betrachter mitten ins Bild«[15] wäre hier fehl am Platz.

Bis Ende 1913 nähern sich die Formstudien, ausgehend von den erwähnten Grundformen und Anordnungsprinzipien, bestimmten Bauaufgaben, deren Inhalte sich durch Einzelheiten der Darstellung wie Telegraphenmasten, Isolatoren und Leitungsbündel ergeben: Umspannstationen oder Elektrizitätswerke. Als bevorzugter Baustoff gilt Sant'Elia offensichtlich

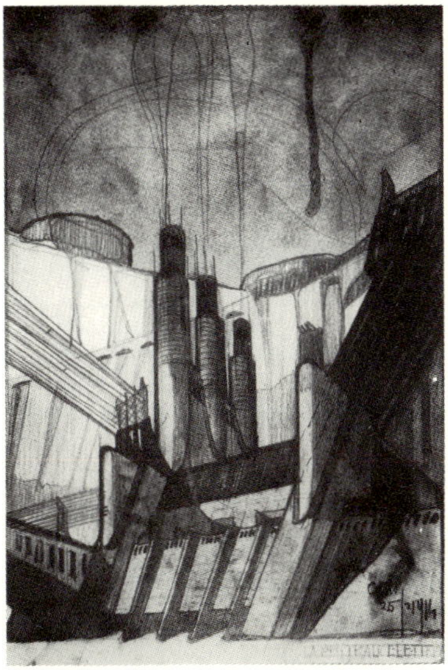

Antonio Sant'Elia, *La centrale elèttrica,* 25. 2. 1914

vor allem der Stahlbeton. Konstruktionsteile aus Eisen hat er nur in jene Zeichnungen eingetragen, die sich auf Bauten des Verkehrs oder der Technik beziehen lassen. Er genügt also kaum der futuristischen Proklamation einer »Architektur des Eisenbetons, des Eisens, des Glases, des Kunststoffes, der Textilfaser und aller jener Ersatzstoffe für Holz, Stein und Ziegel, mit denen man die größte Elastizität und Leichtigkeit erreichen kann.«[16]

In jedem Fall hat Sant'Elia keine Angaben gemacht, die die technische Seite hinreichend abgedeckt hätten; den Vorzug gab er der »optischen Masse«. Ebenso fehlt unter seinen formalen Gestaltungssignalen das wichtigste Symbol der futuristischen »architettura dinamica«, die Spirale. Sein Prinzip lautet: Symmetrie.

Diese Skizzen zur Architekturform, deren Entwicklung vom Entwurf des Grund- und Einzelelements bis zur definierbaren Gesamtanlage verläuft, werden 1914 abgelöst von den Themen des Terrassenhauses und dessen Erweiterung in der »Città nouva«.

5. Entwürfe von Terrassenhäusern und Verkehrsanlagen in mehreren Ebenen

Das Terrassenhaus

Sant'Elias erste Versuche zum Hochhaus mögen bereits Ende 1913 unternommen worden sein. Jedoch erst auf der Ausstellung »Nuove Tendenze« werden sie in ausgearbeiteter Form als »Casa nuova« vorgestellt. Bei diesen 12- bis 13geschossigen Hochhäusern, die er nur in der Ansicht, nie aber im Grundriß zeigt, werden das Ergeschoß und das erste Obergeschoß nach amerikanischem Vorbild als baukörperliche Einheit behandelt. Die folgenden Etagen springen stufenweise zurück. Doch haben diese einzelnen Obergeschosse, von der Rückwand bis zur Frontseite gemessen, ein gleichbleibendes, wenn nicht gar sich steigerndes Tiefenmaß, und die Überhänge auf der Rückseite werden von der ansteigenden Kurve einer parabolischen Bogenkonstruktion aufgefangen; ihre andere Hälfte stützt das spiegelbildliche Zwillingsgebäude, das sich auf der anderen Seite an sie anlehnt, und auf diese Weise entsteht zwischen den Gebäuden ein Tunnel für Transport- und Verkehrsmittel. Die Aufzugschächte sind vorn an der

Fassade angebracht, steigen vertikal empor und entfernen sich mit zunehmender Höhe von den einzelnen Stockwerken, mit denen sie dann durch entsprechend verlängerte brückenartige Übergänge verbunden sind, dem Manifest der Architektur entsprechend: »Die Aufzüge brauchen sich nicht in den Treppenhäusern zu verkriechen . . ., die Fahrstühle sollen längs den Fassaden emporklettern wie Schlangen aus Eisen und Glas«[17], wodurch allerdings die großen und wertvollen Fensterflächen der Wohnfront nicht optimal ausgenutzt werden.

Die Behauptung, Sant'Elias Entwürfe der Terrassenhäuser seien in ihren Ideen erstmalig gewesen, hat sich als falsch erwiesen. Es wurde deutlich, daß Sant'Elia sich durch das Terrassenhaus von Henri Sauvage, das 1912/13 in Paris in der Rue Vavin errichtet wurde und das er nachweislich kannte, stark beeinflussen ließ[18] (und auch Adolf Loos hatte 1910 bereits solche Häuser konzipiert). So übernahm er von ihm die Terrassenbänder, die die Stufen des Baukörpers herausheben, und die Brüstungsstreifen aus Metallgittern. Dennoch gelangte er durch die Einführung von Fahrstuhltürmen, höheren Geschoßzahlen und der neuartigen Dachkonstruktion zu einer Eigenständigkeit.

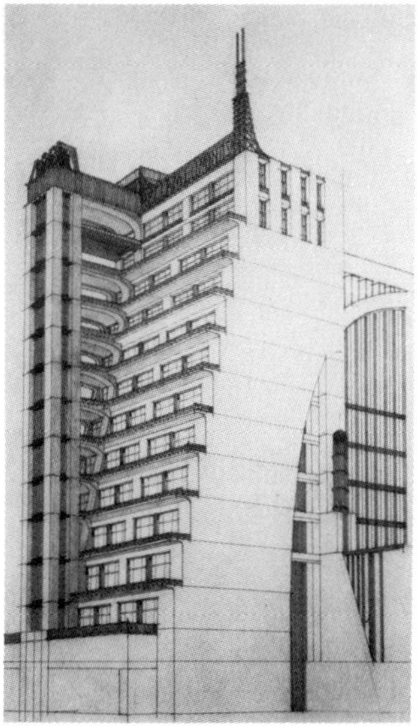

Antonio Sant'Elia, *Terrassenhaus*, 1914, Tusche, Farbstifte

Verkehrsanlagen in mehreren Ebenen

Zur Ausstellung »Nuove Tendenze« präsentierte Sant'Elia als ein zweites abgeschlossenes Thema Zeichnungen unter dem Titel »Città nuova«[19]. Sie bedeuten ein formal und technisch durchgearbeitetes Konzept, ohne daß ihnen Vorstudien vorausgegangen wären. Es ist daher zu fragen, an welchen Vorbildern sich Sant'Elia orientierte.

Neu gegenüber seinen bisherigen Entwürfen ist der städteplanerische Zusammenhang, speziell der Aspekt des Verkehrs, der sich in teilweise sechs verschiedenen Ebenen abspielt. Die Straße erstreckt sich sozusagen nicht mehr »wie ein Teppich auf dem Niveau der Pförtnerloge«, sondern senkt sich in die Erde, in »mehreren Ebenen, die den großstädtischen Verkehr aufnehmen und durch notwendige Übergänge aus Metallbrücken und sehr schnellen Rolltreppen verbunden sind«[13].

Schon Otto Wagner hatte das Phänomen der ständig wachsenden Großstädte gesichtet und versucht, neue Organisationsformen zu entwickeln. Er plädierte für die zweigeschossige Verkehrsführung, und in Wien war eine Untergrundbahn nach seinen Plänen begonnen worden.

Während bei Wagner jedoch technische, wirtschaftliche und gestalterische Aspekte aus der Sicht eines Raumplaners koordiniert werden, geben Sant'Elias Stadtausschnitte ein Erscheinungsbild, ein gestaltetes Gerüst von Wegen wieder, deren Bezüge nur untereinander hergestellt und die nicht als Teile eines Ganzen erkannt werden.

Insgesamt liegt es näher anzunehmen, daß der Gedanke der »Città nuova« unmittelbar von Abbildungen amerikanischer Planungen und Zukunftsprojekte übernommen wurde:

Marinetti erklärte 1915 »die Bahnhöfe, besonders die in West-Amerika« zu »Orten, wo das Göttliche wohnt«.

Am 31. 8. 1913 veröffentlichte die Zeitschrift »L'illustratione italiana« die Stadtstudie »Der zukünftige Verkehr und die Wolkenkratzer in New York«. Der Vergleich mit einer Zeichnung Sant'Elias ergibt eine frappierende Ähnlichkeit der beiden Versionen. –

War Sant'Elia nun der »futuristische« Architekt, als der er der Nachwelt gilt?

Den Futuristen glich er, wenn er sich gegen das Ästhetische auflehnte; zwar nicht gegen »Ästhetik« als Prinzip, aber gegen ihre Deformierung durch Tradition und Snobismus. Er lebte sozusagen in einer futuristischen

Umgebung. Doch war es möglich, »den Sternen unsere Herausforderung« quasi in Gestalt von Bauwerken entgegenzuschleudern?

Schon 1914 hatte Arata das Manifest der futuristischen Architektur als »die Achillesferse des gesamten futuristischen Programms« bezeichnet. – Hätten Sant'Elias Häuser »atmosphärisch« sein können?

In Wirklichkeit waren sie sehr massiv; sie widersprachen dem transitorischen Charakter der idealen futuristischen Baukunst. Metaphorische Qualität gewinnt in diesem Zusammenhang das einzig nach Skizzen von Sant'Elia (postum 1930-32 von Enrico Prampolini) errichtete und als futuristisch deklarierbare »Monument für die Gefallenen« in Como[19] – als Übertragung des Ewigen und der Erinnerung, als Fixierung von Pathos und Heldentum.

Im übrigen gehen das Terrassenhaus wie auch die mehrgeschossige Verkehrsstadt – die ja im Stadium der zeichnerischen Idee verharrten – auf Vorbilder aus Frankreich und Nordamerika zurück.

Die Diskrepanz zwischen Sant'Elias Werk und den futuristischen Programmen, dem futuristischen System, scheint insofern über die zwischen Theorie und Praxis übliche hinauszugehen.

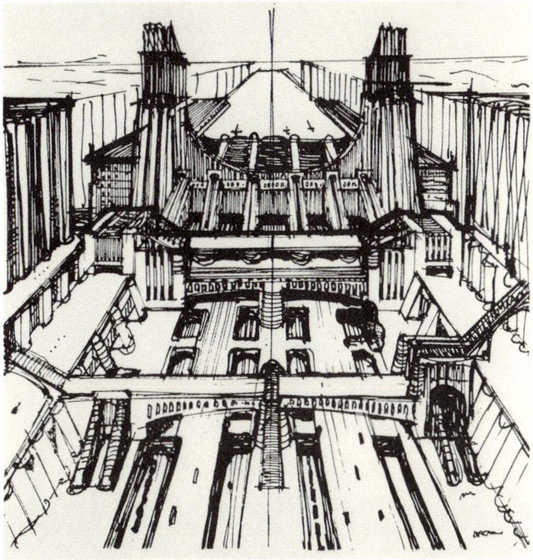

Antonio Sant'Elia, *Città nuova*, 1914, Tusche

Anmerkungen

1 Manifest der futuristischen Maler, 11. 2. 1910, von Boccioni, Carrà, Russolo, Balla, Severini; z. B. in: Umbro Apollonio Hrsg., Der Futurismus, Köln 1972

2 a.a.O.

3 F. T. Marinetti, Manifest des Futurismus (1909), veröffentlicht in »Le Figaro«, Paris 20. 2. 1909, in: Apollonio, a.a.O.

4 Manifest der futuristischen Maler, a.a.O.

5 Umberto Boccioni, Die futuristische Bildhauerkunst, 11. 4. 1912, in: Apollonio, a.a.O., S. 69

6 Gino Severini, Die bildnerischen Analogien des Dynamismus, Futuristisches Manifest, 1913, a.a.O., S. 169

7 a.a.O., S. 166

8 Siehe Kat. Ausst. Wir setzen den Betrachter mitten ins Bild, Futurismus 1909-1917, Städt. Kunsthalle, Düsseldorf 1974, Abschnitt »Spirale«

9 Apollonio, a.a.O., S. 155

10 Zusammenfassung der Begriffe bei: Jörn Peter Schmidt-Thomsen, Floreale und futuristische Architektur, Diss. Berlin 1967, S. 144; vgl. a.: U. Boccioni, Bildnerischer Dynamismus, 1913, in: Apollonio, a.a.O., S. 115ff.

11 Enrico Prampolini, »Atmosfera-struttura« futurista – basi per un'architettura (Die futuristische Atmosphärstruktur – Grundlagen für eine Architektur), 1914-15, in: Apollonio, a.a.O., S. 233

12 Carlo Carrà, La mia vita, Rom 1943, zitiert nach: Christa Baumgarth, Geschichte des Futurismus, Reinbek, 1966

13 Die futuristische Architektur, Manifest von Sant'Elia, 11. 7. 1914; in: Schmidt-Thomsen, a.a.O., S. 247ff., und: Apollonio, a.a.O., S. 212ff.; man beachte die Unterschiede in den Übersetzungen.

14 Siehe Wolfgang Pehnt, Die Architektur des Expressionismus, Stuttgart 1973, Abb. 426

15 Kat. Ausst. Kunsthalle Düsseldorf, a.a.O.; das Titel-Zitat entstammt dem »Technischen Manifest der futuristischen Malerei« vom 11. 4. 1910; s. Apollonio, a.a.O., S. 41

16 Sant'Elia, Die futuristische Architektur, 1914; s. Apollonio, a.a.O., S. 216/17

17 a.a.O., S. 215

18 Vgl. a. R. Banham, Die Revolution der Architektur, Reinbek 1964, Bildteil in der Mitte des Buches.

19 Siehe Kat. Ausst. Kunsthalle Düsseldorf, a.a.O., Abschnitt »Architektur«

Anwendung der Gestaltpsychologie auf Kunst und Kunstgeschichte

Gerade in dem Moment, da die Künstler die seit der Renaissance systematisierte, schließlich im Akademiebetrieb verschlissene, ursprünglich aristotelische[1] Auffassung, das Kunstwerk sei eine organische Ganzheit, durchbrechen, findet dies Phänomen das Interesse von Kunsthistorikern und Psychologen; während letztere beiden die Problemstellung auf ihren wahrnehmungstheoretischen Kern hin analysieren – indem sie im Gegensatz zur älteren Elementen- und Assoziationspsychologie jede Wahrnehmung für ein »Ganzes« halten –, machen Künstler, die der Kunstgeschichte auf ihre Art sich bewußt geworden sind, Arbeiten aus der Fragestellung heraus: Wie kann ich die nicht nur formale Ganzheit, d. h. das Mit-einem-Schlag-gegeben-Sein von Gegenständen und mitschwingenden Gefühlen, Vorstellungen und Wissensassoziationen ins Bild bringen?

Die Kubisten z. B. verstanden es, Mehransichtigkeit der Objekte, ihre räumliche Charakterisierung und, in der analytischen Phase, ihre Lokalfarbigkeit gleichzeitig zu geben, indem sie die Dinge in die Fläche der Leinwand facettierten. Aus Angst vor einer vollständigen Deformation des Objekts ließen sie die Forderung nach Naturähnlichkeit dann fallen, statt dessen beanspruchten sie nun, das »Wesen« der Dinge in der Darstellung zum Ausdruck zu bringen und filterten die sinnliche Wahrnehmung durch die Sehkategorien Kreis, Rechteck, Kubus, Kegel und Zylinder[2].

Die Bilder Cézannes, der über die alten Meister sagte: »Alles ist verbunden, vom Ganzen her gearbeitet«, »sie haben nicht Stückwerk gemalt wie wir«[3], versinnlichen im Effekt ein unmittelbares Erleben. Um spontan sein zu können, muß er schnell wahrnehmen und handeln. Seine Wahrnehmung geschieht, für uns nachvollziehbar, in »Aktualgenese«, einem Prozeß sukzessiver Gestaltdifferenzierung. Der Farbauftrag teilt uns, wo er vom Auge zu kommen scheint, eine Sicht mit, wo er die Bewegung des pinselführenden Armes konserviert, einen Ausdruck.

Zwar hatten schon die deutschen romantischen Maler gegen die wortabhängige Allgemeingültigkeit mythologischer und christlicher Themen die »Durchgeistigung der Natur« gesetzt, die Impressionisten wieder dagegen den »Oberflächenreiz«, womit sie zeigten, daß das Auge als Außenstelle des Gehirns die Einzelreize zu einer sinnvollen Gestalt zusammenzieht, aber was Monet noch wegen der Empfindungsschwäche der Netzhaut mit einer gewissen Entfernung der Leinwand vom Betrachter erreichte, machte Cézanne programmatisch: Seine Bilder sind nicht Bilder der Natur, sondern Bilder seiner willentlichen Wahrnehmung der Natur, etwa in dem Sinne, wie die Lebensphilosophen feststellten, daß es keinen objektiven, alle Gegebenheiten gleichmäßig berücksichtigenden Blick auf die Natur gebe, vielmehr nur einen tendenziösen, dessen umfassende Ausprägung die »Weltanschauung« sei. Husserls Phänomenologie nennt es dann »Intentionalität«, womit das reine Bewußtsein sich in Präsenz eines raumzeitlichen Objektes setze und sein Wesen erfasse.

Die »Ganzheit«, die die klassische Kunst im Bereich der Komposition bislang stillschweigend verwirklicht hatte, wird von der Gestaltpsychologie zum Gegenstand der Reflexion gemacht, die modernen Künstler – Bewahrer des unmittelbaren Erlebens – setzen ihre Apperzeption der Umwelt in abkürzende Zeichen um, die gefüllt sind mit sensueller Kraft; das wiederum nennen dann die Kunsthistoriker, Vertreter der Formanalyse (Wölfflin, Riegl, Pinder, Jantzen, Hetzer z. B.), den »Ausdruck« eines Seelischen. Der Ausdruck hängt aber mit dem Ganzheitlichen in einer später zu schildernden Art zusammen.

II.

Die erst in den 20er Jahren von Koffka, Wertheimer und Köhler, dem »Triumvirat« der Berliner Schule[4], ins öffentliche Bewußtsein gebrachte Gestaltpsychologie[5], als deren Ahnherr Christian von Ehrenfels gilt[6], beschäftigt sich in dem uns interessierenden Bereich des Optischen damit, in welchen sinnvollen, gegliederten Konfigurationen, den Gestalten, die von den reinen, undifferenzierten Formen der Außenwelt auf die Retina geworfenen Reize wahrgenommen werden, ob sie von Begriffen begleitet werden, welcher Ausdruckswert den wahrgenommenen Gestalten – vielleicht automatisch – zukommt und – das führt dann ins Gebiet der Ausdruckspsychologie hinüber – welche Einblicke in die Persönlichkeit des Wahrnehmenden diese oder jene Art des Gestaltsehens gestattet.

Sie bildet deshalb die wissenschaftliche Untermauerung der »Interpretation des primären Sujets« (Panofsky), so können wir vorgreifend sagen. Während die klassische Psychologie (z. B. Titcheners) die Wahrnehmung sich aus einzelnen, durch Selbstbeobachtung im Labor destillierbaren Empfindungen additiv zusammensetzen ließ, deren Bedeutung von vorgängiger Erfahrung abhinge, so daß zum Beispiel das Sehen räumlicher Tiefe, wo die Netzhaut doch zweidimensional ist, aus einem Lernvorgang resultierte –, postuliert die Gestaltpsychologie (in einer Art Rundumschlag bzw. Konzentration auf das Wesentliche[7]) feste Grundverhältnisse der Wahrnehmung wie: »Räumlichkeit, Krümmungen, Bewegungen, Richtungen, Gruppierungen, Formen jeder Art, Umrisse, die verschiedenen Konstanzerscheinungen, Akkorde, Melodien, Tempo, Rhythmus, Diminuendos, Crescendos usw.«[8]

Genau das sind die Gestalten. Sie unterliegen den Gesetzen der »Übersummenhaftigkeit« und der »Transponierbarkeit«, wie von Ehrenfels es zuerst definierte.

Daß wir nicht atomistisch, sondern »vom Ganzen her« sehen, beweisen die Gestaltpsychologen mit der Beobachtung, daß wir zu einem bestimmten Zeitpunkt eine auf die Fläche gezogene Kontur als zu einer bestimmten, begrifflich faßbaren Figur gehörig, den jenseits dieser Figur befindlichen Teil der Fläche als weniger (d. h. nur in der Ausgrenzung) bestimmten Grund interpretieren. Es kann vorkommen, daß die Figur-Grund-Beziehung doppeldeutig, labil, ist, und zweitens, daß gegebene Figuren zwar, dem Wahrnehmungsgesetz folgend, verschmelzen wollen, aber vorstellungsmäßig inkonsistent sind (– so manchmal bei M. C. Escher, wo kein Schlitz mehr bleibt für den berühmten Groschen Sinn).

An der Ambivalenzschwelle nun sind die Bedingungen gut dafür, Gesetzmäßigkeiten der Wahrnehmung experimentell zu erfassen. Fünf der wichtigsten *Ordnungsgesetze* sind die folgenden, zuerst von Wertheimer gefundenen:

1. Je kleiner ein geschlossener Bereich ist, desto eher wird er als Gestalt gesehen.
2. Nahe beieinander liegende Objekte werden tendenziell zusammengefaßt.
3. Bereiche mit geschlossenen Konturen werden eher als Figuren erkannt als solche mit offenen Konturen.
4. Je symmetrischer ein geschlossener Bereich ist, desto eher wird er als Figur gesehen.
5. Am ehesten wird diejenige Anordnung von Figur und Grund gesehen, die die geringsten Veränderungen oder Unterbrechungen von geraden oder sanft gekrümmten Linien oder Konturen aufweist (Gesetz des glatten Verlaufs).[9]

Die Gestaltwahrnehmung scheint sich nach dem Prinzip der Einfachheit zu vollziehen. Dies erklärt auch die (übrigens schon bei Kindern und Affen vorhandene[10]) Bereitschaft, gewisse Linienkonstellationen automatisch als Abbildung dreidimensionaler Objekte zu deuten. Die nach den Regeln der Zentralperspektive auf die Fläche konstruierten Linien lösen deshalb in uns eine Raumwahrnehmung aus, weil wir hinsichtlich eines jeden der Kriterien: relative Größe, lineare Perspektive, Verdeckung und Texturdichte-Gradient die strukturell einfachste Sicht bevorzugen[11]. Unsere Vorstellung, die die prägnanteste, d. h. am ehesten vorhersagbare, am meisten redundante Form präferiert, scheint bei wachsender Komplexität – die zu messen die Psychophysik unternommen hat – von der Fläche in den Raum auszuweichen. Und wenn auf der Fläche unterschiedliche Flächenstücke im Sinne einer zeitlichen Abfolge gedeutet werden können, so sehen wir automatisch das Nacheinander verschiedener Bewegungszustände ein und derselben Gestalt[12].

III.

Stellen wir uns vor, durch ein Tachistoskop wäre uns der Blick auf ein Objekt für eine tausendstel Sekunde freigegeben. Wir würden nur ein Schema erkennen: Umrisse, Flecken, Kompositionslinien. Obwohl jedes Materieteilchen der Oberfläche des Gegenstands auf unsere Netzhaut einen Lichtimpuls geschickt hat, hat unser Bewußtsein nur eine dunkle

Ahnung von dem beleuchteten Gegenstand erhalten. In einer hologenen Aktualgenese kristallisiert sich ein vorgestalthaftes Ganzheitserlebnis[13]. Während wir die Gestalt (einer Embryonalhülle gleich) sehen, empfinden wir Anmutungsqualitäten wie: freundlich, bedrohlich, bewegt, ruhig, heiter, stürmisch, gewaltig, flimmernd, titanisch etc.

Solche Grundreaktionen, die auf eine Analogie zwischen äußeren Bewegungen und der inneren Motorik (der psychischen Bewegung) hinauslaufen, bezeugen, so Ernst Gombrich, »den unablässigen Prüfblick, mit dem wir unsere Umwelt auf die eine Lebensfrage hin abtasten: Bist Du Freund oder Feind, ›gut‹ oder ›böse‹?«[14]

Es ist anzunehmen, daß die Wertungen später, wenn wir nach längerer Expositionszeit das Objekt begrifflich erfaßt haben, mehr oder minder bewußt als sublimierte Stimulanz mitschwingen.

Die Gestalten sind also in der Tiefe unseres Bewußtseins mit Emotionen – diffusen, unbegrifflichen, präsentativen Reaktionen, die letztlich auf die animalische Freund-Feind-Unterscheidung zurückgehen – gekoppelt. Kinder besitzen schon in den ersten Lebensmonaten[15] die (sicherlich kulturspezifische) Fähigkeit zum Verstehen derartiger »Tertiärqualitäten«, so wie ihnen auch der Raum unmittelbar gegeben ist.[16] Primitive Völker haben dies synästhetische Verstehen in grandiosem Ausmaß konserviert, wie auch ihre Kunst verdeutlicht. In unserer Zivilisation sind die optischen Ausdrucksfelder Mimik, Gestik, Kleidung, Habitus hochgradig versprachlicht und damit operationabel. Die Interpretation trifft auf gewählte Identifikationen: In den USA soll die Beeinflussung der Handschrift (durch die Schreibenden selbst) in Richtung auf einen graphologischen Typus hin die Prognosen zuverlässiger machen, die aber nun nicht mehr auf einen wirklich vorhandenen, sondern auf einen gewünschten Charakter zielen. Dementsprechend ist heute Gegenstand der Ausdruckspsychologie »eher die Gesetzmäßigkeit der Ausdruckswahrnehmung als die der Ausdrucks-Bedeutung«[17].

Wenn Arnheim, in Anlehnung an die Theorie des Isomorphismus zwischen psychischen und physischen Prozessen, wie sie z. B. im 19. Jahrhundert der »Psychophysiker« Charles Henry vertrat, behauptet, daß »wir die Bewegung eines Tänzers nicht traurig nennen, weil wir oft traurige Personen gesehen haben, die sich ähnlich verhielten, sondern weil die dynamischen Charakteristika des Trauerns in diesen Bewegungen physisch präsent sind und direkt erfaßt werden können«[18], dann stimme ich ihm nicht zu; er ist hier totalitär; denn es bedarf eines Bildungsprozesses[19], damit man wissen kann, wie ein Choreograph – sei er auch noch so einfühlsam – in einer bestimmten soziokulturellen Umgebung welche Gefühle in welche Bewegungen umsetzte.

Auf das Wölfflinsche Konzept von der »anthropomorphen Projektion« sei gleich eingegangen. Es könnte vielleicht die jetzt offene Frage beantworten: Welche Emotion transportieren die nicht explizit auf Aussage angelegten Formen: die natürlichen, die der Städte, die der Architektur?

IV.

Doch zuvor zu einigen exemplarischen Werken von Künstlern, die implizit vorrangig dieselben Prinzipien verbildlichen, welche die Gestaltpsychologie wissenschaftlich entwickelt.

Zentral ist das Problem der Gestalt- und Ausdruckskonkretisierung, das Kunsthistoriker retrospektiv zum Klassifikationsaspekt auch derjenigen Künstleräußerungen und Werke machen, die von ganz verschiedenen historischen Bedingungen herkommen[20]. Es geht um die »images made by chance«[21], Bilder, die entweder auf natürlich-zufällige und wunderbare Weise schon perfekt sind, wie die durch Protogenes' Schwammwurf kreierte Hundeschnauze und das von Albertus Magnus auf den Innenflächen eines zerteilten Marmorblocks entdeckte Königsporträt, oder solche, denen die Phantasie des Betrachters erst eine regelmäßige Gestalt geben muß, wie den Wolkenbildern – die, so läßt Philostrat seinen Apollonius rhetorisch fragen, Gott, als Künstler, wohl im »make-believe«-Effekt geschaffen habe?

Alberti erkennt die inspirationsfördernde Kraft natürlicher Baumumrißlinien; Mantegna malt eine von Fortuna in einen Baum überführte Virtus und, im »Martyrium des hl. Sebastian« (ca. 1460), einen winzigen Reiter aus Wolken; Botticelli bezieht sich, allerdings ablehnend, auf die Spontan-Methode des legendären Protogenes-Nealces-Apelles; worauf Leonardo reagiert, indem er die Projektionslust preist, die ihn beim Betrachten von Mauerflecken, Herdasche, Wolken und Gewässern überkommt[22]. Anfang des 17. Jahrhunderts führen kostbare Achate mit ihren natürlichsuggestiven Äderungen im Hintergrund von Figurenkompositionen ihr Zwitterdasein zwischen *ars* und *natura* in den Kunst- und Wunderkammern der Könige; und im pantheistischen Klima eines Shaftesbury-Enthusiasmus der Nachahmung der *natura naturans* und (z. B. Youngs) Ideen vom Originalgenie entsteht die halbmechanische Zeichenmethode des extravaganten Aristokraten Alexander Cozens[23]. Wir können sie als das totale Gegenteil der konstruktiven Neuschöpfungen Runges verstehen, obgleich beide ein Systemdenken verbindet. Ein wahllos geknittertes, zufällig beschmutztes Papier, ein paar gedankenleicht hingetuschte Kleckse lassen eine polyvalente landschaftliche Vorgestalt entstehen, die in weiteren Arbeitsschritten (– Auflegen von Pergamentpapier, Nachzeichnen von Konturen, Figur-Grund-Bestimmung qua Aquarellierung der ausgegrenzten Flächen etc. –) sukzessive bis zur »Endgestalt« ausdifferenziert wird[24]. Wir haben hier also ein kreatives Verhalten, daß der Gestaltwahrnehmung des Typs »hologene Aktualgenese« parallel läuft, mit dem Unterschied, daß Cozens aus einem einzigen »blot« mehrere Endgestalten entwickeln kann[25].

Von einem in Turner-Kreisen (– wo Cozens natürlich wohlbekannt war –) gepflegten Projektionsspiel könnte über den Deutschen Justinus Kerner, der 1856 seine »Klecksographien« veröffentlichte, die Idee zu Hermann Rorschach gelangt sein.

Dazwischen Victor Hugos schöpferische Entspannungsübungen: Die

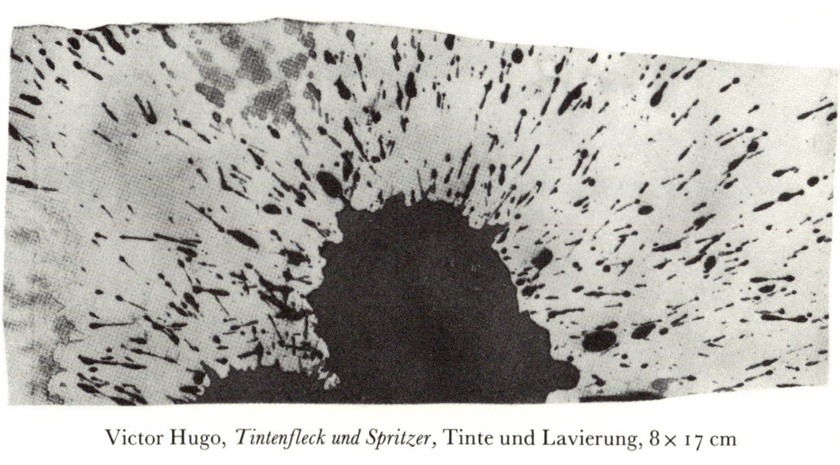

Victor Hugo, *Tintenfleck und Spritzer,* Tinte und Lavierung, 8 × 17 cm

Federzeichnungen, vor allem aber die Aquarelle, Lavierungen, Gouachen und Tintenblätter Victor Hugos stellen ihn als jemanden vor, der sich meisterhaft ohne Unterschied aller potentiell gestaltbildenden Materialien bedient[26]. Es gibt das reine träumerische »blotting« mit (intendierter?) Gestaltsuggestion (»Tanzendes Paar«[27]), die bewußt zur Gestalt präzisierten Visionen im »blot«[28], die überlegte Schablonenarbeit[29] und die expressive Spielerei[30].

Kann man die Bilder, da sie als etablierter Ausdrucksmodus ihrer »zeitgeschichtlichen Konnotation nicht mehr entbunden« werden können, metaphorisch nehmen, insofern sie eine Dynamik oder gar die »antithetischen Termini ›clair-obscure‹, ›jour-ombre‹, ›naissance-mort‹, ›joie-souffrance‹, ›amour-haine‹« verkörpern?[31] Sollten Hugos Ausdrucksmittel damals wegen ihrer lässigen Einfachheit als provokativ empfunden worden sein? Demonstriert die egalitäre Kleckstechnik den unverhohlenen Anspruch auf »égalité«, der sich vorrevolutionär schon bei Cozens versteckt?

V.

Die Kunst des beginnenden 20. Jahrhunderts gerät, während sie eine neue Ursprünglichkeit sucht und den ganzen bisher verdrängten emotionalen Unterbau der Gesellschaft ans Licht holen will, nach und nach in den tragischen Sog der dauernden Selbstreflexion. Bei den meisten ihrer Arbeiten tritt die materiale Qualität des bildnerischen Mediums mit der Immaterialität der Bedeutungen in Konkurrenz und dominiert sie sogar. In freischwebender Verstrickung thematisieren die Künstler semantologische Relationen von Bild und Ding, was einmal zu den Kalligrammen Apollinaires, dann zu Magrittes Wort-Bildern, deren Gegenteil, führt.

Das Primitive spielt man gegen Zivilisation aus und erhält: extreme Sinnlichkeit, extreme Anschaulichkeit, extreme Denkübungen. Lösungen wie die des gordischen Knotens, Befreiungsschläge, egal ob real oder erhofft. Die traditionelle Bedeutungsforschung ist hier jedenfalls am Ende, obwohl sie ausgerechnet jetzt – wie man ein Vergangenes, dem man noch nachhing, schließlich doch vergangen sein läßt – anfängt, sich der Ikonographie und Ikonologie klassischer Kunst wissenschaftlich zuzuwenden. Um so mehr fällt auf, wie Kunst und Psychologie parallel laufen. Es ist falsch zu sagen (– dafür ist Klees Arbeit ein Beispiel –), die Bereiche hätten sich gegenseitig bedingt. Inwiefern sie beide Symptome ein und desselben Ganzen (d. h. der Gesellschaft) sind, soll hier aber nicht erörtert werden.

Henri Matisse. »Luxe, Calme et Volupté«. 1904-05. Öl auf Lw. 94 × 117. Paris, Privatbesitz

Gleißendes Licht durch kurze Pinselstriche nachpointillistischer Manier in nachmittäglich warmen Farben. Am mittelmeerischen Strand sieben Frauen. Sie tun nichts Bestimmtes, leben in reiner Gegenwärtigkeit, die als flimmernder Farbmantel über allen Konturen liegt. Ein Boot ankert im Hintergrund. Ein Tuch ist ausgebreitet, darauf Kaffeegeschirr. Ein Mädchen tanzt nackt, mit ausgebreiteten Armen; vorne, direkt am Picknicktuch eine Elegantgekleidete mit Hut, ihr zur Seite eine Hingelagerte, in tizianischer Pose, aber mit mehr Lust. Ihr Körper ist weicher Fluß der Kontur und fünf irisierende Flächen. Hinter ihr, kleiner, eine in ein Badetuch Gehüllte. Dann eine Kauernde, In-sich-Versunkene, ganz in ihren Umriß eingeschlossen, in den sich auch das Tuch, auf dem sie sitzt, fügt. Rechts eine Rückenfigur, sich nach hinten abstützend (– sie repräsentiert die dritte Art, auf dem Boden zu sitzen, nur die Elegante hat einen Stuhl –), zur sich Kämmenden hingewandt; die balanciert gerade

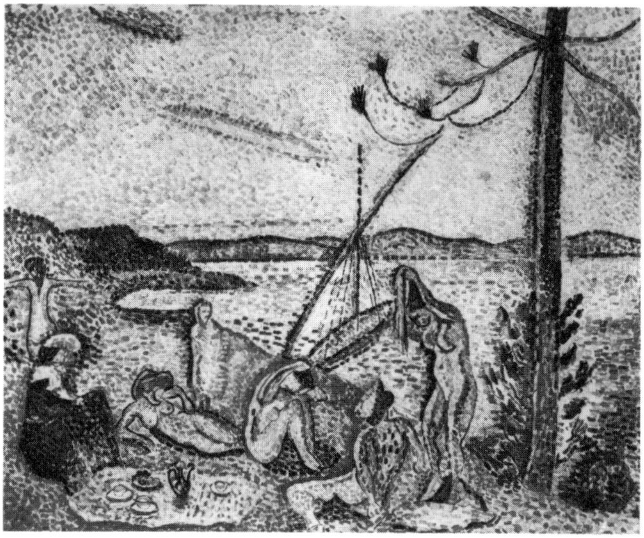

auf einem Bein; ihr langes Haar, das sie hochhält, fällt über ihre Hand zurück vors Gesicht. Ganz rechts ein Baum. Am Himmel ein gelbglühender Streif.

Die drei im Titel angesprochenen Charaktere finden wir in den drei mittleren Figuren: der Eleganten, der sich Rekelnden, der Versunkenen. Sie sind keine Puvis'schen Allegorien. Ihre Posen verkörpern das, was sie sind, ihr Linie-und-Farbe-Sein verkörpert die Posen: die atmende Konturierung ist voluptuös (– wie der ganze Malakt –), die getupft-gestrichene Ölfarbe ruhig, die Farben luxuriös.[32]

André Masson. »Kampf der Fische«. 1927. Öl, Sand und Bleistift auf Leinwand. 36 × 73. The Museum of Modern Art, New York

In die Machart ist viel vom Thema eingegangen: Willkür und Spontaneität der Gewalt; ihre Verstümmelungen.

Die Gestalten: zwei Kreise und ein Dreieck: Kopf eines Fisches. Leim auf Leinwand, wo der Sand kleben blieb, spitze Kontur, weicher und energischer Bleistiftstrich: Gebirge, Sandstrand, Landschaft unter Wasser. Dreiecke oben: fliegender Fisch.

Die Tertiärqualitäten: das Schlierig-Fischhafte in züngelnden Linien, Chaos in der Schraffur, Kampf im Zerfließen-Zerfleddern, Verwundung im Rot, das ausläuft.

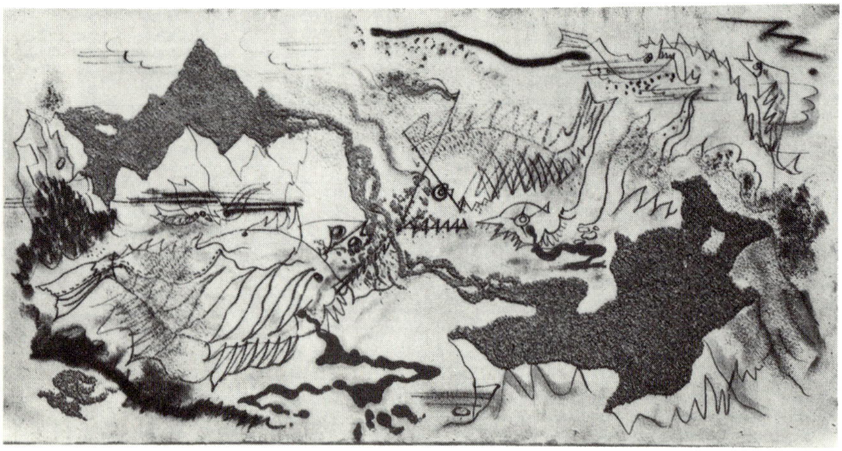

Scharfe Zackenlinie: Vorgestalt der Aggression.

Trauma des ersten Weltkriegs, Vorbote der Massaker-Bilder; Empfindlichkeit der Nerven; Blick im Augenwinkel; Lob der Flüchtigkeit, die die Dinge nicht besiegen will.[33]

Während also Matisse' Malerei eher fleischgewordener Begriff ist, tastet sich Massons eher vom Gestaltlosen zum Begrifflichen vor[34] (– worin sie die unter IV gegebene Beispielsammlung fortsetzt).

Salvador Dalí. »Paranoisches Gesicht«. 1934-35. Öl auf Holz, 19 × 23. Sammlung Edward James, London

In der Normalansicht erscheint unserem Bewußtsein ein Frauenkopf im Dreiviertelporträt. Drehen wir die Tafel um 90 Grad nach links, schwingt die Gestaltwahrnehmung blitzartig um. Der einstige Schatten unter der Nase ist jetzt Silhouette eines sitzenden, der rechte Augapfel Bauch eines liegenden Negers, das Kinn wird zum ballonartigen Krug umfunktioniert, die Wange zur halbkugelförmigen Hütte, die Haare zur Baumkulisse im Hintergrund.

Dalí beschäftigte sich 1931 so mit Picassos negroider Epoche, daß er intentionsmäßig konditioniert war, einen Picasso-Frauenkopf in eine verdreht auf dem Tisch liegende Photographie (»Neger vor einer Hütte«) hineinzusehen. Seine Intuition, und später Zeichnung und Ölbild, über-

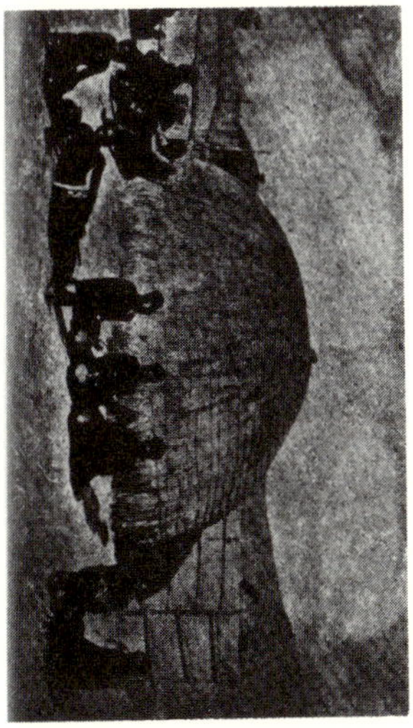

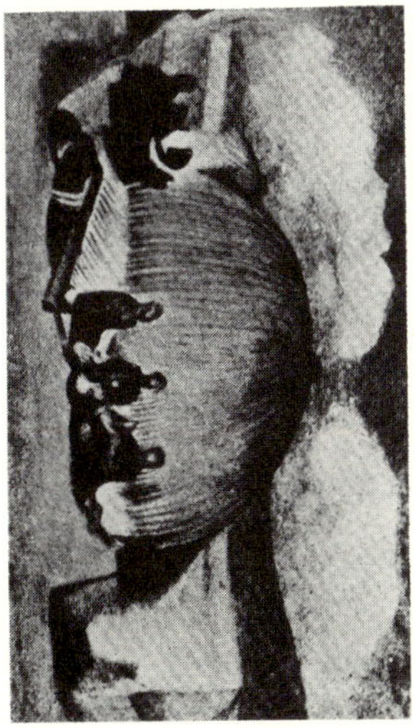

brückten die winzigen Differenzen, die die Ganzheit »Gesicht« davon abgehalten hatten, uns aus der Negergruppe ohne weiteres entgegenzuspringen (wie etwa in Gombrichs Vexierbild durch einfaches »Umschalten« Ente oder Kaninchen auftaucht). Mit dem Zauberstab »Begriff« hat er dem Kral eine Maske übergestülpt. Die Präzision der Detailgestalten muß er mit einer nachlässigeren Sicht der Großgestalt erkaufen, und an den zentralen Details der Großgestalt wirken auch die Detailgestalten nur von ihrem Ganzen her[35].

Wo die Altmeister Arcimboldo, Joos de Momper und Bracelli »Sprechendes« schufen, nämlich den Bibliothekar aus Büchern, die Allegorie des Winters aus frostiger Landschaft oder anthropomorphe Möbel, macht Dalí eine rein semasologische Gratwanderung zwischen noch Isomorphem und schon Heteronymem. So beruht der programmatische Anspruch der Surrealisten, zwei beliebige Objekte miteinander kombinieren zu können, auf der Fähigkeit, abbildhafte Gleichheiten zwischen ihnen entdecken zu können. Frauenkopf und Schlachtengetümmel haben nichts mehr gemeinsam als die Eigenschaft, Funktion ein und derselben Farbkonfiguration zu sein. »Paranoisch-kritische Aktivität« ist Dalís Name für die Darstellung einer Gestaltwahrnehmung. Man beachte seine prophetische Anmaßung: »Es genügt, wenn man im Rausch der Verdolmetschung dazu gelangt, den Sinn der Darstellungen verschiedenartigster Bilder, die eine Mauer bedecken, wieder zu verknüpfen, und niemand kann dann noch das wirkliche Vorhandensein dieses Bandes leugnen.«[36]

Solche Aussagen erfreuen den, der seine Gestaltwahrnehmung zu sozialer Verbindlichkeit erhoben sieht; für andere bleibt der Trost, einer »Wirklichkeit« begegnet zu sein.

In reflektierter Konsequenz forciert Dalí den Mythos des 19. Jahrhunderts vom wahnsinnigen Künstler, indem er bestrebt ist, das Denken des Wahnsinnigen vollständig zu imitieren, ohne doch selbst wahnsinnig zu werden. Ganz einfach deshalb, weil der Status des Wahnsinnigen vom gesellschaftlichen Urteil abhängt.[37]

Den künstlerischen Leistungen der paranoisch-kritischen Methode steht aber wissenschaftliche Interpretationswut, die sich selbst ernst nimmt, gegenüber.

Dalí kannte auch die Gestaltpsychologie: »Denn auf Grund von / Picassos / materialistischem / anarchischem / und systematischem Denken /

werden wir / physisch / experimentell / und unnötigerweise / ›problematische‹ psychologische / nach Kant schmeckende Neuigkeiten / der ›Gestalttheoretiker‹ kennenlernen / das ganze Elend / der / begrenzten und bequemen / Bewußtseinsgegenstände / samt ihren feigen Atomen / die unendlichen / und / diplomatischen Empfindungen . . . daß es / extra-psychologische / ›gute Gestalten‹ gibt / die vermitteln / zwischen / dem Fett der Phantasie / und / den monetären Idealismen . . . zwischen der ›strukturalen‹ Wesenheit / einer ›zwanghaften Seezunge‹ / und dem Verhalten der Lebewesen / in Verbindung mit ›der zwanghaften Seezunge‹ . . .«[38]

Paul Klee. »Ranke«. 1932. Felix Klee, Bern

Klee kam in seinen Bauhausvorlesungen selbständig zu ähnlichen Resultaten wie die Gestalttheoretiker; das bezeugt die »zugleich optische und begriffliche Rationalität« seiner Bilder[39]. Gehlen präzisiert die Formulierungsübereinstimmungen: In der »Ranke« finden wir, was die Gestalteigenschaft »Struktur« angeht, »ein Individuum vor einem dividuellen, strukturalen Gebilde . . . Die Kurve schlingt sich um eine Gerade, eine Horizontale, es entspricht dies gestaltpsychologisch dem Verhältnis von tragendem und getragenem Teil«. Unten im Bild ist die Rankengestalt in eine andere Ansicht (den Querschnitt) transponiert worden. Und oben

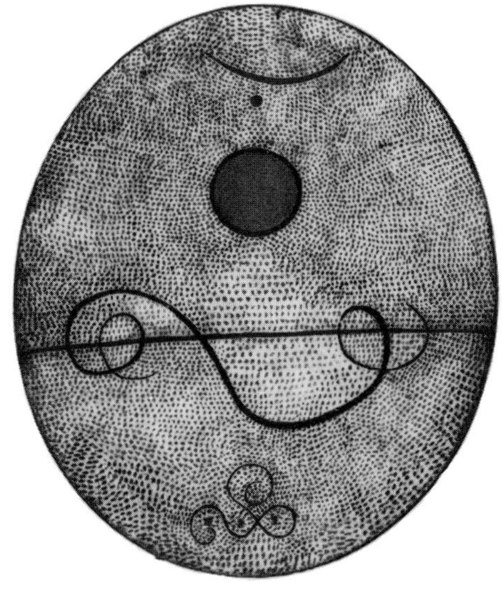

»wiederholt sich die Form des Gesamtbildes wiederum in Verkleinerung, diesmal annähernd kreisförmig . . . ganz oben werden die Hauptgestalten ein drittes Mal transformiert: Sie erscheinen abgekürzt« (– letzteres fällt ins gestalttheoretische Kapitel des »Unvollständigen«). Dann die »Ganzqualitäten«: »Es gibt viele Bilder, die optisch eindeutige Gesamteigenschaften haben, die sich der Benennbarkeit entziehen, denn die Sprache bleibt hinter der Ausgiebigkeit des Auges zurück«. Die Ranke wäre da »gewichtslos« oder »schwerpunktlos«. Eine spezielle Ganzqualität Klees ist die »transparente Polyphonie«.

Die dritte Gestalteigenschaft ist bei Gehlen das »Wesen«, unsere *Tertiärqualität*, die Metapher der Ganzqualität.

VI.

In seinem »Fragment von Schwänzen« (1783) parodiert Georg Christoph Lichtenberg die damals seit einigen Jahren verbreitete physiognomische Methode Johann Caspar Lavaters, indem er eine Reihe von Schwänzen (von Hunden und Schweinen) und menschlichen Zöpfen silhouettenhaft abbildet und den abstrakten Formen charakteristische Bedeutungen zuordnet. Einen Hundeschwanz beschreibt er so: ». . . behold this tail of a dog and declare if Alexander, had he wished to sport a tail, need have been ashamed of such a one. There is nothing namby-pamby ladyship's-pet-lap-doggie sweetie mousie nibbling tiny creature here. All is manliness, forward urge, a high sublime sweep and a thrust, calm, pensive, charged with dynamic power, as far removed from servile slinking between the legs as from that of the pointers', game-scenting, worried and horizontally indecisive . . . Who does not feel a sublime canity bordering on humanity in the curve near a.? In position, how near to the earth, in significance, how close to the heavens!«[40]

Lichtenberg macht seine Formvorlagen zu einem »symbolischen Schema« (Sartre), an dem er ein entsprechendes Begriffsgerüst festmacht. Der Mechanismus ist nun, daß, hat er das erst einmal getan, die Form tatsächlich für uns einen Ausdrucksgehalt in die vorgegebene Richtung bekommen hat. Der Schwanz ist nun ein wenig heroisch geworden. Ist jede derartige Beschreibung bloßer Formen, ohne daß eine Bezugswelt, beispielsweise eine soziale Konvention, angegeben ist, erst einmal willkürlich, ergeben sich, wie gleich zu sehen, dann, wenn es darum geht, einem Begriff, einer Stimmung etc. (z. B. Arnheims Topois der guten und der schlechten Ehe) einen vorstellungsmäßigen Ausdruck zu verleihen, ganz eindeutig voneinander unterscheidbare Gestaltbildungen.

Zuvor aber ein Beispiel, das uns zum Problem der kunstwissenschaftlichen Interpretation reiner Formen führt. Es geht um den »etwa 7 m hohen, umklappbaren, aus Stahl, Aluminium und Neonröhren gefertigte[n] Mercedesstern auf dem 1963/65 erbauten Europacenter in West-Berlin«:

»Das Objekt vereinigt in sich gegensätzliche Hauptmotive: Einem Ring ist ein aus drei ineinandergefügten Pyramiden bestehender Stern einbeschrieben. Die Spitzen der Sternzacken scheinen die Innenseite des Rings zu durchstoßen, von dessen Außenseite jedoch gehalten zu werden. Ein Ausgleich zwischen Ruhe und Bewegung, ein potentiell andauerndes Gleichgewicht der Kräfte wird behauptet. Trotz des tonnenschweren Gewichts suggeriert die minimale Masse schwebende Leichtigkeit, was durch die Farben blau (Ring) und weiß (Stern) noch unterstützt wird: Das der Warenwelt zugehörige Emblem wird dadurch der Erscheinung des Himmels angenähert. Gleichgewicht der Kräfte und unumstößliche Dauer werden als naturgegeben hingestellt. Die immer wieder behauptete Unerschütterlichkeit des Unternehmertums wird auch durch die Unveränderlichkeit des vor über 50 Jahren eingeführten Warenzeichens betont. Da der Stern sich ständig dreht, erinnert er zugleich an die Form der Weltkugel, so daß der real gegebene Anspruch auf Beherrschung des Weltmarktes wiederum durch ein naturhaftes Gebilde gerechtfertigt erscheint . . .«[41]

Wir möchten diese Beschreibung nicht in die Nähe der Lichtenbergschen Parodie bringen, geht es doch hier ausdrücklich um den Aufweis »weder explizit thematisierter noch in der Form greifbarer« Interpretationen. Man könnte ja durch Angabe des Funktionsrahmens (– beim genannten Arnheim-Beispiel wäre er das Thema »Ehe«, das sodann motorisch-dynamisch spezifiert würde –) Formbedeutungen spezifizieren wollen. In unserem Beispiel dient das kapitalistische Wirtschaftssystem sowie der Aufstellungsort des Sterns als Funktionsrahmen. Da aber auf die historischen Prozesse, insbesondere die Begründungen, von denen zu Anfang des Jahrhunderts die Schöpfer des Stern-Emblems bestimmt waren, nicht eingegangen wird, findet eine vollständig beliebige Verknüpfung der Bestandteile des sozioökonomischen Funktionsrahmens mit den sichtbaren Formen statt.

Wird etwa, so könnten wir weiterspekulieren, durch die gleichmäßige Dreiteilung des Sterns auf das christliche Motiv der »Dreieinigkeit« angespielt; deuten die Winkel von 120 Grad darauf hin, daß zum Zeitpunkt der Errichtung des Sterns der Mercedes-Export 120 Länder der Erde erreichte; wie ist der Widerspruch zwischen der Dreiteilung des Sterns und der Fünfzahl der Erdteile zu erklären? Wenn die beiden nach unten gespreizten Zacken des Sterns auf die Stützungsbedürftigkeit des oberen (– man stelle es sich umgekehrt vor –) verweisen, wie wäre dieser hierarchische Gedanke mit dem an den Nahtstellen der Pyramiden mit dem Ring formulierten Schwebegedanken zu vereinbaren? Enthält letztere offensichtlich gotische Auffassung, die im Gefolge die synästhetische Gleichheit der Sterngestalt und der Rosette einer Kathedrale behaupten würde, den Anspruch, gottgeschaffenen Kosmos auf Erden abzubilden?

Es ist klar, bei derartigen Korrelationen handelt es sich um Wahlverwandtschaften, nicht aber um bewußt oder unbewußt in die Materie eingegangene Intentionen. Man hat symbolische Physik getrieben. Die physikalischen Begriffe Ruhe, Bewegung, Gleichgewicht, Unerschütterlichkeit sind über ein symbolisches Schema in eine fremde Bildwelt transportiert worden, nämlich den Funktionsrahmen der kapitalistischen Gesellschaftsordnung oder der freien Marktwirtschaft, und entwickeln dort ein ganz neues Leben. Sie sind nun Metaphern. Die Verständlichkeit metaphorischer Sprechweise hängt aber direkt von den gewußten Konventionen ab, unter denen gesprochen wird. Wenn Goethe in seiner Farbenlehre der Farbe Gelbrot die Eigenschaften »gewaltsam, erschütternd« attribuiert, können wir das vor einem gelbroten Kleid nicht nachvollziehen, es sei denn, eine heftige Intention, die Stoff und Schnitt ganz hinter das Farbsignal an sich zurückdrängte, wäre spürbar. Die Bedeutung, die die Farbe Blau für Runge hatte, existierte zuerst nur im Rahmen seiner privaten Ikonographie. Und weit entfernt von Verbindlichkeit sind auf den ersten Blick Goethes Assoziationen zu Luke Howard's »modifications of clouds«: »Cumulus = Machtgewalt, Cirrus = edler Drang, der sich im Schoß des Vaters auflöst, Nimbus = durch Erdgewalt herabgezogen«[42]. Aber vertauschen lassen sich die Zuordnungen nicht. Sie besitzen eine poetische Plausibilität.

Bei der wissenschaftlichen Interpretation des Mercedessterns übersprang dagegen der Autor fahrlässig gerade die »sekundäre Sujetebene« (Panofsky), oder er erhielt durch einen gedanklichen Prozeß, wie Dalí es einmal fürs Malerische formulierte, ein doppeltes Bild, d. h. »die Vorstellung eines Gegenstandes, der zur gleichen Zeit ohne die mindeste figürliche oder anatomische Veränderung die Vorstellung eines anderen, völlig davon verschiedenen Objektes ist«; »das ist ganz wie im Falle der Willkürlichkeit: es bedeutet nämlich, und das scheint geradezu zerstörerisch, daß die verschiedenen Formen, die das fragliche Objekt annehmen kann, kontrollierbar und erkennbar werden für jedermann, wenn erst der Paranoiker seine Vorstellungen ganz einfach angegeben hat«[43].

Es scheint vorläufig so, als gäbe es hier gar keine Objektivität, als wäre es nur eine Frage von Sicheinlassen oder Widersetzlichkeit, Akzeptieren einer zweiten Natur oder Verweigern der Institution gegenüber.

Der Begründer der Formanalyse in der Kunstwissenschaft, Heinrich Wölfflin, versucht in seinen »Prologomena zu einer Psychologie der Architektur« (1886) zu bestimmen, inwiefern an den bloßen Formen der Architektur die psychische Struktur eines Zeitalters abzulesen sei. Im zwei Jahre später erschienenen »Renaissance und Barock« diskutiert er die Ursachen des Stilwandels, weist die mechanistische Theorie der Abstumpfung, der »Ermüdung des Formgefühls« zurück, weil sie den Menschen nur als genießenden begreift, erklärt dagegen den Umschwung zum Barock geschichtspsychologisch mit der »allgemeinen Abstumpfung der Nerven«: »Die Architektur mußte das, was sie zu sagen hatte, mit jener Derbheit vortragen, nicht weil man an den Formen des Bramante sich stumpf gesehen, sondern weil der Zeit überhaupt die Feinfühligkeit verlorengegangen war, weil sie durch raffinirten Lebensgenuß, durch das Schwelgen in Zuständen des äußersten Affekts für leisere Reize unempfänglich geworden war«[44].

Für Wölfflin manifestiert sich die ganze historische Wirklichkeit vergangener Epochen im *Formgefühl* der Sensibelsten unter den jeweils Lebenden, der Künstler; von den Sensibelsten heute kann es nachgefühlt werden. Was aber ist das *tertium comparationis* zwischen der Grundstimmung einer Zeit und ihrem materiellen Ausdruck, der Architektur? Es ist das Sinnliche in den Dingen, das wir »nach Analogie unseres Körpers«[45] beurteilen (– Arnheim nennt es später die »anthropomorphe Projektion«): »Das dumpf befangene Leben des Klumpiggeballten, das keine freien Organe besitzt und schwer und unbeweglich daliegt, ist uns so verständlich, wie der helle feine Sinn dessen, was zart und leicht gegliedert ist«[46]. Eine Erklärung des Barockstils gibt Wölfflin mit dem »allgemeinen Habitus« der Körperbildung und Körperhaltung, wie sie uns durch die darstellende Kunst vermittelt wird: »In gewaltsamer Heftigkeit bricht die Empfindung in einzelnen Organen hervor, während der übrige Körper der Schwere allein unterworfen bleibt«[47]. Durch verallgemeinernde Übertragung ergeben sich die bekannten Attributierungen der Architektur des Barock: massig, schwellend, schwer, saftig und bewegt, erregt, leidenschaftlich, rauschend etc. Diese sind aber nichts anderes als die bekannten Tertiärqualitäten. Der Gestaltpsychologe Sander glaubt, im Spannungsfeld zwischen äußerer Reizkonstellation und innerer Gerichtetheit die architektonischen Grundformen Kreis, Ellipse, Dreieck, Viereck etc. ästhetisch bestimmen zu können: »Wenn mathematisch die Rechtecke kontinuierlich alle Seitenverhältnisse durchlaufen, wandeln sich die erlebten Gestaltqualitäten unkontinuierlich . . . Gestaltbereich grenzt an Gestaltbereich. Es gibt da keinen fließenden Übergang von Eidos zu Eidos, sondern ein ruckartiges Umspringen, ein Umkippen von einem Gestaltcharakter zum anderen«[48]. Dem Quadrat angenäherte Rechtecke erzeugen dann ausgesprochene Spannungsgefühle, ebenso die »rhythmische Travée« des Bramante oder die Fensterreihe des ersten Stocks des Palazzo d'Este della Portas. Dies im Gegensatz zum »schönen, ruhigen Sein« der Renaissance bzw. ihrer Kreise, Kugeln und Quadrate.

Die Tertiärqualitäten sind das, was einen Stil konstituiert. Die Gesamtheit der Tertiärqualitäten kennzeichnet den Stil, der sich an allen Gegenständen einer Epoche auffinden läßt. So liegen gespannte Muskeln, präzise Bewegungen, feiner und schmaler Nasenrücken, Figuren, die den Boden nur tippend berühren, der lange, spitze Schuh, der in langem Schnabel ausläuft, auf der einen Linie des Gotischen. Der Stil selbst ist also eine Supergestalt. Es kommt nur darauf an, wie gut sie gegliedert ist. Eine derartige Stilgeschichte ist sehr brauchbar, solange sie die Empfindung der Qualitäten historisch nachweist; was Wölfflin tut, wenn er Ausdrucksweisen der Cinquecento-Ästhetik zitiert wie: capriccioso, bizzarro, stravagante; maniera grande/gentile (Vasari); spugnoso (das Schwammige des Travertinsteins gegenüber dem Marmor bezeichnend); terribile; oder Annibale

Carraccis kritische Bemerkung über eine späte Figur Raffaels: »una cosa di legno, tanto dura e tagliente«.

Die Bedeutungsanalyse eines Kunstwerks durchläuft nach Panofsky vier Sinnschichten, in denen reine Formen als Gegenstände identifiziert, Ausdruckswerte erfühlt[49], Allegorien (= »images« von »invenzioni«) entschlüsselt und schließlich die eigentlichen Gehalte (das »intrinsic meaning«) interpretiert werden[50]. Ähnlich unterscheidet Sedlmayr in seinem Buch »Kunst und Wahrheit«[51] (im Kapitel »Kunstgeschichte als *Kunst*geschichte«) »zwei isolierbare Bestandteile einer idealen Kunstwissenschaft«: Der erste untersucht formale Themen und die »äußere« Ikonographie, kurz den »äußeren Stil« der Kunstwerke, ohne sie wirklich zu verstehen. Die zweite Kunstwissenschaft sucht die vom objektiven Kulturzusammenhang (– dem sekundären Forschungsgegenstand –) geprägte »künstlerische Einstellung« zu rekonstruieren, um so zu einem vollständigen Verständnis des Kunstwerks vorzustoßen. Auf diese »sehende« Weise sei es Pinder gelungen, die fehlenden Teile des Nördlinger Altars zu ergänzen. »Eine solche ›Einstellung‹ ist weder ein bloßes ›Sehen‹ noch ein vom Physischen abgeschnittener geistiger Vorgang, sondern sie ergreift, wie Experimente Heinz Werners gezeigt haben, alle Schichten des – psychophysischen und geistigen – Gesamtsubjekts«[52]. Die Unzufriedenheit mit der dürren, nur materialhäufenden »ersten Kunstwissenschaft« artikuliert Max Wertheimer 1925: »Man kommt von irgendeinem starken Lebendigen ... schlägt etwa nach, was die Wissenschaft für diese Dinge sich erarbeitet hat, liest und liest ... und hat nachher das klare Gefühl: man hat vieles in der Hand und doch eigentlich nichts.«[53] Und in einer Paraphrase Kurt Koffkas[54] negiert Sedlmayr den Unterschied zwischen Anschauen und Begreifen, beschreibt den Fortschritt in der Erforschung des einzelnen Kunstgebildes damit, »daß Züge, Eigenschaften des Gebildes verständlich werden, die man früher bloß hinnehmen mußte, daß man zu solchen Begriffen ... kommt, die von möglichst wenig Zentralem möglichst vieles bestimmbar machen.« Indem ich das Gebilde begrifflich durchgestalte, wird »das Phänomen besser«.

Gombrich stimmt solcher Methodik zu, wenn er zur physiognomischen Intuition, die man ja auch Kunstwerken gegenüber haben kann, anmerkt: »Ohne ihre anfängliche Reaktion könnten wir nie zu einer Hypothese gelangen, die wir anschließend abändern und den Tatsachen des Lebens oder der Geschichte anpassen könnten. Aber wir zerstören den Wert dieses Instruments, wenn wir jenes anfängliche Tasten, unseren ersten Schritt in dem Bemühen, Sinn zu erzeugen, überschätzen.«[55]

Dieses Sinngeben ist das, worauf es ankommt, es ist Bestandteil der auf das Prinzip der Verifikation bzw. Falsifikation gebauten Wissenschaftslehre des von Gombrich geschätzten K. R. Popper – der auch Argumentationshilfe leistet gegen Sedlmayrs mythologisierende Auffassung, »daß es echte historische Geschehensganzheiten und sinnvolle Eigenbewegungen des Geistes gibt«[56]. Unabhängig von der fruchtlosen Realismus/Nominalismus-Debatte, die man hier führen könnte, gilt doch immerhin: Abstrakte Ganzheiten, sofern nicht so flexibel wie die »Anfangsreaktion«, schneiden immer ab, verwässern die Kausalitäten, verweisen auf ein Vakuum, und hier liege nun, sagt Popper, die Aufgabe der Soziologie, »an ihre Stelle etwas Sinnvolleres zu setzen, etwa die Analyse von Problemen, die innerhalb einer Überlieferung entstehen«[57].

Da, so Gombrich, die Stile »Überlieferungen« seien, Ergebnis vieler Entscheidungsprozesse für oder gegen eine Anzahl von Alternativen, sei es die Aufgabe des Historikers, Wahlsituationen zu rekonstruieren – anstatt einen bloß tautologischen Katalog von Symptomen und in ihrer Notwendigkeit nicht begründeten Entwicklungen aufzustellen –, da nur so ein Ausdruck wirklich gedeutet werden könne. (Der Tod des Kapitäns auf der Kommandobrücke ist ein Beweis für seinen Heldenmut, der des in der Kabine gefangenen Passagiers aber nicht.) »Die Geschichte des Geschmacks und der Mode ist die Geschichte von Entscheidungen für oder gegen gewisse Alternativen«[58]. Der Grad technischer Perfektion in der Kunst einer Zeit erklärt sich z. B. viel plausibler aus einer logischen Folge vieler Einzelentscheidungen als durch einen statischen Zeitgeist, der wahlverwandte Ereignisse begrifflich synthetisiert, wobei man immer leicht in den hermeneutischen Strudel gerät. Die beiden Wissenschaftskonzeptionen zielen auf Verschiedenes: der Symptom-Katalog auf umfassende Wissenspräsenz, die Prozeßrekonstruktion der »zweiten Natur« auf Erkenntnis der »realen« Wirkungszusammenhänge.

Und nun kommen die »historischen Geschehensganzheiten« durch die Hintertür wieder herein: als historiographische Institutionen, für oder gegen die man sich entscheiden konnte. Jeder Historiker entscheidet in seiner Zeit, was er institutionalisieren kann oder will und was nicht, je nachdem, was er ist: ein (mit Nietzsche zu reden) monumentalischer, antiquarischer oder kritischer.

VII.

Jean-Paul Sartre zitiert in »L'Imaginaire«[59] den Psychologen Flach, der experimentell fand, daß jede Verstehensanstrengung von einem »symbolischen Schema«, d. h. von mehr oder minder lebhaften Vorstellungen im Bewußtsein der Versuchspersonen begleitet wird; sie können nicht durch den Willen erzeugt werden. Gewollte Vergegenwärtigungen hingegen produzieren anschauungsmäßige »Denkillustrierungen«. Während das symbolische Schema eine für das Verstehen konstitutive Struktur repräsentiert, die für Nichteingeweihte ziemlich bedeutungsleer erscheint, machen die »Denkillustrierungen« eine »Objektillustrierung« sinnlich faßbar, deren Beziehungen zum Denken zufällig, äußerlich und rein assoziativ sind. Betrachten wir die Beispiele zweier symbolischer Schemata, man könnte sie auch unbewußte Erinnerungsformen in Gestalt kinästhetischer Analoga nennen; sie werden auffälligerweise immer als räumliche Gegebenheiten, als Gestalten erlebt.

Zum Stichwort »Baudelaire« führt eine Versuchsperson aus: »Ich sah sofort im freien Raum auf ganz dunklem Hintergrund einen grün-blauen Farbfleck ausgesprochen in der Farbe des Vitriols, wie mit einem einzigen breiten Pinselstrich hingeworfen. Der Streifen ist länger als breit. Gleichzeitig ein Wissen, daß diese Farbe das Morbide ausdrücken soll, die spezifische Dekadenz, die Baudelaire charakterisiert. Ich versuche, ob ich dieses Bild zum Beispiel auch auf Wilde anwenden würde oder auf Huysmans. Unmöglich. Solche Widerstände, als ob mir etwas Unlogisches zugemutet werden würde. Dieses Bild steht nur für Baudelaire und wird mir von nun ab immer für ihn repräsentativ sein.«

Man beantworte sich selbst die Frage, mit welcher Wahrscheinlichkeit man beim Anschauen eines Vitriolflecks »Baudelaire« assoziieren würde, oder was wohl herauskam, als Lichtenberg einmal »den Mittwoch auf den Tisch malte«. Die Zuordnung zwischen Wort und Bild ist so locker wie auf einigen Bildern René Magrittes dargelegt, eine individuelle Mythologie sozusagen. Jede Zuordnung könnte natürlich in eine allgemeine Ikonographie aufgenommen werden und so als »sekundäres Sujet« (Panofsky) analysiert werden.

Eine andere Versuchsperson führt zum Begriff »Proletarier« aus: »Ich hatte ein merkwürdiges Bild, eine ebene schwarze Fläche und unter dieser ein so dunkles wogendes Schwälen, ein unbestimmtes Wogen, wie von einer dunklen, dicken schwerflüssigen Masse«. Versuchsleiter: »Was sollte diese Masse bedeuten?« Versuchsperson: »Die Ausgebreitetheit über die Welt und so etwas wie eine latente Dynamik.«

Was wir aus solchen Versuchen folgern, ist, daß es neben dem reinen Verstehen (durch einfache Worte, in den Worten) ein Vorstellungsverstehen (vermittels des Bildens von Gestalten) gibt; daß Verstehen überhaupt keine reine Reproduktion einer Bedeutung ist, sondern ein Akt, in dem das Subjekt auf der Basis vorhandenen Wissens seine Intention darauf richtet, sich ein bestimmtes Objekt gegenwärtig zu machen. Sartre führt zum Beispiel »Proletarier« weitergehend aus: »Zweifellos gibt es in dem Schema einen Repräsentanten: das affektiv-motorische Analogon, durch das hindurch wir die Form und seine Farbe erfassen. Aber das Schema selbst ist kein Analogon mehr: es ist selbst ein Objekt, das einen Sinn hat. Diese ›ebene schwarze Fläche‹ mit diesem ›dunkel wogenden Schwälen‹ ist weder ein Zeichen noch ein Symbol für das Proletariat. Sie *ist* das Proletariat selbst . . . das Schema ist das Objekt unseres Denkens, das sich selbst unserem Bewußtsein gibt . . .«

VIII.

Abschließend einige Bemerkungen zur politischen Brisanz der Gestalttheorie:

In der Festschrift zum 60. Geburtstag von Felix Krüger, dem Hauptvertreter der Leipziger Schule der Ganzheitspsychologie (– er wurde von den Nationalsozialisten 1938 vorzeitig emeritiert –), bringt H. Volkelt politische Wertungen in den ursprünglich ganz abstrakten Krügerschen Begriff von der »dynamischen Qualität«, der »zielfreien Gerichtetheit« gestalthafter Ganzheiten, indem er nur durch leichte Verschiebung des Sprachgebrauchs vom »Wertdrängen«, dem man hochvertrauen könne, spricht. Gleichzeitig faßt er als Totum der Gestalt die Volksgemeinschaft auf und schreibt zum Gestaltungsdrang (indem er den Terminus »prägnante Gestalt« metaphorisiert): »Schöpferisch, zumal kulturschöpferisch ist er besonders dort, wo er als Drang der Seele zur prägnanten Gestalt auftritt. Das größte Beispiel der Gegenwart ist der Wille Adolf Hitlers zur Ausgeprägtheit der Gestalt, der leiblichen, wie der seelisch-geistigen des deutschen Volkes.« Der Soziologe Hans Freyer hofft »auf die geheimnisvollste dieser Kräfte: das Führertum. Nur durch das Dasein des Führers wird auf die Dauer dieses breite, vielgliedrige Wesen zur Willensganzheit zusammengefaßt.«[60]

Hier haben wir wieder jene merkwürdig simple Übertragung einer rein wissenschaftlichen Theorie auf einen ihr fremden Funktionszusammenhang. Der Theorie mißbraucht man ihre Form, paßt ihr seine Ideologie an. Es ist die Dummheit institutionswütiger Realisten, die Abstraktionen nicht durchhalten können. Ist Gombrichs politischer Einwand gegen Sedlmayrs Geschichtsauffassung angesichts der menschlichen Anlehnungsbedürftigkeit also berechtigt?: »Indem sie uns angewöhnt, in Kollektiven zu denken und von Menschheit, Rassen, Zeitaltern usw. zu sprechen, schwächt sie unsere innere Widerstandskraft gegen totalitäre Denkweisen.«[61]

Herbert Marcuse hat zu Recht eine notwendige Äquivalenz zwischen politischem Totalitarismus und Ganzheitspsychologie bestritten: »Die theoretische Verklärung solcher Totalität gibt der Universalismus. Hier stehen nicht die echten Ansätze zu neuen philosophischen und wissenschaftlichen Erkenntnissen zur Diskussion, die im Universalismus vorliegen (etwa in der Gestalttheorie) . . .«[62]

Was nichts daran ändert, daß Wissenschaftler wie Ferdinand Weinhandl sich zum Nationalsozialismus bekannten. Daß das »Ganze«, statt ein Pol in der Dialektik von Synopsis und Diairesis zu sein, zum Brei der Mystiker wurde[63].

1 Poetik VIII.9, VII.8-10; vgl. a. Panofsky, Idea, Berlin ²1960, S. 8 (Perfektionsgedanke); vgl. etwa die summarische Art (– »per analogiam naturae« –), die Reynolds 1788 an Gainsborough rühmt: »One part of a Picture ought to be like the first part of a Tune; that you can guess what follows . . .« (zit. n. Werner Hofmann, Kat. Ausst. William Turner und die Landschaft seiner Zeit, Kunsthalle, Hamburg 1976, S. 36)

2 Aufschlußreich ist der Vergleich zwischen Kahnweilers Sehkategorien und den Kriterienkatalogen, die von Aristoteles, Cicero, Vitruv, Vasari, Fréart de Chambray und Roger de Piles zur Erreichung des ganzheitlichen schauspielerischen, rhetorischen, architektonischen oder bildnerischen Werks aufgestellt wurden, z. B. Vasaris Fünfheit »regola, ordine, misura, disegno, maniera« (vgl. Ernst Gombrich, Raphael's »Madonna della Sedia«, in: Norm & Form, London, New York, 2nd ed. 1971). Letztere sind nämlich theoretische Skalen – die die eine Skala mit der Maßeinheit »Ganzheit« ersetzen – an denen der Künstler hinterher kontrollieren kann, wie weit einzelne Forderungen erfüllt sind, erstere (die kubistischen Kategorien) dagegen angebliche konkrete Rasterelemente, die schon die Wahrnehmung des Künstlers beherrschen. Der kubistische Künstler würde behaupten, daß seine Bilder die Objekte wiedergeben, wie er sie wahrnimmt, dem Redner Cicero oder dem Manieristen Vasari kommt es darauf an, durch Befolgung von Regeln das dementsprechend ganzheitliche Werk zu schaffen

3 Zit. n. Friedrich Sander, Gestaltpsychologisches zur modernen Kunst, in: Gestalt und Wirklichkeit, Festgabe für Ferdinand Weinhandl, Hrsg. R. Mühlher und J. Fischl, Berlin 1967, S. 260

4 zu der noch K. Lewin zählt. Es erschienen zuerst in Buchform: K. Koffka, Zur Analyse der Vorstellungen und ihrer Gesetze, Leipzig 1912; W. Köhler, Die physischen Gestalten in Ruhe und im stationären Zustand, Braunschweig 1920; M. Wertheimer, Drei Abhandlungen zur Gestalttheorie, Erlangen 1925. Daneben gibt es die Leipziger Schule der Ganzheitspsychologie mit F. Krueger, F. Sander, H. Volkelt, W. Ehrenstein und A. Wellek.

5 die als Universaltheorie später außerdem in Physik, Biologie, Kybernetik, Soziologie etc. angewandt wurde

6 wegen seiner Schrift »Über Gestaltqualitäten«, in: Vierteljahresschrift für wiss. Philos., 1890, 14, S. 249-292

7 Cf. Caroll C. Pratt, Wolfgang Köhler, 1887-1967, in: Wolfgang Köhler, Die Aufgabe der Gestaltpsychologie, Berlin, New York 1971, S. 16: Pratt meint, die Gestaltpsychologie bedeutet »eine kritische Neuformulierung des Nativismus, insofern sie darauf besteht, daß zur Erklärung psychologischer Probleme kein Zurückgreifen auf vergangene Erfahrung erlaubt ist, bevor nicht alle anderen Möglichkeiten bis ins letzte untersucht worden sind«.

8 a.a.O.

9 Einführung in die Psychologie, C. F. Graumann Hrsg., Bd. 2 »Wahrnehmung«, J. E. Hochberg, Wiesbaden 1977, Abb. 59

10 a.a.O., Abb. 58

11 a.a.O., Abb. 61

12 a.a.O., S. 117ff.

13 F. Sander, a.a.O., S. 247; eine *merogene* Aktualgenese wäre bei jeder *diskursiven* Kenntnisnahme der Einzelformen gegeben. Die »Endgestaltetheit des Sinngebildes« wird bei beiden Varianten der Aktualgenese erlebt mit: »Abklingen des emotionalen Engagements, Versachlichung, vielleicht auch kritische Haltung gegenüber der figuralen Adäquatheit des Sinn- und Ausdrucksgehaltes« (S. 250).

14 On Physiognomic Perception (1960), in: Meditations on a Hobby Horse, London, New York, 2nd ed. 1971, S. 47

15 »Selbst Darwin war zu seiner Zeit durch die Tatsache vor ein Rätsel gestellt, daß Kleinkinder ›in einem Alter, wo sie noch lange nichts durch Erfahrung gelernt haben können‹, ein Lächeln oder eine bittere Miene direkt zu verstehen schienen ... Nach Bühler ... ›reagiert der drei oder vier Monate alte Säugling eindeutig auf ungehaltene wie auf freundliche Stimmen und Blicke; der 5 bis 7 Monate alte Säugling erwidert den jeweiligen Ausdruck und beginnt bei scheltender Stimme und Drohgebärde auch zu weinen‹, aufgrund ›direkter Sinneseinwirkung‹.« (R. Arnheim, The Gestalt Theory of Expression [1949], in: Psychology and the Visual Arts, edited by James Hogg, Harmondsworth, 1969, S. 271)

16 Die Gestalt der »Räumlichkeit« – unabhängig davon, wie sie entstand –, ist so dominierend, daß perspektivisch gezeichnete Gegenstände von einem »Kind, das aufgewachsen wäre, ohne je Bilder mit Objekten oder Objektbezeichnungen zu assoziieren«, fehlerfrei identifiziert werden könnten (Einführung in die Psychologie, a.a.O., S. 113).

17 Vgl. Wilfried Schüle, Wie nehmen wir Gesichter wahr?, in: Psychologie heute, Febr. 77, S. 44ff.; siehe das Brunswik-Reitersche Schema (1938)

18 R. Arnheim, Gestalt und Art (1943), in: Psychology and the Visual Arts, a.a.O., S. 261f.

19 nämlich der Kenntnisnahme der Stilgeschichte als des »Korrektivprinzips der Interpretation« (Panofsky)

20 Hier wäre zu untersuchen, welchen Interessen derartige Lösungen folgten, abgesehen davon, daß sie sich aus künstlerischem Material und Handeln selbst ergaben.

21 Zum Folgenden vgl. H. W. Janson, The »Image Made by Chance« in Renaissance Thought, in: De Artibus opuscula XL, Essays in Honor of Erwin Panofsky, ed. by Millard Meiss, New York 1961; s. a. Patrik Reutersward, Sinn und Nebensinn bei Dürer, Randbemerkungen zur »Melencolia I«, in: Gestalt und Wirklichkeit, a.a.O., S. 411ff.: Die Tatsache, daß sich auf einer der Polyederflächen des Melencolia-I-Blattes ein »multiinterpretables schwaches Icon« (Wichelhaus [Barbara Wichelhaus, Methoden zum Training von Assoziationsflüssigkeit, in: Zeitschrift für Kunstpädagogik 5/1974, S. 242ff.]), ein Vexierbild also – ein Totenkopf?, ein Philosophenporträt? – befindet, verbindet er mit Dürers Neigung zu offener Mehrsinnigkeit und Vielfalt der Anspielungen, z. B. auf die Vanitas-Vorstellung.

22 Mit dieser Konfrontation untermalt Max Ernst seinen Bericht über die Erfindung der Frottage (Der 10. 8. 1925, aus: Au-delà de la peinture, in: Cahiers d'Art, XI Nr. 6/7, 1936); ihre Resultate versetzen ihn in einen Rausch schnellwechselnder Halluzinationen, wie von Liebeserinnerungen.

23 A New Method of Assisting the Invention in Drawing Original Compositions of Landscape, 1785, eine didaktische Aufbereitung des Leonardo-Vorschlags zwecks Unterweisung aristokratischer Dilettanten.

24 Bewundernswert ist die Eindeutigkeit der Endgestalt, die solche Produkte von automatischen bzw. tachistischen der modernen Kunst abhebt, deren »Verwandtschaft mit einer nicht abgeschlossenen merogenen Aktualgenese« für Sander evident ist (Gestaltpsychologisches zur modernen Kunst, a.a.O., S. 262). Der Übergang vom ersten »blot« zum fertigen Landschaftsbild ist allerdings noch nicht hinreichend dokumentiert.

25 Vgl. Kat. Ausst. William Turner und die Landschaft seiner Zeit, a.a.O., Kat. Nr. 142 und Kat. Nr. 143, Abb. 18, 19

26 »Auf die Zeichnung, die er an einem winzig kleinen Detail begonnen hatte, ohne einen Entwurf oder eine vorbereitende Skizze gemacht zu haben, schüttete Hugo Tinte oder Kaffee und arbeitete in dieser bewegten Finsternis, die er nach seinem eigenen Wunsch ausdehnte und veränderte und sich so dem Zufall überließ.« (Henri Focillon, 1919, zit. in: R. Corneille, G. Herscher, Der Zeichner Victor Hugo, Wiesbaden 1964)

27 a.a.O., Abb. 147, Tintenfleck auf gefaltetem Papier

28 a.a.O., Abb. 148, Tintenfleck auf gefaltetem Papier und Personen

29 a.a.O., Abb. 125, Schnitt, Abb. 126, Silhouette eines Schlosses und Wolke, Abb. 127, »Souvenir d'un Burg des Vosges« (übrigens in der surrealistischen Zeitschrift »Minotaure«, 12-13, Mai 1939 abgebildet); während in Abb. 127 die Gestalt eindeutig identifizierbar ist, stellt sich in Abb. 126, auch wegen der ungewöhnlichen Figur-Grund-Beziehung, keine Gestaltwahrnehmung ein, es sei denn in Rückschluß vom fertigen Blatt (Abb. 127). Ganz überraschend, sozusagen genial, ist die Art, wie den in Abb. 126 noch unerklärlichen Flecken in Abb. 127 Sinn im Licht-Schatten-Kontinuum des perspektivischen Raumes zugewiesen wird. Dabei ist bei weitem nicht jede Einzelheit logisch integriert

30 a.a.O., Abb. 140, Tintenfleck und Spritzer (hier Abb. S. 141)

31 Vgl. N. Gramaccini, Die Theorie des Fleckens und des Raumes bei Victor Hugo, Vortrag an der Universität Hamburg, Febr. 1976, Ms. S. 2,7; poetisch H. Focillon (1919): »Und das, was man zunächst sah, das war das Wesentliche, der Fleck und das Licht, der epische Kampf zwischen dem Tag und den Dunkelheiten um jene großen Formen herum, die nur undeutlich auftauchten und unter diesem Regen aus Licht, in der steigenden Flut der Schatten zu schwimmen und sich aufzurichten schienen.« (Corneille/Herscher, a.a.O., S. 87)

32 Bei dieser Interpretation stütze ich mich auf kein ikonographisches Wissen; es ist anscheinend auch nicht nötig.

33 »Die Flüchtigkeit des Reflexes ist ein echtes Bild, lehrt der Taoismus« (André Masson, Eine Kunst des Wesentlichen, Essays, Wiesbaden 1961). Das Interesse, das Masson um 1925 an der östlichen Tuschmalerei gewinnt (– »Die Tusche hinspucken wie ein Mönch der Tschan-Sekte« –), verdankt sich dem »Schock, den ich fühlte angesichts des geistigen und künstlerischen Abstands, der einen westlichen Menschen von dieser Kunst des Wesentlichen trennt, sei er auch durch seine Neigungen aufs beste vorbereitet« (a.a.O.,

S. 7); zum Automatismus: »Alles verläuft nun so, als ob es der Bogen wäre, der sich des Schützen bedient statt umgekehrt.« (S. 9)

34 Dies verdeutlicht folgendes Zitat: »Als Masson 1932 einige Wochen Gast im Hause von Matisse in Grasse war, erklärte er seine Arbeitsweise folgendermaßen: ›Am Anfang habe ich weder eine Bildvorstellung noch einen Aufbau im Kopf, ich zeichne oder male schnell und lasse mich dabei nur von meinen Impulsen leiten. Allmählich sehe ich in den Zeichen, die ich gesetzt habe, Andeutungen von Figuren oder Gegenständen. Ich lasse sie stärker hervortreten, ich versuche, ihre Bedeutungen herauszuarbeiten, und versuche nun auch bewußt, Ordnung in die Komposition zu bringen.‹
›Das ist sonderbar‹, antwortete Matisse. ›Bei mir ist es genau umgekehrt. Ich fange immer mit etwas an – einem Stuhl, einem Tisch – wenn ich aber weiterarbeite, wird es mir immer weniger bewußt. Am Ende ist mir das Sujet, mit dem ich angefangen habe, kaum noch gegenwärtig.‹« (zit. n. William S. Rubin, Dada und Surrealismus, Stuttgart 1972, S. 176)

35 Deshalb auch das kleine Format. Andere Beispiele: »Der große Paranoiker« (1936), »Frauenkopf in Gestalt einer Schlacht« (1936); die Formarbeit des Zeichenprozesses demonstriert gut: Studie für »Außenbezirk der kritisch-paranoiden Stadt« (1935).

36 Der Eselskadaver, Juni 1930, in: Als die Surrealistn noch Recht hatten, Hrsg. G. Metken, Stuttgart 1976, S. 344

37 Man vergleiche Foucaults Darstellung der klassischen Definition der Paranoia (»auf dem Hintergrund leidenschaftlicher Erregtheit [Stolz, Eifersucht] und psychologischer Überaktivität entsteht ein systematisiertes, kohärentes Delirium ohne Halluzinationen, das in einem pseudo-logischen Zusammenhang die Themen: Größe, Verfolgung, Rechtsansprüche herauskristallisiert«) mit der der moderneren, »ganzheitlichen«, die die Störungen der Persönlichkeit berücksichtigt: »Wahnglaube . . ., wo das System der Auslegung die Beweise für die Richtigkeit antizipiert und für jede Diskussion undurchlässig ist; Indifferenz . . . gegenüber der Singularität seiner halluzinatorischen Erfahrung, die ihm als evident gilt.« (M. Foucault, Psychologie und Geisteskrankheit, Frankfurt [4]1972, S. 13, 18)

38 La conquête de l'irrationnel, Paris 1935, in: Als die Surrealisten . . ., a.a.O., S. 368f.

39 Vgl. für das Folgende: A. Gehlen, Zeit-Bilder, Frankfurt, Bonn 1960, S. 105ff.

40 Zit. n. Ernst Gombrich, On Physiognomic Perception (1960), a.a.O., S. 45

41 Klaus Herding, Überlegungen zur gesellschaftlichen Verantwortung des Kunsthistorikers, in: Kunst und Unterricht, Sonderheft 1974

42 Werner Hofmann, William Turner und die Landschaft seiner Zeit, a.a.O., S. 196

43 Salvador Dalí, L'âne pourri (1930), in: Als die Surrealisten noch recht hatten, a.a.O., S. 345f.

44 Heinrich Wölfflin, Renaissance und Barock, Basel [7]1968, S. 59

45 a.a.O., S. 61

46 a.a.O., S. 62

47 a.a.O., S. 65

48 Friedrich Sander, Gestaltpsychologie und Kunsttheorie, 1932

49 Daß es weder mit Projektion (Lipps' »Einfühlung«) getan, noch daß das Formgefühl konstant ist, wie die Gestaltpsychologen im Blick auf die Tertiärqualitäten wohl meinen

würden, berücksichtigt Panofsky, wenn er das Korrektivprinzip »Stilgeschichte« einführt.

50 Vgl. E. P., Ikonographie und Ikonologie. Eine Einführung in die Kunst der Renaissance (1937), in: E. P., Sinn und Deutung in der bildenden Kunst, Köln 1975, S. 36ff., sowie Zum Problem der Beschreibung und Inhaltsdeutung von Werken der bildenden Kunst, in: Logos 21 (1932), S. 103-119

51 Hamburg 1958

52 a.a.O., S. 44

53 Über Gestalttheorie, Erlangen 1925, zit. n. Sedlmayr, a.a.O., S. 39

54 Zur Theorie der Erlebnis-Wahrnehmung, in: Annalen der Philosophie, III (1922), zit. n. Sedlmayr, a.a.O., S. 49f.

55 On Physiognomic Perception, a.a.O., S. 50

56 Zit. n. E. Gombrich, Kunst und Illusion, Köln 1967, S. 39

57 a.a.O.

58 a.a.O.

59 Das Imaginäre (1940), Reinbek 1971

60 Zit. n. Herbert Malecki, Struktur: Mythos und Möglichkeit, in: H. M., Spielräume, Frankfurt a. M., S. 46ff.

61 Kunst und Illusion, a.a.O., S. 38

62 Herbert Marcuse, Der Kampf gegen den Liberalismus in der totalitären Staatsauffassung, in: H. M., Kultur und Gesellschaft I, S. 20

63 In der Festgabe zum 70. Geburtstag Weinhandls (a.a.O.) schreibt Karlfried Graf Dürckheim über »Die Wendung zum Initiatischen«: »Neben die Religion des Glaubens an einen transzendenten Gott tritt heute die auf Erfahrung des Göttlichen begründete, im Exercitium zu entwickelnde und in einer befreienden Verwandlung gipfelnde Religiosität des inneren Weges . . . Das Exercitium dient dem Offenbarwerden des Seins im Dasein.«

Die Bugattis

Zur Ausstellung im
Hamburger Museum für Kunst und Gewerbe

Es dauerte ein Vierteljahrhundert, bis das Automobil, dessen erste Exemplare auf Benz und Daimler zurückgehen, zum Gegenstand der Malerei avancierte, namentlich bei Balla, Carrà und Russolo. Nach weiteren runden 25 Jahren wurde der Futurismus zum Gegenstand der Kunstgeschichte. Die gleiche Zeit verstrich noch einmal, bevor die Kunstwissenschaft sich des Autos annahm (Erwin Panofsky, »The Ideological Antecedents of the Rolls-Royce Radiator«, 1963).

Der Verzögerung der Entwicklung der Kunstgeschichte zur allgemeinen Geschichte lief eine Beschleunigung der Erweiterung des Kunstbegriffs entgegen. Genau an dem Kreuzungspunkt zwischen umfassend historischem, also auch Politik-, Gesellschafts- und Technik-Geschichte umfassendem Begreifen des Phänomens »Automobil« und kennerschaftlich-sensibler Würdigung eines explosionsmotorgetriebenen Landfahrzeugs als eines Kunstwerkes muß heute eine Beschäftigung mit dem Komplex »Bugatti« lokalisiert werden. Ersteres Bestreben erhält seinen Sinn, seine Notwendigkeit aus der ratlosen Ernüchterung angesichts der Folgen der nun seit fast 100 Jahren euphorisch betriebenen Förderung des Individualverkehrs. Die zweite Tendenz liegt deshalb nahe, weil Ettore Bugatti (1881-1947), der Firmengründer, und sein Sohn Jean (1909-1939) das Unternehmen im Elsaß (das von 1910 bis 1963 existierte) überschaubar klein hielten – insgesamt wurden nur 8000 Fahrzeuge hergestellt (von denen ein knappes Fünftel erhalten ist) –, das Fließband verschmähten und ihre auf Perfektion zielenden elitären Produkte fast unbeeindruckt durch Streiks und Weltwirtschaftskrise lenkten. Daß keine andere Automarke in so starkem Maße eine im weitesten Sinne literarische Aktivität (hierin führend: Hugh G. Conway) herausforderte, spricht für sich. Zudem gingen zwei Familienmitglieder Tätigkeiten nach, deren Kunstanspruch, und sei er der einer angewandten Kunst, niemand bestreitet: Rembrandt (1884-1916), der Bruder Ettores, als Bildhauer, und Carlo (1856-1940), ihr Vater, als Entwerfer und Hersteller von Möbeln. An die Tatsache, daß die Zugehörigkeit zu ein und derselben Familie vier schöpferische Persönlichkeiten aus Gründen teils der Vererbung, teils des gesellschaftlichen Umgangs essentiell stärker verbindet als Namensfremde, muß ein Ausstellungsmacher glauben, der nicht allein auf im nachhinein bei jeder beliebigen Kombination von Künstlern sich einstellende Gemeinsamkeiten setzt. Axel von Saldern konnte dabei auf der 1979 im Royal College of Art veranstalteten Ausstellung aufbauen.

Für die Werke von Carlo, Ettore, Rembrandt und Jean können folgende strukturelle Gemeinsamkeiten benannt werden: Beweglichkeit, Theromorphie und Symbolismus.

Das Möbel liegt in der Beweglichkeit zwischen Haus und Kleid. Das Auto ist ein mobileres Möbel, innen komfortabel durch pflanzliche und tierische Produkte – hölzerne Armaturenbretter und Fensterrahmen, Lederpolster –, nach außen wetterfest wie ein Haus und sein metallenes Kleid durch tierisches oder aerodynamisches Styling zur symbolischen Form erhebend. Solange der Fahrgastraum noch nicht geschlossen war (bei Tourenwagen vor allem vor 1910) hatten die Passagiere Gesichtsschutzmasken im »Taucherstil« anzulegen. Um 1910 entstand in Deutschland der »Bootsstil« (daher auch manchmal äußere Verwendung von Holz), die Karosserie bekam Ähnlichkeit mit einem Torpedo. Diese an sich bereits imperiale Geste ergänzt den sonst geläufigen Dreisprung Kutsche-Auto-Flugzeug zur Assoziation der unumschränkten Herrschaft in der Luft, zu Lande und zu Wasser. Kaum vom Reiter zum Fahrer – vom Herrenreiter zum Herrenfahrer – emanzipiert, wurde der Kapitän zum Piloten. Wie Salvador Dali es 1933 ausdrückte: die kürzeste Verbindung zwischen zwei Punkten war wieder die gekrümmte Linie. Gewiß hatte das Raum-Zeit-Bewußtsein sich infolge körperlich erfahrbarer, schneller mechanischer Bewegung bereits seit der Erfindung der Dampflokomotive verändert – mit einer Verzögerung ähnlich der oben genannten legt Turner in Nietzsches Geburtsjahr in »Rain, Steam, and Speed – the Great Western Railway« davon Zeugnis ab –, und das wirkliche Erlebnis des Fliegens erschien im ersten Drittel des 20. Jahrhunderts den meisten Menschen ein noch fernerer Traum als das Steuern eines eigenen Wagens. Mit dem Auto aber konnte, für einige hunderttausend zahlungskräftige Kunden, die Bewegung individualisiert und die Luftfahrt symbolisiert werden.

Der Übergang von kastenartigem Karosserieaufbau in den zwanziger Jahren zu stromlinienförmigen Modellen in den dreißigern (den im Fall Bugatti Jean bewirkt, zu einer Zeit, da Ettore und er auch Triebwagen, Renn- und Schnellboote und ein Flugzeug entwarfen und zum Teil realisierten) folgt keineswegs einem technischen Automatismus im Sinne eines verkürzten *form follows function*, sondern bezeichnet eine direkt aus der skulpturalen Form und ihren Gestalt- und Anmutungsqualitäten folgende Funktion: dem Besitzer mit einem Vehikel zuverlässiger und ungekannt unabhängiger Fortbewegung zugleich ein freiheitliches, fortschrittliches Lebensgefühl zu verschaffen, sein Selbstbewußtsein zu vervielfachen und ihn zu erfolgreicher Selbstdarstellung im Genuß all dessen zu befähigen. Ein außergewöhnliches Maß schöpferischer Energie ging insbesondere bei den teuren Automobilen der Marken Rolls-Royce, Sunbeam, Duesenberg, Packard, Alfa Romeo, Isotta Fraschini, Minerva, Daimler-Benz, Maybach, Hispano-Suiza, Delahaye, Bugatti . . . in die werbepsychologisch ausgefeilte Besetzung emotionaler Räume, das Ansprechen von Reaktions-

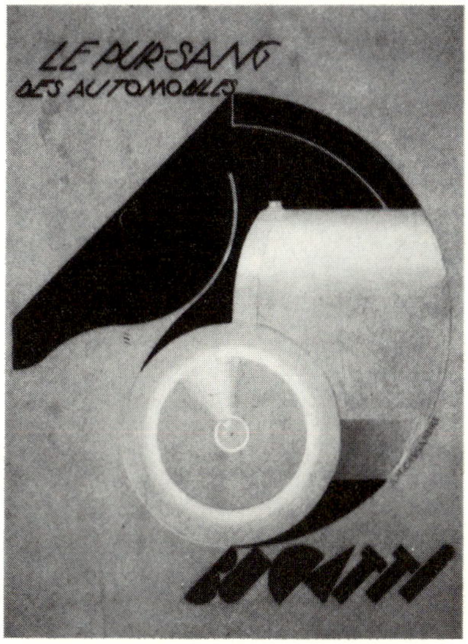

A. M. Cassandre, Plakatentwurf für Bugatti

potentialen ein. Die Aktivierung des Analogisierungsvermögens arbeitete mit der Geschmeidigkeit sprungbereiter Wildkatzen, mit langen Motorhauben – mühsam zu bändigenden Kraftwerken geistiger, sexueller und finanzieller Potenz –, mit der Anthropomorphie der Kotflügel zu Radlippen, dem Gedanken an unterschiedlich weit berockte Frauenbeine, »Schlafaugen« und – allgemeiner – einer großbürgerlichen bis parafaschistischen Wille-zur-Macht-Ideologie, eines Gabriele d'Annunzio zum Beispiel.

Ettore Bugatti war sich der animalischen Rudimente im Motorfahrzeug besonders bewußt. Als Pferdeliebhaber führte *le patron* seine Fabrik wie ein Gestüt. Für die Werbung prägte er den Slogan vom Vollblüter der Straße, *pur-sang des automobiles*. Er züchtete eher als daß er konstruierte. Man goß Öl ein wie man Zuckerstücke hinstreckte. – Als Kühlerfigur für das Bugatti-Spitzenmodell, den Typ 41 Royale (fast 6 Meter lang, 13-Liter-Maschine, 6 gebaute Exemplare, 1929-1933), wurde ein von Rembrandt modellierter tänzelnder Elefant gewählt – ein Oxymoron nach Ettores Devise »le poid c'est l'ennemi«.

Lag im Triebhaften des Autos der Grund dafür, daß es zum Emanzipationsgefährt taugen konnte? Dadaisten und Surrealisten gaben hier ihre Antwort. Von Saldern widmet einige Passagen seines Katalogaufsatzes dem neuen Bild der sportlichen, eleganten Frau. Er bekennt: »Neben einer Rennfahrerin wie Beatrix Gilka-Bötzow zu sitzen und die Kurventechnik

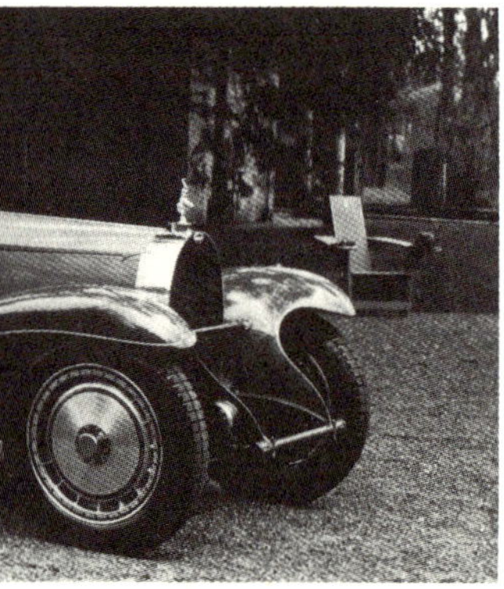

Jean Bugatti, Royale, Roadster für Armand Esders, 1932

ihres Bugatti in einem Cabriolet demonstriert zu bekommen, gehört zu den erhebenden Erinnerungen des Verfassers.« Auch bildet er eine Reifenreklame (kurz nach 1900) ab, die zeigt, wie ein sich abhetzender vollbärtiger Kentaur von zwei mühelos in ihrem Phaeton einherfahrenden Damen, deren eine lenkt, während die andere ihm eine Nase dreht, abgehängt wird. (Es vollzieht sich die Ablösung des klassischen Mythos: Aus der Schmiede des Vulkan wurden die Dampfhämmer der Fabriken. Marinetti begrüßt [1908] seinen automobilen »Pegasus, den stürmenden Gott einer Rasse aus Stahl«.) Toulouse-Lautrecs berühmter Tapié de Celeyran von 1898 ist ein Ungeheuer neben Dame mit Hündchen, und auf Boccionis *Automobile in corso*, 1901, der Ausnahme der obigen Vierteljahrhundertregel, stürmt eine Doggenmeute hinter dem Rennwagen her (wie einst hinter Aktaion), im Hintergrund stehen zwei Pferde.

Rembrandt Bugatti zählt zu den französischen *animaliers*. Von dem Rodin-Schüler Prinz Paul Troubetzkoy früh abgeleitet, schuf er dann hauptsächlich zwischen 1907 und 1912 Bronzestatuetten impressionistischer, später kubistischer Manier nach Leoparden, Flamingos, Antilopen, Pavianen, Giraffen, Rhinozerossen . . ., die er – direkt vor den Käfigen arbeitend – im Zoo von Antwerpen, damals dem größten Umschlagplatz für exotische Tiere, ausgiebig studieren konnte. Das Reisen in fremde Länder ist in seinen von hoher Mitleidensfähigkeit zeugenden Arbeiten symbolisch aufgehoben. Eine Reise ins All, die Verwandlung des Piloten in einen Astronauten, antizipierend, zeigt eine Zeichnung Rembrandts eine Rakete einen geisterhaften Kopf in den Himmel katapultieren. – Er starb jung wie ein Futurist, doch auf entgegengesetzte Art: von eigener Hand, durch Krieg und persönliches Unglück entkräftet.

Daß Symbolismus und Exotismus im Fin de siècle noch näher beieinander liegen, beweist das Werk Carlo Bugattis. Selbst die Kritik seiner Zeit empfand die nach funktionalistischen Maßstäben praktisch unbenutzbaren Möbel des gebürtigen Mailänders als originell-ästhetische Exzentrik voller malerischer Effekte. Zur Hochzeit seiner Schwester mit seinem Freund Giovanni Segantini, der dem »jungen Leonardo« und Dandy an der Brera begegnet war, hatte Bugatti dem Paar eine Schlafzimmereinrichtung gebaut (1880). Diese bis zu den ersten Ausstellungsbeteiligungen im Jahre 1888 einzige überlieferte Arbeit enthält, indem sie den modischen Hang zum Orientalismus individuell ausformt, im Kern bereits Merkmale der späteren Möbel (die im Grunde Miniaturarchitekturen sind). Carlo bewegte sich in einem geistigen Klima, das durch Namen wie Puccini, Leoncavallo, Tolstoi mitbestimmt wurde. Seine Schränke, Etageren, Tische, Ständer und Stühle wimmeln von Säulchen, maurischen Bögen, Rundscheiben, Zinnintarsien, Kupferbeschlägen, Troddeln, Quasten, weißseidenen Roßschweifen. Als erster Möbelbauer verwandte Bugatti Pergament. Wie zuweilen auch Kamel-, Ziegen- und Antilopenhaut verhüllt oder bildet es Flächen, die mit ebonisierten Hölzern kontrastieren. Getuschte oder eingelegte arabische Schriftzeichen, fernöstliche Gräser, stilisierte Insekten und Mohnblüten vervollständigen die subtilen synästhetischen Reize. 1893 scheint der türkische Salon des New Yorker Waldorf Hotels von Schöpfungen Bugattis profitiert zu haben. Für weitere internationale Verbreitung sorgte unter anderem eine Berliner Handelsgesellschaft (wie H. Jedding eruierte). Seinen künstlerischen Höhepunkt erreichte Carlo zweifellos mit vier 1902 auf der »Ersten internationalen Kunstgewerbe-Ausstellung« in Turin präsentierten Räumen, Gesamtkunstwerken, die die Agglomeration orientalisierender Zierelemente zugunsten kraftvoller (doch nicht minder symbolschwangerer) Organizität hinter sich gelassen haben. Auf einen Kritiker machte das Schrank-Sofa-Gebilde des auf Steiner und Art-déco vorausweisenden »Schnecken«-Raums den Eindruck eines technisch-raffinierten, plump-häßlichen Autoungetüms – zu eben der Zeit, als Ettore Bugatti sein erstes Automobil konstruiert hatte. Nach dem Verkauf seiner Mailänder Werkstatt und dem Umzug nach Paris (1904) schuf Carlo Bugatti Silber- und Bronzegefäße, die der Galerist seines zweiten Sohnes Rembrandt gießen ließ. Der Gips-Bozetto einer Teekanne (um 1907) gründet ihr Volumen auf Fledermäusen, umkränzt es mit Libellen, bildet den Henkel aus Schilf, die Tülle ist ein Schlangenkopf und der Deckel ein »spinnenartiger Zoophyt«. –

Die museale Darbietung von Kleinplastik, Möbeln und Autos und ihr Pendant, die sinnliche Rezeption durch den Besucher, erfordern unterschiedlich komplexe Anstrengungen. Die von Ruth Malhotra bearbeitete Sektion der Autoplakate bot in dieser Hinsicht geringere Schwierigkeiten. Während das Ensemble der Bronzen, während Nockenwellengehäuse, Ventilatorenflügel, GP Rohling (als sei er von Brancusi), Bremstrommel oder Lenkrad vom haptischen Sinn nur virtuell erfahren werden können, bedingen die Möbelstücke die Vergegenwärtigung einer im Museum nicht nachgestellten Raumsituation. (Carlos Schneckenraum wurde in einem Großphoto gezeigt.) Bei den 20 in Zelten in den Museumsinnenhöfen aufgestellten Bugatti-Limousinen, -Sport- und Rennwagen wog das Berührungsverbot schwerer als bei Bronzen. Die Versagung des Erlebnisses, an einem von Carlos Schreibtischen zu sitzen, ist eher zu kompensieren als der Verzicht, einen T 57 »Ventoux« zu besteigen, geschweige denn, von Fliehkräften sich in sein Leder pressen zu lassen, die Ausdünstungen des stählernen Rosses zu riechen, Beschaffenheit von Fahrwerk und Straße, Staub und Wasserwirbel, den Winddruck zu spüren. Die Hamburger Ausstellung vermochte mit Hilfe von Multivision und Videoprogrammen die Phantasie zu beflügeln. Ein blauer Schallraum reproduzierte das zornige Geräusch eines startenden Bugatti. Ein Simulationsraum weckte weitergehende Erwartungen, erwies sich jedoch als Versammlung einfacher Spielautomaten.

Carl Einstein

Carl Einstein (1885-1940) ist dem Kunstinteressierten gewiß als Verfasser des 1926 erschienenen 16. Bandes der Propyläen-Kunstgeschichte (»Die Kunst des 20. Jahrhunderts«), vielleicht als der einer Georges-Braque-Monographie (1934) bekannt. Der erste Band der gesammelten Einsteinschen Schriften, den Rolf-Peter Baacke im Medusa-Verlag herausgegeben hat, enthält mit den jugendtrunkenen bis scharfzüngigen Erzählungen, Besprechungen, Reflexionen, Glossen, Abhandlungen und Gedichten des 21- bis 33-jährigen ein umfassendes ungeahntes Studien- und Entzückungsmaterial.

Bevor man sich die Frage stellt, ob Einstein denn Kunstwissenschaftler, -theoretiker, Kritiker, Philosoph oder Dichter gewesen sei, fällt das Auge auf seine Sprache, deren konzise Gewalt beeindruckt. Mit an Gottfried Benn erinnernden Wort(neu)bildungen und anderem werden polemische Effekte erzielt: »Das Format bläht bombastisch, ein verschluderter Pinsel beschnalzt sinnlos die teure Leinwand«, urteilt der Rezensent der Berliner Sezessionisten-Ausstellung 1913. Verstärkt im geistesblitzenden prädadaistischen »Bebuquin oder die Dilettanten des Wunders« (geschrieben 1906/09) entstehen poetische Effekte durch *brevitas* und Bildüberlappung: »Röcke, die, Wogen von Rudern bewegt, über ihren straffen Beinen schäumten.« Wenngleich das Licht – das tropfen, klumpen, bohren, fingern und so weiter kann – Einstein die Hauptmetapher liefert, greift er ebenso versiert zu den übrigen vier Sinnen: »Licht, das den Mond durchweißt ... Geist des Donners. Gleißendes Auge des Sturms ... Kräuter fruchten« (aus dem Gedicht »Neger-Gebet«, 1916 in *Die Aktion*).

Die komisch-ironische Überblendung ideal-philosophischer und vulgärer Tonlagen im »Bebuquin« kündet bereits von Einsteins grundsätzlicher Distanz zum Wissenschaftsbetrieb: »Darauf kommt es mir an, mich als wahr und aufrichtig zu empfinden. Ich wünsche keine Erkenntnisse zu besitzen; ich bin nie Wissenschaftler gewesen« (1918). Dieselbe *Haltung* beweist er angesichts einer »augenleidenden« Kunstkritik – er sähe sie lieber im Inseratenteil. Was hat Einstein seinerseits anzubieten, um es besser zu machen? Erstens ein Begreifen von Kunst als einer »langdauernden, zähen Bemühung um menschlich Wichtiges«; zweitens die Überzeugung, daß Theorien und Dogmatiken – mit denen schlechte Kritiker sich leider »auf die Bilder setzen« – höchstens Wirkungen von Kunstwerken, nicht aber ihre Ursachen sein können; die vernichtende oder (wie im Falle Picassos oder Schmid-Reuttes) ins Heldische hebende Beurteilung von Künstlern nach dem Maß ihrer Disziplin, ethischen Anstrengung und ihres Vermögens, ein »verbindliches, umfassendes Sehen« (1913) zu organisieren; und drittens allgemeinphilosophisch einen Nominalismus und Skeptizismus: »Wozu sind alle diese Worte, Gerechtigkeit, Ordnung, Ganzheit, wenn ich sie nicht erreichen kann!« (»Der unentwegte Platoniker«, 1918).

Die Tätigkeit, die in solcher existentiellen Erfahrung der Sündhaftigkeit ihn retten könnte, wäre die poetische. Aber ist Einstein Bebuquin, den er sagen läßt: »Er sah ein, daß es verfehlt sei, sich Dichter zu nennen«? Und der Jüngling der frühen »Verwandlungen« (1908), den jede Veränderung überreizt, der zu mehr als Aphorismen bloß noch vor dem Unveränderlichen kommt, wie »den Kunstwerken und dem Zerstörten«? Dieser nie ganz ungebrochene Geist ist nicht fixierbar, es sei denn in seiner Leidenschaft für die jeweilige Sache.

Die aufsehenerregende Abhandlung »Negerplastik« (1915) entspricht keinem soziologischen, historischen, theoretischen oder poetischen System. Sie lebt aus dem Kampfeinsatz für die Picasso, Braque, Gris, die Einstein 1907/08, zur Geburtszeit des Kubismus, in Paris kennengelernt hat. Die gegenwärtige Kunst schärft ihm den Blick fürs »plastische Sehen« der afrikanischen. Und jener Blick ist ein rigoros formanalytischer, gestaltpsychologischer (worüber grundlegend »Totalität«, 1914, handelt); er mißachtet gerade nicht den geistigen Zusammenhang: die afrikanische Religion.

Nicht umsonst hatte Einstein von 1904 bis 1908 in Berlin bei Simmel, Mach, Riegl, Wölfflin und Wilamowitz studiert. Er überflügelte Wissenschaft mit Kritik, Kritik mit Poesie, Poesie mit Leben und Tod.

Carl Einstein, *Werke,* Bd. 1 (1908-1918), Hrsg. R.-P. Baacke und J. Kwasny (Mitarbeit), Berlin 1980

Mythen- und Dogmenbildung in Kunst und Kunstgeschichtsschreibung

Ein Dialog mit Rainer Walther

Ich würde gerne die Themenstellung problematisieren . . . Welches Verständnis von Kunstgeschichte dürfte derjenige voraussetzen, der »Mythen- und Dogmenbildung in der Kunstgeschichtsschreibung« zum Thema macht?

Er muß ein Positivist sein, der historischen Märchen, seien sie auch noch so schön, keinen Reiz abzugewinnen vermag. Ihm geht es nur um die historische Wahrheit, der er durch die umfassendste Berücksichtigung und Verwertung aller Quellen näherzukommen glaubt. Er listet die alten Mythen auf, um seine neue Wahrheit – nur eine zeitgemäßere – dagegensetzen zu können.

»Positivist« kann ja denn wohl kein Schimpfwort sein. Historische Wahrheiten statt Märchen, die Ausschöpfung *aller*, nicht bloß bestimmter Quellen. Wer wollte schon *gegen* die Wahrheit und ihre umfassende Sicherung sein? Vor allem – mit welchen Gründen?

In der Kunstgeschichtsschreibung geht es im übrigen wohl kaum um das Erzeugen von Reizen. Was nicht heißen soll, daß das, was du die »historische Wahrheit« nennst, etwa weniger reizvoll wäre als »historische Märchen«. Im Gegenteil: Ist nicht zu wissen, wie »es wirklich gewesen«, heutzutage beinahe das Reizendste – sogar für den, der nicht von Berufs wegen der historischen Wahrheit auf der Spur ist?

Die »Zeitgemäßheit« der Wahrheit betrifft nicht die Wahrheit selbst, sondern ist ein Produkt der historischen Umstände, unter denen man an der Wahrheit interessiert ist oder nicht. Wer also – um es zu wiederholen – würde sich begründet *gegen* die Wahrheit und ihre umfassende Sicherung aussprechen wollen?

Z. B. die Dichter, die berufsmäßigen Mythenkonstrukteure, die Praktiker und Initiatoren künstlerischer Bewegungen – wie VITRUV, DANTE, GHIBERTI, ALBERTI, VASARI, WINCKELMANN, VIOLLET-LE-DUC, APOLLINAIRE, BRETON, SARTRE – alle natürlich keine Wissenschaftler im heutigen Sinne . . . Aber wäre die Behauptung abwegig, auch der forschungsgründlichste Wissenschaftler würde – wegen der Zufälligkeiten der Überlieferung und aufgrund der Beschränktheit des eigenen Horizonts – nach Umsturz der alten Mythen auch nur wieder einen neuen erschaffen?

Ist *das* nicht die »Struktur der wissenschaftlichen Revolution«? Haben MOMMSEN und BURCKHARDT keine Mythen produziert, auch wenn heutige Geschichtswissenschaftler ihnen kaum Fehler nachweisen können?

Wir sollten vorsichtig sein, wenn wir die Theorie KUHNS auf andere als die Naturwissenschaften übertragen. »Abwegig« scheint es mir in der Tat, wenn du den Mythos an die Stelle des »Paradigma« setzt. Das Konzept des »Paradigma« erweitert und differenziert den Theoriebegriff. Mit »Paradigmenwechseln«, als die KUHN wissenschaftliche Revolutionen beschreibt, verbindet sich die Idee theoretischen Fortschritts. So ist in der Wissenschaft denn das Neue gerade nicht wieder das Alte.

Wenn ich richtig sehe, hätten wir also auf der einen Seite die Idee einer ausdrücklich der Konstruktion von Mythen sich widmenden, sozusagen *»praktischen«* Wissenschaft der Kunst. Und auf der anderen Seite die Idee einer ausgesprochen mythenfeindlichen »Wissenschaft im heutigen Sinn«, die sich idealiter zwar zu größtmöglicher Faktentreue verpflichtet, aber faktisch in ihren Erkenntnischancen, vor allem was den Zugang zu gesicherten Daten angeht, stark eingeschränkt bleibt. So sehr, daß letztendlich auch sie ins Mythisieren verfällt? –

Aber ist das überhaupt möglich? Gehören nicht zur erfolgreichen Mythenbildung eigene Techniken, Techniken, die in der Methodik reiner Wissenschaft gar nicht vorkommen?

Zur poetisch kraftvollen Mythenkonstruktion, der engagierten Darstellung lebendiger Wirklichkeit vermittels schriftstellerischer Techniken, gehört die eigene praktische Erfahrung in dem Gebiet, über das die Mythen handeln. Die aber fehlt dem hypothesenaufstellenden Kunstwissenschaftler im allgemeinen. Da er aber gezwungen ist, bis daß er eines Besseren belehrt werde – und er läßt sich gerne belehren! –, der eigenen Erfahrung doch zu trauen, hat er keinen Anlaß, den Mythenkonstrukteur zu verachten. Er sollte eher dessen Grundlagentheorie und die der Theorie vorgängige Praxis mit seinen eigenen vergleichen, um die Relativität der jeweiligen Urteile einzusehen. So werden Mythen zum Objekt der Geschichtswissenschaft, bleiben nicht ihre Feinde, und der Kunsthistoriker muß seine Methodologie reflektieren.

Mir ist in dem, was du sagst, nicht recht klar: Soll der »hypothesenaufstellende Kunstwissenschaftler«, wie du ihn nennst, zum mythenkonstruierenden Poeten bzw. Künstler werden? Oder soll er grundsätzlich Wissenschaftler bleiben, einer der freilich die Bedingungen und Voraussetzungen seiner eigenen Wissenschaft besser kennt?

Du scheinst zu schwanken zwischen der Vorstellung, daß Mythenkonstruktion und Kunstwissenschaft identisch zu sein hätten, und der anderen Idee, daß Kunstwissenschaft und Kunstpraxis zwar nicht-identisch sind, doch funktional anders aufeinander bezogen werden müßten. Was du verlangst: »Grundlagentheorien und Praxen vergleichen«, »Mythen zum Objekt der Geschichtswissenschaft machen«, »Methodologie reflektieren« – all dies klingt wie die Aufforderung zu einer Kritischen Kunstwissenschaft.

In der Tat gibt es folgende wesentliche Gemeinsamkeit zwischen dem Kunstwissenschaftler und dem Künstler: beide stehen vor dem Problem der Darstellung (eines Erkannten, eines Gespürten) und dem der Wahrnehmung, der Erkenntnis eines vorgefundenen Bestandteils der Welt, vor dem der Synthese und der Analyse.

Im allgemeinen attribuiert man dem Künstler mehr die synthetische, dem Wissenschaftler mehr die analytische Kraft. Aber was nützt dem Wissenschaftler alle analytische Begabung, wenn er das Analysierte nicht darstellen kann? (Benjamin spricht diesen Komplex in der Einleitung seiner Abhandlung über das deutsche Trauerspiel im Barock an). Während der Wissenschaftler »nur« das Medium der Wortsprache zur Verfügung hat (und seine Arbeit also auch mit literarischen Maßstäben zu bewerten ist), schöpft der Künstler hier aus einem reicheren Fundus. In der Aufnahme, Aneignung, Zerkleinerung, Klassifizierung des Vorgefundenen besitzt andererseits der Wissenschaftler das umfangreichere, differenziertere Handwerkszeug.

Zum Unterschied von Kunst und Wissenschaft halte ich fest: Der Wissenschaftler ist mehr dem Bestehenden verpflichtet, er ist dienstbarer, er glaubt an ein bestimmtes So-Sein der Dinge, dem man auf die Spur kommen kann. Der Künstler dagegen verhält sich immer provokatorisch dem Bestehenden gegenüber, indem er es entweder »willkürlich« vernachlässigt oder es ungewöhnlich anders sieht. In der Schaffung neuer Dinge in der Welt ist er dem Wissenschaftler immer einen Schritt voraus. Er ist prometheisch, der Wissenschaftler epimetheisch. Der grundsätzlich epimetheische Wissenschaftler muß aber prometheisch werden, wenn er sich einem größeren Publikum zuwendet; »weltanschauliche Motive« kommen dann notwendig ins Spiel, ein Mythos – sei er auch noch so mager – schleicht sich ein, weil er einen ursprünglichen »Sinn« zwecks Vermittlung zu einer neuen »Form« machen muß (Barthes). – Der Künstler andererseits kann das »Bestehende« so weit provokatorisch außer acht lassen oder uminterpretieren, als seine Lebenskraft reicht, diese Provokation auszuhalten, d. h. glaubwürdig zu vertreten. Ist seine Lebenskraft nicht auf der Höhe, wird er epimetheisch.

Ich schwanke also nicht zwischen der Behauptung der Identität und Nichtidentität von Mythenkonstruktion und Kunstwissenschaft, wie du sagst, sondern sehe den fließenden Übergang zwischen beiden. – Die Frage ist, wie dieser kontinuierliche Übergang zu institutionalisieren ist (– auch das ein künstlerischer Akt). (Im übrigen: Ich benutze das Wort »Kunst«

nicht mit seinem auratischen Beigeschmack. Auf Erzeugung von Aura kann Kunst natürlich auch zielen.)

Aus der *einen* wesentlichen Gemeinsamkeit zwischen dem Kunstwissenschaftler und dem Künstler werden so viele, daß wenigstens von da mir die Neigung verständlich ist, zwischen Mythenbildung und Kunstwissenschaft einen »fließenden Übergang« zu sehen; denn wie sollte der Übergang vom einen zum anderen fließend sein, wenn nicht die Ähnlichkeiten einigermaßen zahlreich wären!

Um indessen angeben zu können, wie diese »Institutionalisierung« eines kontinuierlichen Übergangs zwischen der Geschichtsdarstellung des Kunstwissenschaftlers und der Mythopoese des Künstlers zu denken ist, müssen wir nicht weniger nach den Verschiedenheiten beider Praxen fragen.

Das beiden Gemeinsame siehst du als Gemeinsamkeit in den Problemen: dem Problem des Wahrnehmens, des Erkennens, des Analysierens, des Synthetisierens, des Darstellens. Aber diese Bestimmungen wirken noch zu generell. Treffen sie doch zu für jeden Versuch, aus einer Mehrzahl von bestimmbaren Weltmomenten eine plausible oder überzeugende Aussage herzustellen. Die Probleme, die du aufzählst, fallen auch bei der Anfertigung einer strategischen Studie an oder bei der Vorbereitung einer Predigt, bei der Auswertung einer ärztlichen Anamnese genauso wie bei der Formulierung einer Anklageschrift oder beim Verfassen eines Papiers für einen Bundestagsfachausschuß.

So kennen wir nur die *allgemeinen* Probleme, in denen Kunstwissenschaftler und Künstler sich mit anderen gesellschaftlichen Rollen äußerst ähnlich sind – die *besonderen* Probleme, zumal die entsprechenden Problemlöseweisen in Kunstwissenschaft und Kunst, kennen wir nicht. Denn was du weiterhin zur Differenzierung von Wissenschaft und Kunst festhalten möchtest, beschreibt ja nicht eigentlich, worin die Verschiedenheit des jeweiligen *Handelns* besteht, sondern welche innere *Haltung* den Wissenschaftler und den Künstler je verschieden fördert oder hemmt. Verpflichtung bzw. Provokation angesichts des Bestehenden, Glaube oder Dienstbarkeit gegenüber dem So-Sein der Dinge bzw. der Wille, diese Dinge entweder nicht oder »ungewöhnlich anders« zu sehen.

Abgesehen davon, ob solche Generalisierungen überhaupt möglich sind, mit den mythologischen Gestalten von Prometheus und Epimetheus bezeichnest du eher ethische Charaktere, Temperamente, einen je verschiedenen geistigen Habitus, also nur die psychischen *Vor*-Bedingungen künstlerischen und wissenschaftlichen Handelns. Wo aber bleibt das Spezifische der Wissenschaft als Methode, wo das Spezifische in der Methode der Kunst?

Definitorische Unterscheidungen sind immer möglich, aber: Handlungen sind von den dahinterstehenden oder von ihnen erzeugten Haltungen realiter nicht zu trennen, ebensowenig das Ethos von der Methode einer Disziplin. Zwar meint man, vornehmlich in der Kunst komme es auf Subjektivität an, weniger in der Wissenschaft, Kunst sei unmittelbarer mit ihrem Autor verwoben. Doch wenn das allgemein gültig sein sollte, bliebe unverständlich, warum im Mittelalter ein Kunstwerk anonym war, bei wissenschaftlichen Abhandlungen hingegen nach dem Hervorbringer gefragt wurde.

Sprechen wir im Sinne des Subjektivismus also lieber vom Habitus als von einer spezifischen Methode – in der Wissenschaft wie in der Kunst. Methoden ergeben sich immer erst nach vollbrachter Tat, sie sind die Krücken für Intuitionslose und die Meditationen der Ausruhenden. Um laufen zu lernen, braucht das Kind keine Methode.

Gleichermaßen abwegig ist die Vorstellung, in Kunst und Wissenschaft gehe es um »Problemlösungen«. DUCHAMPS »There is no solution, because there is no problem«, PICASSOS »Ich suche nicht, ich finde«, MAGRITTES spielerisches »problème-solution«-Verfahren, PASCALS »Ich hätte dich nicht gesucht, wenn ich dich nicht gefunden hätte« meinen dasselbe.

Für die Wissenschaft gibt es keine Rezepte, für die Kunst schon gar nicht. Deinem Verlangen nach Angabe der speziellen Problemlöseweisen in diesen Tätigkeitsfeldern kann ich nur meine Überzeugung entgegensetzen, daß Künstler und künstlerische Wissenschaftler nicht auf Zweckerfüllung und Sichnützlichmachen hin, sondern aus einem inneren Bedürfnis heraus handeln, das so stark ist, sie manche sozialen Widrigkeiten aushalten zu lassen. Was nicht heißt, daß der Künstler keine Probleme hat, im

Gegenteil – er hat die alltäglichen Probleme im Leben wie jedermann, nur vergegenständlicht er sie in einem Werk, das dem Publikum gezeigt wird. Er ist bei seinem Tun kein Spezialproblemlöser, sondern allgemein geistesgegenwärtig.

Nun komme ich deinem Differenzierungsbedürfnis entgegen: Sehen wir die Sache unter dem Blickpunkt der Arbeitsteilung. Unterscheiden wir erstens zwischen dem Künstler und dem reinen Wissenschaftler. Das Gebiet des letzteren wäre mit den Worten des Historikers FUSTEL DE COULANGES zu charakterisieren: »Geschichte ist nicht Kunst, sondern reine Wissenschaft. Sie besteht nicht in unterhaltendem Erzählen oder tiefsinnigem Diskutieren, sondern wie jede Wissenschaft darin, Tatsachen festzustellen, sie zu untersuchen, zu vergleichen und ihren Zusammenhang zu zeigen.«

Schalten wir zweitens zwischen Künstler und Kunstwissenschaftler die Kunsttheoretiker, -kritiker und -schriftsteller und Ästhetiker ein. In diese Kategorie fallen die Namen, die ich oben nannte: VITRUV, PETRARCA, WINCKELMANN, ZOLA, BRETON, MALRAUX . . .

Im übrigen gebe ich zu, daß mein Bild vom Künstler historisch gesehen nur für einige Epochen mehr als allgemeine Gültigkeit hat. Für die Impressionisten etwa war die Kunst die »Natur, betrachtet von einem kraftvollen Temperament«. Über Jahrzehnte hin mußten sie sich gegen Spott und Mißverständnis der Kritiker durchsetzen. Auch die Renaissance-Auffassung vom vulkanischen Genie gehört hierher. Ein mittelalterlicher »artifex« hingegen sähe sich sehr wohl vor exakt umschriebene Probleme gestellt, und die Tradition seines Handwerks böte ihm auch eine Menge von Problemlöseweisen an.

Ordnen wir schließlich unseren drei Typen – dem Künstler, dem Kunstschriftsteller, dem reinen Kunstwissenschaftler – die entsprechenden Arten der Mythen- und Dogmenbildung zu: Da gibt es einmal die Mythen durch Falschdatierung und Fehlattribution, eng verwandt mit den Mythen durch unkorrekte Identifizierung des Primärsujets oder Übersetzung eines Quellentextes.

Gegen solche Mythenbildungen treten Männer wie Alexander PERRIG an. Er weist z. B. nach, daß die Legende, MICHELANGELO habe die Söhne seiner Diener porträtiert, aus der Verwechslung des adjektivischen mit dem substantivischen Charakter eines Wortes im Quellentext entstand.

Er weist z. B. über eine Feinanalyse des Strichbilds der »Bogenschützen«-Zeichnung in Windsor nach, daß man den rückseitigen Vermerk »D. Giulio Clovio copia di Michiel Angelo« nicht erst künstlich zu einer irrtümlichen oder bewußt irreführenden Aufschrift zu deklarieren braucht. Gerade das einfache Detail am Anfang weigerten sich die Mythenprofiteure mit genauem Blick und gesundem Menschenverstand zu beurteilen, weil sie ahnten, daß auf dieses erste Urteil »ein ganzer Rattenschwanz« folgen würde, der die Zerstörung des Mythos bedeuten würde. Und am Mythos hängt vieles: Ruhm, Prestige, Geld.

Dann gibt es zweitens die Mythen durch falsche ikonographische Interpretation. Sie zu widerlegen ist schwieriger, aber möglich. PANOFSKY und seine Schule haben es unternommen. Auch hier heißt es manchmal, zum Einfachen, scheinbar Selbstverständlichen zurückkehren (– wie es PANOFSKY in seiner Analyse von REMBRANDTS Danae tat). Die Frage »Welchen Geschehensmoment stellt LEONARDOS ›Abendmahl‹ dar?« muß auf dieser Ebene verhandelt werden, wobei Authentizitätsfragen vordiskutiert sein sollen.

Es folgen drittens die Mythen der »falschen« ikonologischen Interpretation. Von »falsch« oder »richtig« kann hier allerdings nicht mehr geredet werden, da die Entfaltung der »eigentlichen« Bedeutung eines Kunstwerks von Weltanschauungen und ideologischen Brillen abhängt. Einzelne Mythologisierungen lösen sich nicht nach Maßgabe eines wahr/falsch-Indikators ab, sondern je nach Konsensus, erreichter Öffentlichkeit, kurz: den »gesellschaftlichen Machtverhältnissen«. HERDING oder SEDLMAYR, WARNKE oder BAUMGART, GOMBRICH oder BREDEKAMP, ANTAL oder BAXANDALL tummeln sich hier. Ob Mona Lisa lächelt, weil sie in Wirklichkeit ein Mann ist, weil sie Musik hört, weil sie schwanger ist, weil sie huldvoll, überlegen oder graziös erscheinen will, weil Frauen um 1505 häufiger lächelten, weil das Lächeln ein Standesabzeichen war oder weil sie halt lächelt, des Mysteriums wegen – das ist alles nicht entscheidbar. Im Mythos dieses Niveaus wird nichts entschieden oder geklärt, sondern projiziert und bewältigt. – Aufgrund der Einschätzung des zu einer bestimmten historischen Zeit (der Hochrenaissance und dem Historismus) Möglichen ließe sich dem MICHELANGELO zwar kein ausdrückliches Infinito-Konzept unterstellen – wohl hingegen dem RODIN. Ich bin aber sicher, daß sich mit einigem Engagement und argumentativem Bemühen (dem »wissenschaftlichen Eros«, wie BREDEKAMP sagen würde) zeigen ließe, daß MICHELANGELO dem allgemeinen und also nicht bloß historischen Thema des Nichtfertigwerdens seine bewußte künstlerische Aufmerksamkeit zugewandt hat. – War Peter PARLER nur ein tüchtiger Baumeister oder ein titanischer Entfesseler und Gestalter des Zeitgeists? Wie's beliebt. Individuum oder Gesellschaft. Alles kann geboten werden. Blickwinkel und Standpunkte sind nach Wunsch einzunehmen. –

Und schließlich haben wir die Mythen durch mythologische Interpretation. Mythologische Interpretation nenne ich die Wiederaufführung eines Kunstwerks, seine Wiederauferweckung – ein eigenständiger künstlerischer Akt. Wie SARTRE den FLAUBERT, VIOLLET-LE-DUC die gotischen Kathedralen, VASARI die von ihm biographierten Maler auferweckte. Wie PANOFSKY den DÜRER, das auch. Wie KASCHNITZ COURBET. Wie SYBERBERG HITLER. Wie CÉZANNE POUSSIN.

Der vergegenwärtigende Mythologe, der poetische Vergegenwärtiger behandelt ein vorliegendes Kunstwerk nicht anders als ein Künstler jeden x-beliebigen Gegenstand in der Welt. Und was beeinträchtigte es eine Bild-Interpretation von MALRAUX, wenn irgendeiner herausfände, er habe eine Quelle übersehen? Es ist, glaube ich, an der Zeit, zu sehen, daß manchmal die Quellen sich den Interpretationen anpassen müssen.

Es ist gut, daß du an die historische Wandelbarkeit des Prinzips »Autor« erinnerst. Allerdings würde uns ein genaueres Hinsehen vermutlich rasch über die viel größere Komplexität der intellektuellen Institutionen des M. A. belehren – etwa über das Zusammenspiel von Architekten und Malern im Sakralbau, über das Verhältnis zwischen Cantor und Musicus in der Musik, über die Herausbildung eines Dichtertypus innerhalb der volkssprachlichen Literatur des 12. Jahrhunderts, der – anknüpfend an die auctores – die Funktion des Mittlers, des Weisen, des Deuters für den Hofklerus und die Ritterschaft übernimmt. Von wem reden wir, wenn wir von *dem* Künstler des Mittelalters sprechen? Oder von *dem* mittelalterlichen Kunstwerk? Ich will nun nicht meinerseits Zitate dafür beisteuern, ob Wissenschaftler oder Künstler meinen, daß es in Wissenschaft und Kunst um Problemlösungen geht oder nicht. Gegen DUCHAMP könnte ich Malevič setzen, gegen Picasso Gauguin, gegen Magritte und Pascal, wenn du willst, Pascal und Magritte selbst.

Was würdest du sagen, wenn nun einem Künstler oder Wissenschaftler gerade »Zweckerfüllung und Sichnützlichmachen« inneres Bedürfnis wäre und er sein Pathos ebenfalls aus den »sozialen Widrigkeiten« gewänne, gegen die er anzukämpfen hat? – Aber heben wir uns das ernste Problem der sozialen Rechtfertigung des kulturellen Selbstbefriedigers, für das es derzeit keine adäquate Antwort zu geben scheint, für ein anderes Mal auf! Du markierst ganz richtig den Gesichtspunkt, von dem aus wir unser Thema zu fixieren haben – die »Arbeitsteilung«. Nur dürfen wir nicht vergessen: Arbeitsteilung ist im Gegensatz zu »bloßer« sozialer Differenzierung ein Wertbegriff, Ausdruck des Wunsches, daß Verschiedene Verschiedenes tun zur quantitativen und qualitativen Steigerung eines Ganzen – sei es nun die Vorbereitung eines Künstlerfests, ein Museum, ein kunsthistorisches Institut, die Fahndung nach einem Kunsträuber oder ein gesellschaftlicher Teilbereich wie die Kunst. Sinnvolle Arbeitsteilung ist kein Geschenk der Vorsehung, sondern sie beruht auf Anstrengung gegen praktische Trägheit, gegen den Zufall, auch gegen die beim Problemlösen ungewollt mitproduzierten neuen Probleme.

Im übrigen entspricht die innere Differenzierung des gesellschaftlichen Teilsystems »Kunst« in Künstler, Vermittler (Kritik i. w. S.), in Publikum, Akademien, Museen, Galerien usw. ja nicht einem je persönlichen Differenzierungsbedürfnis, sondern ist Resultat des gesellschaftlichen Lebens selbst. Die Förderungstätigkeit beispielsweise des Staates oder die Gesetzgebung und Rechtsprechung gehen von solcher Differenzierung aus, ebenso die Künstler in ihren Berufsverbänden, die Kritiker in den Zeitschriften, die Kuratoren und Direktoren in den Museen usw. Was dabei variiert, ist freilich der Schwerpunkt des Interesses, den die Aufgabe setzt, die jeweilige Kenntnis der Details, der jeweilige Weitblick.

Daß der Kunstwissenschaftler sich vornehmlich dem Segment »Kunstwerk« widmet, heißt ja nicht, daß er solche Differenzierungen in der Kunst neutralisiert oder gar ignoriert; er rekonstruiert sie nur in der besonderen Perspektive »künstlerischen Handelns«. Eine allgemeine Kunsttheorie, die diese besondere Perspektive mit allen anderen Perspektiven (etwa des Kunstsoziologen, des Kulturpolitikers, des Kritikers, des Galeristen, des Künstlerfunktionärs usw.) vermitteln könnte, ist natürlich noch weitgehend ein Wunschbild. Diese *allgemeine Theorie der Künste* würde ein Höchstmaß an intellektueller Beweglichkeit und wirklicher Inter- und Transdisziplinarität im Bereich der Kunstforschung erfordern, *Autonomie* als die Fähigkeit der Forschung, von sich selbst abzusehen, *Reflexion* als die Fähigkeit der Forschung, sich selbst als auch anders möglich zu begreifen innerhalb des Horizonts sich wandelnder Ideen, was Forschung sei, und drittens den *generalistischen »Blick auf das Ganze«*, dem die Kunstforschung als Teil zugehört.

Folgen wir mit Geistesgegenwart – hierfür setze ich Reflexion und Autonomie – und zugleich mit Sinn für »Zweckerfüllung und Sichnützlichmachen« – hierfür setze ich den vermittelnden »Blick fürs Ganze« – deiner *Topographie* für die Denk- und Handlungsformen in Kunst, um Kunst und um Kunst herum. Du unterscheidest im Ganzen drei Bereiche bzw. Verfahrensweisen: (1) die szientifische Kunstwissenschaft, (2) die Künstlertheorie bzw. Künstlerästhetik und (3) die Kunstschriftstellerei, Kunstkritik, Kunsttheorie, Ästhetik.

Wärst du einverstanden, wenn wir von *Kunstforschung*, von *Artisprudenz* und von *Kunstvermittlung* sprechen und entsprechend von *Forschermythen bzw. -dogmen*, von *Künstlermythen bzw. -dogmen* und *Vermittlermythen bzw. -dogmen*?

Wenn ich recht sehe, so setzt du innerhalb dessen, was wir bisher pauschal Kunstgeschichte oder Kunstwissenschaft zu nennen pflegen, Stufen der Vermeidbarkeit bzw. Unvermeidbarkeit von Mythen und Dogmen an.

Nach dem PANOFSKYschen Schema der »Problematik der kunsthistorischen Deutungsarbeit«, das ich unschwer erkenne, würden Mythen und Dogmen auf der dritten, der ikonologischen Deutungsstufe unvermeidbar sein. Auf dieser Stufe scheint die Interpretation den Kontakt zu ihren Daten zu verlieren. Der Blick scheint ohne sichere Führung hin und her zu wandern zwischen den Quellen und den Deutungsmöglichkeiten.

Nun läßt sich ja fragen, ob die Kunstgeschichtsforschung sich überhaupt auf diese dritte Stufe der Interpretation begeben soll, wo sie mit so großer Sicherheit ihren szientifischen Charakter verspielt. Sie könnte ja bei jener »ersten Kunstwissenschaft« stehen bleiben, von der SEDLMAYR spricht. Sie könnte ja verzichten auf das, was emphatisch »Verstehen der Gebilde« heißt.

Anders gefragt: Soll und kann die Kunstforschung sich durch entsprechende Beschränkungen ihrer Forschungsprogramme der Mythen- und Dogmenbildung vorsätzlich entziehen? Es wäre dies eine Frage der internen Selbststeuerung der Kunstforschung. Nun gibt es aber auch eine Steuerung der Kunstforschung durch ein neuerdings – wenn auch noch zu pauschal und beschränkt – als »Öffentlichkeit« bezeichnetes Außen, d. h. die externen »gesellschaftlichen und kulturellen« Ansprüche, die der Kunstforscher befriedigen soll, ja sogar will.

In den zwanziger Jahren schienen diese Ansprüche in dem kulturellen Symbol der »Weltanschauung« zu kulminieren. In den dreißiger Jahren gingen die Deutschen von der Analyse über zur politischen Inszenierung. Seitdem wird diese Schwerpunktwahl in der externen Orientierung der Kunstforschung kritisch bewertet, wenn nicht externe Orientierung von Kunstforschung überhaupt. Wenn M. WARNKE zu seiner dem Kunsthistorikerkongreß 1970 vorgelegten Untersuchung »Weltanschauliche Motive in der kunstgeschichtlichen Populärliteratur« feststellt: »Wir befassen uns hier nur mit jenem ›Mehrwert‹, der zu den Fakten hinzutritt, wenn sie in eine größere Öffentlichkeit getragen werden«, dann ist nicht nur, wie WARNKE bemerkt, »Distanz zwischen Wissenschaft und Weltanschauung . . . postuliert«. Es wird damit auch auf das Nebeneinander von zweierlei Formen kunstgeschichtlicher Arbeit hingewiesen: Kunstgeschichtliche Arbeiten, die sich an das Publikum der Forscherkollegen wenden, stehen neben solchen, die für die außerwissenschaftliche Öffentlichkeit als »Populärliteratur« angefertigt sind. Es ist die Frage, ob die Kunstwissenschaft solche Zweiteilung wollen kann.

Nun ist mir allerdings zur populärwissenschaftlichen Vermittlungstätigkeit des Kunsthistorikers der Unterschied der künstlerisch zu leistenden »mythologischen Interpetation« bzw. »Wiederauferweckung« oder »Vergegenwärtigung« noch nicht deutlich geworden. Soviel ist klar: Die Quellen sollen den Interpretationen angepaßt werden dürfen. Aber werden wir nicht auch der kunsthistorischen Populärliteratur bzw. der Kunstvermittlung dies Zugeständnis machen?

Wir müßten hier den Unterschied herausstellen durch einen Vergleich. Außerdem haben wir bisher die Begriffe Mythos und Dogma im Unbestimmten gelassen. Verständlich, wenn solche Begriffe nur dazu dienen, all das abkürzend zusammenzufassen, was die Wissenschaftlichkeit von Wissenschaft, diese als positiven Wert gesetzt, gefährdet. Jetzt aber, da wir auf Mythen und Dogmen nicht von der Wissenschaft aus wie auf subversive Kräfte blicken, sondern auf *Mythen- und Dogmenbildung als konstruktive Verhaltensweisen der Kunst*, müßten wir uns über die Bedeutung dieser Begriffe verständigen. Denn wie sollte PANOFSKYS Dürer-Buch ohne weiteres als Resultat einer Mythopoese gelten können?

Zu deiner Frage nach einer asketischen Kunstwissenschaft: Ob der Kunstforscher sich auf Datierungs-, Attributierungs- und ikonographische Probleme beschränken soll oder nicht, das zu entscheiden liegt gar nicht in seiner Macht. Denn dem hermeneutischen Grundgesetz kann er nicht entrinnen: eine (zumindest vorverständnishafte) ikonologische und mythologische Interpretation ist immer die Bedingung für die Wahrnehmung auch der geringfügigsten Quelle.

Was so aussieht wie die weise spezialistische Beschränkung auf die Fakten, ist in Wirklichkeit ein ungeheurer Quellen- und Faktenkult, ein wahrhaft epimetheischer Mythos, der einen fast glauben lassen könnte, der ihn Betreibende habe mit den Problemen nichts zu tun, oder besser: dem einen Problem, das da »Kunst« heißt. Wo kommen denn Fakten und Quellen her? Setzungen sind unhintergehbar.

Der Quellenkult läßt, genau so wie die bürgerliche Ruhmesliturgie, die mit Lob alles zuschüttet, auf mangelnde Ausbildung der Persönlichkeit der Adepten schließen. Übertriebener Diensteifer und angemaßte Urteilskompetenz liegen hier nah beieinander.

Die praktische Unterscheidung von kunstgeschichtlichen Arbeiten ferner, die sich an das Publikum der Forscherkollegen wenden, und denen, die für die außerwissenschaftliche Öffentlichkeit als Populärliteratur angefertigt sind, ist kleinbürgerlich wie die von Beruf und Hobby. Sie ist unumgänglich für den, der meint, Glück und Leid müßten sich die Waage halten.

Der sie erfand, brauchte vielleicht ein Argument, das einmal das breite Publikum beruhigt, es brauche sich nicht um entlegene Dinge zu kümmern, die es nicht angehen, weil es sie sowieso nicht versteht, und das zweitens den Forscherkollegen erklärt, daß die Ungenießbarkeit einer Forschungsarbeit eben in der diffizilen Natur ihres Gegenstands liege.

Den Mythopoeten in der Kunstgeschichtsschreibung – um auf deine zweite Frage zu kommen – erkennt man hingegen daran, daß er sich vielfältig beschäftigt, daß er auch noch über anderes schreibt als über die Kunstgeschichte. Ich rede jetzt nicht vom ephemeren Beiallemdabeisein und Mitallenwasserngewaschensein der Journalisten. Ich rede von dem, der Politiker ist und »das imaginäre Museum« schreibt, ich rede vom Architekturtheoretiker, der sich über den Haushalt oder juristische Fragen ausläßt.

Durch seine Vielbeschäftigung kann der kunstschriftstellernde Mythenmacher ganz neue, ungeahnte Zusammenhänge herstellen.

Der Mythenmacher zeichnet sich vor dem Abschreiber, dem Kompilator und dem Kommentator durch seine zusammenhangstiftende Kraft aus, die all den sonst unbeachtet daliegenden Fragmenten erst das Leben einhaucht. Der Zusammenhang wird den Stempel seiner Persönlichkeit tragen.

Das sind die wichtigsten Charakteristika von Mythen: Sie bilden eine kohärente und dichte Erzählung voller Sinn. Sie sind zitierbar und ausbaufähig. Ihre Bildhaftigkeit hat magische Wirkung: die unterschiedlichsten realen Situationen können in ihnen gleichnishaft erfaßt werden.

Eine Dogmatik leistet Analoges auf dem Felde der Begrifflichkeit: Enzyklopädien und Reallexika trachten danach, die Fülle der Welt in handliche Schubladen zu füllen. Ein Dogmatiker muß entschlossen und ausdauernd auf prägnante Definitionen aus sein. Warum klingt denn BRETONS »Ich definiere also ein für allemal: SURREALISMUS, Subst., m. . . .« noch so deutlich im Ohr?

Das Einmalige wird verallgemeinert, historische Personen werden zu Akteuren des mythischen Dramas. Mythenkonstrukteur BRETON besetzt die Rollen. Zuvor präsentiert er die Mannschaft: »Zum ABSULUTEN SURREALISMUS haben sich bekannt: Aragon, Baron, Boiffard, Breton, Carrive, Crevel, Delteil, Desnos, Éluard . . .« (Der Erforscher der klassischen griechischen Mythen spricht übrigens bei solcher Erklärung der Mythogenese von »Euhemerismus«.)

Oder strickt BRETON hier an einer Heiligenlegende?

Wie siehst du den Unterschied von Mythos und Dogma?

Aber ich will zuvor noch ein Beispiel dafür geben, wie ein Mythos entsteht und wirkt, wie er gemacht, verbreitet und schließlich durch wiederholte Benennung bis zum Verschleiß getrieben wird. Von 1912 bis 1923 schafft Marcel DUCHAMP das »Große Glas«, »La mariée mise à nu par ses célibataires, même«, dessen untere Hälfte er eine »Junggesellenmaschine«, »machine célibataire« nennt. 1954 erscheint das Buch »Les Machines célibataires« des französischen Schriftstellers Michel CARROUGES, der das DUCHAMPsche Beispiel zum Leitmotiv eines seit Beginn des 19. Jahrhunderts diagnostizierbaren Themas des geistigen Lebens verallgemeinert. 1975 organisiert die von Harald SZEEMANN betriebene »Agentur für geistige Gastarbeit« die Ausstellung »Junggesellenmaschinen/Les Machines célibataires«[1]: eine die übliche Historikermentalität weit hinter sich lassende Aufarbeitung und Veranschaulichung des von DUCHAMP exemplarisch verkörperten und von CARROUGES verallgemeinerten Mythos. In einer »Chronologie der Junggesellenmaschinen« wird die Tradition von der Entstehung (1812-1869) über die Blütezeit (1886-1919), über die Ausbreitung des Mythos (1926-1966) bis zum »Mythos als Gedankenbild« heute (1975) etabliert.

Zwischen CARROUGES und SZEEMANN läge also der Abstand von der mythologischen Interpretation zur Vermittlertätigkeit. Aber, wie gesagt, die Übergänge vom Mythenmacher zum Vermittler sind fließend. Das ist eine Sache der Qualität.

Wenn ich nun noch etwas weiter denke, fällt mir eine merkwürdige Gegenläufigkeit auf: DUCHAMP sprach nicht oder kaum vom Mythos, ebensowenig Edgar Allan POE, Alfred JARRY, Sigmund FREUD oder Max ERNST; Michel CARROUGES schon etwas öfter; inflationär oft dann SZEEMANN und weitere 13 Autoren des Katalogs.

Und schließlich wir selbst.

Für die alten Griechen war μῦθος einfach das Wort oder die Rede . . .

Deutet das dauernde Gerede vom Mythos vielleicht auf das Fehlen eines Mythos? Haben wir heute nur noch den Mythos des Mythos?

Und . . . wie schön klingt nicht dies Wort!

Zunächst zum »hermeneutischen Grundgesetz«. Selbstverständlich beginnt der Kunstforscher seine Forschung nicht unvoreingenommen. Natürlich ist *er* es, der Fragen stellt und nicht die Quellen. Entweder schließt er sich den schon von anderen Forschern formulierten Fragen in irgendeiner Weise an oder er führt neue Fragen ein – woran dir vor allem gelegen scheint. Das »hermeneutische Grundgesetz« – nicht als Rechtfertigung selbstherrlicher, unhintergehbarer Setzungen, sondern als Verhaltensmaxime – ist das eines Zirkels, der besagt: Korrigiere in dem Maße deine eigenen Sinnerwartungen, wie du im Kontakt mit Fakten und Quellen auf eine sich widersetzende Sinnwirklichkeit stößt.

Deine Frage »Wo kommen denn Fakten und Quellen her?« bleibt gleichwohl völlig im Recht. Quellen und Fakten müssen, wo reichlich vorhanden, ausgewählt, sie müssen nach ihrer Aussagekraft beurteilt und gewichtet werden, und vor allem: sie bedürfen selber, wenn sie nicht trivial sind (wie eine Rechnung), der Interpretation. Demnach müßte sich das Karussell der Zweifel an Fakten und Quellen immer von neuem drehen, wenn die Kunstforscher sich nicht auf einmal getroffene Auswahlen, Beurteilungen und Deutungen verlassen wie auf eine Welt, über deren Wirklichkeit ein für allemal entschieden ist.

Nun scheint aber gerade diese Verläßlichkeit der Forscher füreinander in Frage zu stehen. Sollte ein Kunstforscher wie Perrig sich bald an die zwanzig Jahre mit Michelangelo beschäftigt haben, um zwischen seine eigene Kenntnis der Quellen- und Faktenlage und die all seiner vergangenen und gegenwärtigen Kollegen eine Schwelle des begründeten Zweifels zu legen?

Die »bürgerliche Ruhmesliturgie« macht, wenn von allen Kunsthistorikern durchgehalten, die Frage der Verläßlichkeit, der Anschließbarkeit, der Fortsetzbarkeit, der Bedingungen also dessen, was »Erkenntnisfortschritt« heißt, überflüssig.

Gegen den »Quellen- und Faktenkult« einer postliturgischen Kunstgeschichte (eine nichtbürgerliche Ruhmesliturgie wäre noch vorzustellen!) setzt du nun das »eine Problem, das da Kunst heißt«. – Auslegen gehört Gott zu, doch erzählet mir's (1. Mose 40,8): Wie dürfen wir uns die Emanation dieses »Einen« denken? Treffen wir hier nicht auf jenes seit dem 19. Jahrhundert prekäre Verhältnis von Ästhetik und Kunstgeschichte, das der Titel »Kunstwissenschaft« – sollen wir sagen: schamhaft verbirgt?

Du scheinst den Mangel an Problembewußtsein mit Gegenbegriffen zu konfrontieren. Legt sich in Dogmatik und Mythopoese, in der Konstruktion und der Pflege von Dogmen und Mythen für dich dieses fehlende Problembewußtsein aus? (So wäre verständlich, wie wir zwischen Kunstforschung einerseits und Kunstvermittlung andererseits die Institutionalisierung eines fließendes Übergangs suchen.)

Andererseits führst du die »vielfältig beschäftigte« ausgebildete Persönlichkeit ins Feld. Auch sie ließe sich wohl als Garant einer gewissen Problemhöhe in der Kunstwissenschaft verstehen, dafür, daß diese sich nicht aus der Problematik der Künste herauswindet.

Wir wollten Mythos und Dogma definieren. Fast alle Autoren, die sich wissenschaftlicherseits die Definitionsfrage stellen, nennen sie schwierig und beantworten sie für sich durch eine Art Befreiungsschlag. Der Ethnologe faßt den Begriff ethnologisch, der Anthropologe anthropologisch, der Psychoanalytiker psychoanalytisch, der Soziologe soziologisch, der Semiologe semiologisch usw.

Jenseits solcher Spezialisierung scheint nur, wie Levi-Strauss sich ausdrückt, die »Wahl zwischen Plattheit und Sophismus« zu bestehen, oder wie ich an mir selbst feststellen konnte, ein begriffliches »Rauschen«. Friedrich Nicolai hätte sagen können: »Der Begriff und das Wort ›Mythos‹ ist ein wahrer Scharwenzel.« Wie werden wir dieses Schwarwenzels habhaft? Haben auch wir uns zu spezialisieren? Oder dürfen wir gerade das uns gegenseitig mitteilen, was uns einfällt?

Ich nehme deinen Versuch auf, registriere als Merkmale »Erzählung«, »Bildhaftigkeit«, »Gleichnishaftigkeit«, »magische Wirkung«, »Dichte«, »Sinnfülle«, »Kohärenz« – eine Erzählung besonderer Art. Epos, Legende oder Roman? Ilias, Gralslegende oder Tristram Shandy? Gattung, Begriffsform oder Fiktion?

Ich gehe weiter zum Begriff »Dogma«. Ich registriere »Enzyklopädie«, »Reallexikon«, »handliche Schubladen«, »prägnante Definitionen« – Anweisungen zum Denken und Nichtdenken besonderer Art? Handbuch, Manifest, Traktat? Lexikon der modernen Malerei, »Eine Ohrfeige dem öffentlichen Geschmack«, »Kunst nach der Philosophie«? Deutung, Verkündigung, Reflexion?

Ohne Problemhorizont, ohne Theorie scheinen mir Definitionen leer bleiben zu müssen, und die Bedeutungen beginnen zu wuchern.

Der Befreiungsschlag, den ich nannte, hat genau darin seinen Sinn. Nachschlagen hat nur einen Wert, wenn sich schon Probleme gebildet haben.

Mythen- und Dogmenbildungen als konstruktive Verhaltensweisen der Kunst sind unser Teilthema.

Das kann man zum einen so verstehen, daß der Künstler Mythen- und Dogmenbildung für Nichtkünstler betreibt: für den Politiker (etwa in Form einer Glorifizierung Ludwigs XIV., einer Apotheose Napoleons, einer Beschwörung des antiken Rom), für Wissenschaftler (etwa in einem Denkmal Einsteins oder in einem Film wie »Godzilla«), für den Erzieher (etwa durch einen Roman über Comenius) usw. Oder man kann darunter verstehen, daß der Künstler Mythen- und Dogmenbildung für die Kunst betreibt, sei es in Parnass-, Lukas-als-Maler-, Atelierbildern, sei es in Form einer Kunsttheorie, einer Selbstkrönung, wie sie PETRARCA in Rom vorgenommen hat, durch Begräbnisse, wie z. B. das, welches Victor HUGO oder MALEVIČ bereitet wurde, durch Gedenkreden, Hommages usw.

Natürlich ist diese Unterscheidung zwischen Mythen- und Dogmenbildung für Nichtkünstler einerseits und für die Kunst selbst nicht als eine logische zu verstehen. Gewöhnlich gelten Mythen und Dogmen ja der Öffentlichkeit, und da dogmatisiert und mythisiert Jeder für Jeden: Seht alle her! So will ich, so wollt ihr sein. So soll ich, so sollt ihr sein.

Das Konstruktive der Mythen- und Dogmenbildung möchte ich also zunächst darin sehen, daß thematisch wird, was *sein soll.* Das ist als Definition zunächst wenig.

Ja, beim Machen des Mythos oder des Dogmas geht es darum, daß Vorstellungen davon, wie etwas erscheinen soll, durchgesetzt werden. Ist der Mythos dann erst einmal gemacht, wird er von den meisten Menschen naiv und unbezweifelt als Aussage über den Zusammenhang der Welt mit dem Ich erlebt. Das Dogma übt seine strenge Gewalt aus, ohne auf Widerstand zu treffen, weil es internalisiert wurde.

Mythisiert werden vornehmlich Menschen und ihre Taten, dogmatisiert werden überwiegend Sachverhalte.

Der Mythos wirkt eher durch Reichtum und Charme, das Dogma durch Präzision und Regelhaftigkeit.

Das Dogma will ich dir überlassen. Zum Mythos möchte ich folgendes sagen:

Eine einfache Mythisierung stellt z. B. jedes Porträtgemälde dar, in besonderer Intensität ein Selbstporträt. (Die Selbststilisierung des Künstlers geht dem Usus der von der Allgemeinheit errichteten Künstlerdenkmale – einer Erscheinung des 19. Jahrhunderts – um mindestens 200 Jahre voraus.)

Der erste und vielleicht auch größte Mythenmacher der Kunstgeschichte, Giorgio VASARI, bediente sich zur Illustration seiner »Vite de' più eccelenti pittori, scultori et architettori« (Florenz, ²1568) nicht zufällig des sog. »Museo Giovio«, einer Sammlung von (ursprünglich mit emphatisch rühmenden Beischriften versehenen) Künstlerporträts aus dem Besitz des Humanisten Paolo GIOVIO. Interessanterweise erscheint übrigens VASARIS Unternehmen uns Heutigen als Mythisierung, während es, historisch betrachtet, gerade die Überwindung der Elogie durch die klassische Künstlerbiographie verkörpert: Nach eigenen Angaben ging es VASARI darum, die zwar die großen Zusammenhänge treffende, jedoch »die Vornamen oder Familiennamen, die Geburtsorte und die Werke« häufig verwechselnde Darstellung des GIOVIO durch ein solides Quellenstudium zu korrigieren und – ganz im Sinne des RANKEschen »wie es wirklich war« – zu fundamentieren. Die Ansprüche haben sich also gewandelt. Und im Endeffekt erscheint mir VASARI als autoritativer Künstler-Vermittler, der mehr ist als der sorglos-selbstherrliche Humanist und der pedantische Kunstforscher zusammen.

Das wäre die einfache Mythisierung in Kunst und Kunstgeschichtsschreibung: der mehr oder weniger glückliche Versuch, eine begründete Tradition zu etablieren.

Geschähe es nun *durch* Künstler *für* Künstler, wie im Fall VASARIS – oder z. B. im Fall BRETONS, des Vasari des 20. Jahrhunderts: ich nenne das die Schaffung einer Kunstdogmatik.

Geschähe es durch Nichtkünstler für Künstler: dann handelt es sich um Ruhmesliturgie.

Geschähe es durch Künstler für Nichtkünstler: es entsteht eine Geheimsprache.

Geschähe es durch Nichtkünstler für Nichtkünstler: da werden die Elemente für Bildungsgeplauder, Konversation, für den small talk bereitgestellt.

Eine im Sinne der Arbeitsteilung dienstbare Wissenschaft kann die Mythisierung demnach nicht wollen. Bewegt sie sich aber in das Feld der Vermittlung hinein – und das passiert, um es zu wiederholen, beim Übergang von der ikonographischen zur ikonologischen Interpretation –, mythisiert sie notwendigerweise und sollte es deshalb so gut wie möglich tun.

Mythisierung ist ein didaktisches Erfordernis. Das heißt nicht, daß es mit der Kenntnis der »Dresdner Madonna«, der »Sistina-Decke«, des »Medici-Zyklus«, aller großen Künstler und Stile getan wäre, sondern daß sie mnemotechnisch sinnvoll ist.

Nicht anders erklärt sich etwa der »Entwicklungs«- oder »Fortschritts«-Mythos, der sich in der antiken Kunstgeschichtsschreibung bei PLINIUS, CICERO und QUINTILIAN unter Rückgriff auf Gedanken des griechischen Schriftstellers DURIS VON SAMOS bildete und von VASARI bestens adaptiert werden konnte, als er den Aufstieg der italienischen Malerei aus dem finsteren Mittelalter darstellen wollte. Der Mythos hat hier den Charakter eines darstellungsnotwendigen Schemas, eines Ordnungsgefüges. Wie GOMBRICH zeigt, ließen sich so griechische Rundplastiken in eine sinnvolle und merkbare Reihe bringen: »Die archaische Kunst des 6. Jahrhunderts war hart und steif; Polyklet im 5. Jahrhundert erarbeitete den Kanon der ... Proportionen und der Bewegung; Praxiteles im 4. Jahrhundert fügte die Grazie hinzu; und Lysippos, ein Zeitgenosse Alexanders des Großen, blieb unübertroffen in der Naturnachahmung.«[2]

Der Mythos, das Schema ist seinerseits einem Leitgedanken verpflichtet; in diesem Fall dem, daß die Kunst die Mimesis der Natur zum Ziel habe.

Soviel zur einfachen Mythisierung.

Von ihr abzugrenzen wäre etwa die Dogmatisierung des Mythos, z. B. in Cesare RIPAS 1593 erstmals veröffentlichter »Iconologia«.

Oder die Mythisierung des Mythos (wie wir sie in der Darstellung der Geburt der Pallas Athena aus dem Kopfe des Zeus finden).

Oder die Mythisierung des Dogmas (wofür VASARIS »Allegorie der unbefleckten Empfängnis« stehen mag).

Oder die Dogmatisierung des Dogmas (wie jedes Lexikon der christlichen Dogmatik sie betreibt).

Den Themenbereich der Dogmen hast du schon annähernd von dem der Mythen abgegrenzt. Du hast Mythen auf Menschen und ihre Taten bezogen, auf jenen Themenbereich also, dem auch die alteuropäische Geschichtsschreibung verpflichtet ist, die *pragmata*, die *res gestae*, die *vitae*. Gemäß dem von CICERO erneuerten Topos der »historia magistra vitae«, der bei VASARI in der Einleitung zu Teil II seiner Viten wiederkehrt, soll der Geschichtsschreiber das Exemplarische und Lernbare darstellen. Und selbst da, wo er Geschichte versucht naturhaft als immanenten Prozeß des Lebendigen zu interpretieren, tut der Geschichtsschreiber dies zur Warnung oder zum Ansporn im Interesse einer *societas perfecta*, sei diese auch nur die societas der Kunst. Vergessen wir über VASARI aber ALBERTI oder GHIBERTI nicht!

Nun zweifle ich allerdings, daß ausgerechnet Dogmen geeignet sein sollen, um Vorstellungen über Sachverhalte durchzusetzen. Als emphatischer Atheist oder bloß rechnerisches Mitglied der Kirche mag man sich im Hinblick auf die spezifische Institution des päpstlichen Lehramts gern täuschen. Der Kenner der Kirchengeschichte und der religiösen Bewegungen würde nämlich eher umgekehrt fragen, mit welchen Mitteln wohl die Dogmen selber durchsetzbar sind.

Wie du mit VASARIS Allegorie der unbefleckten Empfängnis als einem Beispiel für die Mythisierung eines Dogmas andeutest, bedürfen Dogmen ihrerseits bildkräftiger, einschmeichelnder, einprägender Mittel: der Topoi, der Embleme, der Symbole, der Hieroglyphen, der Allegorie oder der Mythen.

Und können nicht auch Allegorien bereits Exegesen von Dogmen sein, dogmatische Auslegungen eines Dogmas mit den Mitteln des Bildes? Wie VASARIS »Ingenium et Ars« in der Gestalt von Vulkan und Athene oder ZUCCARIS den Maler inspirierende »Vera Intelligenza«? Als Exegesen dogmatischer Begriffe wären solche allegorischen Darstellungen weniger Medien der werbenden, propagandistischen Einwirkung und Durchsetzung als vielmehr Medien der künstlerischen Selbstreflexion.

Diese Selbstreflexion der Kunst erschöpft sich nun allerdings nicht in der allegorischen Deutung überlieferter Begriffe oder in der Rühmung historischer Personen und ihrer exemplarischen Leistungen und Haltungen wie z. B. in der Selbstplazierung des Maerten VAN HEEMSKERCK auf einen antiken Triumphsäulensockel und der inschriftlichen Selbstrühmung als eines »neuen Apelles« oder in dem Stich, den Jacob MATHAM zur Ehre des Hendrick GOLTZIUS anfertigt, des Gründers der Haarlemer Kunstakademie, oder wie selbst in OVERBECKS »Triumph der Religion in den Künsten«, einem Bild, das die religiös inspirierten Künstler aller Zeiten einschließlich OVERBECK selbst versammelt.[3] Die Selbstreflexion der Kunst vollzieht sich ebenso auch als begriffliche Arbeit *an* und Entfaltung *von* Gedanken und Ideen, Konzeptionen und Ansprüchen dieser historischen, also exemplarischen Personen. Man sollte diese reflektierende Begriffsarbeit, die PANOFSKY nicht ganz unmißverständlich als »Theorie über die Kunst« gegen eine »Theorie für die Kunst« setzte, innerhalb der Kunstwissenschaften »Kunstdogmatik« nennen, um sie abzugrenzen gegen die Wissenschaft von der Kunst. Da ich davon ausgehen muß, daß es diese Wissenschaft von der Kunst gibt (so wenig sie dich im Moment befriedigt), vermag ich ihre Theoriebildung mit der Theoriebildung des Künstlers nicht gleichzusetzen. Die Erkenntnisfunktion ist auf beiden Seiten nicht dieselbe: Der Künstler will seine Praxis begründen, während der szientifische Wissenschaftler allenfalls orientieren kann.

Es entwickelt sich neben der Etablierung einer begründeten Tradition (in der Moderne müssen wir wohl im Plural von Traditionen sprechen, da die *eine* Kunstgeschichte sich für die Künstler in ihrem exemplarischen Gehalt zu einer Mehrheit individueller Kunstgeschichten differenziert), neben dieser künstlerischen Traditionsbegründung vollzieht sich die Begründung eines künstlerischen Theoriezusammenhangs. Man braucht im Titel des kunsthistorischen Werkes des VASARI das »le vite« nur durch »l'idea« zu ersetzen, um fast den Titel des kunsttheoretischen Werks des ZUCCARI zu erhalten.

Du hast die Leitgedanken der VASARIschen Schematisierung die »Nachahmung der Natur« genannt. Diese Idee der Imitatio wird zum Bestandteil der Kunstdogmatik, wenn sie dazu benutzt wird, die Bedingungen des künstlerisch Möglichen zu definieren. Diese Definition des künstlerisch Möglichen aber wird in dem Moment bedeutsam, da das Verhältnis zwischen dem, was in der Kunst erreicht werden soll und dem, was die Kunstwerke leisten, unsicher wird. Wo die Kunst nicht mehr bloß unmittelbar konkret in den Kunstwerken sitzt, sondern in den Normen, nach denen der Künstler verfährt, wo die Produktions- und Bewertungsgrundlage für Kunstwerke nicht mehr in den »similes« sich erschöpft, den augenfälligen Mustern und Exemplaren, sondern wo die Gestaltungsnormen abgelöst und verselbständigt werden, ja wo Gestaltungsnormen erst geschaffen werden sollen, wo Genies um solcher Neuschöpfung willen sich gegen überkommene Regeln stellen müssen, wo neue Gattungen sich entwickeln, wo neue Sinnzusammenhänge (z. B. emblematische oder allegorische) gepflegt werden, wo die Kunst neue Funktionen zugewiesen bekommt, die einst den Rhetoren und Philosophen zukamen, wo die antike Grammatik aus Regel, Ordnung, Zeichnung, Ebenmaß und Stil wegen anderer Ideen und Intentionen demontiert wird, da entsteht *zwischem dem Wirklichen und Möglichen ein solcher Spielraum*, daß der Künstler und nicht nur der Künstler zur gedanklichen Kontrolle dieses Spielraums der Kriterien und Gründe bedarf, der ordnenden und systematisierenden Begriffe. Und auch derjenige, der sich gezwungen sieht, Kunstwerke und künstlerische Tendenzen zu beurteilen und einzuschätzen über sein je privates Gutheißen hinaus, muß sich der Reflektiertheit seiner Gründe versichern.

Dieser Reflexionsbedarf, wie er etwa von PANOFSKYS Idea-Buch skizziert wird, wird in der Kunstdogmatik aufgefangen. Hier, in der Kunstdogmatik, wird versucht, einen Begriff vom Genie zu geben, und es wird gesagt, was Geschmack sei, wie das Gefühl sich zu den Regeln verhalte und in welchem Maß Kunst eine Sache der Vernunft sei. Ob die Kunst *pictura docens* oder musikalisch sein solle oder, welches der Unterschied zwischen Gattung x und Gattung y sei. In der Kunstdogmatik wird der Begriff des *disegno* geklärt, das Verhältnis zwischen der künstlerischen Idee und der Erfahrung durch die Sinne, zwischen der Natur der Objekte und den antiken Vorbildern, welchen Anteil das Publikum an der Entstehung eines Kunstwerks hat, wie die Kunstkritik zu betreiben sei, ob die Kunst so wie die Wissenschaft fortschreite, ob es einen einfachen oder doppelten Schönheitsbegriff gebe, ob die verschiedenen Künste auf ein einziges Prinzip zurückführbar seien. In der Kunstdogmatik wird gesagt, welchen Stellenwert vergangene Kunst überhaupt für die Gegenwart habe, ob der alteuropäische Werkbegriff sich noch halten lasse. In der Kunstdogmatik legen sich die sog. Ismen begrifflich aus, die ästhetischen übergreifenden Konzeptionen (etwa der »Antikunst«) und ihre Funktionen, ja die Funktion von Kunst überhaupt. Undsoweiter, undsoweiter . . .

Während VASARI sich des antiken Gedankenguts bedienen konnte, weil er in der florentinischen Kunst die Wiederholung des antiken Zyklus sehen wollte, tritt die Kunstdogmatik nach ihm den unaufhörlichen Abschied von der Antike an. Die *ars-imitatur-naturam*-Formel wird vom Begriff des Genies und vom Vernunftbegriff auf die Probe gestellt, der Fortschrittsbegriff in den Bereich der Wissenschaften verschoben, der Schönheitsbegriff umfunktioniert in den Begriff des Interessanten und der Modernität.

Alle diese kunstdogmatischen Veränderungen lassen sich nun allerdings nicht als geordnete Aufeinanderfolge und wechselseitige Ablösung von Begriffen und Konzepten verstehen. Die kunstdogmatischen Veränderungen verlaufen nicht nach dem Gesetz der Summenkonstanz. Die Begriffsbildungen werden durch empirische Erfahrungen komplizierter und zahlreicher, sie ufern ins schier Unermeßliche aus.

So wird die Kunstdogmatik, soll sie das Urteil über künstlerische Normen leiten und das historische Arrangement bestimmen (das eben nicht nur darstellungsnotwendig und mnemotechnisch ist), selber eine Sache des Urteils und der Wahl.

Schon im Verlauf des 17. Jahrhunderts beginnt sich die Dogmatik, wie Möller und Dresdner in ihren Forschungen zeigen (– kann man sagen: »sozial«? –) zu differenzieren. Neben die Künstlerdogmatik – oder, wie wir schon sagten, die Artisprudenz – tritt die sogenannte Traktatliteratur der Laien und mit ihr die Dogmatik der Kunstvermittler und der Kunstkritik. Im 18. Jahrhundert kommt mit und zunächst gegen die Schulphilosophie die Ästhetik auf, die in der Folge die Kunst immer mehr in die Spekulation übers menschliche Erkennen hineinzieht. Im 19. Jahrhundert entfaltet sich dann die akademische Kunstgeschichte, teils in Abhängigkeit von der spekulativen Kunstphilosophie, teils unabhängig eigene kunstgeschichtliche Wege des Forschens suchend, und es tritt das auf, was wir Künstlerästhetik nennen, nämlich den reflektierenden Weg des Künstlers durch die Theorie und Geschichte der Kunst auf eigene Faust. Anfang des 20. Jahrhunderts erlebt dann im Schatten der Ismen die Kunstgeschichte ihren großen »Methodenstreit«, in dem die Kunsthistoriker einander verschiedene Versionen einer Kunstwissenschaft anbieten: Wölfflin bietet eine »Kunstgeschichte ohne Namen«, Dvořák eine »Kunstgeschichte ohne Kunstwerke«, Pinder eine »Nichtanonyme Kunstgeschichte nach Generationen« und Burckhardt eine »Kunstgeschichte nach Aufgaben«.

Kunstdogmatik wird jetzt spezialistisch als Grundlagentheorie der

Kunstgeschichte (Panofsky) erwogen. Und heute – liefert diese Grundlagentheorie die Dogmatik des Historischen Materialismus von Marx?

Ich will dich an das »eine Problem« erinnern, »das da Kunst heißt«. Von Problemen im empirischen Sinn hat wohl J. Burckhardt als erster gesprochen. Mir scheint, daß, wenn wir diesen Leitgedanken des *Problems* in der Dogmatik der Kunstforschung entfalten würden, sich die Frage, ob Mythen berechtigt oder illegitim sind, auflöst.

Daß sich, wie Perrig sagt, »die Gefühlswelt der Kunsthistoriker sträubt«, wenn ihr Kollege am »Mythos der Originalität des Windsor-Blattes« kratzt, kann nur heißen, daß die Kunsthistoriker ihre Probleme entweder vergessen haben. Oder sie haben sie noch gar nicht gefunden. Um sie zu finden, würde ich für Dogmatik plädieren oder – wie du es eingangs ausgedrückt hast: für Reflexion der kunstwissenschaftlichen Grundlagentheorie, der *positiven* Bestimmung dessen, was Kunstwissenschaft sein soll.

Anmerkungen

1 Kunsthalle Bern, 4. 7. 1975-17. 8. 1975
2 Ernst H. Gombrich, *Kunst und Fortschritt*, Köln 1978
3 Vgl. Siegmar Holsten, *Das Bild des Künstlers – Selbstdarstellungen*, Ausst. Kunsthalle, Hamburg 1978

Literaturhinweise

Carl Robert, *Archäologische Märchen*, Berlin 1886

Albert Dresdner, *Die Entstehung der Kunstkritik*, München 1915

Erwin Panofsky, *Der Begriff des Kunstwollens*, in: Zeitschrift für Ästhetik und allgemeine Kunstwissenschaft, 14 (1920), S. 321-339

ders., *Idea. Ein Beitrag zur Begriffsgeschichte der älteren Kunsttheorie*, Leipzig/Berlin 1924

ders., *Über das Verhältnis der Kunstgeschichte zur Kunsttheorie. Ein Beitrag zur der Erörterung über die Möglichkeit »kunstwissenschaftlicher Grundbegriffe«*, in: Zeitschrift für Ästhetik und Allgemeine Kunstwissenschaft, 18 (1925), S. 129-161

Hans Sedlmayr, *Zu einer strengen Kunstwissenschaft* (1931), in: ders., Kunst und Wahrheit. Zur Theorie und Methode der Kunstgeschichte, Reinbek 1958

Ludwik Fleck, *Entstehung und Entwicklung einer wissenschaftlichen Tatsache. Einführung in die Lehre vom Denkstil und Denkkollektiv*, Basel 1935

Lionello Venturi, *History of Art Criticism* (1936), New York 1964

Liselotte Möller, *Die Wandlungen des Kunstgedankens in der italienischen Kunsttheorie vom 15. Jahrhundert bis zum Ende des 16. Jahrhunderts*, Diss. Hamburg 1938

Erwin Panofsky, *Ikonographie und Ikonologie. Eine Einführung in die Kunst der Renaissance* (New York, 1939), in: ders., Sinn und Deutung in der bildenden Kunst (Meaning in the Visual Arts), Köln 1975

Erich Rothacker, *Die dogmatische Denkform in den Geisteswissenschaften*, Mainz 1954

Roland Barthes, *Mythologies*, Paris 1957 (dt. »Mythen des Alltags«, Frankfurt/M. 1964)

Thomas S. Kuhn, *The structure of scientific revolutions*, Chicago 1962 (dt. Frankfurt/M., 1967)

Martin Warnke, *Weltanschauliche Motive in der kunstgeschichtlichen Populärliteratur*, in: ders. (Hrsg.), Das Kunstwerk zwischen Wissenschaft und Weltanschauung, Gütersloh 1970

Michel Foucault, *L'ordre du discours*. Inauguralvorlesung am Collège de France, 2. Dezember 1970 (dt. Frankf./Berlin/Wien, 1977)

Bazon Brock, *Von Machern, Unternehmern, Bewegern – Notorietät, ein Maß für die Wirkung* (1972) und: *Instant-Thoughts/Nessätze. Ein Elixier für Begriffsstutzige* (1972), in: ders., Ästhetik als Vermittlung, Köln 1977

Alexander Perrig, *Michelangelo Studien 1, Michelangelo und die Zeichnungswissenschaft – ein methodologischer Versuch*, Bern 1976

Das schöne Ungeheuer

Vom Symbolismus zum Surrealismus hat ein entscheidender Umschwung im Verhältnis von Körper und Geist stattgefunden. Wenn Franz von Stuck einen Kentauren eine schöne Lapithin rauben und auf seinem Pferderücken entführen ließ, ritt düster-tierische Sinnlichkeit unter einem platonischen Kopf. Die Surrealisten wählten in ihrer heroischen Zeit sich die Verkehrung des Kentauren, den Minotauros, zum Triumphzeichen dafür, daß, wie der Stierschädel den Menschenrumpf, *wildes Denken* jetzt die Schöpfung krönt.

Minotaure fand Roger Vitrac als Titel für die »schönste, die gewagteste Zeitschrift der Welt« (Eluard), die luxuriöseste, wie der Verleger Albert Skira (1904-1973) sie sich erträumte und zusammen mit Tériade, dem Kunstkritiker, gründete. Ihre 13 Nummern von 1933 bis 1939 machen den glanzvollen Abschluß eines Dreischritts surrealistischer Zeitschriftenproduktion aus, der mit *La Révolution surréaliste* (1924-1929) begann und von *Le Surréalisme au service de la Révolution* (1930-1933) radikalisiert wurde. Minotaure hat den revolutionären Impuls endgültig aus dem Politischen herausgenommen und ins Geistige gestellt. Die Universalität der Gemeinschaft derer, die zu diesem ebenso skandalösen wie exquisiten Forum beitragen – bildende Künstler, Dichter, Musiker, Astrologen, Biologen, Ethnologen, Psychologen, Psychoanalytiker, Kunstwissenschaftler –, führt zu einer enzyklopädischen Ballungssituation. Sie begünstigt wiederum Übertragungsleistungen – die wesentlichen Elemente eines wilden Denkens.

Das bekannteste Beispiel dafür ist Salvador Dalís »paranoisch-kritische Methode«. In einer Untersuchung, die Tériade in N° 3-4 (Dez. 1933) zu den ästhetischen Begriffen »Modell«, »Spontaneität« und »Zufall« anstellt, indem er auf authentische Künstleräußerungen statt auf unverbindliches Geschwafel von Kritikern zurückgreift, identifiziert Dalí das Modell als Schweinshaxe, die Spontaneität als Languste und den Zufall als gegrilltes Kotelett, im Hinblick nämlich auf die jeweilige Anordnung von Hartem, Weichem, von Knochen, Panzer, Fleisch, Mark.

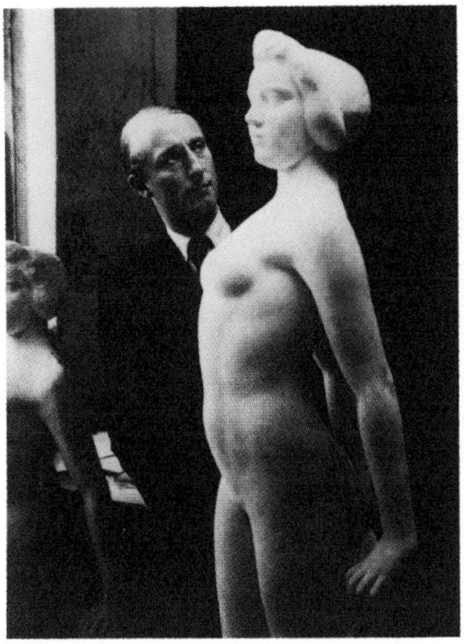

Albert Skira, Verleger des Minotaure

Während der junge Maler Theorie und dann, in derselben Ausgabe, auch Architektur, die des Jugendstils, eßbar macht, überträgt Roger Caillois ein zoologisches Phänomen, das Paarungsverhalten der Gottesanbeterin, ins Soziokulturelle. Sein überaus gelehrter Aufsatz (N° 5, Mai 1934) informiert über die Gewohnheit dieses Insekts, vor der Paarung das Männchen zu köpfen und es nachher aufzufressen; er erweist die »lyrische Objektivität« des surrealistischen Männermythos der unauflöslichen Verbindung von Liebe und Todesangst.

Tristan Tzara treibt Alltagsästhetik mit kosmischem Horizont, wenn er Hutformen analysiert. Unter der Hutmacher-Fachsprache lauern stets Deutungsmethoden der Psychoanalyse, die aus den Kragen, Falten, Schlitzen oder blumigen Füllungen der Kopfbedeckungen »Geschmacksautomatismen« ihrer Trägerinnen zutage fördern.

Einem mysteriösen und furchtbaren Verbrechen, das zu jener Zeit in aller Munde war, versucht (in N° 3-4) Dr. Jacques Lacan psychiatrisch auf die Spur zu kommen. Die Schwestern Christine und Léa Papin hatten Mutter und Tochter der ehrenwerten Bürgerfamilie, bei der sie als Dienstmädchen angestellt waren, grausam und ohne erkennbares Motiv ermordet. Lacans Essay präsentiert dazu ein kompliziertes Erklärungsgewebe,

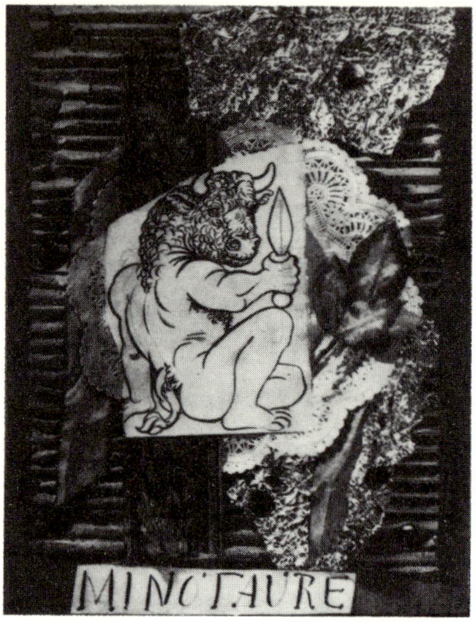

Pablo Picasso, Umschlag für *Minotaure* N° 1, Juni 1933

gesponnen aus »délire à deux«, Geschwisterkomplex, Inzest, sozialen Spannungen, Narzißmus, unbewußter Homosexualität, Sado-Masochismus, Selbstbestrafung etc., und faßt zusammen: »Sie kratzten Augen aus, wie die Bakchantinnen entmannten.«

Haben wir hier einen Fall von poetisierter Kriminologie vor uns, so zeigt die Sonderausgabe N° 2 (Juni 1933), welche ausschließlich der vom Pariser Institut für Ethnologie und dem Museum für Naturgeschichte organisierten Afrika-Expedition von Dakar nach Djibouti gewidmet ist, wie Ethnographie und Linguistik, zum Anthropologischen und Soziologischen erweitert, ihrerseits ästhetisch-poetisch zu wirken vermögen.

Das wilde Denken eines Kunsthistorikers fällt naturgemäß etwas zahmer aus. In »Paolo Uccello peintre lunaire« (N° 7, Juni 1935) bemerkt Georges Pudelko, daß das Entstehen einer modernen Kunst zugleich eine neue Sicht auf die Malerei der Vergangenheit erzeugt; daß die Frührenaissance Probleme bearbeitet hat, die zu Beginn des 20. Jahrhunderts sich erneut stellen. Durch Annäherung zweier normalerweise entfernter Bereiche gelangt Pudelko zur Kennzeichnung des Uccellesken Werkes als magisch-kubistisch und zu Aussagen wie: »Uccello ist der einzige wirklich vollkommene Kubist der gesamten abendländischen Malerei.«

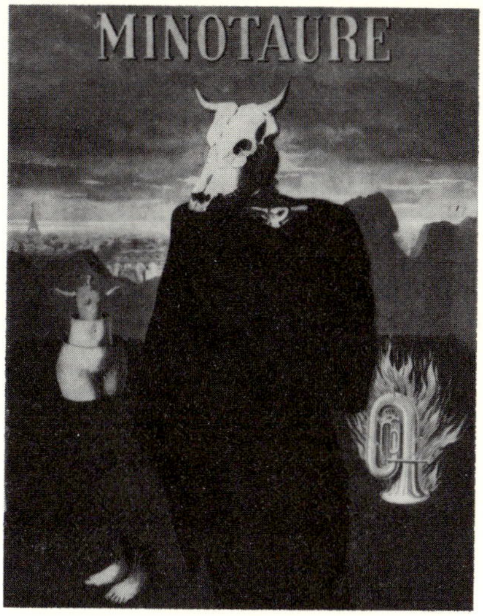

René Magritte, Umschlag für *Minotaure* N° 10, Winter 1937

Die Liste der Übertragungsleistungen ließe sich fortsetzen – mit Brassaïs Bildbericht über die Graffiti von Paris (»zwei Schritte hinter der Oper Ritzzeichen wie in einer Höhle der Dordogne«), Man Rays Tanz-Horizontalen, mit Jacques Prévert über böotische Terrakotta (neben Dalís Bürgerkriegskannibalismen), Lionello Venturi zum Alterswerk von Cézanne, etc.

Nach dem Sinn eines enzyklopädischen Anspruchs zu fragen, heißt einen Blick auf die Epoche werfen, die ihn erstmals vertrat, die Renaissance. Diente er damals rechtfertigend der nobilitierenden Erhöhung des Handwerks von Staubfressern und Farbenmischern in den Rang der *artes liberales*, so bestimmt er sich heute – wenn wir die Linie denn bis zu Beuys verlängern wollen – durch weltwirtschaftliche und globalökologische Notwendigkeit.

Minotaures Programm befindet sich in der glücklichen Zwischenlage, weder sich legitimieren noch fünf vor zwölf die Notbremse ziehen zu müssen, sondern allein um der selbstzweckhaften poetischen Vervollkommnung einer gleichermaßen literarischen, wissenschaftlichen und bildenden Kunst willen die Tiefen der Seele, den Lauf der Sterne, primitive Kulturen, Moden des Alltags, Natur und Geschichte auf der Ebene einer höheren Realität vereinen zu können.

Technisch realisiert wird es in Gestalt einer meisterhaften Typographie und aufwendiger, z. T. farbiger Reproduktionen der Werke von Man Ray, Picasso, Matisse, Borès, Miró, Duchamp, Ernst, de Chirico, Masson ... von Piero di Cosimo, Cranach, Holbein, Friedrich, Géricault ..., der photographischen Atelierbesuche bei Picasso, Lipchitz, Laurens, Brancusi, Despiau, Giacometti und Maillol.

Sie alle versammelte Albert Skira auf die geistige Rechnung des von Anfang (»Picasso in seinem Element«, Juni 1933) bis Ende (»Erinnerung an Mexiko«, Mai 1939) maßgebenden André Breton. Als Vasari des 20. Jahrhunderts dirigierte Breton die intellektuelle Elite des »modernen« Paris zur Hoch-Zeit des Surrealismus, der sich anschickte, die Welt zu erobern.

Nicht Theseus erlegte dann den Minotaurus, sondern ein Welteroberungs-Massaker, das mehr Jünglinge und Mädchen verschlang als je das Ungetüm vom kretischen Labyrinth.

Man Rays Suche nach dem Stein der Weisen

Wenn René Magritte ein Bild malt, auf dem eine Flasche und eine dicke Karotte verschmelzen, dann führt er dem Betrachter die Aussichtslosigkeit und Überholtheit jeder symbolischen Deutung dieses Bilds schlagartig vor Augen, indem er es »Die Erklärung« betitelt.

Wenn hingegen Man Ray einen Hammerstiel in eine weithalsige Milchflasche steckt und dieses Objekt »Le manche dans la manche« nennt, dann ist tatsächlicher Hintersinn im Spiel, angesichts des Doppelgeschlechts des französischen »manche« – »Schaft« und »Schlauch« – und seiner erotischen Metaphorik.

Zur Erklärung derartiger Eselsbrücken bedarf es eines Aufschlüsselungswissens, über das Arturo Schwarz in hohem Maße verfügt. Und wie in dem gewichtigen Marcel-Duchamp-Buch (1969) erweist er sich in seiner jetzt auf deutsch erschienenen Monographie über den Amerikaner Man Ray (1890-1976), auf die er neun Jahre auch des persönlichen Umgangs mit dem Künstler verwandte, nicht nur als kongenialer, ja komplizenhafter Interpret, sondern darüber hinaus als glänzender Kenner der Alchimie.

Während die Alchimie historisch der mittelalterliche Vorläufer der wissenschaftlichen Chemie ist, wird sie für Schwarz in Gestalt der »Suche nach dem Stein der Weisen« zur grundlegenden geistigen Technik Man Rays, anhand derer seine Gemälde, Zeichnungen, Objekte, Photographien und Filme sich entziffern ließen.

Da Schwarz offen zugibt, daß Man Ray »der Alchimie nie viel Zeit und Aufmerksamkeit geschenkt hat«, erhebt sich der Einwand, es zeuge von Willkür, einem Künstler beliebig viele, notfalls »unbewußte« Gedankengänge zu unterstellen. Der Einwand ist berechtigt, aber er beweist das Gewicht der subjektiven Vorlieben und weiterführenden Eigenleistungen eines jeden Interpreten.

Objektive Fakten gibt es genug: Außer den biographischen Daten und den in reichhaltiger Illustration dokumentierten Werken sichert eine überaus erhellend eingeflochtene Zitatauswahl aus den Schriften und mündlichen Äußerungen Man Rays die strenge Begründung und lebendige Anschaulichkeit der Schwarzschen Darlegungen.

Ganz ohne alchimistische Einweihung wird nachvollziehbar, daß Man Ray von seinem – wie aller Surrealisten – Helden, dem Marquis de Sade, ein »imaginäres Porträt« (1938) malte, das dessen Kopf aus den Steinen der Bastille gebildet zeigt, gestückelt wie die Papierschnitzel, auf denen die »120 Tage von Sodom« herauskamen.

Man versteht ohne Alchimie die berühmte retuschierte Photographie »Le violon d'Ingres« (1924): als die genial-glückliche Verdichtung von mindestens vier Bezügen: einem Rückenakt von Ingres (1807), der Formähnlichkeit dieses Frauenkörpers mit einem Geigenkörper, verdeutlicht durch die Anbringung zweier F-Löcher, und der Tatsache, daß »violon d'Ingres« – wie »dada« – »Steckenpferd« heißt.

Man Ray – sein ursprünglicher Name ist nicht feststellbar – wurde in Philadelphia geboren, lebte ab 1897 und studierte wechselvoll überwiegend in New York, wo die europäische Kunstavantgarde 1913 mit der Armory Show schockartig einbrach und wohin 1915 Marcel Duchamp, mit dem Man Ray sich sofort befreundete, die zerstörerischen Vorzeichen

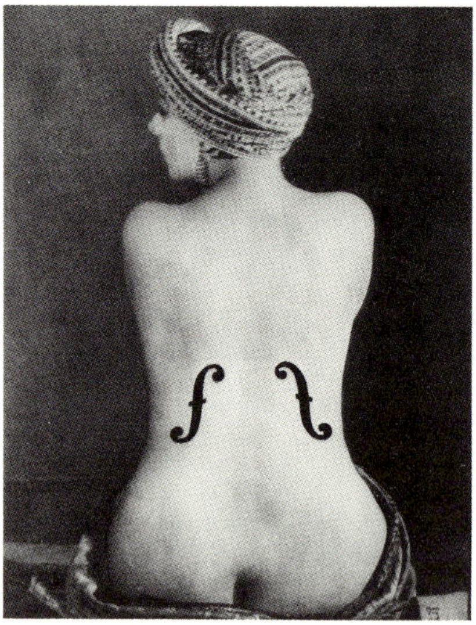

des Dadaismus brachte. Man Ray gab aber nicht wie jener die Malerei auf, sondern machte sie zum Bestandteil eines erweiterten Universums bildnerischer Möglichkeiten, worin es auch Collagen, Assemblagen, Aerographien (1917 erfundene Malerei mit Spritzapparat), (interpretierte) »objets trouvés«, Photographien und die 1921 in Paris erfundenen Direktbelichtungen des Photopapiers, die »Rayographien« gab.

Wie Duchamp siedelte Man Ray 1921 nach Paris über. Die um André Breton sich formierenden Surrealisten empfingen ihn als einen, den sie erwartet hatten und dessen makellose und poetische Zeichnungen und Photos das Gebot der Stunde waren. Man Ray seinerseits lernte von den Surrealisten Gehirnakrobatik, die sich hauptsächlich in *symbolischen Objekten* kristallisierte.

Der Krieg trieb Man Ray zurück in die USA, wo ihn verstärkt empfing, was ihn einst vertrieben hatte und was viele seiner unschuldigen Photographien heute als Vorläufer einer Playboy-Kunst erscheinen läßt: »das Heer derer, deren größte Erregung aus Kaufen und Verkaufen bestand«.

Nicht zum Eremiten geboren, zog er nach Los Angeles, einem »Ort wie in Südfrankreich«, erlag den Reizen seiner späteren Ehefrau und denen eines »schönen, stromlinienförmigen, metallisch blauen Autos«. Von beiden und von der das Trivialste verwandelnden Phantasie des Weltmanns erzählt Henry Miller in den »Erinnerungen an Man Ray in Hollywood«, die Schwarz im Anhang des Bandes abdruckt.

Man erinnert sich schließlich der vier Kurzfilme, die Man Ray, angeregt von Dichter-Freunden oder im Auftrag reicher Gönner, etwa des Vicomte de Noailles, drehte und die das Poetischste seiner vielgesichtigen Produktion sind: »Die Mysterien des Würfelschlosses« (1929), »Der Seestern« (1928), »Emak Bakia« (1926) und »Die Rückkehr zur Vernunft« (1923). Es war die schöne Vernunft von Spiel und Liebe.

ARTURO SCHWARZ, *Man Ray*, München 1980 (Originalausgabe London 1977)

Die große Lektion vom Mysterium

Edgar Allan Poe sprach einmal von der Möglichkeit der Existenz einer höheren Spezies des Genies, des nicht-ehrgeizigen, welches, um nur seiner Sache zu dienen, das Los der Stummheit und Ruhmlosigkeit gewählt hat.

Den von Baudelaire im französischen Sprachraum eingeführten Amerikaner so zitierend und ihn als ersten Impulsgeber für die belgischen Surrealisten ausweisend, eröffnet Marcel Mariën eine neue Perspektive auf die Protagonisten seines Buchs über *die surrealistische Aktivität in Belgien von 1924 bis 1950*.

Die (in Wort, Bild und Ton aktiven) Paul Nougé (1895-1967), Paul Colinet (1898-1957), René Magritte (1898-1967), André Souris (1899-1970), Camille Goemans (1900-1960), Marcel Lecomte (1900-1966), E. L. T. Mesens (1903-1971), Louis Scutenaire (geb. 1905), Achille Chavée (1906-1969), Irène Hamoir (geb. 1906) und Marcel Mariën (geb. 1920), um die wichtigsten zu nennen, sind in der Tat nicht berühmt, bis auf einen – und der wurde es nur widerwillig. Können sie also als genial im höheren Sinne Poes gelten?

Eine schwierige Frage, da ihre *surrealistisch* genannten Aktivitäten nicht in literarischen, malerischen, musikalischen oder sonstwie traditionell künstlerischen Bahnen sich bewegten, sondern einzig darum kreisten, die Öffentlichkeit vermittels bestimmter Techniken des Bluffs, des Schocks, Skandals und der Subversion anzusprechen. Mitgeteilt werden sollte »die ernste und pathetische Fülle eines Gefühls der menschlichen Existenz, das wir wenigen damals teilten« (Nougé). Ein Widerspruch tat sich auf zwischen einer leisen, ja stummen Sache und der Lautstärke, die notwendig war, sie an den Mann zu bringen.

Der um ein ideologisches Etikett nie verlegene (und auch nicht national beschränkte) André Breton gab die theoretische Lösung, als er 1934 auf die

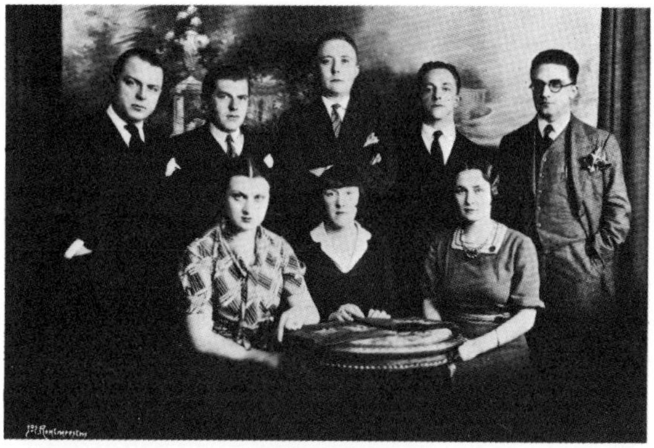

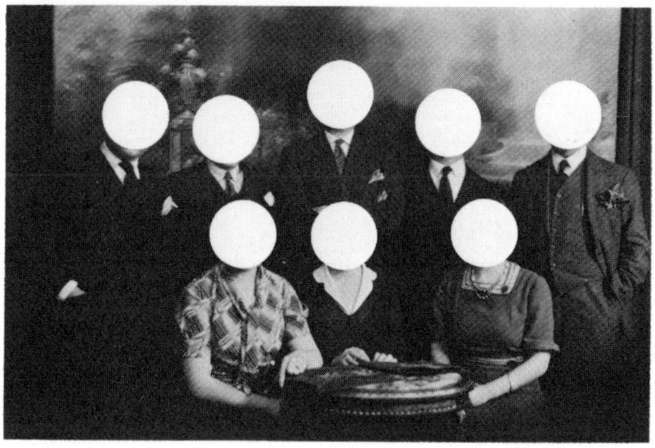

Die Jagdgesellschaft, Foto von 1934. Von links: Mesens, Magritte, Scutenaire, Souris, Nougé. Vorn: Irène Hamoir, Marthe Nougé, Georgette Magritte. Von Paul Nougé stammt die sarkastische Verfremdung dieses Gruppenbildes, Anonymität als Markenzeichen: *Selbstbildnis eines geistigen Skeletts,* 1936.

selbstgestellte Frage »Was ist Surrealismus?« unter anderem werbewirksam antwortete: »Das ist Paul Nougés große Lektion vom Mysterium.«

Die praktische Lösung der belgischen Gruppe bestand in der unermüdlichen Publikation unzähliger Flugblätter, Manifeste, Bulletins, Kataloge (so für ein Pelzhaus, von Magritte illustriert und von Nougé mit Sentenzen versehen), Zeitschriften (darunter der – dem Format nach – »kleinsten der Welt«) und Bücher in winzigen Verlagen (Mariëns Bibliographie führt ein »per Alkoholvervielfältiger in fünfzehn Exemplaren gedrucktes« Werk Scutenaires auf).

In ihnen spiegeln sich die Dialektik von Anonymität und universellem Persönlichkeitsanspruch, das Drama eigener Gruppenkonflikte, brechen antiklerikale, antikapitalistische, antifaschistische und auf die Kunstwelt (auch Breton) bezogene Proteste und Schmähungen hervor, wird zwischen Stühlen gesessen und in Fettnäpfe getreten, finden sich poetische Texte und Bilder von unüberbietbarer Bizarrerie, Rätselhaftigkeit, Präzision und moralischer Strenge.

Marcel Mariën, der spät, doch selbst erst siebzehnjährig, zur Gruppe stieß, gebührt das Verdienst, all diese an sich schon seltenen und im Laufe der Zeit ganz unzugänglich gewordenen Druckerzeugnisse dem Schweigen staubiger Archive entrissen zu haben. Als übersichtlich angeordnete, abphotographierte Dokumente werden sie der kunstgeschichtlichen Forschung wertvoll sein. Die Quellenlage übertrifft jetzt an Qualität fast die beim französischen Surrealismus.

Wie es sich für einen surrealistischen Täter gehört, ist Marcel Mariën allerdings streng antihistorisch eingestellt. Er möchte sich auf die Reproduktion der Dokumente beschränken, die sozusagen heute noch einmal wirken sollen. In seiner »Art Einführung« polemisiert er hart gegen interpretierende »Schöngeister«, u. a. Michel Foucault (»Dies ist keine Pfeife«), – mit dem Recht des Insiders, der dabei war und dazugehört. Aber letztlich kommt auch der um die Sinnfrage nicht herum. Poes Spekulation war phantastisch. Das Genie mag den Ruhm verachten, stumm bleiben kann es nicht.

Marcel Mariën, *L'Activité Surréaliste en Belgique (1924-1950)*, Brüssel 1980

Kommunikation und Elfenbeinturm

Zur Dokumentation eines monumentalen Projekts Jürgen Wallers in der »Schnecke«

Am Freitag eröffnete die Galerie »Schnecke« im Turm auf der Moorweide unter zahlenmäßig geringer, doch desto intensiverer Publikumsbeteiligung eine Ausstellung von Jürgen Waller, 39, Professor an der Hochschule für Gestaltung in Bremen.

Der Galerie geht es nach Angaben ihres Leiters, Wolf-Dietrich Duncker, vorrangig um Vermittlung innovatorischer Kunst und Kommunikation mit breiten Bevölkerungsschichten. Sie verfolgt keine kommerziellen Ziele, finanziert sich allein aus dem Gewinn des Lokals am Ende des Schneckengangs.

Ein Antrag auf geringe Beihilfe zu den Ausstellungskosten wurde vom Kulturamt unter Verweis auf den »Grundsatz der Gleichbehandlung aller im freien Galeriegeschäft Tätigen« abschlägig beschieden.

Von gewissem Reiz ist es da, festzustellen, daß die von Senator Tarnowski proklamierte »Bürgernähe auch in der Kultur« in Hamburg die 4000-Mark-Unterstützung eines engagierten, nicht-kommerziellen Vermittlers nicht erlaubt, während der Bremer Senator für Wissenschaft und Kunst bei Jürgen Waller ein 90 000-Mark-Projekt in Auftrag gibt, das die Vorstellungen sozialdemokratischer Kulturpolitik über geschichtsvermittelnde, gesellschaftsbezogene »Kunst im öffentlichen Raum« beispielhaft verwirkliche.

Auf die Dokumentation der zu Herbstbeginn vollendeten Durchführung eben dieses Projekts, eines monumentalen historischen Wandgemäldes im Bremer Stadtteil Gröpelingen, richtet sich nun das Hauptinteresse der Ausstellung in der »Schnecke«.

Daneben zeigt Waller aber auch neue Arbeiten aus den Jahren 1976-

1978 – großformatige Tafelbilder in Öl- und Pastelltechnik –, die gegenüber seinen momentan in Kunsthaus und Kunstverein auf ihren »Realismus« hin befragten Werken überraschend andere Einblicke in Antrieb und Absicht des Malers geben.

So erklärt etwa Wallers Diktum »Ich male, was mich stört« nicht mehr nur die treffende Verbildlichung aktueller, als negativ erlebter politischer Zustände wie: Gewaltherrschaft in Chile, Isolation der Gastarbeiter, Paragraph 218, Radikalenerlaß, Starfighterrüstung, Polizeieinsatz gegen Kernkraftdemonstranten und »Tendenzwende« in der Bundesrepublik –, sondern erweitert sich zum »Ich male, was mir auffällt«: die Malutensilien im Atelier, die Ausrüstung des Fußballspielers, der an die Wand gestellte abtropfende Regenschirm, der Ausblick in den Garten, die Vögel auf dem Feld, die Nachtlandschaft in den Alpen.

»Ich male, was mich erschreckt«, scheint das Bild eines vor einem uns Unsichtbaren erschreckenden Paars (mit Selbstporträt) programmatisch zu sagen.

Waller ist insofern ein »realistischer« Maler zu nennen, als er nicht allein dank seiner großen Empfindsamkeit gegenüber seiner Umwelt den Wirklichkeitsanspruch des Abgebildeten gegenüber dem der Abbildung betont, reaktionsschnell neue Wirklichkeiten verarbeitet, sondern als er auch bilddialektisch vorgeht, d. h. dem Bild ein reflexives Moment mitgibt.

Das ist z. B. der Fall, wenn eine Sicherheitsnadel zugleich den aufgeplatzten Stoff eines Sofabezugs wie den der Leinwand zusammenzuhalten, wenn ein Paßphoto in den wirklichen Menschen überzugehen, wenn eine Leinwand durchlöchert und an einer Ecke eingerollt scheint und der Bilderrahmen tatsächlich weggeplatzt ist. Andererseits, wenn die Kraft eines Bildes, über sich selbst hinauszuweisen, ihrerseits im Bild thematisiert wird: wenn es einen Tatort nach der Tat zeigt, Relikte von Handlungen.

Anspielungen auf Fontana und Magritte sind für Waller, wie anderweitige Übernahmen von Dix, Lindner und Léger, wie auch sein gekonntes Trompe-l'oeil Antworten des Realisten auf artistische Herausforderungen: »Kann ich auch, kann ich schon lange«.

Interpretierende Nachahmung, die Assimilation des Arbeiterkonstruktivismus Fernand Légers bestimmte Wallers Aufenthalt in Südfrankreich ab 1961. Er agitiert gegen den Algerienkrieg. Wegen seiner Beteiligung an der Revolte des Pariser Mai wird er 1968 des Landes verwiesen, läßt sich in West-Berlin nieder, wo er 1972 die Gruppe »Aspekt« mitgründet. 1977 erhält er den Ruf nach Bremen.

Im Sommer 1978 beginnt Waller zusammen mit zehn seiner Studenten die Vorarbeiten zur Gestaltung von insgesamt 530 Quadratmetern Außenwandfläche eines Bunkers im Wohngebiet des Bremer Stadtteils Gröpelingen, dessen Geschichte wesentlich von der Werft »AG ›Weser‹« beherrscht wird. Der Bunker soll – in Übereinstimmung mit den Vorstellungen des Senats – durch ein die Geschichte des Orts während der letzten 100 Jahre darstellendes Wandgemälde zu einem Mahnmal werden.

Nachdem man im Staatsarchiv und auf der Werft recherchiert, die Bevölkerung nach Erinnerungen und Dokumenten befragt und der Pastor viele alte Photos aufgetrieben hat, fertigt Waller einen Entwurf (von nicht einmal einem Meter Höhe) an, den er mit den Studenten vermittels eines Rasters in zehn Wochen auf die drei Betonflächen überträgt.

In kontinuierender Erzählform werden verbildlicht: die Spaziergängeridylle Gröpelingens vor 100 Jahren, die beginnende Industrialisierung, der Aufbau der AG »Weser«, der Erste Weltkrieg, Rüstungsproduktion, die Übernahme der Macht durch den Arbeiter- und Soldatenrat Ende 1918, der Bau der »Bremen« (1928 vom Stapel gelaufen), Arbeitslosigkeit, Erstarkung des Nationalsozialismus, der Niederriß des Hoetger-Denkmals für die Gefallenen der Räterepublik, Zweiter Weltkrieg und U-Boot-Produktion, Zerstörung und Wiederaufbau, die Konsumgesellschaft, stetige Technisierung, Bau von Riesentankern, schließlich wachsende Arbeitslosigkeit 1978. Erzählfiguren wie Stellvertreter, Sinnbilder, Personifikationen und einfache Abbilder hat Waller hinter- und nebeneinandermontiert. Technische Apparaturen, Arbeiter in Aktion, den Arbeiter- und Soldatenrat entnimmt er historischen bzw. eigens angefertigten Photos, sonst stehen so oft wie möglich Anwohner oder Studenten vor Ort Modell.

Waller zeigte sich flexibel, als er eine durch Fehlausmessung entstandene Lücke kurzfristig ausfüllen konnte, als er kritische Bemerkungen von Arbeitern (»Um diese Zeit gab es noch keine Schweißer«) berücksichtigte.

Dem bei den Tafelbildern konstatierten bilddialektischen Verfahren bleibt Waller auch im Monumentalgemälde treu: In eindrucksvoller Weise fällt die Abbildung des Bugs eines Riesentankers mit der Wandkante des Bunkers zusammen.

Das Gröpelinger Historienbildnis, dessen Entstehung die »Schnecke« so ausführlich dokumentiert, ist heute eine einmalige Erscheinung. Indem es das kollektive Gedächtnis einer Stadtteilbevölkerung im weltpolitischen Zusammenhang gestaltet, ermöglicht es, daß der einzelne sich durch Identifizierung mit Teilen der Darstellung – etwa einem Arbeitslosen – als Subjekt der Geschichte zu verstehen lernt.

»Realistisch« verhält sich Waller dabei nicht, indem er Ergebnisse von Ursachenforschung vorstellt – das wäre in der Bildsprache allein wohl kaum zu leisten –, sondern indem er erreichbare historische Data einfach erst präsentiert.

Realistisch verhielt er sich gegenüber oberflächlichem Widerwillen und unbrauchbaren »Anregungen« mancher Straßenpassanten. Realistisch verhielt er sich gegenüber manchem Einwand seiner Studenten und den Widrigkeiten des Wetters. Während der zehnwöchigen Ausführungszeit sei er für die Umwelt ungenießbar gewesen. Und das nur, weil eben in der Kunst das Beste gerade gut genug sei. Kunst sei, von ihrer Entstehung her, elitär.

Auch der Realist braucht sein Schneckenhaus. Auch der Realist sitzt im Elfenbeinturm. »Es kommt nur darauf an, wie er herausschaut.«

Bildrhetorik

Mit Bildern wirklich zu denken, hat als erster Künstler wohl René Magritte unternommen, genauer gesagt, das Denken des Denkens zu denken – in Bildern. Reflexive Poesie und Philosophie in Worten war schon den alten Griechen vertraut. Transitive Denk- und Sprechformen kannte die Bildkunst ebenfalls seit der Antike. Wickhoff hat in ihr bestimmte narrative Strukturen gefunden: kontinuierende, komplettierende, distinguierende. Aber figurative Gestaltung vermag nicht nur unter Einsatz eines ikonographischen Repertoires Geschichten zu erzählen, sie kann auch ermahnen, belehren, Hinweise geben, Befehle erteilen. Jedoch bloß scheinbar ist aus solchen Bildern das Wort verbannt. Es ist als Gelerntes, zugeordnet Gewußtes immer virtuell präsent. In der nicht angewandten, reinen Kunst der Malerei, Skulptur etc. schob man die Worte zu 99 Prozent in den Titel ab. Auch Magritte gab seinen Gemälden Titel, nichtsdestoweniger leidet sein Dogma der unbefleckten Bildsprache keinen Schaden, er rettete es mit dem Argument: »Titel sind aus Worten gemachte Bilder«. Die prinzipielle Äquivalenz von Wörtern und Bildern hatte er bereits Ende der 20er Jahre erforscht. Danach sind beide Zeichenarten lediglich graduell verschieden. Es gibt schillernde, sogar gemalte Wörter und schablonierte Bilder. Sie bewirken Vergleichbares: *images mentales*. Die Tendenz zum Wort herrscht da, wo das Denken des Rezipienten in eine spezielle Richtung gelenkt werden soll, das Bildliche dominiert, wo es auf direkte Eingängigkeit der Botschaft, umstandslose und totale Überwältigung des Betrachters ankommt. Dasjenige gestalterische Medium, das sowohl das Denken lenken als auch in der Erinnerung sich festkrallen soll, – die Werbung und verwandte Varianten der Gebrauchsgraphik – kommt überhaupt nicht ohne faktisch präsente Worte aus, jedenfalls nicht seit ihrem Entstehen bis heute –, solange man nicht eine der klassischen/christlichen vergleichbare Ikonographie entwickelt hat. Dann wäre vielleicht normal, was jetzt als Höchstleistung gewertet werden muß: eine Reklame, deren wortsprachliche Elemente gegen Null gebracht werden konnten. Eine Sprache allein aus Bildern, die nicht nur reden, sondern überreden – argumentieren, überzeugen – kann, der Traum der Werbebranche. Bis es soweit ist, müssen die graphischen Designer Wort und Bild zu einer wirksamen Einheit verklammern, um ein dauerhaftes Markenimage aufzubauen, das den Rezipienten zum Konsumenten macht, d. h. ihn letztlich zum Kauf des davon bezeichneten Produktes veranlaßt.

Kaufen ist eine unter vielen Möglichkeiten der Vergegenständlichung der Reaktion auf Bilder. Die Wirkung, die Magritte den Betrachtern seiner Werke wünschte, war die heftige Anregung ihrer Denktätigkeit (und die damit untrennbar verbundene Entäußerung im Leben). Tatsächlich ist die intellektuelle Attraktion, die von seinen Bildern ausgeht, förmlich unerschöpflich und allumfassend, ähnelt dem Sog schwarzer Löcher, die selbst Licht verschlucken, wahrhaft schwarze Sonnen der Melancholie.

Hier liegt der Schlüssel zur Beantwortung der Frage, warum sich Magrittes Erfindungen wie die keines zweiten Malers für die mehr oder minder verwandelnde Vereinnahmung durch Werbung und Gebrauchsgraphik eigneten. Wegen der Gewöhnlichkeit der einzelnen Bildgegenstände, die in nüchterner illusionistischer Technik dargestellt werden, und wegen der ungewöhnlichen Syntax, in die der Künstler sie bringt, werden die in diesen Gegenständen latenten Assoziationspotentiale aktualisiert. Gewaltige Vorstellungsmengen werden in eine perpetuomobile Denkmaschine eingespeist. Sie bezieht ihre Energie aus »durchsichtigen Bildern«, wie wir in Anlehnung an die »durchsichtigen Wörter« der Linguisten sagen wollen. Das »Bild im Bild« bedeutet die nackte Reflexivität, welche – auf dem Felde der Wortsprache – verhüllt im Gewand der antiken Rhetorik auftrat. Analog den poetischen Tricks und Transpositionen der Redner hat Magritte eine Bildrhetorik[1] entwickelt. Seine Bilder lassen sich auf bildrhetorische Wendungen hin untersuchen (Oxymora[2], Metonymien, Hyperbeln, Pleonasmen, Hypallage, Enallage etc. etc.). Vor uns stehen kunstvoll denkende/sprechende Bild-Werke (die zudem der Reproduktion gegenüber sich fast indifferent verhalten). Dann bedarf es bloß noch eines winzigen Eingriffs – und der ganzen heroischen selbstzweckhaften Apparatur bemächtigt sich Propaganda: die Evokation des Mysteriums wird zur Anpreisung eines Gesichtswassers.

Georges Roque hat etwa 200 Beispiele für die Adaptation Magrittescher Bildideen durch die Gestalter von Annoncen, Plakaten, Schallplatten-,

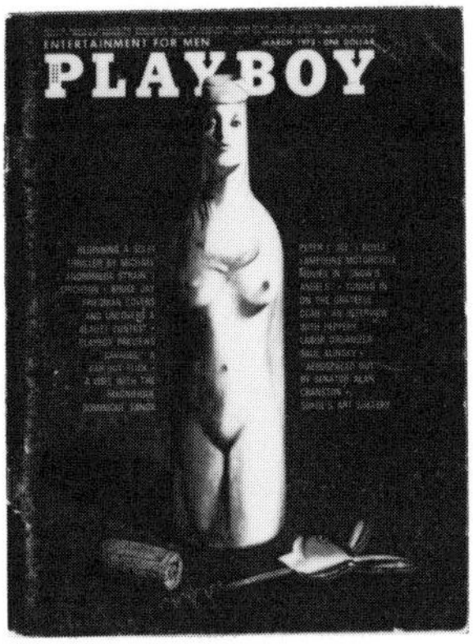

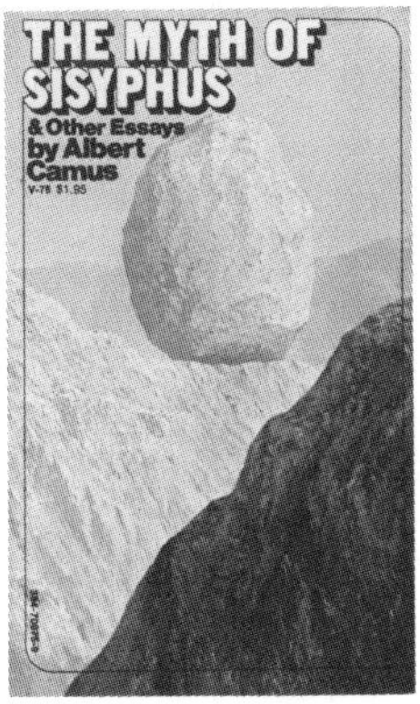

Buch- und Zeitschriften-Covers zusammengetragen und parallel zum Erscheinen eines Teils seiner Dissertation im Musée de la Publicité ausgestellt.[3] Sie durchlaufen alle Schattierungen zwischen Plagiat und entfernter Anlehnung, sie sind mal kongenial weiterführend, mal unsäglich verkitschend. Sie häufen sich in den letzten 15 Jahren, ungefähr seit dem Tod des Belgiers, kommen aus aller Herren Länder, konzentrieren sich gleichwohl im französischen Sprachraum.

Die verschlungenen Wege des Urheberrechts veranschaulicht ein Titelblatt des »Playboy« (März 1972), das Magrittes berühmten Flaschengeist paraphrasiert – die Frau ein Genußmittel wie Wein etc. Playboy hat Roque nicht autorisiert, das mit der unautorisiert entwendeten Bildidee fabrizierte Cover zu reproduzieren . . . Kongenial darf man den Typographen nennen, der den Umschlag von »The Myth of Sisyphus« und anderer Aufsätze von Camus mit einem Ausschnitt aus »La Clé de verre« (1959) versah. Buchcovers zeigen die glücklichsten Fälle der Verwendung Magrittescher Ideen, da die Bilder nicht verändert, nur mit anderen wortsprachlichen Titeln versehen werden. So setzen die Graphiker oft umgekehrt fort, was der Meister gemeinsam mit seinen Freunden gern praktizierte, die Titelsuche.

Die Beispiele für Verkitschung sind abundant, sie spielen anscheinend nur mit dem Gefühl, daß Magritte wohl in Mode sei.

Ausstellung wie Buch haben einen zweiten Teil, der mindestens ebenso wichtig wie der erste ist. Es handelt sich um einen entscheidenden neuen Beitrag zur Werkbiographie des Künstlers: die vollständige Auflistung und

Kommentierung seiner bis dato bekannten 105 gebrauchsgraphischen Arbeiten. Wiederholte abfällige Bemerkungen Magrittes darüber, daß Maler sich aus finanzieller Not als Dekorateure verdingen, verraten, daß der wunde Punkt der eigenen Anfänge während und nach dem Akademie-Studium (1916-18) berührt ist. Plakate für Kino, Theater, Konzerte, nach dem Militärdienst Musterzeichnungen in einer Tapetenfabrik ermöglichen die Ablösung vom Vater und die Heirat mit Georgette Berger (1922). Noch bis 1926, dem Gründungsjahr der Brüsseler Surrealistengruppe, als ein Vertrag mit der Galerie »Le Centaure« ihm bescheidene Unabhängigkeit sichert, dauert die Brotarbeit – die nichtsdestoweniger ihr eigenes, hohes Niveau hat und Korrespondenzen mit der Problematik seiner gleichzeitigen »freien« Arbeiten aufweist. Wirkungen und Rückwirkungen von diesen auf jene, zwischen Revolver und Zielscheibe, wären vor allem an Gouache-Entwürfen für die Modeschöpferin Norine, die das damals bekannteste belgische Couture-Haus führte, zu demonstrieren. Aus der frühen surrealistischen Phase vor seiner Übersiedlung nach Paris (August 1927) datieren zwei Kataloge für den Kürschner Samuel und eine Serie von Anzeigen in der (von der gleichnamigen Galerie herausgegebenen) Zeitschrift »Le Centaure«. Die Pelzbroschüren, deren zweite, mit Texten von Nougé, sogar das Plazet von Aragon und Breton erhält, haben

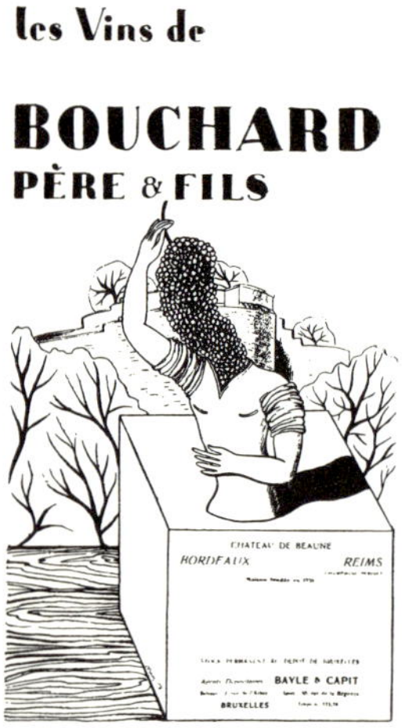

René Magritte, Anzeige in *Le Centaure*, erschienen im April 1927

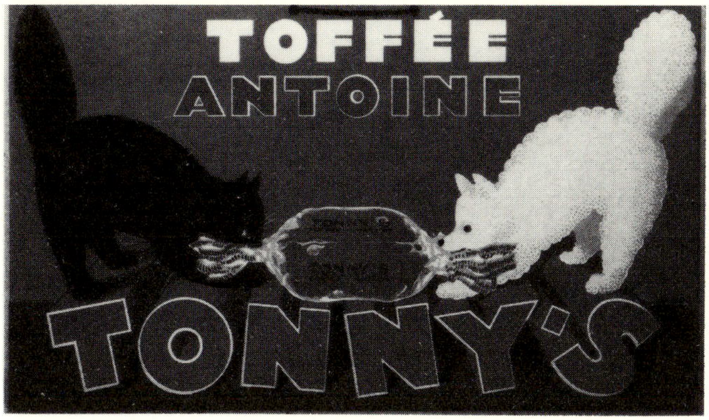

René Magritte (Studio Dongo), Reklametafel für ein Karamellbonbon, 1931

längst alle Art-Déco-Sedimente abgestoßen und collagieren die bildnerischen Elemente zur Erzielung tiefgehender poetischer Effekte. In den lakonischen Schwarzweißzeichnungen der Centaure-Annoncen schlummert der Sprengsatz, der bald darauf die Wörter, Bilder und Dinge auseinandertreiben wird.

Erneuter Geldmangel nach der Rückkehr aus Paris bringt Magritte dazu, zusammen mit seinem Bruder Paul das »Studio Dongo« einzurichten. Von 1931 bis 1936 liefert man einer Kundschaft, die sich aus Produzenten von Zigaretten, Apéritifs, Likören, Magenbitter, Antiseptika, Seife und Filmen zusammensetzt, »Ausstellungsgegenstände – Schaufensterdekorationen – Reklametafeln – Plakate – Zeichnungen – Photomontagen – Werbetexte«.

Während Magritte in zeitgleichen Gemälden verborgene Verbindungen zwischen Bildobjekten insinuiert, verheimlicht er in diesen (übrigens selbst seinem Freund Scutenaire verborgen gebliebenen) Werbearbeiten das Geheimnis. So ist unentscheidbar, ob er nur einem von Industrie und Zeitgeist gewünschten Werbestil sich anpaßt oder ob die anonyme, geometrisch-plastische Inszenierung den doppelten Boden der vorgetäuschten Mittelmäßigkeit darstellt (»Ich ›scheine‹ das übliche Spiel zu spielen . . .«). Das im Studio Dongo sehr weitgehend unterdrückte surrealistische Bildverfahren begriff Magritte als das Verfremden des Vertrauten und die Banalisierung des Fremden. Dieselbe Technik wendet ein Werbefachmann an, um

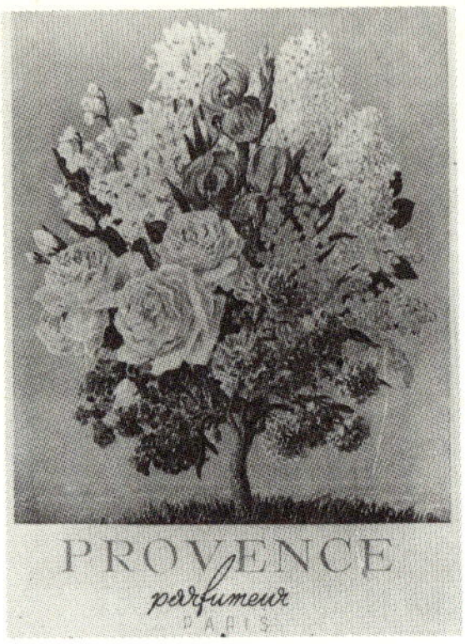

ein neues Produkt zu lancieren, es vertraut zu machen und gleichzeitig die bekannten Konkurrenzprodukte dem Käuferbewußtsein zu entfremden. Von daher ist verständlich, daß ein in surrealistischer Kontrapunktmanier gehaltener Anzeigenentwurf Magrittes vom Auftraggeber abgelehnt wurde, da er sich für eine bereits eingeführte Ware nicht eigne, sein Effekt sei *zu* stark.

Wachsende internationale Anerkennung seiner Malerei (Ausstellungen in New York und London) und die mäzenatische Hilfe von Edward James verschaffen dem Künstler Atempausen. Spätere gebrauchsgraphische Projekte offenbaren eine ungetrübte poetische Bildrhetorik, so die in den süßen

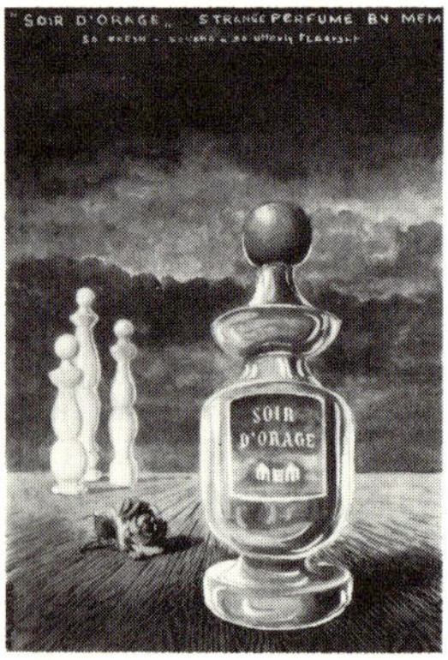

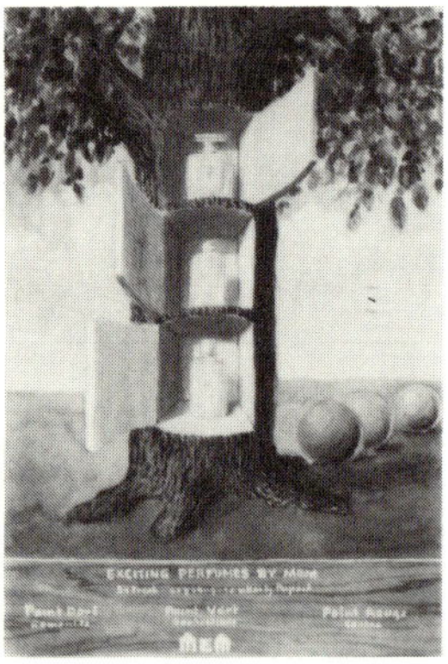

Magritte signierte diese Entwürfe (1946) mit dem Mädchennamen seiner Frau

Farben der impressionistischen Periode gehaltenen Arbeiten für den Parfumeur »Provence« (ca. 1943). Bei zwei 1946 für einen Parfumeur namens Mum aus New York angefertigten Gouachen hat Magritte, indem er die Effektivität eines früheren Gemäldes einsetzte, die Türen für den Ansturm der PR-Designer selber geöffnet, wie Roque mit Recht feststellt[4]. Seiner Erklärung des Namenswechsels von Mum zu MEM mit dem Duchampschen *même* = *m'aime* wollen wir hinzufügen, wie sehr Magritte die intellektuellen Gene, die Meme liebte, die im Gedächtnis, *mémoire*, direkt neben dem Geruchszentrum nisten[5].

Zwei Jahre vor seinem Tod malte er den »Himmelsvogel« für die belgische Fluggesellschaft Sabena, eine Auftragsarbeit[4]. Er hatte die Freiheit des Geistes erreicht. Er konnte es sich leisten, das wieder der gewöhnlichen Verwertung anheimfallen zu lassen, was er einst ihr abgerungen hatte. Und er beförderte damit in einzigartiger Weise die Entwicklung einer universellen Bildsprache. Von Magritte über Arnheim zur Werbung, das scheint eine alte Maxime zu bestätigen: *art proposes, science exposes, industry disposes.*

Anmerkungen

1 Dieser Begriff geht auf Roland Barthes zurück: Rhétorique de l'image, in: *Communications*, n° 4, 1964

2 Siehe Ralf Schiebler, Das Oppositionsprinzip bei Magritte, in: *Zeitschrift für Ästhetik und allgemeine Kunstwissenschaft*, Bd. XXVII/1, 1982

3 Siehe Georges Roque, Ceci n'est pas un Magritte, Paris 1983

4 Was gewisse philiströse Bemerkungen von Uwe M. Schneede, René Magritte, Leben und Werk, Köln 1973, S. 64, widerlegt.

5 Man beachte auch das Spiel *flagrant/fragrant.*

So lebt der Mensch

In Albert Einsteins Todesjahr malte René Magritte ein Bild, das sich heute im Minneapolis Institute of Arts befindet. Es zeigt den Blick aus einem von Vorhängen flankierten, nicht zu öffnenden großen Fenster, das teilweise von einem auf einer Staffelei befestigten Gemälde verstellt ist. Das Fenster gehört zu einer in einem höheren Stockwerk gelegenen Wohnung und geht auf eine durchgrünte Stadtlandschaft belgischen, bürgerlichen Stils, die von einer schnurgerade in die Tiefe verlaufenden breiten, fast menschenleeren Straße und einem im Vordergrund sich erhebenden Turm dominiert wird.

Ein zwangloser Zwang, ein notwendiger Zufall scheint bewirkt zu haben, daß die Ausbreitungen von Ölfarbe, die auf der Leinwand unserem Gestaltwahrnehmungsvermögen hier die kegelförmige Turmspitze und da die zum Horizont fluchtende Straße suggerieren, sich ähneln wie ein Ei dem anderen. Eine zweite prästabilierte Harmonie bedeutet dies – über diejenige hinaus, welche bereits die (ihrerseits aus »La belle captive«, 1931, hervorgegangene) Bildidee »La condition humaine« (1933) kennzeichnete: das im Zimmer befindliche Staffeleigemälde setzt die Landschaft draußen nahtlos fort – natürlich bewußt ganz ohne den medialen Unterschied zwischen der Leinwand und der Leinwand einer Leinwand, den später Photorealisten zwischen Bild und Bild vom Bild zu legen verstanden –, von ihr zeigend, was es verbirgt. So neigen wir jedenfalls anzunehmen, überprüfen kann es niemand; denn, Magritte wiederholte gern diese Banalität, ein Gemälde verbirgt ja nichts (außer der Wand, an der es hängt); wie sehr gilt das erst für ein Gemälde im Gemälde! Da es nichts verbirgt, kann es ganz es selbst sein. Nichts anderes heißt Surrealität.

»La condition humaine«, das Staffeleigemälde vor dem Fensterblick, ist ein heute ein halbes Jahrhundert altes Jahrhundertbild. Es scheint angebracht, die seit der ersten deutschen Magritte-Ausstellung (in der Kestner-Gesellschaft, 1969) eingebürgerte Übersetzung zu ersetzen durch diejenige, unter welcher das Buch von André Malraux (1933), das als Titelquelle diente, bekannt ist: »So lebt der Mensch«.

So denkt der Mensch, möchte man sagen – würde aber gegen Magrittes Distanz-Doktrin verstoßen, die lautet: Damit sich zwischen Titel und Bild ein poetischer Assoziationsraum entfalten kann, wo neue Perspektiven eröffnet, ungeahnte Sinnschneisen geschlagen werden, muß dieses jenem zurufen: Bleibe fern genug, um nicht überflüssig, nah genug, um nicht gleichgültig zu sein! Ein vergnügliches Spiel für gebildete Menschen, die Anleihen des *pictor doctus* bei Rousseau, Flaubert, Baudelaire, Debussy, Schönberg zu bemerken und mit ihnen zu denken.

Zwei andere Werke Malraux' inspirierten die Titelsuche, »Die Eroberer« (1928) und »Der Königsweg« (1930). Im Falle von Magrittes »Die Stimme der Stille« (1928) vermutet man zunächst eine erstaunliche Koinzidenz, gar Umkehr, als Malraux seine große essayistische Kunstgeschichte und -psychologie 1951/52 als »Les Voix du Silence« herausbringt. Nun, beider Ursprung ist wohl »The Voice of the Silence« (1889) der Blavatskaja, der Begründerin der Theosophie, die so folgenreich über Steiner, Kandinsky, Mondrian in die bildende Kunst hineinwirkte.

Nicht daß Magritte eine besondere Parteinahme für die chinesisch-kambodschanischen Abenteuer des Revolutionärs und Archäologen Malraux, für den mit Nietzsche und Pascal dialogisierenden philosophischen Anspruch des Romanciers, die Ästhetik des Kulturpolitikers de Gaulles bekundet hätte, doch er mag diesen vielseitigen Mann bewundert haben, mit dem er nicht nur desillusionierende Erfahrungen mit dem Kommunismus teilte. Malraux' Begriff von der universellen Verfügbarkeit des Kunstwerks im »imaginären Museum« unserer Köpfe entsprach der Theorie eines Künstlers, dem die Materialität eines Gemäldes nur Mittel zum Zweck war und der gerade Mitte der fünfziger Jahre, zur Hochzeit des von den Pariser Kritikern Estienne und Crespelle so propagierten Tachismus, seine Bilder so anonym malte, daß durch Reproduktion ihnen nichts von ihrer Kraft genommen wird. Trotzdem ist die Kehrseite des von Benjamin im Zeitalter der technischen Reproduzierbarkeit konstatierten Auraverlustes – der Gewinn an Aura, den das Original in Öl erfährt. Deshalb machte Magritte keine Siebdrucke. (Der Katalog seines gesamten graphischen Werkes umfaßt 20 Nummern; und nur fünf der Radierungen und Lithographien sind als solche eigenhändig ausgeführt.) Deshalb kann nichts das Erlebnis ersetzen, seinen Werken *in situ* zu begegnen.

Zu einer Zeit, da sie, vermeintlich vertraut, in die Hände philiströser

Popularisierer zu fallen drohen, wird die Notwendigkeit angemessener Präsentation desto evidenter. Es gilt festzustellen, daß die von Steingrim Laursen erarbeitete, über hundert Exponate umfassende Magritte-Retrospektive im Louisiana-Museum in Humlebæk nördlich von Kopenhagen bisher am besten präsentiert ist, im Einklang mit der Maxime des Künstlers, daß »das Gemälde von der Wand, an der es hängt, dem Fußboden, der Decke, dem Betrachter und allem, was existiert, nicht zu trennen« sei.

Das 1958 von dem Industriellen Jensen gegründete Louisiana an der dänischen Riviera beherbergt in ständiger Sammlung neben heimischer Moderne Werke der internationalen Avantgarde (Albers, Giacometti, Rauschenberg, Beuys, Warhol). Die geschickt in den zum Meer abfallenden Hang eingefügten Gebäude der weitläufigen Anlage öffnen sich teilweise auf eine Parklandschaft, wo neben gewaltigen Bäumen und wuchernden Farnen Skulpturen von Arp, Ernst, Calder, Laurens und Moore aufragen. Der Trakt für Wechselausstellungen hingegen besteht aus großen, von geweißtem Mauerwerk umschlossenen, halbgeschoßversetzten Raumquadern, deren unverstellte Leere weite Perspektiven auf die gleichmäßig gehängten Magritteschen Bilder im künstlichen Licht freigibt: Ihre Tiefe kommt vollendet zur Geltung. Man hätte sich hier »La Saignée« gewünscht, eine Gouache, die an einer grauen Wand einen Bilderrahmen zeigt, innerhalb dessen rohe, rote Ziegelmauer zum Vorschein kommt . . .

Das Augenmerk fällt aber zugleich auf die Materialität der Bilder, die gemeinhin übersehene, weil in Reproduktionen nicht übermittelte Meisterschaft des Farbauftrags. Glühendes Rosa-Blutorange-Lila in Stillleben-Landschaften der vierziger Jahre, von pastos glänzender Öligkeit (»Die Liebesnacht«, 1947), an de Chiricos klassizistische Ära erinnernd, atmosphärisches Blau der Gebirgsfelsen im »Glasschlüssel« (1959), melancholisches Blau-Grau und Grün-Grau der Steine (»Die heimliche Absprache«, 1962, »Das Lächeln«, 1951), bleiche bis süße Rosa-Töne in frühen Arbeiten, grandioses Dunkelgrün im »Dämon der Verderbtheit« (1928). Die Farbpaste bildet hier an einigen Stellen plastische Verdickungen – ein ebenso diskreter wie souveräner Kommentar Magrittes zum Ungegenständlichen und zum Eigenwert des Malerischen in der modernen Kunst.

In diesen Zusammenhang, den Werner Hofmann bereits einmal in bezug auf ein anderes, zeitgleiches Werk herstellte, gehört auch eine zum ersten Mal ausgestellte kleine Leinwand, die Magrittes Witwe noch »unter

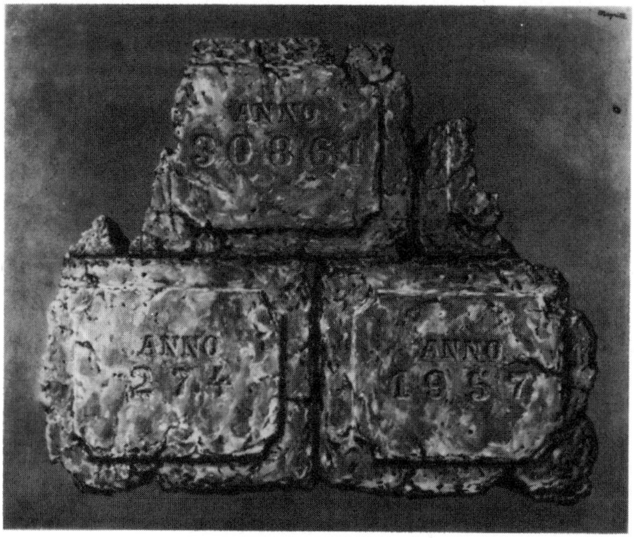

René Magritte, *Das Lächeln,* Öl/Lw., 1951

dem Bett« gefunden hat, auf welcher zwei grobe Flecken unförmig braun aufgespachtelt sind, unter deren rechtem, der tatsächlich der Silhouette einer Pfeife ähnelt (der linke mag ein Tabakhäufchen sein), die Worte »la pipe« geschmiert stehen. Ein paar Meter entfernt das Jahrhundertbild (aus dem Los Angeles County Museum of Art) »Der Verrat der Bilder« (1929): die genaueste Wiedergabe einer riesigen Pfeife vor neapelgelbem Grund, darunter die sorgfältig gemalte Behauptung: »Ceci n'est pas une pipe«. Eine Pfeife ist der, der es nicht glaubt.

An selten gesehenen Schaustücken des ästhetischen, nicht wissenschaftlichen Ereignisses sind ferner hervorzuheben: die Entwurfspaneele für den Wandfries im Palais des Beaux-Arts von Charleroi (»Feeologie«, 1957); eine Gouache: einige Dollarnoten und -münzen auf einem Tisch vor einem geöffneten, giftgrün gestrichenen Fenster, draußen ein drohend grauer Unwetterhimmel (»Der Riß«, 1949). Eine Zeichnung, einen Kopf auf einem Bowler zeigend (»Wie es euch gefällt«, um 1960), Panofskys Hut-Ikonographie konterkarierend: »Es ist möglich, jemanden den Hut ziehen zu sehen, ohne die Höflichkeit zu sehen.«

Das Gemälde in Minneapolis heißt »Die Spaziergänge des Euklid«. Euklid – der zwar kein Peripatetiker, sondern Akademiker war, aber die alten Griechen fanden und suchten die Weisheit im Umherwandeln – kannte noch nicht die Zentralperspektive, deren exakte Konstruktion Magritte so listig beherrscht, doch faßte er in seiner »Optik« die Beobachtung in Lehrsätze, daß Tiefenlinien oberhalb des Augenpunktes nach unten, unterhalb beginnende nach oben, rechte nach links, linke nach rechts zu verlaufen scheinen. Renaissance-Künstler und die analytischen Geometriker des 17. und 18. Jahrhunderts präzisierten die hier zugrunde liegende Raumvorstellung. Nie aber sollte Euklid oder irgend jemand in mehr als zwei Jahrtausenden danach auf die Idee kommen, daß die kürzeste Linie zwischen zwei Punkten nicht gerade, die Winkelsumme eines Dreiecks nicht 180 Grad sein könnte. Dies blieb der nicht-euklidischen Geometrie vorbehalten, die über die Milchstraße hinausschießende Dreiecke zu imaginieren vermochte im gekrümmten endlichen, unbegrenzten Raum.

Kopernikus revolutionierte das Weltbild im Hinblick auf die Revolutionen der Himmelskörper, Kant wandte die dogmatische Metaphysik zurück auf die im endlichen Subjekt angelegten Erkenntnisbedingungen – die conditio humana –, Magrittes Kritik der malerischen Vernunft führt die Bedingungen des Verhältnisses von Sehen und Denken vor Augen. Man muß aus ihm deswegen keinen Revolutionär unter der Tarnkappe des Bürgers machen (welche Analyse meist von Bürgern hinter revolutionärer Maske kommt), sondern lediglich nachvollziehen, welche Konsequenzen er aus der Wandlung des Weltbilds von Galilei über Newton zu Einstein für die Malerei zog.

Eine poetische Situation: Galilei begründet die experimentelle Physik an einem Ort, der seine Prädestination der Kraft verdankt, die zu erforschen ist. Magritte malt den Schiefen Turm (»Die Nacht von Pisa«, 1958), der sich, wie zur Abstützung, an eine gleich große Feder lehnt. Eine Feder fällt genauso schnell wie ein Stein. Wenn die Erde sich wirklich bewege, müsse der Stein nach Westen fallen, da die Erde sich unter ihm fortgedreht habe, halten die Gegner Galilei vor. Tatsächlich fällt er ein winziges Stück nach Osten . . .

Newtons Apfel verharrt bei Magritte vor einem Gesicht, füllt ein Zimmer aus oder wird so groß wie die Erde. Wie antwortet der Maler auf den Übergang vom klassischen Relativitätsprinzip zu Einsteins Relativitäts- und Gravitationstheorie? Poetischer als die Kubisten, die die vierte Dimension direkt abzubilden beanspruchten (Apollinaire), »seriöser« als Duchamp, profunder als Dalí, dessen weiche Uhren zweifellos genial sind: Durch die Schaffung von Bildern, denen dieselbe Realitätsart eignet wie dem Universum. Die materielle Gedächtnisräume des in den Kosmos gestellten Menschen verkörpern, wie wir formulieren können, wissend, daß Magritte Scheler, Bergson und die Bücher des französischen Philosophen und Bergson-Spezialisten Vladimir Jankélévitch las. Durch die Definition des Bildes als Beschreibung eines inspirierten Denkens, durch die Definition des Denkens als der Beziehung zwischen Zeit und Raum. Das Bild ist die Unverborgenheit des Denkraums, wo sich die Wahrheit ereignet.

Für Magritte war die Zukunft das Ende der Welt. Weder Optimist noch Pessimist, malte er nach Art quadratisch unterteilter Schokoladenriegel verbundene verwitterte Steinplättchen, die Jahreszahlinschriften tragen: ANNO 1957, ANNO 274, ANNO 30861 . . . (»Le sourire«, 1951). Einem Amerikaner, der sich bei einer Variante dieses Bildes – ein Stein mit der Jahreszahl 192 370 – wegen des Titels erstaunt erkundigt hatte, antwortete er: »Ein Stein aus dem Jahr 192 370, ausgegraben aus Ruinen nach soundsovielen Zivilisationen, die noch kommen werden . . . Ruft eine solche Darstellung nicht Lächeln hervor?«

Ein Chamäleon, das an Erschöpfung starb

Der Film, *le cinématographe*, wie er zu sagen liebte, war für Jean Cocteau die Fortsetzung der Poesie mit anderen Mitteln: ein mit Lichttinte auf Leinwand geschriebener, gemeinsam zu träumender Traum. »Das Blut eines Dichters«, sein erstes, 1930 gedrehtes Zelluloid-Werk, gibt eine poetische Lektion, die wesentliche, später variierte Erfindungen enthält: die Umkehrung des Zeitverlaufs, Aufhebung der Schwerkraft, der Kausalität, Durch-Spiegel-Gehen, Unsichtbarwerden, Belebung des Unbelebten. Der Film tötet den Tod. Er ist das Medium par excellence, welches die Vorstellung des Weiterlebens durch die künstlerische Schöpfung, als der höchsten Form der Sexualität, wörtlich nehmen kann. Konsequent, daß Cocteau sein Vermächtnis kinematographisch abfaßte (»Le Testament d'Orphée«, 1959).

Die siebente der Künste, der die zehnte Muse vorsteht, erschloß sich mit äußerlicher Leichtigkeit der inszenatorischen Kraft eines Mannes, der, als zweifellos vielseitigster Künstler dieses Jahrhunderts, auf den Ebenen aller fünf Sinne und des Denkens zu gestalten verstand. (Unbegreiflich, daß er bei der Ausstellung »Der Hang zum Gesamtkunstwerk« fehlt.) Ob er eine Jazz-Band dirigierte (1920) oder selber mitspielte, Mitglieder der »Gruppe der Sechs« (Auric, Poulenc, Milhaud, Honegger u. a.) zu musikalischen Soireen versammelte, für Diaghilev das Ballett »Parade« schrieb (1917) (um Picassos Gitarren klingen zu hören), als Windstoß im »Orpheus« (1926) auf der Bühne, in Serge de Polignys Film (1943) als Baron Fantôme vor der Kamera stand, Parfums für Coco Chanel entwarf oder 1948 für den Restaurateur Raymond Oliver die Zeremonie der Wiedereröffnung des »Grand Véfour« leitete, seine Aktionen durchzieht die spezifische, in jedem ihrer Punkte geistesgegenwärtige Linie seiner (ab den 50er Jahren verstärkten) bildkünstlerischen Arbeiten wie die wagemutige, akrobatische Haltung seiner poetischen Rhetorik (mit der seine Karriere

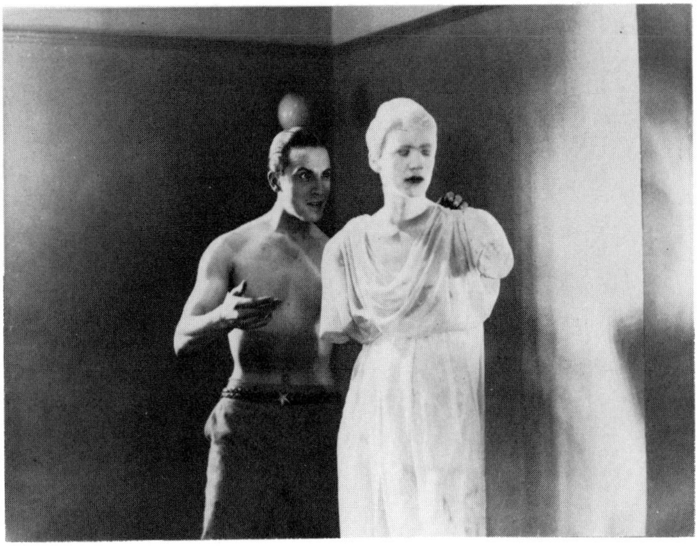

Enrique Rivero in Jean Cocteaus Film *Das Blut des Dichters*

im Paris der ausgehenden aristokratischen Belle-Epoque-Dekadenz begann).

Er wußte, wie weit man zu weit gehen darf. Er stieg 1914 in die Pilotenkanzel zu Roland Garros, um die feindlichen Linien zu überfliegen. Picasso habe ihn gelehrt, schneller zu sein als die Schönheit. Cocteaus Stil vermittelt Askese und Phantasie in brillanter Eleganz. Seine engen Hemdkragen und Manschetten, die umgeschlagenen Pullover- und die Jackettärmel mit rosa Seidenfutter – eine deutsche Gouvernante hatte auf die Kleidung des Knaben geachtet, die vom ersten Kindermoden-Couturier der Hauptstadt kam –, ein effektvoll aufgetürmter Haarschopf, die langen, gestikulierenden Hände und ein nie versiegender Redestrom, dies faszinierte das Publikum, schlug es unfehlbar in seinen Bann – oder rief die wütendsten Angriffe hervor.

Es konnte nicht ausbleiben, daß der intellektuelle Feuerwerker, der ständig Wunderkerzen abbrannte, der in drei Stunden eine Ausstellung großformatiger Zeichnungen improvisieren konnte, daß der Verkünder absoluter Freiheit des schöpferischen Individuums im heraufziehenden Zeitalter des kollektiven Genies als touche à tout, Imitator, Plagiator und Blender, politisch Suspekter und Verführer der Jugend bekämpft wurde.

Anläßlich einer Aufführung von »Parade« hatte André Gide 1920 notiert: »Cocteau stolziert in den Kulissen umher, wo ich ihn besuche; gealtert, eingefallen, leidend. Er weiß wohl, daß Dekoration und Kostüme von Picasso sind, daß die Musik von Satie ist, aber er fragt sich, ob Picasso und Satie nicht von ihm sind.« Als Poet mit der Fähigkeit begabt, aus einem Fehler noch etwas Gutes zu machen, fand Cocteau für die Tragik, die ein universeller Anspruch mit sich bringt, ein Bild: »Es war einmal ein Chamäleon. Sein Herr legte es auf eine bunte Schottendecke, um es warm zu halten. Das Chamäleon starb an Erschöpfung.« (Le Potomak, 1919). Der amerikanische Literaturprofessor Frederick Brown schildert in einer profunden, aber nicht minder maliziösen Biographie Jean Cocteau als einen von Ehrgeiz getriebenen, von grenzenloser Eitelkeit besessenen, oberflächlichen Jongleur, der sich im Intrigengespinst der Kunstwelt verfangen habe. »Er war bis in die Fingerspitzen ein bourgeoiser Aphoristiker. Sein Talent war visuell und formalistisch . . . Er war allgegenwärtig, aber auch nirgends.«

Die Surrealisten warfen ihm seinen modisch-mondänen Umgang vor, den Anklang bei kunstsinnigen Millionärinnen (Anna de Noailles, Winnie de Polignac, Misia Sert gesch. Edwards gesch. Natanson), das Pendeln zwischen Avantgarde und High Society, *Rive droite* und *Rive gauche.* Dabei hatte der Vicomte de Noailles im Laufe der 20er Jahre Kurzfilme von Man Ray und 1930 gleichzeitig Buñuels »L'Age d'Or« (Das goldene Zeitalter) und »Das Blut eines Dichters« finanziert. Zudem muten sämtliche kinematographischen Inventionen Cocteaus heute surrealistischer an, als der Papst Breton sie hätte vorschreiben können. Der wahre Grund für den Boykott durch die von diesem geführte Bewegung liegt in der Rivalität – die sich bereits 1919 über dem 16jährigen Raymond Radiguet entzündet hatte –, denn beide ähnelten einander so sehr, daß sie sich nebeneinander nicht ertragen konnten. Während Cocteau vom Kommunisten Aragon sich so unterschied, daß sie 1956 höchst geistreiche und harmonische »Gespräche über die Dresdner Galerie« führen konnten.

Cannes ist ein für den Luxus geschaffener Ort. Man hätte erwarten sollen, das Filmfestival wäre in der Lage gewesen, »einem der originellsten Filmschaffenden des internationalen Kinos der Nachkriegszeit«, der vor 30 Jahren einmal der Jury präsidierte, 20 Jahre nach seinem Tod eine angemessene Huldigung zuteil werden zu lassen. Doch wie die Preisrichter das

Meisterwerk »La Belle et la Bête« (1946) damals als »für Kinder zu hoch und für Erwachsene zu kindlich« einstuften, so fiel die jetzt angekündigte Hommage im neuen Palais unter Niveau aus: Eine für 1500 Francs ausleihbare Foto-Ausstellung über den Cineasten Cocteau, eine Montage seiner filmischen Motive von René Gilson, die Adaptation der »menschlichen Stimme« durch Michael Lonsdale; einige Worte von Jean Marais – über die erstaunliche Fähigkeit des Freundes, aus technischer Not eine poetische Tugend zu machen (am Ende der *Parents terribles*, 1948), über die den widrigsten Umständen heroisch abgetrotzten Dreharbeiten zu *Die Schöne und das Ungeheuer*, wo Tränen zu Diamanten erstarren, Karyatiden und Kandelaber sich beleben . . .

Die Côte d'Azur zwischen Hyères und Menton, wo die Natur alle Sinne aufs liebenswürdigste reizt, bedeutete arkadisches Gefilde für den Gesamtkunstwerker mit der labilen Gesundheit. Das milde Villefranche entdeckte er nach der ersten Opiumentziehungskur (1925). 30 Jahre später malte er dort eine Kapelle am Hafen aus. Ob er denn an Gott glaube, fragte ihn ein Erstaunter. – »Ja, an den Gott, der an meine Kapelle glaubt.« Was für Signac St-Tropez, für Picasso Antibes, war für Cocteau St-Jean-Cap-Ferrat, auf der Spitze zwischen Beaulieu und Villefranche.

Linkshänder
vom rechten Ufer

Kunst ist unerschöpflich, ein Künstlerleben jedoch endlich. Außer der Unverbrauchtheit der Moderne, wie »Westkunst« sie durch die Tat zu bestätigen suchte, kann man sich der Frage zuwenden, wie lange Vitalität und Kreativität einzelner ihrer Vorkämpfer unverbraucht blieben.

Neben dem munter wie ein Pan umherspringenden alten Pablo Picasso kommt das Bild des in seinen letzten Jahren an den Rollstuhl gefesselten Dufy in Erinnerung. Er trug den Schmerz scherzend: »Ich bin das *Art* in *Arthritis*.« Wenn es der Beweise für den Nichtzusammenhang zwischen körperlicher Schwächung und dem Erlahmen schöpferischer Kraft bedürfte, denkt man zuerst an Renoir in Cagnes, der sich den Pinsel an der Hand festbinden ließ oder mit einem Stöckchen seinen Gehilfen beim Skulptieren anwies, und an Matisse, wie er vom Bett aus mit Hilfe einer langen Stange an die Wand zeichnete. Raoul Dufy wurde solcher Heroismus nicht zugestanden, das Urteil der Kunstgeschichte zählte ihn bisher eher zu denen, die in ihrer Jugend einer radikalen (mittlerweile konsekrierten) Bewegung – dem Fauvismus – angehörten, danach aber in oberflächlichen und flüchtigen Wiederholungen bloß dekorativer Saisonware sich verbrauchten. Edgar Degas' spöttischer Satz hätte auf ihn Anwendung finden können: »Jeder kann mit 25 Jahren Talent haben, worauf es ankommt, ist, mit fünfzig Talent zu haben.« Dufy erschien am Ende als *petit maître* (Kleinmeister), ja als *petit-maître* (Stutzer).

Außer dem Maß des Avantgardismus und seiner Aufzehrung im Epigonentum gibt es weitere, zum Teil fragwürdige Parameter, die zu authentischer Erkenntnis der Moderne verhelfen sollen. Sie bestehen aus den Gegensatzpaaren realistisch/idealistisch (für das 19. Jahrhundert), gegenständlich/ungegenständlich, katholisch/protestantisch, engagiert/dekorativ, rechts/links. Aufschlußreich für das kulturelle Leben in Paris zu Beginn

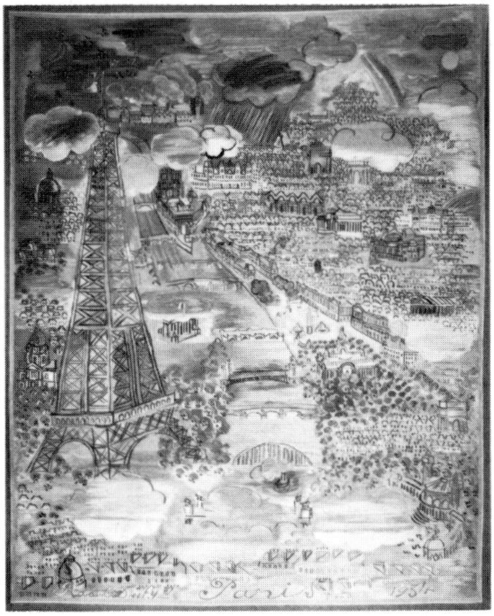

Raoul Dufy, *Paris*, 1934, Gobelin, 195 × 155 cm

dieses Jahrhunderts und geeignet, Raoul Dufy angemessener zu würdigen, ist indes ein im Ursprung topographischer Dualismus. *Rive droite* steht für die Welt der Oper, des Theaters, der Mode und der literarischen Salons, die Welt des Geldes, des journalistischen Klatsches (42 Tageszeitungen), aristokratischer Exzentrik, symbolistischer Dekadenz; *rive gauche* für Dadaismus und Surrealismus, Universität, Akademie. Wenn es nicht etwas zu einfach wäre: Die Welt der Sinne stand gegen die des Geistes. Bergson gegen Proust, Breton gegen Cocteau, Café Rotonde oder das Dôme gegen Larue oder Maxim's, Café Flore gegen Le Bœuf sur le Toit.

Vor dem Ersten Weltkrieg war in Paris das Persien-Fieber ausgebrochen, und zwar so heftig, daß es auch das linke Ufer erfaßte. Vom Montmartre bis zum Montparnasse wurden Feste gegeben, zu denen die Männer als Sultane verkleidet, die Frauen in Haremskostümen erschienen. Die Weltausstellung von 1900 hatte den Orientalismus befördert. Das Musée des Arts Décoratifs präsentierte 1903 und 1907 zum wiederholten Male islamische Kunst, was Matisse, endgültig 1910 in München, erleuchtete. Cocteau gründete 1909 eine Zeitschrift (»Schéhérazade«), Diaghilew produzierte 1910 ein Ballett (»Schéhérazade«), der Modezar Paul Poiret gab im Juni 1911 am Faubourg St-Honoré einen Künstlerball (»Die 1002. Nacht«). Zweihundert Gäste lagerten auf persischen Teppichen, erwarteten Feuerwerke, schauspielerische und akrobatische Darbietungen, Äffchen sprangen von Baum zu Baum, rosa Ibisse staksten über den grünen Rasen. Den Auftrag, einen den Eingangshof überspannenden, hundert Quadratmeter großen Baldachin zu bemalen, hatte Raoul Dufy erhalten.

Unterstützt von André Dunoyer de Segonzac, versetzte er den turbantragenden Gastgeber in effigie zwischen die Sterne eines blumengesäumten Himmels; Madame Poiret harrte der Ankömmlinge in einem goldenen Käfig. »La Fête Persane«, einschließlich der handkolorierten Einladungskarten, bezeugt bereits das außerordentliche dekorative Talent Dufys. Es entfaltete sich auf allen Sinnesebenen: gleichermaßen in den Holzschnitten zu Apollinaires »Bestiarium« (1911) und der Werbung für das Parfum »Rosine« (1912) wie in der intensiven Zusammenarbeit mit dem Lyonnaiser Seidenfabrikanten Bianchini-Férier von 1912 bis 1928, als Tausende von Stoffmustern entstehen (die manchmal auf Vasarely und Mavignier vorausweisen), ab den zwanziger Jahren in Bühnenausstattungen, Wandbehängen, Wandteppichen und Wandbildern, in arkadischen Töpfer- und Emailwaren (1922-1939), endlich in dem 600 Quadratmeter, also vier »Paradiese« Tintorettos großen Monumentalgemälde für die Weltausstellung 1937, der von Lukrez inspirierten »Fee Elektrizität«.

Außer Apollinaire, Mallarmé, Gide (»Uns nährt die Erde«) und einem Pflanzenbuch der Colette illustrierte Dufy »Mon Docteur le Vin« (1936), ein Werk, das ausführlich darlegt, welch heilsame Wirkungen der Wein kraft seines Vitamingehaltes und seiner Radioaktivität auf Drüsen, Gewebe, Blutbildung, Nervensystem und die Moral auszuüben vermag. Vor den Orchesterbildern, die Dufy neben fast ebenso zahllosen *Hommages* an Mozart, Bach, Debussy in Gouache oder Öl ausführte, glaubte Pablo Casals zwar nicht das gespielte Stück, aber immer dessen Tonart zu erkennen.

All dies dokumentiert erstmalig umfangreich die vom Arts Council veranstaltete Retrospektive in der Hayward Gallery am Südufer der Themse. Ausgezeichnete Katalogbeiträge von Bryan Robertson und Sarah Wilson bemühen sich um eine Rehabilitierung des Künstlers. Kulinarisch-gastronomische Kunst verströmt für strenge Ästhetiker von Plato bis Adorno leicht den Geruch des Banausischen. Daran mag Wahres sein.

Abgeschmackt ist in der Tat, daß ein Cognac-Hersteller die Ausstellung finanziell förderte und dies überall groß verkündet. Dufy hat damit jedoch nichts zu tun.

Zur Aufwertung des meist abschätzig verwendeten Begriffs des »Dekorativen« genügt ein Blick in die Schriften von Matisse, der spätestens seit 1910 Empfindungen in »dekorativen Kompositionen« verdichten will. 1945 äußert er in *Les Lettres françaises*, das Dekorative sei für ein Kunstwerk »äußerst kostbar«, eine »wesentliche Qualität«. Zwei Jahre später begründet Raoul Dufy in der gleichen Zeitschrift seine Behauptung, der »höchste Zweck« eines Gemäldes sei es, dekorativ zu sein, es sei »fast dazu verurteilt«, mit der natürlichen Affinität der Pinselspitze zu Voluten-, Schlenker- und Schnörkelformen. Näheres zu seiner ästhetischen Auffassung dürfte sich aus Notizbüchern ergeben, die bislang unveröffentlicht blieben. Hingegen wurde das bildnerische Werk in 3841 Posten weitgehend katalogisiert.

Die zentrale Figur in Dufys Karriere war Paul Poiret. Er holte den verarmten Avantgardisten 1911 vom linken Ufer an den Boulevard de Clichy, wo er ihm ein bescheidenes Atelier mietete. Eine der denkwürdigen Leistungen dieses Couturiers, vor der Erfindung des Humpelrocks (1911) und des Hosenrocks (1912), war die Abschaffung des Korsetts (1907). Von der Praxis angewandter Kunst her fällt so Licht auf den Fauvismus, dessen Vertreter von einer unfreundlich gesinnten Kritik ja weniger »Wilde« als vielmehr »die Wirbellosen« tituliert wurden. Das Abstreifen der Ingresschen Korsage trieb Dufy zwanzig Jahre später auf eine ihm eigene Spitze, indem er die Kontur der Farbe davonschwimmen, diese aus jener auslaufen ließ. Das bedeutet strukturell: eine Reminiszenz an Arbeitsteilung im einfachen Handwerk und zugleich einen neuzeitlichen Beitrag zur Zweiheit »disegno e colore«, die die ältere italienische Kunsttheorie entwickelt hat; und effektiv: das Bild erhält erstaunliche Transparenz und Beweglichkeit.

In einem weiteren Punkt bewies Poiret Spürsinn für zukunftsträchtigen Zeitgeist. Einem Trend der damaligen französischen Volksschulpädagogik – und der Vorliebe der Fauves für Kinderzeichnungen – folgend, gab er dreizehnjährigen Mädchen aus der Arbeiterklasse Gelegenheit, Ausflüge zu machen und in seiner *École Martine* nach Lust und Laune zu aquarellieren.

Solche Unbeschwertheit und Naivität verkörperte Dufy als Fünfzigjähriger. Gertrude Stein: »Man muß über das Vergnügen nachdenken. Raoul Dufy ist Vergnügen.« Angewandte und freie Kunst waren ihm Stand- und Spielbein, die er häufig wechselte. Nachdem sich seit den zwanziger Jahren Erfolg und Anerkennung in der Metropole eingestellt hatten, reiste er verstärkt an die Côte d'Azur und an die normannische Küste bei Le Havre, seiner Heimatstadt, auch zuweilen über den Kanal (Henley, Epsom, Ascot, Cowes).

Die Atmosphäre jener Landschaften der Lebensfreude fing er in Gemälden, Gouachen, Aquarellen, Zeichnungen ein. (Es sei hier auf die in angrenzenden Räumen der Hayward Gallery ausgestellten Photographien David Hockneys aufmerksam gemacht. Hockney findet das gegenwärtige Äquivalent zu Dufys Côte d'Azur in Kalifornien. »Zeichnen mit der Kamera«, komplettierende Photographie dient ihm der autobiographischen Notation.) Dufy entwickelte Chiffren: Seine Hüte und Schirme sind schon früh ein Begriff, die Plakatwände von Deauville (1906) zeigen Prototypen bildwürdiger Buchstaben. Fahnen und Wimpel flattern; dutzende Male, mit Marquet und Léger, wird ein 14. Juli gefeiert. Chiffren, Gestalten: Zacken der Palmen, das sich kräuselnde, glitzernde Meer, Kurven des Modells, Ornament des Fußbodens, Lichtstreifen der Schlagläden, Rauten der Terrassenwände, Schwingen schmiedeeiserner Gitter, bauchiger Baluster, Dreiecke der Bootssegel, Ballungen der Dampfer und Wolken, Schmetterlinge.

Er porträtierte den Boxweltmeister, liebte die Stimmung der Sattelplätze, Polospiele, Regatten, der Jachten und der Jagden. Gegen Légers Arbeiterkonstruktivismus setzte Dufy, nicht weniger patriotisch, *la vie en rose*. Der Virtuose vom rechten Ufer bewies Walter Benjamins Satz, daß die entscheidenden Schläge heute mit der linken Hand geführt werden.

Der große Affirmator

Als Salvador Dalí am 8. Mai 1953 in sein Tagebuch schrieb »Maler, du bist kein Prediger! Male also und schweig!«, lag darin das Maß an Ironie, das er an der Hegelschen Dialektik, die er neben dem griechischen Sophismus und der jesuitischen Disputationslogik zu den Vorstufen seines Denkens zählte, so sehr vermißt hatte.

Vom Maler als hantierendem Affen, der sein bildnerisches Geschäft nicht mit Worten, Sätzen und Systemen vernünftig begründen kann, hielt er überhaupt nichts. Seit dem 23. Lebensjahr veröffentlichte er selbst eine Fülle provokanter, lyrisch-epischer wie theoretischer Artikel, Manifeste und Bücher. Einmal um Angabe seiner Identität gebeten, führte er unter der Überschrift »POLIFACETIC Dalí« das folgende auf: Mystiker, Philosoph, Architekt, Juwelier, Autobiograph, Erfinder, Conférencier, Theoretiker, Romancier, Bühnenbildner, Librettist, Couturier, Cinéast, Bildhauer; um an den Schluß zu setzen: »et aussi . . . peintre«.

Neben diesem Anspruch auf Ebenbürtigkeit mit humanistischen Universalkünstlern wie Alberti und Leonardo wirkt das Selbsturteil: »wenn man mich mit klassischen Malern vergleicht, bin ich null und nichtig« als Bestätigung der Erfahrung, daß man am bescheidensten über das spricht, was man am besten kann.

Erste Gemälde sind vom Zehnjährigen überliefert. In rascher Folge werden bis 1927 fast sämtliche Stile der Moderne durchprobiert, assimiliert, überwunden: Impressionismus, Pointillismus, Fauvismus, Kubismus, Klassizismus. Auch wenn er malte, war Dalí »polifacetic«, vielgesichtig – ein frühes kubistisches Selbstporträt scheint es zu zeigen.

Seit er schrieb, betätigte sich der vielsprachige Katalane als Wissenschaftsdilettant, der mit dem Kannibalismus seiner »Geisteskiefer« die neuesten und interessantesten Ergebnisse von Kunstgeschichte, Psychologie, Philosophie, Religion, Jurisprudenz, Optik, Nuklearphysik, Molekularbiologie, Genetik, Physiologie, Geodäsie und Astronomie vereinnahmte. Ein metaphernintensiver Assoziationsrausch bringt ein parawissenschaftliches System, eine Kunstdogmatik hervor, deren Herzstück zugleich die Methode ihrer Hervorbringung ist: die 1929 entwickelte, 1930 in dem Buch »La femme visible« veröffentlichte und dann noch präziser in »La Conquête de l'irrationnel« (1935) gefaßte »activité paranoiaque-critique« – neben Magrittes Wort-Bild-Theorie wohl das erregendste Denkresultat eines bildenden Künstlers des 20. Jahrhunderts –, die, unter Anwendung ihrer selbst definiert als »spontane Methode irrationaler Erkenntnis, welche auf der interpretativ-kritischen Assoziation wahnhafter Phänomene beruht«, einen zum Zwecke poetischer Kreativität kontrollierbar gemachten Beziehungswahn inszeniert, der, insofern über das dadaistische Prinzip der Zufallscollage und die automatistischen Anfänge der Surrealisten hinausgehend, die Verwirrung zum System erhebt, sie aktiv systematisiert, den Zufall synthetisiert, in der Außenwelt die Beweisstücke für eine inspirierte Idee aufspürt und unter dem Diktat des Lustprinzips und des »hyperindividualistischen Willens einer typisch königlichen Persönlichkeit« Verschiedenartiges und Auseinanderliegendes zu einer ekstatischen Einheit verdichtet.

»Mein ganzes geistiges Leben ist als Aufzeichnung von Erscheinungen zum Zweck einer orgiastischen Total-Überlagerung geformt«, charakterisiert der Künstler diese seine Version einer heilig-exaltierten Anstrengung des Bildes.

Einen Eindruck solchen Mehrfachbelichtungs-, solchen Teleskop-Denkens, das dionysisch seine Elemente ineinanderschiebt, vermitteln die (von Pauwels mitgeteilten) Auslassungen Dalís über den Schönheitsfleck am Ohr seiner Frau Gala, der, da an gleicher Stelle auch bei Picasso zu finden, ihm auf eine Konzentration magischer Kräfte hinzudeuten scheint – was sich prompt bestätigt durch Hinzuziehung der Ästhetiken Matila Glykas, Fra Luca Paciolis, eines Lehrbuches der Physiologie und der Aussagen eines deutschen Forschers der vergleichenden Morphologie.

Als Äquivalent und Anwendung der intellektuellen Methode *paranoiaque-critique* im bildnerischen Bereich gelten Dalí seine vielgesichtigen Gemälde, die, die Arpsche Figur-Grund-Ambivalenz wie Max Ernsts Form-Inhalt-Divergenz komplizierend, wie eine kalkulierte Figur im Rorschach-Test mehrfach lesbar sind: »Frau«, »Schlachtengetümmel«, »Löwe« und/oder »Pferd«. Wobei eine Begrenzung der Vorstellungsreihe nicht etwa in der Vorgabe objektiviert ist, sondern »überhaupt nicht oder je nach der paranoischen Fähigkeit jedes einzelnen besteht«.

Dalís *activité paranoiaque-critique* und sein »Phänomen der Ekstase« (1933) erinnern an Magrittes Beschwörung der *présence d'esprit* und seine Forderung nach *liberté de l'esprit* und dem *luxe de la pensée.*

René Magritte ist der ferne und heimliche Antipode Dalís – was besondere Affinitäten beinhaltet. Beide sind absolute, kinderlose Monogamisten. Beide vergöttern Gala/Georgette, die Liebe, die Ununterscheidbarkeit von Spiel und Ernst, die »lebendigen Kräfte«, das Dogma der poetischen Unmöglichkeit von Vergleichen, das »univers mental«. Beide sind Meister des surrealistischen Umpolverfahrens. Nicht der Verrückte ist verrückt, sondern die Gesellschaft, in der er lebt. Die »Wirklichkeit« ist ihnen der »simple Zustand depressiver Denkfaulheit« (Dalí) oder, positiv gewendet, Resultat unseres »SINN-Denkens«, unseres Charmes, unserer Verantwortung (Magritte).

Auf anderen Feldern aber sind krassere Kontraste kaum denkbar zwischen dem Vielgesichtigen und dem Gesichtsverberger*. Während der eine, lakonisch-stoisch, eine bescheidene Existenz in bürgerlichem Rahmen führt, der demokratisch-sozialistischen Seite zuneigt, treibt der andere als erklärter Anarcho-Monarchist in mit dem Alter zunehmender Gigantomanie und in hypertropher Selbstaffirmation, die Eigenkarikatur nicht scheuend, zu den *pompiers*, den genialen Kitschiers (»wie alle Höflinge spezialisiere ich mich darauf, den Arsch aller wichtigen Geschöpfe und aller Könige zu lecken«), spiegelt die kapitalistische Ausbeutungs- und Verschwendungsordnung mit schonungsloser Ehrlichkeit (»eine Religion, die dem Gold huldigt und die Teilnahme der Bankiers braucht, bleibt für mich eine sehr reale Möglichkeit«) und trifft sich neuerdings mit Gestalten wie Beuys oder Warhol in der Gleichung Kunst = Kapital (»mich interessiert das Geld, das ich dabei verdiene«) – weshalb der tiefernste, gravitätische, für Entwicklungen frühzeitig sensible André Breton den »Avida Dollars« 1934 aus der Surrealistengruppe exkommunizierte (zweiter Anlaß war Dalís schwärmerische Würdigung des Hitlerschen Rückenfleisches). 1931 bereits hatte Dalís in »Le Surréalisme au Service de la Révolu-

* Morphologisch betrachtet, steht das Punkthaft-Konzentrierte, Nadelspitze, Diamantene gegen das Zerstreute, Mysteriöse – Denkfläche, Denkraum gegen orgasmisch katholische Geistigheit, Genie exzentrischer Konzentration gegen Genie der akuten Zerstreutheit. Dalís Prinzip ist das der Perle: Ideen, die von selber strahlen. Magritte repräsentiert das Prinzip des Eis.

tion« erschienene *rêverie* wegen ihrer ungehemmten Sexualphantasie die wütenden Attacken des in dieser Hinsicht eher konservativen Aragon samt der kommunistischen Partei hervorgerufen.

Eklatierte in seinen jungen Jahren Dalís Opposition (»mein angeborener Widerspruchsgeist«) in Schmähbriefen an spanische Prominente, in den katalanischen Manifesten, Vorträgen, Artikeln und in den Filmen mit Buñuel weit skandalöser als die Magrittes in der Brüsseler »société secrète«, so vollzog der Spanier später auch viel radikaler als der Belgier den Umschwung zum Skandal der Affirmation.

Hierin wiederum liegt die Verwandtschaft zum zweiten Gegenspieler: Picasso – von dem Cocteau sagte, er sei seinem Grundsatz des Erwartungsverstoßes treu geblieben, indem er plötzlich aufgehört habe, seinen Stil ständig zu verändern.

Picasso ist der nahe und offensichtliche Rivale Dalís. Der um 23 Jahre Jüngere bewundert und bekämpft gut freudianisch die dominante Vaterfigur. Dessen »Guernica« konkurriert sein »Cannibalisme d'automne« (1936/37), wozu es erläuternd heißt: »Diese iberischen Wesen, die sich im Herbst gegenseitig verschlingen, drücken das Pathos des Bürgerkriegs aus, aufgefaßt (von mir) als eine Erscheinung der Naturgeschichte, im Gegensatz zu Picasso, der ihn als politisches Element auffaßte.«

Die häufigen Bekenntnisse zu Franco und zur Monarchie sind die Bekenntnisse eines *agent provocateur et simulateur* im Gewande des Apolitischen, der eingesehen hat, daß es dumm wäre, nicht alle Ansichten zugleich haben zu können.

Zweitens finden wir ein das gesamte Dalísche Denken durchziehendes Grundmotiv, wenn nicht Grundthema (um dessen symbolischer Apotheose willen ein 38 m langer Löffel ins Centre Pompidou geschafft wurde), eine Prozedur, die zur künstlerischen Tätigkeit – Wahrnehmen, Denken, Gestalten; oder: Verinnerlichen, Bewegen, Entäußerlichen – wie der eigentliche Sinn zur Metapher sich verhält: die Verdauungstätigkeit.

»Das Politische, wie auch alles andere, muß sich bei Dalí in einer eingeweidehaften bildlichen Vorstellung auflösen.« Spinat läßt dann, weil unförmig, Freiheit assoziieren, Austern und Hummer verkörpern hingegen das geschätzte Inquisitorisch-Zwingende, das moralische Entscheidung provoziert. Essen und Trinken wie deren Gegenteil sind bei Dalí surrealistische, zeremonielle Akte. So ist er nicht nur ein Verfasser von Kochbüchern und Feinschmecker kapriziösen Raffinements, sondern versteht sich auch auf ein produktives Geschäftemachen im Sinne des Otto Rank und Sigmund Freud wohlvertrauten Dukaten-Scheißers. In Amerika, sagt Dalí, seien die Schecks bei ihm eingetroffen wie Durchfall.

Dabei spielt er den irdischen (mit Hilfe amerikanischer Einfriertechnologie auf wirkliche Unsterblichkeit zielenden) Platoniker und Anhänger der Sublimationstheorie: »Die physiologische Verausgabung ist eine oberflächliche Art sich auszudrücken«, und, »was aber den ›göttlichen Dalí‹ angeht, tritt ihm doch einmal durch Zufall ein Tropfen Sperma aus, so braucht er den Eingang eines Schecks von großem Wert, um die Ausgabe gleich wieder zu ersetzen.« Dem alten Vorrang der Idee vor der Materialisation entspricht sein Ratschlag »Abstinenz während der Konzeption – Liebe während der Ausführung«.

»Die Geburt der flüssigen Ängste« heißt ein Gemälde von 1932. (Es gibt auch eine »Geburt der flüssigen Wünsche«, 1932.) Neben den weichen Uhren (einer sinnreichen Veranschaulichung der Relativitätstheorie) und anderen anamorphotischen Dehnungen tauchen auf Bildern und in Objekt-Ensembles dieser Zeit immer wieder Spiegeleier, Schokolade, Exkremente, Milch, Tinte und Blut auf (– während bei de Chirico es sich noch um Härteres handelte, Kekse, Artischocken, Bananen). Eine Wachskerze gerät Dalí zur »darmmorphologischen Metapher« (während Magritte sein Gemälde mit den am Strand sich schlängelnden Kerzen »La méditation« betitelt).

Der Surrealist, zwischen den kalten Wassern der Kunst und den warmen der Wissenschaft schwimmend, ist, proklamiert der Spanier schließlich 1935, Kaviar.

Das surrealistische Scharnier zwischen Essen und Sexualität bildet also einmal das Flüssige, Weiche – wie Dalí es in den Volumina des Jugendstils, besonders seines Landmannes Gaudí, vorbildlich fand. Angesichts dieser Wasser meißelnden Architektur *modern' style* kommt er 1933 in Minotaure, ein Breton-Zitat abwandelnd, zu der Losung: »Die Schönheit wird eßbar sein oder gar nicht.«

Zweitens ist da der Mythos von der Gottesanbeterin, *mantis religiosa*. In einer wissenschaftlich hochgelehrten Abhandlung (mit parawissenschaftlichen Folgerungen) in *Minotaure* (1934) deutet Roger Caillois das biologische Faktum der Begattungsmahlzeit – die Gottesanbeterin köpft und verschlingt das Männchen vor und während des Liebesaktes – psychoanalytisch aus als eine archetypische, auch im Menschen fortwirkende Verhaltenskonstante und Gefühlskonstellation, ja »lyrische Objektivität«. (Dabei konnte er sich nicht nur auf Baudelaires *femmes fatales*, sondern bis zu Philostratos von Samos rückbeziehen, der von einer Schönen berichtet, die einen jungen Philosophen »durch Wollust anlockte, um ihn zu verschlingen«.)

Analerotik, Politkannibalismus, Fetischismus, Sodomie, Zerstückelungsphantasie, Nekrophilie, Koprophagie, Petomanie – welche scheinbaren oder wirklichen Perversionen man Dalí auch bescheinigen mag (z. B. Peter Gorsen in seiner hervorragenden Studie von 1974), im Reich der Kunstschönheit sind sie bestens aufgehoben.

Die Schönheit der Dalíschen Gemälde ist überwältigend. Malerische und denkerische Qualität sind zu höchster Perfektion entwickelt. Vorbehaltlos gerühmt wird Dalí wegen seiner detailbesessenen Malweise, wo, wie gesagt, er Bessere anerkennt: Raffael, Vermeer, Velázquez, Meissonier. Er selbst sprach von »imperialistischer Präzisionswut«. Sie geht auf eine nie mehr vergessene Regel zurück, die ein Ordensbruder dem Jungen fürs Kolorieren eingeschärft hatte: »Niemals über die Linie gehen!« Und allgemein sehen wir in ihm ja nicht den Grenzüberschreiter, sondern den, der die Möglichkeiten seines Lebens bis zum Äußersten dehnt.

Es ist maximal lebenssteigernder Genuß, im »Krug« (1922/23) und »Brotkorb« (1926) die subtilsten Taktil-, Duft-, Klang- und Geschmacksreize der abgebildeten Materien zu erfahren.

Der Gegenstandsrealismus verschiebt sich 1926/27 zur »Photographie« onirischer und privat-psychoanalytisch symbolischer Objekte. »Der große Masturbator« (1929), wiewohl auch noch spielend mit der Materialambivalenz von Fleisch und Stein, stürzt uns in die Seelengemetzel des mutterfixierten hysterischen exhibitionistischen Jünglings, der onaniert und sich mit dem Vater überwirft. Das gleichlautende Poem, erschienen in »La femme visible«, beschwört alptraumhafte Szenerien von wimmelndem Leben, Kostbarkeit und Verwesung in der halluzinogenen Blendung der spanischen Mittelmeersonne. Auf dem Höhepunkt der Krise in jenem Jahr 1929 beglückte Gala Dalí: »Am folgenden Tag faßte sie mich an der Hand, sie beruhigte dieses Lachen, sie sagte ernst: ›Mein Kleiner, wir werden uns niemals verlassen‹«. Gorsen feiert die »kunstvolle Koinzidenz von erfüllter Liebe und erfolgreicher Analyse«, dieses »lebende Kunstwerk«.

Von nun an ist der Exote zentriert, bannt Phantasie und Materie zur *konkreten Irrationalität.*

Man vergleiche Dalís »Blutige Rosen« (1930) auf dem Bauch einer verzückten Nackten mit der Rose über dem Herzen einer gestiefelten Blondine des gleichaltrigen Magritte (Jeune Fille, 1924): Dalí erfindet weniger Neues, als daß er Ideen anderer perfektioniert, intensiviert, eskaliert.

In dem berühmten Gemälde »Die Metamorphose des Narziß« (1936/37) benutzt er, wie Gorsen wahrscheinlich gemacht hat, Jacques Lacans Theorie von der Ichidentitätsbildung per »Spiegelstadium«. Wieder gibt Dalí dem Bild ein gleichnamiges Gedicht bei und ermöglicht so, unsere Phantasie lenkend, eine objektive Deutung. Der über einen Teich gebeugte Narziß wird allmählich reglos, beschwert, schließlich von seinem Spiegelbild verzehrt – anschaulich durch das vom Maler meisterhaft provozierte Abnehmen, dann Umschlagen unserer Gestaltwahrnehmung – und taucht nebenan wieder auf in Gestalt seiner metamorphierten Verdoppelung, nun als Hand, die ein Ei hält, dem die rettende Blume entsprießt – zur Wiedergeburt des Narziß als *alter ego*: Gala.

Dalí, der exaltierte Narziß (selbst zu zweit), unter dem Zwang, sich immerfort identitätssuchend wiederzugebären, strebt im Grunde nach intrauteriner Geborgenheit – während Magritte Zeit seines Lebens die Geburtsbenommenheit, seinen *ennui*, trotz zwischenzeitlicher exaltierender Gedanken nicht mehr loswurde.

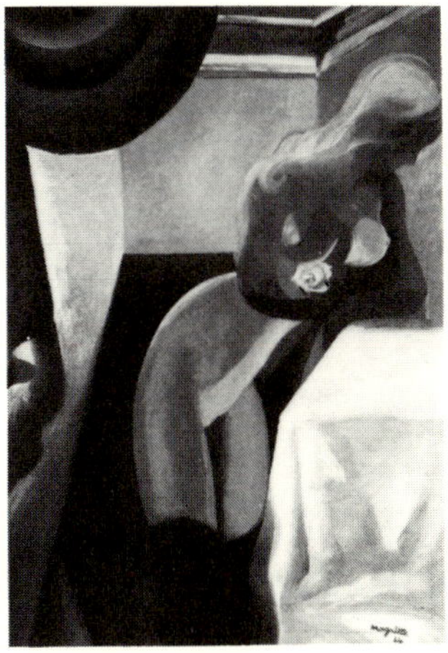

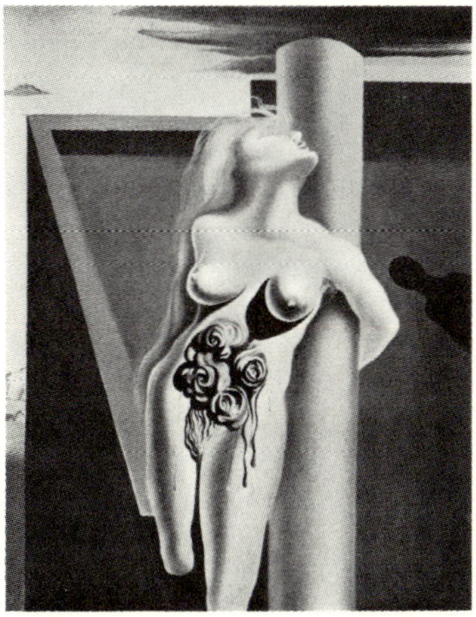

Über den Kitsch

Ein Dialog aus der Unterwelt

Personen
SISYPHOS
TANTALOS

SISYPHOS

Siehst Du dort die Hydra, den vielköpfigen Kitsch? Er zeigt seine Fratze immer dann, wenn Anmutungsqualitäten, Effekte und Bedeutungen über die Materialität eines Objekts dominieren, entstamme dies Objekt einem bildnerischen, musikalischen, architektonischen oder sprachlichen Zusammenhang, gehöre es zur Welt der Politik, der Düfte, Einrichtungsgegenstände, der Werbung oder des Tourismus. Hummerschwanz in Erdbeersauce (weil das Lokal rosa gestrichen ist), der Blutbrunnen in Teheran, San Marco oder der Eiffelturm im Disney-Maßstab eins zu zehn, das »Komforttelefon« und andere Prägungen des Beamtendeutsch, der Neubau mit fabrikfrischen Holzbalken und Stilmöbeln, das Sparbuch, Grafiken von Meckseper, ausgedehnte Rubati bei einer Chopin-Interpretation, gepreßte Kristallgläser, 4711 und der Club Méditerranée haben gemeinsam: Verfremdung, Vermassung, Verkleinerung, Verniedlichung, Versüßung, Verschaukelung, Täuschung, Geschäftemacherei, Ausbeutung – kurz: Kunst ist Wahrheit und Kitsch Lug und Trug. Da aber der Kitsch geliebt wird? Mundus vult decipi.

TANTALOS

Zu deutsch: Die Menschen machen sich etwas vor. Gilt nun dies auch für das Sparbuch, das Du so selbstverständlich unter die Kitschdelikte versetzt? – Soviel jedenfalls ist mir klar: Kitsch ist für Dich – genauso wie Kunst – eine Eigenschaft, die im Prinzip *allem* zukommen kann, sofern es nur als Objekt auftritt. Das Sparbuch ist ein Objekt. Aber inwiefern ist es Kitsch? Oder andersherum gefragt: Durch welche ›Kunst‹ wäre es zu ersetzen?

SISYPHOS

Durch die Kunst des Schuldenmachens. Im Zeitalter des Weltwährungsfonds und zahlungsunfähiger Entwicklungsländer eine gar nicht so abwegige Idee. Ab einer gewissen Schuldenhöhe verkehrt sich das gewohnte Abhängigkeitsverhältnis von Schuldner und Gläubiger. Nun gut – gebe ich eine weniger provokative Antwort: durch die Kunst der Spekulation; oder die der Investition. Es wird mir jedesmal weh ums Herz, wenn ich die kleinen Leute ihr mühsam Verdientes zu kleinsten Zinssätzen und langen Laufzeiten zu den großen Kreditinstituten tragen sehe. Genauso weh, wie sie es für original nachgemachte Murano- oder Jugendstilleuchter ausgeben zu sehen oder für »authentische Replikate (sic!) von Häusern, die es wirklich gibt oder gab«, mit Gießform- und Malvorlagen und »kleinen Urkunden zum Aufkleben«, z. B. des Lutherhauses in Eisleben. Das Deckchen auf dem Tischchen, die Untertasse auf dem Deckchen, die Serviette auf der Untertasse, das Schälchen auf der Serviette, das Deckelchen auf dem Schälchen, die rokokogezierte Zuckerzange auf dem Deckelchen – ist das nicht der Bausparvertrag – Stein auf Stein mit Vorbedacht ergibt schlußendlich ein Gebäude? Da magst Du sagen: Ist so ein Sparbuch für den kleinen Mann nicht ganz realistisch, und entspräche nicht gerade ein Kostolany-Nachäffen dem Murano-Glas für jedermann, warum sollte der kleine Mann sich als Großanleger aufführen. Ist die Bildzeitung ihm nicht adäquat, und wäre es nicht kitschig, wenn er die NZZ läse, wie es snobistisch wäre, wenn der Weltmann BILD? Das Adäquate tun und nicht vom rechten Maß abweichen, das enthüllt sich hier als Gegendefinition vom Kitsch. Für den Reichen ist das Sparbuch Kitsch und für den Armen der *rich kitsch*: Cartier-Uhren, ob echte oder in Japan nachgemachte, Spekulationen, die auf ein ›System‹ setzen und mit Totalverlust enden, Maxim's in Peking, für japanische Brautpaare christliche Trauungen auf dem Monte Rosa. Ist »Vermischung von Heterogenem« vielleicht ein Kitschkriterium? Bestimmt nicht generell, immerhin haben wir den Surrealismus und solche Raffinierungen wie eine (nachgebaute!) Art-déco-Kommode, mit einem Kandinsky-Motiv überzogen, oder einen 18.-Jahrhundert-Piemont-Stil-Sessel mit signacfarbigem Polster . . . solches würde erst kitschig, wenn es in die Massenproduktion ginge – Vermassung ist eine Variante der Abweichung vom rechten Maß –, Poster von Dalí-Gemälden, Vasarely . . . Trotzdem, auch im Falle der Reproduktion – siehe Warhol –, auch im Falle der Maßstabverrückung – gilt: Oldenburgs gigantisches Eis am Stiel ist natürlich kein Stilbruch, auch nicht die Puppenstuben von Reiss, nicht die Imbißstuben in Form eines Hamburgers, die Postämter in Form von Paketen, denn dies ist Postmodernismus, und das kannte schon Ledoux als sprechende Architektur, und es ist unzweifelhaft hohe Kunst.

TANTALOS

Was in der Kunst der Reflexion dient, wird außerhalb ihrer zum Ulk.

SISYPHOS

Ce sont les regardeurs qui font la musique. Ein gutes Bewußtsein scheint auch den letzten Schund und Kitsch und süßliches oder saures Gebräu noch retten zu können. Immer kommt es auf das Ganze an. One man's Kunst is the other man's Kitsch!

TANTALOS

Womit wir denn eine weitere Relativierung zu verkraften hätten: Nicht nur, daß im Prinzip *alles* entweder Kitsch oder Kunst sein kann; denn es gibt keinen Objektbereich, der per se kitsch- bzw. kunstunfähig wäre. Darüber hinaus kann *alles* sowohl Kitsch als auch Kunst sein, weil es kein Subjekt gibt, das per se für jedermann verbindlich urteilen könnte, ob ein bestimmtes Objekt Kitsch bzw. Kunst *ist* oder nicht.

SISYPHOS

So ganz ohne die oberste Instanz eines Gremiums berufener Kenner, das im temple du goût präsidiert, das ist hart.

TANTALOS

Die Definition »das Adäquate tun und nicht vom rechten Maß abweichen« ist trotzdem möglich, sinnvoll und wünschenswert. Nur wird man berücksichtigen müssen, daß bei der Bestimmung des rechten Maßes der Maß*stab* gewechselt werden kann. Denke an das Prinzip der Standesgemäßheit in der Ständegesellschaft!

Aber jetzt will ich Dich fragen: Ist unsere zweite Relativierung, daß ›wat dem einen sin Kitsch, dem andern sin Kunst‹ ist, nicht eine im Grunde sehr beschränkte Konvention? Gilt sie nicht letztlich nur für Bereiche, die – ihre Harmlosigkeit immer vorausgesetzt – sich Relativierungen leisten dürfen, ja dazu sogar ständig ermuntern? Ich denke einerseits an den Bereich des Konsums, wo das Bedürfnis des einzelnen nach Würde mit dem gesellschaftlichen Interesse an ökonomischer Entwicklung zu einem einzigartigen und fragwürdigen ›Kulturprogramm‹ verschmilzt; und andererseits an die Sphäre der Kunst, die ihre Identität in der Gesellschaft heute nicht unwesentlich aus dem Kontrast zu ebendemselben Kultursyndrom erfährt und bestimmt. (Kann man sagen, daß die Pop-Art der Kunst diese Perspektive erschlossen hat?)

Wenn wir heute das Thema ›Kitsch‹ (wieder) aufgreifen, so geschieht dies – denke ich – nicht, weil wir die Kunst ästhetisch entgleisen sehen (1925 konnte ein Buch »Der Kitsch, Eine Studie über die Entartung der Kunst« betitelt werden), sondern weil wir spüren, daß in der total gewordenen Konsumgesellschaft die ›Lebenskunst‹ heruntergewirtschaftet, der »Lebenskunstsinn« (um den Terminus der unromantischen Frühromantiker zu zitieren) in Reservate vertrieben wird. Der Kitsch interessiert uns nicht als das »Böse im Wertsystem der Kunst« (H. Broch), sondern als Ausdruck und Mitursache ›schlechten Lebens‹. Allerdings könnte es sein, daß solch anspruchsvolles ethisches Interesse jetzt nur noch verdeckt entfaltet werden darf – unter der Hülle der Sprache von bzw. über Kunst.

Trotzdem oder gerade deswegen möchte ich auf der Differenz von Kunst und Leben, von Kunstwelt und Lebenswelt bestehen. Ob die Pop-Art Kunst oder Kitsch ist, diese Frage mag den Kunstkritiker animieren; der Kritiker des Lebens fragt nach der Adäquatheit der Formen des alltäglichen Umgangs und Gebrauchs.

Sisyphos

In »La distinction« – ein schöner Titel, der im Suhrkamp-Deutsch leider verkitscht wurde – präsentiert Pierre Bourdieu eine Fülle von Beispielen standesgemäßer Konsumgewohnheiten. Ich kann übrigens auf diesem Felde nichts Harmloses erkennen – das Konsumieren von Spielzeugraketen kann schädlicher sein als die Produktion von Cruise missiles –, ja es scheint mir erstrebenswert, durch pädagogische und philosophische Anstrengungen in jedem Individuum eine Urteilskraft zu entwickeln, welche durch Surrogate bewirkbare Täuschungs- und Vergiftungsschäden abwendet. In der Tat, wenn Kitsch ein Zuckerguß ist, dann ist seine Steigerung der Süßstoff, kitsch as citsch can . . .

Zurück zu Bourdieu. Er weist auf ein Phänomen hin, das die Kompliziertheit, Doppelbödigkeit unseres Themas veranschaulicht und außerdem den Maßstabwechsel, von dem Du sprachst, als einen solchen ausweist, der am ehesten den Künstlern mit ihren Marschallstäben gelingt, den Umstand der »doppelten Negation« nämlich, welche bedeutet, daß Künstler oft sich »wie zum Trotz gewisse Vorlieben zu eigen machen, die sonst den Geschmack der unteren Klassen kennzeichnen«. Da tragen veritable Künstler Kepa-Korkschuhe, muffige Plastikmäntel . . .

Tantalos

Eine Art Berufskleidung, würde ich denken.

Sisyphos

. . . Uhren mit durchsichtigen Zifferblättern (›Funktionalismus in Transparenz‹), hängen sich neue alte Petroleumlampen in die Wohnung. Bourdieu erklärt dies mit ihrer »Vorliebe für die riskantesten, aber auch einträglichsten Distinktionsstrategien, die darin bestehen, durch Ästhetisierung unbedeutender oder . . . (kitschiger) Gegenstände . . . ihre eigene Macht unter Beweis zu stellen«. Der Künstler und Intellektuelle demonstriert seine Stärke, seine geistige Freiheit, indem er das Häßliche, Triviale und Verachtete zu affirmieren und zu assimilieren vermag, verbündet sich anscheinend den unterdrückten Klassen und Massen. Aus sehr ähnlicher Mimikry kam die Pop-Art (Lichtenstein), kam die interpretatorische Kunst z. B. einer Cathy Berberian, deren beherrschtes Spiel mit dem Kitsch ebenso Bestandteile der Hochkultur einschloß, kamen Richard Hamiltons witzige Verfremdungen von Braun- und Rowenta-Produkten – ausgerechnet den Musterbeispielen einer »guten Form«, die den historischen Schnörkel hinwegzufegen auf ihr Banner geschrieben hatte, doch mit den Jahren hohl wurde. Eklektizistischer Historismus, dadaistische Collage und die Combine-Technik der Pop-Art sind strukturell nah verwandte Methoden. Sie dienen aber verschiedenen Zwecken, im ersten Fall dem der geballten Verschönerung (was die Funktionalisten Kitsch nannten), im zweiten dem der provokativen Enthüllung (was die Vertreter des gesunden Menschenverstandes als Entartungs-Kitsch verurteilten), im dritten dazu, im gigantischen kapitalistischen Strom aus Konsumption und Produktion mitschwimmend sich über Wasser zu halten (was unfehlbare Kulturkritiker als schwächlich-kitschige Anpassung brandmarkten). Was ich damit im Hinblick auf Deine Kunst/Leben-Distinktion sagen will: Wie der Mensch lebt, spiegelt sich in seinem Leben. Wie der Künstler lebt, spiegelt sich in seiner Kunst. Spiegelte besonders das Leben des Pop-Künstlers seine Kunst? Angesichts der Bourdieuschen Beoabachtung, der Künstler an sich neige im allgemeinen zur »doppelten Negation«, sieht es so aus, als sei der Pop-Artist derjenige Künstlertyp, dessen Leben die meisten Wesenszüge, strukturellen und methodischen Merkmale seiner Kunst prägt.

TANTALOS

Und wie danken wir »dieser Wissenschaft vom armen Menschen, der mitleidhaften Soziologie« für solche Erhellung? Bonjour Monsieur Bourdieu! Wir haben in Ihrem Buch geblättert. Was Sie da sagen, wußten wir doch schon: Die Künstler sind im Leben nicht aufrichtiger, ernsthafter oder freier, nicht weniger machthungrig als ihre Mitmenschen, die *nur* das Leben haben. Monsieur le Professeur, wenn Sie erlauben – diese Ihre gespielt mitleidlose Handhabung soziologischer Methode ist unkritisch, weil ununterscheidbar von der existierenden Mitleidlosigkeit gegen uns selbst. Nous sommes éclairés. Uns ist nicht zu helfen. – Oder doch? Du sprichst von pädagogischen und philosophischen Anstrengungen zur Entwicklung der Urteilskraft des einzelnen. Als ich zwischen der Kunst der Kunst und der Kunst des Lebens unterschied und dabei unser Interesse an letzterer als ein *ethisches* bezeichnete, dachte ich an zweierlei. Erstens an die unmittelbar ethische Bedeutung des Schönen in der ästhetischen Theorie Alteuropas dergestalt, daß Weltverständnis und -kenntnis, politische Verfassung der Gesellschaft, Tugend und Tüchtigkeit des einzelnen, sein äußerer Habitus und die gestaltete physische Umgebung harmonisch zusammenstimmen sollen. Und zweitens dachte ich daran, welch enorme Indiskretion es heute bedeutet, wenn wir die Weltanschauung, das politische Selbstverständnis, den Charakter, das Benehmen, die Kleidung, die Wohnung, das Gerät, die Eßkultur usw. einzelner Mitmenschen im Lichte dieses ethischen Anspruchs alteuropäischer Harmonievorstellung zur

Sprache bringen und beurteilen wollten. Zeigt her Eure Füßchen, zeigt her Eure Schuh' ... Gewiß haben wir Zeitschriften, die uns z. B. schöner wohnen, schöner essen und trinken, schöner uns kleiden und besser lieben lehren wollen.

SISYPHOS

Schönere Wohnungen schon, aber schöneres Wohnen?

TANTALOS

Der Zusammenklang, das Verhältnis der Formen zu unseren menschlich-allgemeinen, zu unseren sozial-typischen und individuell-besonderen Eigenschaften wird, vielleicht aus guten Gründen, nicht gelehrt. Die alteuropäischen ethisch-politischen Ideen der Kalokagathie und Beispiele aufgeklärt-höfischer oder großbürgerlicher Lebenskunst scheinen ihre Plausibilität zu verlieren. Können wir da über das *Gesamtkunstwerk*, also von der Kunst her, einen neuen Zugang zum Problem ›Leben‹ gewinnen?

SISYPHOS

Es leuchtet jedermann ein, daß Rufe nach pädagogischen und philosophischen Anstrengungen gegen den schlechten Geschmack leicht diskreditiert werden können durch Hinweis auf den Beifall von einer falschen Geschichtsbuchseite, derjenigen, die eine kürzlich kurz vor ihrem tausendsten Jahr abgebrochene Epoche verzeichnet, als eine reichhaltige Aktivität sich entfaltete in bezug auf Themata wie »Kitsch und Volkserziehung« (1935), »Kitsch im Kleingarten« (in: Der Kleingärtner, Berlin 1938), »Kampf gegen die Hausgreuel! Voraussetzung zur Schaffung einer deutschen Volkskultur« (in: Wille zum Reich, 1938), »Andenkenkitsch« (Heimatleben, 1940) und »Bilderkitsch als sittliche Gefahr« (Arzt und Leben, 1942). Verständlich, daß die, deren Symbole und Gehabe einen Chaplin vor Lachen vom Stuhl fallen ließen, besonders allergisch reagierten, als sie sahen, wie viele ihrer Anhänger Plüschpantoffeln mit eingewebtem Hakenkreuz trugen, Zigarren der Marke »Freiheitswille« mit Hakenkreuz-Bauchbinde rauchten und ihre Morgentoilette mit einer Seife erledigten, in die eingestanzt war »Deutschland erwache«. Allgemein gilt: der für eine Sache Anfälligste setzt auch die stärksten Abwehrmechanismen dagegen in Gang, und von diesen darf man fast immer auf das Vorhandensein jener Labilität schließen.

Nicht weniger als geschichtliche Erfahrung diskreditiert theoretische Überlegung den totalitären Versuch, dem einzelnen Menschen die rechte Lebensführung zu verordnen. Denn wie sollte irgendwer lehren oder befehlen, was er nicht kennt, oder wie sollte er die bekannten Daten eines einzigartigen gelungenen Lebens – hätte man sich einmal über ein solches verständigt – auf eine ganz veränderte, unbekannte Konstellation übertragen?

Das andere Ende der Skala der Möglichkeiten, auf die Frage des πῶς βιωτέον zu antworten, markiert die Devise, jeder sei seines Glückes Schmied. Übertragen wir die Meßlatte um der Anschaulichkeit willen auf das weite Feld der Architektur, so entspricht dem einen Extrem der Zustand des Fehlens oder der Unverbindlichkeit von Bebauungsplänen – was die selbstregulatorischen Kräfte der Bauwilligen überfordern und ein Umweltchaos heraufbeschwören würde (wie das Innenleben kann die Innenarchitektur unwirtlich vor sich hinkitschen, ohne daß es den Nachbarn störte, solange er nicht zu Besuch kommt), am anderen Extrempunkt glänzt der auf Verwirklichung zielende Großraumentwurf – wo selbst Le Corbusier scheitern muß *(la ville radieuse)*, gibt es doch wie von Natur aus eine varietas, die kein einzelner je wissen, denken oder ahnen kann (in der Höhenluft ohne varietas mögen nur Heroen oder Götter leben). Ein frommes Märchen, Leibniz habe die Wissenschaften seiner Zeit als letzter noch überschaut. Aller Wissenschaften und Künste bedarf es heute, den Lebensraum zu gestalten. Müßte ein Wohnungseinrichter oder Ingenieur schon ein kluger Kopf und großer Erfinder sein, der Architekt dann ein Superhirn . . .

Tantalos

»Der Architekt«, schreibt Aldo Rossi, »soll die wichtigsten Linien des Entwurfs geben, aber darf nicht ›lehren, wie man zu leben hat‹.«

Sisyphos

. . . der Städteplaner ein Supersuperhirn, der Politiker ein Supersupersuperhirn, ein Soziodesigner wahrhaft platonischen Anspruchs. In Wirklichkeit aber sind alle gleich. Das Schachtelmodell stimmt nicht. Natürlich sieht man, wie ein Staatsmann einem an sich bereits so weitumspannenden und in mehreren Dimensionen gestaffelten und gesteigerten Unternehmen wie der Ausstellung »Der Hang zum Gesamtkunstwerk« einen weiteren, noch umfassenderen Rahmen hinzuzufügen bestrebt ist, es resultiert jedoch die Erkenntnis, daß das Schachtelmodell im Geistig-Künstlerischen weniger gilt als für die Nationalökonomie, nach deren Regeln der Staat in Idealgestalt eines einzelnen über die Gesamtheit der von den einzelnen Bürgern erhobenen Steuern verfügt.

Das Gesamtkunstwerk scheint mir in der Tat der ›Schlüssel‹ zur Lösung des Problems, wie wir leben sollen. Es leistet die Vermittlung zwischen Normlosigkeit und Normenrigorismus, zwischen Privatem und Öffentlichem, zwischen Relativem und Absolutem, Detail und Ganzem, varietas und Prinzip, colore und disegno, Anarchie und Totalitarismus – nicht als Schichtenmodell, sondern als unnachahmliches Beispiel einer glücklichen Materialisation durch einen einzelnen, die an andere Menschen den Appell aussendet zur je eigenen Anstrengung zum Wahren, Guten und Schönen. Das pädagogische und philosophische Kalokagathie-Ideal und mehr noch das römische der virtus lebten eben durch das exemplum.

Nur, um auf Deine Frage zurückzukommen, in Sachen Kunst gegen Leben bin ich damit keinen Schritt weitergekommen. Offen gesagt: am liebsten wäre es mir, wenn Gesamtkunstwerk und Kunstwerk und Leben ein und dasselbe wären. Doch ich höre Dich schon »Wunschdenken!« rufen und »Wo bleibt die Anstrengung des Begriffs?«

Tantalos

Du sagst es. Der Modellplatonismus der Schichten und Schachteln taugt gerade, unsere Resignation zu illustrieren, daß wir keine Götter und Heroen sind . . .

Sisyphos

Das Gefühl für Humanität hat mich noch nicht verlassen.

Tantalos

. . . und auch des Hinweises auf jene unsäglichen Kuriositäten bedarf es nicht unbedingt, welche die Kultsymbole der Politiker, die doch aufs Ganze gingen, unabsichtlich der Lächerlichkeit preisgaben. Einen Abwehrmechanismus gegen den Totalitarismus sehe ich in solch kindischem Kitscheifer nicht, allenfalls den Beweis dafür, daß die erhabenen Zielsetzungen der Volkesführer nicht begriffen wurden: die Verteidigung einer »gemäßigten . . . Arbeiteraristokratie« (O. Spann), die Zucht eines

»Neuadels aus Blut und Boden« (W. Darré) und Verhinderung des kulturellen Umsturzes durch das »Untermenschentum« (H. F. K. Günter). Um solcher Ziele willen standen andere Symbole im Mittelpunkt: die Stifterfiguren des Bamberger und Naumburger Doms als Leitbilder der »rassischen Auslese für jedermann« und das Weimarer Goethehaus, gleichfalls ein Vorbild für das zeitgenössische »rassegebundene« Bauen. Kitsch war da das kleinere Übel. – Würdest Du es ebenso für einen Abwehrmechanismus halten, wenn heute das Recht des einzelnen auf absolut autonome Lebensgestaltung verteidigt, jeder interessierte Einblick und erst recht jeder kritische Einspruch anderer einzelner abgewehrt wird allein mit dem Hinweis auf die Epoche des Totalitarismus oder neuerdings auf den fatalen Ursprung der »methodischen Lebensführung« (Max Weber) in den Klöstern des Mittelalters? Daß es prinzipiell möglich wäre, dem einzelnen eine bestimmte Lebensform zu verordnen, wird in solchen Verweisen offenbar vorausgesetzt. Du hingegen argumentierst, dies sei unmöglich: Gelungenes Leben ist einzigartiges Leben. Als solches entzieht es sich den Vorstellungen von Prototyp und Serie, von Standardausführung und Spezialanfertigung. Wer andere das Leben lehren oder es anordnen wollte, begegnete stets einer ihm »unbekannten Konstellation«. – Aber, können wir deshalb schon auf des anderen Bekanntschaft mit sich selber schließen? Es gibt jedenfalls Soziologen, die behaupten, es werde von der Gesellschaft weit mehr Raum für individuelle Personalität bereitgestellt, als psychisch durch den einzelnen ausfüllbar ist, woraus der Zwang zur Suche nach »Individualitätsmustern« resultiere, um die »Lücke zwischen sozial erwarteter und psychisch möglicher Individualität« zu füllen. Sofern das zutrifft, litten wir eher Mangel an Individualität (was allerdings vielleicht keinen interessiert), als daß wir uns vor der Wiederkehr eines totalitären Lebensrigorismus Orwellschen Musters fürchten müßten.

Für den historischen Funktionalismus jedenfalls hat der Gegensatz zwischen sozialer Existenz und Individualitätsanspruch nicht als ein wesentliches Gestaltungsproblem existiert. Funktionen wurden von einer wie immer im Einzelfall zu konkretisierenden psychischen oder physischen ›Natur der Sache‹ her definiert und die gestalterische Erfüllung (form follows function) gleichsam als deren Selbstoffenbarung interpretiert. Glas ist kein Holz. Ein Tisch ist kein Stuhl. Eine Mahlzeit ist kein Mittagsschläfchen. Das Problem rein personal-individueller Willkür war als Gestaltungskomponente marginalisiert. Erst recht konnte es kein personales Vakuum geben. Ist die Gewißheit von der Vorgegebenheit einer Natur der Sache nicht der Grund dafür, daß die Architekten – vergleichbar darin den Ärzten des 19. Jahrhunderts und durchaus im Unterschied zum Künstler, der fragen mochte: »Woher kommen wir, wer sind wir, wohin gehen wir?« (Gauguin) – überhaupt die Frage stellen konnten und eventuell selbst zu beantworten suchten: »How shall we live then?« (Morris)? Könnte hier der Ansatzpunkt liegen, der in der Unterscheidung von Kunst und Leben weiterhilft?

Sisyphos

Du irrst, wenn Du meinst, die Spannung zwischen Sozialität und Personalität habe dem funktionalistischen Gestalter kaum Kopfzerbrechen gemacht. Programmatisch heißt es in einer protofunktionalistischen Zeitschrift, die Künstler dürften sich nicht mehr ängstlich an ihre Individualität klammern, sie »werden einem allgemeinen Prinzip dienen, das weit jenseits der Begrenzungen der Individualität liegt . . . Nur bei beharrlicher Verfolgung dieses Prinzips kann sich die neue plastische Schönheit in allem als Stil offenbaren, der aus der neuen Beziehung zwischen Künstler und Gesellschaft geboren wurde.«

Tantalos

Durch die Vermittlung eines Dritten, welches nunmehr das Erste war . . . Für den vollausgebildeten Funktionalismus konnte der Individualismus als überwunden gelten.

Sisyphos

Funktionalismus: ein Stuhl ist die Erfüllung der Natur der Sache ›Sitzen‹ und der Natur der Sache ›Holz‹ (z. B.). Wie kommt es aber, daß der berühmte Stuhl eines der Vorläufer und Protagonisten des Funktionalismus, Gerrit Rietveld, (»Red and Blue«, 1918) so unbequem ist? Nun – weil er auch die Erfüllung eines Kunstwollens, Stilwillens darstellt und die der Natur der Sache ›Sehen‹, einer Vorstellung vom rechten Sitzen und Sehen und Fühlen, vielleicht einer Vorstellung von der Notwendigkeit des Unbequemen. Adolf Loos' Wettern gegen das Ornament stand im Dienst einer neuen Ornamentik, der der kahlen Fläche, der nackten Volumina. Rocaille, Kannelüre, Atlant waren höchst funktionell in einer Gesellschaft eher handwerklicher als industrieller Orientierung.

TANTALOS

Man kann natürlich *alles* funktionalisieren, wenn man will.

SISYPHOS

Wäre der historische »Funktionalismus« keine Ideologie, sondern eine Philosophie gewesen, hätten wir schon längst den Prototyp des idealen Hauses – die verlustlose, lupenreine Umsetzung der Natur der Sache ›Haus‹ – gefunden. Indes, wo dieser Prototyp gefunden schien und unendlich und ohne Unterschied in Ostberlin wie im Märkischen Viertel reproduziert wurde, enthüllte sich seine grausame Kitschigkeit und Unmenschlichkeit. Was seinen Grund darin besitzt, daß die Form der Funktion nicht brav, stetig, automatisch folgt wie ein Geschwindigkeitsmesser dem Umlauf der Räder, ein Uhrwerk der Schwingung der Quarzatome – sondern unvorhersehbar gebrochen wird, schwanken, sich potenzieren, abfallen kann, da und insoweit die Form eben auch eine der Funktionen ist, der sie folgen soll . . .

TANTALOS

Form follows function follows form follows function follows form . . .

SISYPHOS

Nennen wir dies Phänomen die Unschärferelation der Ästhetik. Die Form hat originären Anteil an der ›Natur der Sache‹, und sie unterliegt darin ausschließlich dem Geschmack. Läßt sich über diesen Teil der Natur der Sache ebensowenig streiten wie über die Materialeigenschaften von Holz oder Glas? Was sagt Seneca dazu?

TANTALOS

Rietveld, Loos, Seneca – worauf willst Du hinaus? Designer oder Design-Theoretiker ist Seneca gewiß nicht. Eine Theorie des Geschmacks – Sache des ausgehenden 17. Jahrhunderts – wird man bei diesem antiken Philosophen schwerlich finden. Dafür hat Seneca im 114. Brief seiner ›Lucilius-Briefe‹ (Ad Lucilium Epistulae Morales) ausführlich wie nirgendwo sonst in der Antike den Zusammenhang zwischen Redestil, Lebensführung und Seelenverfassung bedacht. Vielleicht läßt sich mit einigem Recht behaupten, daß die Sorge, welche – dem möglicherweise heute zu Ende gehenden rhetorischen Kulturverständnis entsprechend – in der Antike der *Rede* gegolten hat, in der Moderne sich nach der Seite des *Design* verschiebt. Wobei der Gedanke der Rückwirkung des Produktes auf den Produzierenden (»Das klassische ornament bringt zucht in die formung unserer gebrauchsgegenstände, züchtet uns und unsere formen . . .«) stärker denn je reflektiert wird.

Sisyphos

In der römischen ars rhetorica war es übrigens ein mnemotechnischer Brauch, Redeteile mit den in bestimmter Weise einander zugeordneten Räumen eines Hauses zu vergleichen.

Tantalos

Unter Berufung auf das griechische Sprichwort »Der Mensch redet, wie er lebt« sucht Seneca an der Person des Mäcenas zu demonstrieren, daß Redestil und Lebensweise einander ähneln und beide zusammen Ausdruck bzw. Folge eines zerrütteten Seelenzustandes sein können: »Ist nicht seine Sprechweise genauso lässig wie seine reichlich legere Kleidung? Sind nicht alle seine Worte ebenso bezeichnend für ihn wie Kleidung, Dienerschaft, Haus und Ehefrau? . . . Wenn Du das liest (Seneca hat Lucilius einige Kostproben geboten), kommt Dir sogleich der Gedanke: Das ist der Mann, der immer mit offener Tunika in der Stadt umherlief . . ., das ist der Mann, der vor Gericht, auf der Rednertribüne, bei der öffentlichen Versammlung nicht anders erschien als die flüchtigen Sklaven des reichen Mannes in der Posse, nämlich das Haupt in den griechischen Mantel gehüllt, so daß nur die beiden Ohren herausguckten. Das ist der Mann . . ., der unzählige Male eine Frau heimführte und nur eine hatte.« Kurzum: »Seine mangelhaft gewählten, nachlässig hingeworfenen, gegen den allgemeinen Sprachgebrauch verstoßenden Worte lassen einen Charakter erkennen, der ebenso neuartig, verkehrt wie absonderlich war.« Ein Mann wie Mäcenas ist zu dem, was er ist, *geworden*. Ein Leben im Luxus größeren Umfanges, die Sucht, darin mit Neuheiten und Verdrehungen des Gewohnten zu gefallen, die Abwertung alles Hergebrachten als gewöhnlich, die Ablehnung des von der Tradition Geheiligten. Aus solcher verkehrten Lebensweise resultiert die Willkür der Rede, im wesentlichen als Bemühen um Neuartigkeit: Hervorkramen des sprachlich Veralteten, willkürliche Wortneuschöpfungen und Abwandlungen alter Bedeutungen, schließlich die direkte Suche nach sprachlichem Verstoß, die bewußte und geflissentliche Abweichung vom Normalen. Und Senecas Diagnose: Die für Gesinnung (sensus) und Worte (verba), für Haltung (habitus), Gesichtsausdruck (vultus) und Gang (incessus) maßgebliche *Seele* ist erkrankt. Das Heilmittel: *Maßhaltung in allen Dingen* (temperantia omnium rerum) im ständigen Bewußtsein der eigenen Einzelnheit, Schwäche und Sterblichkeit. Also das klassische Modell der Dekadenz und ihrer Therapie? Rückkehr zu asketischen Idealen? Selbstmoralisierung des Gestalters als letztbegründendes Gestaltungsprinzip? – »Maßhaltung in allen Dingen«, magst Du jetzt denken, das ist nicht weniger abstrakt als die Idee einer »Natur der Sache« . . .

Sisyphos

Das Adäquate tun und nicht vom rechten Maß abweichen.

Tantalos

Loos freilich wußte seine Moral des Gestaltens zu konkretisieren: gegen das »gigerl« setzt er den »gentleman«, gegen den »revolutionär«, der hingeht und zu den Leuten sagt ›es ist alles Unsinn‹, ›es gibt keinen Gott‹, setzt er den »aristokraten«, d. h. den »menschen, der an der spitze der menschheit steht und doch das tiefste verständnis für das drängen und die not der untenstehenden hat«, gegen den »herdenmenschen« setzt er den »modernen menschen«, dessen Individualität so stark ist, daß sie sich nicht mehr in Kleidungsstücken ausdrücken läßt, gegen die unkritische Bewillkommnung der »moderne« den »klassischen unterricht« und den »klassischen geist«, diese, wie Loos feststellt, »letzte gemeinsamkeit der abendländischen kultur« usw. Das wären einige Stichworte zur Möglichkeit der Selbstmoralisierung des Gestalters als Bedingung des Gestaltungsprozesses. – Wenn Du sagst, der Funktionalismus hätte statt Ideologie »Philosophie« sein müssen, an welchen Typus von Philosophie hast du gedacht? An ein »Wildes Denken« im Sinne etwa des »Memphis-«, »Un-«, »Anti-« oder »Neues-Design«?

Sisyphos

Hýsteron próteron Homērikōs! – Der »Funktionalismus« hätte wohl keine Philosophie sein können, ich wünschte auch nicht, er wäre eine gewesen, es sei denn eine sokratische, ewig suchende, aufbauend, plötzlich umstoßend wenn nötig, selbst zurücktretend und den Passiven zum Aktiven, den Konsumenten zum Produzenten machend, dem Denken und Leben Raum gebend. Er *war* eine Ideologie, im positiven Verständnis, im Sinne einer künstlerischen Dogmatik, die eine Menge von Wertungen, Setzungen, ›unlogischen‹ Axiomen, Sprüngen, Frechheiten, Freiheit enthält, eigentümliche Verhärtungen von Begriffssystemen, deren sich Künstler (wie Kirchenmänner und Politiker) manchmal bedienen müssen . . .

Tantalos

Ah, Philosophie und Ideologie als Äquivalente oder Ergänzung, jedenfalls keine Gegensätze!

Sisyphos

. . . um durch Vergewisserung und Entlastung auf theoretischem, i. e. von akademischen Philosophen (Gläubigen und Durchschnittsbürgern) okkupiertem Gebiet ihre Stellungen behaupten zu können, ja herkulische Energien sich zuzuführen.

Dies gelingt sicher nicht mit wäßrigem Gebräu der Marke »Benito-Oliva« – die Neuen Wilden sind ja auch so stark genug –, sondern nur durch kämpferisch-poetische Programme ähnlich denen beispielhafter Geister wie Apollinaire, Kahnweiler, Breton, Cocteau . . . Mies van der Rohe, Frank Lloyd Wright, Le Corbusier . . .

Die sokratische Philosophie, die künstlerische Dogmatik der heute und in Zukunft erstrebenswerten Gestaltung muß parallel einer Ausbildung von Geschmack, einer Ausbildung von Unterscheidungsvermögen entwickelt werden. Adolf Loos bietet hier ein großes exemplum. Es vermittelt die Vision der Legitimität strengster Anforderungen, der Legitimität einer Herrschaft der Besten, der Selektion durch Unterscheidung des Guten vom Bösen, des Schönen vom Häßlichen, des Wahren vom Falschen, des Einzigartigen vom Massenhaften. Ebensosehr dieser Differenzierungsprozeß der demokratischen Verfassung grundlegend bedarf, ebensowenig darf er aufs Ästhetische unter Ausschluß des Rechtlich-Politischen beschränkt bleiben.

Zu Recht donnert Loos gegen den kitschenden, zierenden ›Künstler‹ – eben des aufgeputzten Habitus, den Seneca an Mäcenas beobachtete –, denn was soll das prätentiöseste Fassaden-, Möbel- und Kaffeegeschirrdesign, wenn die Architektur: absoluter, realer Raum, Licht, Luft, Akustik, Klima nicht stimmt?

Beim Ganzen und Einfachen beginnt der wahre Gestalter, nicht notwendig immer bei der ganzen Welt, sondern bei größeren oder kleineren Ökosystemen bis herunter zu Park, Villa, Mietshaus mit Garten, Wohnung.

TANTALOS

Nicht weiter?

SISYPHOS

Wohnen und Sein ...

Es besteht die Gefahr, daß wir durch Ver- und Gewöhnung uns auf das Ganze verlassen, als sei es selbstverständlich, naturhaft, nicht vom Menschen geleistet, als auf etwas, das schon richtig sein werde, aus Angst vor dem Anblick allein der unermeßlichen Aufgabe, all dies, was auf uns kam, selber im Geist und durch die Tat noch einmal gestalten zu müssen. Du weißt, welcher Kulturphilosoph in welchem fast berüchtigten Buch einige Jahrzehnte nach Loos die These der verblendeten Verwöhntheit der Vielen mit Vehemenz vertrat. Man fragte, wie er es mit der Demokratie halte. Hält nicht Volkes Instinkt das Ganze noch am Leben? Wenn er ausfällt, werden auch die Aristokraten nichts mehr retten können. Die Bequemlichkeit und Annehmlichkeit der Zivilisation fordert ihren Preis. Wer weit denkt, dem wird dies unausweichlich. The Fate of the Earth.

Ob Kunst elitär sei, darüber geht seit langem ein Streit, ähnlich dem darüber, ob über Geschmack zu streiten sei oder nicht. Es ist ein definitorisches Tauziehen. Kunst ist elitär, wenn sie als Ergebnis eines auf die Spitze getriebenen Selektionsprozesses begriffen wird, und über Geschmack kann gestritten werden, wenn er nicht bloß von vegetativen Reflexen, sondern von rationalen Urteilen abhängt. Ich sehe, daß »de gustibus (et coloribus) non est disputandum« wohl aus der mittelalterlichen Scholastik kommt, hatte es vorhin irrtümlich dem Seneca zugeschrieben.

Tantalos

Fragwürdig ist nicht die Massenhaftigkeit der Produkte. Ein Gegenstand soll, wenn er nicht dem individuellen Persönlichkeitsausdruck dient, ›gut‹ sein. Und wenn er das ist, so wollen wir ihn doch gern *allen* wünschen – vorausgesetzt natürlich, daß sie ihn brauchen. Etwas anderes ist der Argwohn gegen ›die Masse‹: gegen das massenhafte Vorkommen ›schlechter‹ menschlicher Eigenschaften, die sich zu einem Gesamtübel summieren, oder gegen den Verlust bzw. die Preisgabe ›guter‹ allgemein-menschlicher, sozial-typischer und individuell-besonderer Eigenschaften des Einzelnen durch Orientierung an den Vielen. Dieser Nacht- und Traumseite des Konsumenten nehmen sich Stylisten, Produktplaner, Marktforscher, Sozialforscher, Mediaforscher, Mediaplaner usw. an. Zweifelhaft, daß sie dabei dieselbe Menschenfreundlichkeit leitet wie den »herrn Loos«, der von sich selbst ausgehend unterstellte, es schlummere »auch in unserem volke allerdings verscharrt und vergraben« dieses »unbewußte« »wahre gefühl für vornehmheit«. Denn ändern sich nicht unter dem instrumentellen Blick Begriff und Wert des ›Un-Bewußten‹? Während die einen noch vom »Dialog mit dem Verbraucher« reden (der bei den Anspruchsvollen zu Unrecht Otto der Normale heißt), überlisten die anderen ihn bereits im Rahmen psychobiologischer Werbewirkungsforschung mit dem Psychogalvanoskop.

Die Entdeckung des Konsums als Voraussetzung volkswirtschaftlicher Entwicklung sprengt das Modell der »tischlerkultur«, welches Loos – scheinbar zum Greifen nah – noch vorschwebte. »Kämpferisch-poetische Programme«, wie Du sie wünschst, hätten, wenn sie den Namen ›Programm‹ verdienen, dieses Stück Prosa einzubeziehen.

Sisyphos

Zum Greifen nah, doch konnte er's nicht greifen, mein Freund, wie alle Weltenbildner, Utopisten, Ausplaudrer der Göttergeheimnisse. Und was nützte es, in ihrem Namen, an ihrem Maßstab die im Konkurrenzkampf menschenunfreundlich gewordenen irdischen Werbler, Gaukler, Marketing-Stylisten, Mode-Designer zu entlarven, der Kunde ist König, und er liebt den Kitsch. Gnade Gott nur, daß er die Macht nicht total übernimmt und auch denen, die ihn nicht lieben, den modus kitschiter vivendi aufzwingt. Noch sind wir frei, uns nicht mit den Speisewagen, ja der Scheußlichkeit »Quick-Pick« des Monopolunternehmens Deutsche Bundesbahn abfinden zu müssen, man braucht nur nach Frankreich zu fahren. Unter den vielen Straßen und Autobahnen darf jedermann sich ebenfalls eine, die ihm zusagt, aussuchen, bei Briefmarken und Telephonen gilt das genauso.

Schließlich gewöhnt man sich an alles. Consuetudo est secunda natura. Die Massen *herrschen*, wo unser Philosoph wie ein junger Mann, der die Unumkehrbarkeit noch nicht recht als endgültig wahrhaben will, von ihrer »rebelión« sprach. Idealistisch glaubst Du, ein »gutes« Produkt ruhigen Gewissens in hoher Auflage auch allen wünschen zu sollen. Eine gute Radiosendung, ein guter Rasierapparat wird durch massenhafte Verbreitung sicher nicht kitschig. (Laß es uns jetzt nicht interessieren, wie der einzelne damit umgeht.) Coca-Cola-Flaschen in Afrika, in Indien – kein Einwand, die Dosen sind schon bedenklicher. Mies van der Rohes Barcelona-Sessel in jeder zehnten Wohnung?

TANTALOS

Wenn das von überflüssigen Individualisierungszwängen befreit ...

SISYPHOS

Und wieder bedrohlicher sieht es bei Objekten aus, die allein im öffentlichen Raum erscheinen: Straßenlaternen, Fenster, Blumenkübel ... Schlimmer die Verbreitung der Masse Mensch selber, überfüllte Züge, überfüllte Strände. Am schlimmsten aber hat es die Kunst getroffen. Innerhalb von weniger als 50 Jahren wurde die Avantgarde – nehmen wir die Kubisten – vermaßt, restlos geschluckt. Monte Verità, Montmartre, Montparnasse, Café Flore, Côte d'Azur – jedesmal ein grauenhafter Leidensweg der Verkitschung. Epochen wurden zu Stilen, Stile zu Ismen, Ismen zu Saisonmoden. An die Stelle von Rubens, Tizian, Veronese sind Lagerfeld, Bohan und Saint-Laurent getreten – sie retteten die Kunst durch die Verschiebung des Mediums. Wo man ihr jedoch zu unterwürfig nachbetete, verkitschte sie in Massentourismus und Museum

TANTALOS

dem perversesten aller Verkitschungsinstitute, das Saisonmoden zu Ismen, Ismen zu Stilen, Stile zu Epochen macht.

Sisyphos

Das Denkmal des Todes der Moderne lokalisierte der Kritiker Robert Hughes im Centre Pompidou in Paris. Verhält es sich doch nicht so, daß besonders die Deutschen für den Kitsch prädestiniert sind, wie einer vermuten könnte, der sieht, wie das Wort, wie »ersatz«, in fremde Sprachen eindrang, der feststellt, daß gutes Design – gehe es um Möbel, Kleidung, Essen oder Autos – gegenwärtig überwiegend aus Italien, den USA, Frankreich und England kommt.

Tantalos

Halt mal! Siehst Du dort den Βώκαμπος am Flusse sitzen und vor sich hin murmeln? Horch! – Was sagt er?

Sisyphos

»Das Ende der Avantgarde«

Tantalos

O beim Zeus!

Sisyphos

Nach dem Avantgardismus kommt der Postmodernismus. Auf den Aufstand der Massen folgt der Aufstand gegen die Norm. Aber unter neuem Gewand verbergen sich oft die alten Phänomene. Wir sollten uns nichts vormachen. Überdies: Biete den Leuten die besten avantgardistischen oder postmodernistischen (durch die Richtlinien des Sozialen Wohnungsbaus so beflügelten) Häuser an – innen werden sie weiter vor sich hinkitschen wie eh und je.

Tantalos

Sollen wir uns darum kümmern?

Sisyphos

Nein. Wie jener sagte, Dummheit ist lebenslänglich und hoffnungslos. Darum meinte Anatole France, sie sei verhängnisvoller als Bosheit; denn Bosheit setzt manchmal aus, Dummheit nie.

Heute können wir nicht mehr von innen nach außen entwerfen gemäß der Loosschen Vision der tischlerkultur, die kämpferisch-poetischen Programme haben deduktiv vorzugehen, von außen nach innen. Scheuchen wir den Kitsch zurück in seine Löcher und halten wir den Erdball sauber. Denn welche Grenze sollten wir überschreiten, um ihm zu entfliehn?

TANTALOS

So beruhige Dich doch! Die Kritik der »politischen Ökonomie der Frustration« hat sich bereits unseres Grames angenommen. »Zwar ist es wahr«, sagt sie, »daß wenn jeder auf Zehenspitzen steht, niemand etwas sehen kann. Aber wenn jeder nur eine Minute lang auf Zehenspitzen steht, dann gibt es eine gute Chance für viele, etwas zu sehen.« Außerdem: Wenn erst die Entdeckung gemacht wird, daß nicht alles immer von *jedem* gesehen werden muß . . .

Und da ist noch eine andere Kritik . . .

SISYPHOS

Kritiken sind ja gerade wieder groß im Kommen.

TANTALOS

. . . die Kritik des »mechanischen Funktionalismus«, welche die Frage nach einer »angemessenen Klärung der Zwecke« vermißt, nach dem, was »die in dieser Welt lebenden Subjekte als den Zweckzusammenhang *ihres* Lebens anerkennen könnten«. Solche »Klärung« soll dieser Kritik zufolge von der eigentlichen Realisierung der Zwecke unterschieden werden und ihr vorausgehen – als »kommunikativer« Prozeß. In diesem »Prozeß der kommunikativen Klärung von Zwecken« soll, ja muß die »konstruktive und ästhetische Phantasie des gestaltenden Künstlers« »experimentell und artikulierend eingreifen«, weil die »Artikulation der Zwecke selbst auch wieder angewiesen ist auf die in den Materialien und Formkonstruktionen zuwachsenden Möglichkeiten, Konkretisierungen und Versprachlichungen«. Dieses Modell – es nennt sich »Gebrauchsästhetik« – setzt, wie Du siehst, den »angewandten« Künstler wieder ein, den Adolf Loos im Namen der tischlerkultur verbannt hatte. Allerdings ist jetzt die Tätigkeit des Künstlers nicht genial erfindende oder Handwerkskunst, sondern Hebammenkunst.

Sisyphos

Überlassen wir dies Geschäft den besten Philosophen. Sonst sehe ich 100 Hebammen um einen Berg, aus dem eine Maus herauskriecht. Der Konsument bringt heute nichts mehr heraus außer den Sekreten seiner Übersättigung. In seinem überlasteten wunschlosen Unglück braucht er keine einfühlsame Kommunikation. Als Verbraucher verbraucht er. Er hat keine Ansprüche an die Kunst . . .

Tantalos

Wie wohl auch die meisten Künstler.

Sisyphos

. . . und ist widerstandslos bereit, sich begraben zu lassen. Letztes Resultat einer dumpfen Anspruchshaltung wurde das Verlöschen jeglichen wirklichen Anspruchs. Es macht vielleicht höchstens Spaß, ihn durch *potenzierten* Kitsch oder aufs äußerste raffinierte wahrhaft geniale Kunst zu schockieren. Das ist der Antrieb der Postmoderne in einer im elektronischen Meer ertrinkenden Welt.

Tantalos

Der hegelisch geschulte philosophische Verehrer der Postmoderne (gibt es auch philosophische Verächter?) sieht das allerdings anders. In seinen Augen ist hier nicht die Schockierlust des schockierten Entwerfers am Werk, sondern wie überall – ni dieu ni mètre – der zur Selbstauflösung neigende Weltgeist, der nur noch kommunikativ sich wiederaufrichten kann. Mag sein, daß solche Zuflucht zur Kommunikation als sozioästhetischer Realisationsvorstufe dazu dient, den Machern und Entscheidern unter den ›Kulturarbeitern‹ Verantwortung abzunehmen, nach der Devise: Wenn alle mitmachen, trifft nachher keinen die Schuld. Mag sein, daß Kommunikation bloße Beschwichtigungsformel ist, der Wandschirm vor dem Abgrund, den der Philosoph heute im Einzelsubjekt wie in der Gesellschaft erblickt. – Bliebe denn die Kommunikation mit den Konsumunverdorbenen, den wünschenden, noch des Glückes fähigen Jugendlichen und Kindern, der Umweg über die Schule also (da von der Familie ja nichts zu erwarten ist). Schon Semper hatte in seinem Werk »Der Stil« »humanistische Vorschulen« *für alle* vorschlagen müssen, zur Bildung des

»Menschen im Menschen« und zur Entwicklung seiner geistigen und körperlichen Fähigkeiten. Falls auch dieser Umweg fehlschlägt, muß sich der Gestalter mit dem Trotzdem begnügen und mit der von keinerlei Organisation mehr (außer vielleicht den Museen) gesicherten Hoffnung, daß *einzelne* in seinen Formgebungen ein Stück generalisierbaren ›guten Lebens‹ entdecken und weiterempfehlen. Ein ganz anderes wäre zuletzt, den Glauben an einen Zusammenhang zwischen dem Ethischen und Ästhetischen überhaupt zu bestreiten.

Sisyphos

Wenn sich aus unserem bisherigen Reden etwas ergibt, dann ist es die *Zusammengehörigkeit* des Guten, Wahren und Schönen – wie im Kitsch das Schöne, Böse und Falsche kondensieren. Es gibt Häßliches, das nicht schlecht ist – eine Zeichnung von Beuys; Böses, das nicht häßlich und nicht falsch ist – Panzerkreuzer; Falsches, das nicht schlecht ist – ehrenvolles Lügen. Lüge in abscheulicher Ungestalt – Verbrechen, dessen Prozeß die Kunst ist – liegt im geistigen, moralischen und ästhetischen Verfall. Vom Verbrechen unterscheidet den Kitsch sein schöner Schein. Er ist zu schön, um wahr und gut zu sein. Die Ergänzung des Kitsches zur Kunst bildet die Philosophie.

Tantalos

Willst Du damit erklären, warum viele Philosophen so furchtbar spießig wohnen?

Sisyphos

Formuliere ich es neutraler: Die *Differenz* des Kitsches zur Kunst ist die Philosophie. Das wird plastischer, wenn wir den Kitsch als eine Beredsamkeit auffassen, die gefallsüchtig, aber vortäuschend und verderblich ist. Was der Kitsch für die Domäne des Ästhetischen . . .

Tantalos

Wir sahen ja, daß die Orte, wo das Schöne am meisten aufgehäuft wird, sich oft als die schlimmsten Verkitschungsinstitute erweisen.

Sisyphos

. . . das ist für die Moral die Religion und für die Wissenschaft der Positivismus.

Tantalos

Und wie steht es mit dem Kitsch in der Wissenschaft?

Sisyphos

Kleine Würstchen, die sich revolutionär gebärden . . . (indem sie die Straßenlaternen von Speer »analysieren«)

Tantalos

Worauf würde es hinauslaufen, wenn man auf der Ebene der Massenproduktion in Design und Architektur den Kitsch überwinden, aber aus Angst vor einem Geschmacksdiktat nicht bis zur absoluten »guten Form« gehen, sondern sich mit einem Kompromiß oder auch einer Synthese zufrieden geben wollte?

Sisyphos

Auf entweder technisch-perfekte oder magisch-heilende Produkte.

Tantalos

Noch haben wir in unseren letzten Definitionsversuchen den subjektiven Anteil des Benutzers nicht in Ansatz gebracht. Bewirkt doch dieser, daß wir letztlich nicht genau wissen, was die Schönheit sei; was die Kunst sei; was ihr Gegenteil, folglich auch nicht.

Sisyphos

Gesetze und Kriterien wie in der Naturwissenschaft existieren hier nicht, sie hätten zu viele Ausnahmen. Bei aller fundamentalen Zweifelhaftigkeit wollen wir dennoch festhalten, daß Kitschqualität potentiell allen Objekten zukommen kann, in funktionaler Abhängigkeit vom Bewußtsein einzelner mit ihnen umgehender Subjekte. Daß fast immer notwendige, aber sicher meist nicht hinreichende Bedingung für erstrebenswerte gute Gestaltung – wie für ihr Pendant, den guten Geschmack – eine universelle humanistische Ausbildung und Bildung der Gestalter – Produzenten und Konsumenten – ist.

Tantalos

Wie Kant sagte: »Die Propädeutik zu aller schönen Kunst, sofern es auf den höchsten Grad ihrer Vollkommenheit angelegt ist, scheint nicht in Vorschriften, sondern in der Kultur der Gemütskräfte durch diejenigen Vorkenntnisse zu liegen, welche man *humaniora* nennt . . .«

O Sisyphe, mit Shaftesbury zu sprechen:

»mögen wir uns veredeln und in dieser Sache Künstler werden! uns selbst kennenlernen, und was das ist, durch dessen Veredlung wir sicher sein können, unseren Wert und unsere wahren eigenen Interessen zu fördern. . . Nur derjenige Mensch ist der Weise und Fähige, der . . . sich befleißigt, eine andere Art Boden zu bebauen, in einem anderen Material als Stein oder Marmor baut, und da er echtere Vorbilder vor Augen hat, in Wahrheit der Architekt seines eigenen Lebens und Glücks ward: indem er in sich selbst das dauernde und sichere Fundament von Ordnung, Frieden und Eintracht legt.«

Sisyphos

Dabei verstehen wir unter dem Guten das, was zu tun ist, und unter Gestaltung jeden Akt mehr oder weniger direkt materieller Formgebung, vom Modellieren des Schlamms bis zur Schaffung günstiger gesellschaftlicher Klimata. Formgebung schließt Formerhaltung ein, welche gefordert wird, wo Güter zu erhalten sind: Natur, Freiheit, das rechte Maß. Aus solchen Axiomen wird jeder Designer das Seine sich ableiten. Materialgerechtigkeit, Funktionsgerechtigkeit, Menschenfreundlichkeit, Naturverträglichkeit, Perfektion, Vielfalt und philosophische Abenteuerlust, derartige Prinzipien werden ihn leiten. Vertrauen wir auch auf einzelne geniale Exempla, welche, die Freiheit im großen und ganzen vorausgesetzt. . .

Tantalos

Prämierung des Gelungenen soll unterstützend hinzutreten (eine organische Situation, da die Einsetzung der Prämierer ihrerseits eine Gestaltungsaufgabe der demokratisch verfaßten Gesellschaft darstellt)!

Sisyphos

. . ., *unvorhersehbar*, aber aus statistischen Gründen in bestimmten Abständen *immer* auftreten werden. Die Verteilung der Häufigkeit, in der Gestalt-

qualitäten zwischen bester Wohlgestalt und traurigster Ungestalt angetroffen werden, wird auch in Zukunft der Gauß'schen Glockenkurve folgen. An der indifferenten Masse, wo Wahres, Böses, Schönes, Häßliches, Gutes und Falsches im Kampfe liegen, beginnt der Gestalter seine Arbeit. Immer aufs neue, denn die Göttin der Statistik, seine und der Fortuna erbittertste Widersacherin, wirft ihn stets wieder zurück. Dies ist mein Los, Tantalos, weil ich den Tod nicht auf ewig fesseln konnte.
Mars liegt auf der Lauer.

TANTALOS

Er scheint mir gerade eingeschlafen.

SISYPHOS

Dann laß uns jetzt nach oben gehen und dem Gelage der Freunde uns anschließen.

In der Unterwelt gehen Tantalos und Sisyphos, kaum seltener der Vergeblichkeit konfrontiert als in ihrem übrigen Schicksal, Gedanken nach, aus denen bald hervorgeht, daß sie eine imaginäre Reise in das Deutschland und Mitteleuropa des ausgehenden 20. Jahrhunderts angetreten haben und so in den Anblick des bedauernswerten Zustandes kamen, in welchen die sichtbare und die unsichtbare gestaltete Welt der Menschen geraten war.

Unter Voraussetzung einer begrifflichen Polarität von »guter Form« und »Kitsch« gelangt das Gespräch von einzelnen, gleichmäßig auf alle sinnlichen und geistigen Gebiete des menschlichen Lebens verteilten Symptomen des Kitsch rasch, ohne daß präzise Kriterien und Definitionen des Kitsch hätten benannt werden können, zu den Gründen dieser traurigen Verfassung der privaten und öffentlichen Angelegenheiten: das Ideal der Kalokagathie ist in den Staub getreten, der Zusammenhang des Wahren, Schönen und Guten vernachlässigt und vergessen worden. Das Schöne tänzelt auf Kosten der Wahrheit, das Nützliche wuchert auf dem Rücken des Schönen.

Was aber ist zu tun? Gegenwärtig hat jedes Abschlagen eines Kopfes des Kitsch das Nachwachsen von zwei neuen zur Folge.

In ihrem Bemühen, den Menschen zu helfen, die Einheit von Kunst und Leben zurückzugewinnen, prüfen die beiden – zuweilen wie in die Rollen von Bouvard und Pécuchet schlüpfend – die Möglichkeit der totalitären Verordnung des Glücks. Nach der Feststellung, daß diese stets in faktischem Unglück resultierte, erscheint wie ein rettendes Floß am Horizont das »Gesamtkunstwerk«.

Da sie erkennen, daß der einst heroisch-purgativ aufgetretene »Funktionalismus«, kleingeistig mißverstanden, selber verkitschte, und ihnen offenbar wird, daß der Aufstand der Massen direkt schuld ist am Mäander der Häßlichkeit, der diese Welt überzieht, suchen sie im einzelnen Individuum den archimedischen Punkt zu finden, die Gestaltung des Ganzen zum Guten zu bewegen. Adolf Loos und Seneca tauchen als Exempla des Wertes des Exemplum auf.

Immer aufs neue von dem Kitsch dieser Länder, die sie durchwandern, bis zur Resignation deprimiert, finden sie ihr einziges Heil in dem Ruf nach universeller Ausbildung und Bildung des Menschen von Kindheit an in Theorie und Praxis einer Anschauung unnachahmlicher künstlerischer Exempla, um die Musen, die Göttinnen des Glücks, des rechten Moments und der Vollendung günstig zu stimmen und die herkulischen Kräfte zu entfesseln, die allein die Hydra erlegen können.

Fläche und Linie zu Punkt

Die Antwort des Auges

Als Almir da Silva Mavignier, geboren am 1. Mai 1925 in Rio de Janeiro, Ende 1953 an der Ulmer Hochschule für Gestaltung sein Studium der Visuellen Kommunikation begann und die obligatorischen Vorlesungen von Max Bense besuchte, verstand er »kein Wort«. Kommilitonen konnten ihm nicht erklären, worum es ging. Sie mochten den Buchstaben vernehmen, doch nicht den Geist. Mavignier begriff den Geist, ohne die Worte zu kennen.

Heute bewegt er, seit 1965 Professor für Malerei an der Hamburger Kunsthochschule, sich nicht im Portugiesischen, nicht im Deutschen, nicht im Französischen wie ein Fisch im Wasser, sehr wohl aber in einer von allem Anekdotischen, von Fabu- und Rabulismen freien optischen Sprache aus reinen Formen und Farben, die auf kongeniale Weise Theoreme der Benseschen »Informationsästhetik« zum Zweck gebrauchsgraphischer Gestaltung einsetzt. Jene Ästhetik sieht Schönheit in einer direkten, nicht-redundanten, aber zugleich hochverdichteten Information durch verschiedene Zeichentypen und ihre (mit und gegen Sehgewohnheiten) präzis kalkulierte Kombination, Variation, Permutation. Das Medium, das für solche Mathematik ohne Metaphysik sich par excellence eignet, ist das Plakat.

Almir Mavignier hat ein umfangreiches Plakatwerk geschaffen. Es war kürzlich im Hamburger Museum für Kunst und Gewerbe ausgestellt und wird nun vom Deutschen Plakatmuseum in Räumlichkeiten des Rathauses der Stadt Essen präsentiert. Es beginnt mit einem Gouache-Entwurf von 1955 und endet mit der Ankündigung des Essener Ereignisses selbst. Dazwischen liegen 180 Arbeiten, meist DIN-A-1-Formate in Siebdruck oder Offset, in Auftrag gegeben von Museen, Galerien, Instituten, Firmen etc.

Der eintretende Besucher sieht sich ins Zylindrische gekrümmten lilablauen Additivquadraten gegenüber, einer Huldigung an Ernst Litfaß.

Er spürt das Bedürfnis, sich die Kunstgeschichte des Plakats zu vergegenwärtigen, die von Jules Chéret und Henri de Toulouse-Lautrec über Bonnard, den Jugendstil, Kubismus, das Bauhaus, John Heartfield bis zu Max Bill wechselnde Mittel zwischen locker lithographierter Illusionistik und geometrisch-typographischer Konkretion zur Erreichung eines Zieles verzeichnet: der Werbewirksamkeit – das Propagierte mag ein Konsumprodukt, ein Theaterstück oder eine politische Parole sein.

Es läßt sich denken, daß der Ästhet Almir Mavignier mit zartesten Rosa-Valeurs für São Paulo keine politische Agitation betreiben möchte.

Mavigniers Stärke sind in erster Linie Ausstellungsplakate, die seiner eigenen Person gelten oder stilähnlichen Künstlern wie Malewitsch, Arp, Albers, den De-Stijl-Leuten, Morellet, Alviani, Calderara und Soto. Mit scharfem Blick ergreift er wesentliche Motive des Gegenstands, über den zu informieren ist, teilt sein Format in wohlproportionierte Flächen von köstlich-feiner oder brüsk-greller Farbigkeit, plaziert eine Typographie, deren schlichte Einheitlichkeit zum Markenzeichen wurde. Er erweist sich als Meister des kleinsten und des größten Kontrastes und als ein Mann der Grenze. *Die Kunst macht Sprünge*: In Mavigniers Bildlogik gibt es prinzipiell keine Verwischung, kein Ineinanderüberlaufen, keinen Tachismus. Das Chaos weiß silhouettierter brasilianischer Bohnen sammelt sich zur Buchstabenfolge CAFE.

Sobald der Künstler seinem Grenz-Prinzip untreu wird – und das geschieht zuweilen, wenn er photographische Elemente einbaut –, resultiert zwangsläufig Kitsch (Bense sagt: »Klerikales«): Geschmäcklerisches, das dem gestaltlosen, konzeptarmen Zufall sich ausliefert, statt ihn fürs Eigene auszunutzen. Dies letztere demonstriert hingegen die Werbung für die Fluggesellschaft eines für seine Sauberkeit bekannten Landes; die Inszenierung eines Restaurants durch eine Ansicht des Parlamentsgebäudes von Brasilia; das Plakat für eine Josef-Albers-Ausstellung: eine auf der Akropolis entdeckte Deckenkassette erweitert verblüffend Albers' »Huldigungen an das Quadrat« in die nächste Dimension.

Die Essener Ausstellung vermag hinzuleiten zu dem, was man kennen muß, um sie voll zu würdigen: das Hauptwerk des Künstlers, seine Gemälde und Objekte. Während Mavigniers Plakate Antworten auf von Auftraggebern ziemlich deutlich formulierte Probleme darstellen, sind seine freien Arbeiten auf geradezu unfaßbare Weise raffiniert und geschickt ausgetüftelte Fragen ans Auge.

Dies eigentliche Œuvre markiert einen bedeutsamen Punkt auf der so oft beschworenen Linie der modernen Malerei von (z. B.) Corot, Monet, Seurat, Braque, Kandinsky, Duchamp, Mondrian, Beuys: den Punkt, wo das, was die Pointillisten den Gegenständen an Atmosphärischem abgewonnen und dem betrachtenden Auge zur additiven Mischung zurückgegeben hatten, in Gestalt reiner Lichtpunktraster verselbständigt, die Netzhaut mit ihrer organischen Beschaffenheit konfrontiert. Auf objektiv unbewegten Flächen vernimmt der Betrachter flimmernde Interferenzen, Vor- und Rückwölbungen, Farbschwankungen.

Es ist der Punkt, wo das Geistige die Kunst verließ oder noch nicht wieder in sie zurückkehrte; der Nullpunkt: Ort einer radikalen und weisen Reduktion – Programm der Gruppe »Zero«, zu der neben Uecker, Yves Klein u. a. von 1958 bis 1964 auch Mavignier zählte.

Seine Bilder hängen so auf den ersten Blick besser in ophthalmologischen oder Geld-Instituten als in Kirchen oder psychiatrischen Anstalten.

Ausgetrieben wurde der hohe, große Geist, der die Lehrer Albers, Bill, Vordemberge-Gildewart, der De Stijl und das Bauhaus einst beseelt hatte. Die Null, nicht positiv, nicht negativ, sondern indifferent, eröffnet ein Vakuum, den Raum für Reflex und Antwort des Auges.

Kunstsammler – Menschensammler

Eine seit vielen Jahren vergessene Lücke im Regal des dilettierenden oder professionellen Sammlers von Holzschnitten, Radierungen, Lithographien, Sieb-, Klischee- und anderen Drucken aus der künstlerischen Produktion des fortgeschrittenen 20. Jahrhunderts wird durch ein kürzlich erschienenes Nachschlagewerk geschlossen. Normalerweise sind Lexika der Idee der Objektivität verpflichtet und ihre Artikel von einem Stab fast anonym bleibender Wissenschaftler erstellt. Das vorliegende Buch schrieb ein einzelner erklärter Nicht-Wissenschaftler in sehr subjektiver Weise. Wie auch wäre anderes vorstellbar? Als Subjekt tritt ein Graphiksammler und Kunstakademiedirektor hervor, der rigoros und bekennerisch (professoral) seinen Geschmack die Auswahl und Darstellung der Lexikographierten bestimmen ließ: Carl Vogel, Hamburg.

In Kenntnis dessen könnte jemand vermuten, der Band sei unbrauchbar, doch zeigt sich, daß das Gegenteil stimmt. Zwar würde nicht gerade der römische, der New Yorker, der Pariser Liebhaber den größten Gewinn aus ihm ziehen, denn seine Nützlichkeit wird in um den Wirkungsort des Verfassers konzentrisch gestaffelten Kreisen gleich den Wellen eines in den See geworfenen Steins mit wachsender Entfernung vom Mittelpunkt kontinuierlich abnehmen, aber dies reicht immer noch aus, das Buch möglichen Lesern des deutschen Sprachraums ans Herz zu legen und in die Hand zu geben.

Der Benutzer darf wissen, daß er sich einem ausgewiesenen Kenner – so leicht findet ihr keinen besseren, sagt selbstgewiß der Autor – anvertraut, um den ein erstaunliches Phänomen sich rankt: die Früchte seiner Leidenschaft decken sich mit den Empfehlungen, welche sein Lexikon schweigend oder beredt ausspricht, Vogel besitzt Graphiken der (ca. 300) Künstler, die er charakterisiert.

Mögen manche einem Börsenberater, der aktiv mitspekuliert, Interessenkollision und unseriöse Interferenz vorwerfen, so läßt sich andererseits eine größere Glaubwürdigkeit nicht denken als die desjenigen, der zuerst oder zugleich am eigenen Leib ausprobiert, was er anderen eingibt.

Dem, der Graphikmappen ganz aktueller, frischer Erzeugung wie Aktienpakete mit Gewinnerwartung erwerben will, sagt Vogel in der ausführlichen Einleitung etwas Überraschendes: »Kaufe nur, was du ausgesprochen scheußlich und unverständlich findest, und zwar auf Anhieb!« Das Konzept eines mittelfristigen Umschlagens des Verkannten ins Anerkannte liegt hier zugrunde, dann der Versuch, Wertschöpfung und Wertsteigerung in der bildenden Kunst in Prozessen von Angebotsausforstung und Nachfragekonzentration zu fassen, und drittens das Bild des Massenmenschen, der notwendig verkennt, was als große Kunst seiner Zeit nur von wenigen – den großen Künstlern – erkannt wird. Nun unterscheiden sich Kunstgesetze z. B. von Naturgesetzen dadurch, daß sie viel mehr Ausnahmen haben, und weil Vogel das weiß und deutlich erfuhr, daß Kunst »die menschliche Tätigkeit mit dem höchsten Freiheitsgrad unter den gesellschaftlich anerkannten« ist, verspürt er letztlich keinerlei Neigung, sich als ein Kostolany des Graphikmarktes zu präsentieren. Aber daß Kunst im Kern »Verkündigung« sei, die nur der »wirkliche Künstler« »sehen« könne, bleibt seine auf dem Felsen der Empirie gebaute, unverrückbare Überzeugung.

Es gibt für den Sammler eine Chance: einen wirklichen Künstler zu kennen und auf ihn zu hören. Aber müßte man, um den zu erkennen, nicht auch selber einer sein? Auf diese Weise verstrickt der Autor sich zwangsläufig in Tautologien, in ein »Friß oder stirb!«

Wir fressen, übrigens gewissermaßen zur Linderung gleichzeitig den erweiterten Kunstbegriff, um den sowieso niemand mehr herumkommt. Aus ihm resultiert ebenso eine Beurteilung des Menschen als Künstler wie eine Anthropologie und Psychologie des Künstlers – zum Glück Vogels Domäne. Weiterhin folgt, im Verbund mit neuen technischen Möglichkeiten, eine Ausdehnung der Definition des Begriffes der Druckgraphik, in deren Randzonen Extremformen auftauchen wie das Plakat (z. B. Tàpies), die Heliogravüre (Paolozzi), Photographie/Lichtdruck (Sieverding, Ehepaar Becher), Photokopie/Xerographie (Blume, Böhmler, Lingner), die Postkarte (Staeck), das Buch (Darboven), die Briefmarke (Mavignier), die Zeitung (Yves Klein) und die siebbedruckte Tragetüte (Warhol).

Zwischen prinzipiell endlose Massenreproduktion erlaubendem Offset-

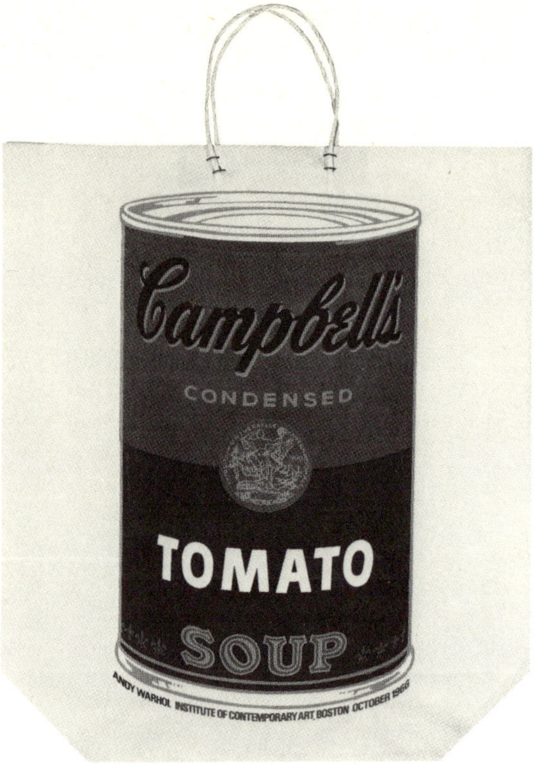

Andy Warhol, *Campbell's Tomato Soup,* 1966, Siebdruck auf Tragetüte

Verfahren und der Monoprint-Methode (z. B. bei Rauschenberg) überdauern als für originale Graphik maßgebliche Konstitutionsfaktoren letztlich drei Bedingungen: das Vorhandensein mehrerer Exemplare gleicher Art, deren Entstehung durch einen Druckvorgang und die völlige Übereinstimmung des Ergebnisses mit dem »Willen«, der »Vorstellung« und »Absicht des Künstlers« (die Beglaubigung dieser Übereinstimmung durch Signatur ist nicht notwendig, eher »zu sentimentaler Bedeutung degeneriert«). Bislang gültige, schwerfällige juristische Bestimmungen, etwa aus dem Gemeinsamen Zolltarif, legt der Jurist Vogel souverän und plausibel ad acta.

Was nichts daran ändert, daß – neben Normensprengendem wie Lawrence Weiners und Ben Vautiers Klischee-Farcen, Tinguelys Zeichenmaschinenauswurf ... – in den (nach den Geburtsdaten der Künstler geordneten) zahlreichen Abbildungen des Lexikons wie in seinen (alphabetisch nach ihren Namen gereihten) Artikeln überwiegend Beispiele der klassischen Medien und ihrer Raffinierungen figurieren: Wunderlichs und Hockneys ausgeklügelte Lithographien, die Siebdrucktafeln von Albers, Hamiltons Dye-Transfers, Graubners Aquatinten, Christos dokumentarische oder entwerfende Farboffsets, Grieshabers Holzschnitte, Linolschnitte von Bartnig usw.

Insgesamt: Ein Werk, das von der geistigen Freiheit, Leidenschaft und der Autorität seines Autors zeugt.

Carl Vogel, *Zeitgenössische Druckgrafik, Künstler, Techniken, Einschätzungen*, München 1982.

Grenzwerte

In Köln, wo er 1976 an seinem 52. Geburtstag starb, wird Marcel Broodthaers mit einer Retrospektive seines in den letzten zwölf Lebensjahren entstandenen Werkes geehrt.

Museale Darbietung und Vermittlung der Arbeiten des belgischen Autodidakten sind insofern kompliziert und heikel, als er beim rückhaltlosen Durchdenken des eigenen Tuns auch die Einrichtung des Museums nicht verschonte. Dessen Idee hat er etwa durch die Gründung eines »Museums der Modernen Kunst, Adler-Abteilung« verfremdet, das seinerseits die Selbstbezogenheit so weit trieb, sein »Finanzressort« auf dem Kölner Kunstmarkt 1971 verkünden zu lassen: »Wegen Konkurs zu verkaufen.«

Der Kunstkritik kam Broodthaers in die Quere, indem er seine »theoretischen« Objekte mit Buchstaben und Worten spickte, wodurch ein wahrer Bedeutungsrausch entfesselt wird.

Das französische Wort »moules«, sowohl »Miesmuscheln« als auch »Gußformen« bedeutend, in gelber Schreibschrift über eine neunspaltige, fünfzeilige Anordnung leerer, geköpfter, aber sonst intakter Eierschalen gesetzt, kann unter den Gesichtspunkten des Hülle-Inhalt-Verhältnisses, der Eßbarkeit und der ironischen Rückkehr zur spätmittelalterlichen Eitempera-Maltechnik noch Stimmigkeit erlangen. Surrealistische Verwirr- und Verblüffungsmethode kommt hinzu, wenn eine Broodthaers-Ausstellung im Centre Pompidou 1975 unter der Überschrift »L'Angélus de Daumier« steht oder wenn die Gesamtheit dreier nebeneinander aufgereihter leerer Bordeauxflaschen – die äußeren aus klarem, die mittlere aus dunklem Glas –, die die Aufschriften »Mer«, »Chateau« und »Mer« tragen, betitelt ist: »Entre deux mers erhob sich das Château Margaux«.

Nicht nur für Konservatoren und Kunstkritiker ist Broodthaers' Werk interessant, sondern für alle, die mit Sprache – Worten und Bildern – zu tun haben, mit rhetorischen Figuren, Witzen, Tauschen, Täuschungen, Wahrheiten.

Für seine Vielseitigkeit mag mitverantwortlich sein, daß Broodthaers nach Chemiestudium, Tätigkeiten im Bankfach und im Buchhandel, Versuchen mit »Performance«, Film, Journalismus und Dichtung erst 40jährig in den Kunstbetrieb einstieg. Die Problematik von Wort, Bild und Bedeutung fand er von seinem Landsmann und (bei aller Bewunderung unterschätzten) »Vater« René Magritte ausgiebig behandelt. Aber wo jener sich noch gemächlich-untertreibend der klassischen Form des Tafelbilds bediente, verringert sich bei seinem »Sohn« mit der Vermehrung der Geistesblitze der Aufwand der Ausführung und dehnt sich das Medium aus zu Film, Objekten mannigfaltiger Materialien, halbwissenschaftlichen Konzeptionen mit zum Beispiel soziologischem Einschlag. Von daher Broodthaers' Zuordnung zur Minimal oder Concept Art.

Das Denken strebt Grenzwerten zu: Kunst wird als Ware gesehen (durch Verwendung des Doppelsinns von »valeur«), der Künstler als Autor einer Definition, Buchtitel ersetzen Bücher, ein Film (»Die Signatur«) dauert eine Sekunde, einem Papagei werden die Worte in den Schnabel gelegt: »Sagt nicht, daß ich es nicht gesagt habe!«

Marcel Broodthaers' Werke sind Herausforderungen einer scharfsinnigen Intelligenz, die sich nicht übernimmt.

Rauschenberg im Land des Lächelns

Ein Vierteljahrhundert liegt zwischen den Geburtsdaten von Jacques Villon und Yves Tanguy. Beider Künstler Werk scheint der wissenschaftlichen Bestimmung gegenüber nicht sperrig, das eine der Kategorie eines dekorativen Kubofuturismus sich zu fügen, das andere der des biomorphen Surrealismus. Doch welchen Abgrund bilden die nächsten 25 Jahre bis zu Robert Rauschenberg!

Jener hat seinen Grund nicht darin, daß Rauschenberg Amerikaner ist, daß er lebt, daß der Jetzt-Standort absolute Distanzen perspektivisch relativiert, daß der Kunstbetrieb akzeleriere, sondern einzig und allein in der Tatsache, daß wir mit ihm die sicher definierten Bezirke der Klassischen Moderne verlassen.

Gewiß existieren Ähnlichkeitsbande, z. B. von einem *combine-painting* – Rauschenberg prägte diesen Begriff 1955 – zu einer Collage (erfunden von Braque 1912), aber die Unterschiedlichkeit überwiegt, formal bezüglich der materialen Größe und Dimensionalität und strukturell dahingehend, daß Braque, Picasso, Boccioni, Duchamp, Schwitters usw. vorsichtig Alltagsrealität, ja Abfälle in die Aura des Gemäldes hineinbringen, während Robert Rauschenberg die zu Abziehbildern décollagierten Werke von Rubens, Tizian, Gérard usw. unbekümmert als Versatzstücke neben Markenzeichen und Verkehrsschildern, Tennisschuhen, Politikern und ausgestopften Angoraziegen auf der (aus einem *dirt-painting* herausentwickelten) »Arbeitsfläche Bild« arrangiert.

Der klassische Moderne Magritte nannte die »Lumpenfetzen« Rauschenbergs »authentische Bildidiotien«, wertfrei übertragen wir »eigenständige Schöpfungen«. Bei aller Schwierigkeit der kunsthistorischen Einordnung bleibt nie strittig: ein Rauschenberg ist ein Rauschenberg.

Am Anfang war *tabula rasa*: zwei Brände, die sein Frühwerk vernichteten (1951); eine Zeichnung Willem de Koonings, die er von ihm kaufte und (mit seiner Zustimmung) mühevoll ausradierte (1953); die Monochromen-Serie: *white paintings, black paintings, red paintings* (1951-1953).

1960 lernte er Duchamp kennen. Den Schlußpunkt der ersten und eigentlichen Etappe der combine-paintings markiert *Black Market*, 1961, ein Werk, das Duchamps Idee der »Autorisierung des Rezipienten« in eine Versuchsanordnung umsetzt. Der zum Kunstbenutzer ausgerufene Galerie-/Museumsbesucher wird aufgefordert, in einem Koffer liegende Objekte durch mitgebrachte eigene zu ersetzen und den Tauschvorgang auf dem über dem Koffer hängenden Materialbild zeichnerisch festzuhalten. Wie Rauschenberg es schon geahnt hatte, begünstigte die *black box* »Kunstwerk« den illusionären Wunsch, das Output könne größer sein als das Input, erwies sich die Kommunikation mit dem Betrachter als Einbahnstraße, an deren Ende das *Blackout* droht.

1962 erschloß Rauschenberg – wie gleichzeitig Warhol für seine Wiederholungszwecke – das Siebdruck-auf-Leinwand-Verfahren für seine Kombinatorik. Eine geniale Transfer-Leistung gelang ihm mit der *Hoarfrost*–(= Rauhreif)Serie, 1974-1975, wo das photographische Siebdruckbild auf Seide und Baumwollgaze aufgebracht wird. In einer unvergeßlichen Ausstellung in der Ca'Pesaro (1975) wehten die leichtesten Stoffe im venezianischen Licht.

Die neuen Arbeiten von Rauschenberg, ausgestellt in der Leo Castelli Gallery, Greene Street, stehen in der Kontinuität seines durch thematische Vielfalt und technische Versatilität gekennzeichneten Schaffens. Eindrücke aus China montiert eine quer durch den Saal gehängte, 100 Fuß lange Photorolle – eine Variation auf die älteste chinesische Bildform –, auf deren Rückseite vor Ort entdeckte Stoffe und Papiere mit unverdorbener sommerlicher Farbenfreude, mit Strukturen und Schriftzeichen spielend den fernen Zauber des Reichs der Mitte zwischen dritter Welt und dritter Macht beschwören.

Äußerlich im Rahmen von Tafelbildern und den bekannten aus der Wand in den Raum vortretenden, bühnenkonstruktionsartigen Objekten bleibt die *Japanese Claywork Series*. Auf den Bildträger kommt es hier an. Flackerten die *Hoarfrosts* immateriell wie eine jederzeit zum Verlöschen bereite Fata Morgana, zeigten sie sich empfindlich gegen den flüchtigen Windhauch, so handelt es sich bei den *Clayworks* um Stelen von ägyptischer Dauerhaftigkeit. In Zusammenarbeit mit einem japanischen Spezialisten entstanden hochtemperaturgehärtete schwere Keramikplatten, wetter-, feuer- und atomfest für die nächsten 3000 Jahre. Siebgedruckt eingebrannt und versiegelt sind u. a. die unvergänglichen Werke der europäischen Kunstgeschichte. Leonardos Mona Lisa trägt das Gesicht von Botticellis Venus. Die lächelt darüber, neigt den Kopf und überkreuzt die Hände. Eine Positionsvertauschung des Popos erfährt Courbets »Schlaf«. Woanders ist die altvertraute Lastwagenreifenspur abgerollt, erstarrt zum tönernen Profilfossil.

Robert Rauschenberg, zurück aus dem Land des Lächelns, wirft uns eine Menge Handküsse zu und ein freundliches *keep smiling*.

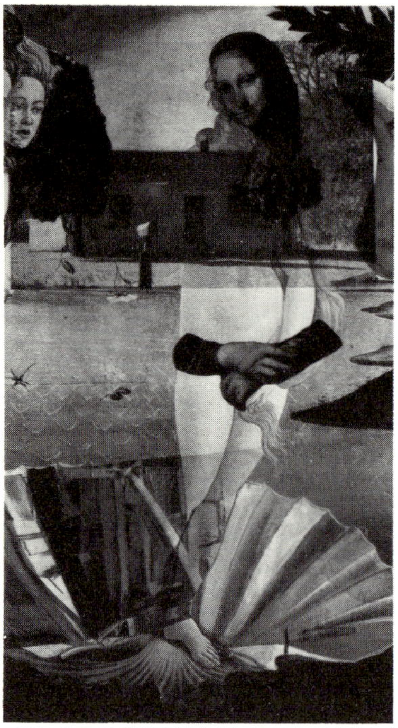

Robert Rauschenberg, *Drawing Room I*, 1982, Keramik *(Japanese Claywork Series)*

Anmerkung 1984: In der ersten Kleindruckausgabe der *Frankfurter Allgemeinen Zeitung* schrieb Werner Spies am 1. 7. 1984 zu diesen Arbeiten: »Erschreckend die banalen Klitterungen, zu denen Robert Rauschenberg neuerdings Großphotos nach Bildern von Meistern zwingt. Seine eigene Zugabe beschränkt sich auf einen Schuß Kunstharz.«

Von Gipfel zu Gipfel

Ihr Altersunterschied ist nicht der der beiden Männer auf Tintorettos »Doppelbildnis«. Es sind andere Differenzen, die es erstaunlich erscheinen lassen, daß Jean Cocteau und Louis Aragon im Jahre 1956 »Gespräche über die Dresdener Galerie« führen konnten, die in konstruktivem Geben und Nehmen eine Dialogqualität erreichten, wie sie dem venezianischen Meister des Cinquecento vorgeschwebt haben mag.

Der phantastische, egozentrische, lyrische Universalist Cocteau, der Kunstwerke nach ihrer Fähigkeit, eine »geistige Erektion« hervorzurufen, beurteilt, und der historisch-materialistische Aragon, der in ihnen Spiegelbilder von Epochen, menschliche Kollektiv-Dokumente einer internationalen Sprache sieht, treffen sich in der Pariser Wohnung des letzteren, um sich anhand von Schwarzweiß- und Farbphotos über circa 70 gemeinsam ausgewählte Gemälde der Dresdner Galerie zu unterhalten. »Ein Besuch bei diesem Herrn würde schon die Reise nach Dresden lohnen«, meint Aragon vor Renoirs Porträt des Capitaine Darras. Der Gang durch ein *imaginäres Museum* (Malraux) – eben zu dem Zeitpunkt, da das Galeriegebäude nach der Zerstörung von 1945 wieder real geworden ist – gestattet eine hohe intellektuelle Reisegeschwindigkeit, d. h. schnelle Assoziationen: die Beweglichkeit zweier würdiger älterer Herren in den fünf Jahrhunderten und sechs nationalen Schulen der klassischen europäischen Kunstgeschichte.

Nietzsche sagte über sein Verhältnis zu Sokrates: »Er ist mir so nah, daß ich fast immer gegen ihn kämpfe.« Für Aragon und Cocteau gilt: Sie sind sich so fern, daß sie sich ideal ergänzen. Während der nach eigenem Bekennntis »ungebildete« Cocteau mit glänzenden Metaphern und subjektiven Einfällen poetisiert, blättert Aragon ein reichhaltiges Wissen traditioneller Sozial- und Stilgeschichte auf. Bei Reynolds »Bildnis des Mr. William James« stellt Cocteau sich genußvoll vor: »Dieser Herr scheint der Gruppe anzugehören, die die spätere Lady Hamilton am Wasser trifft. Man brachte in Körben Lebensmittel und Farbkästen mit. Man pick-

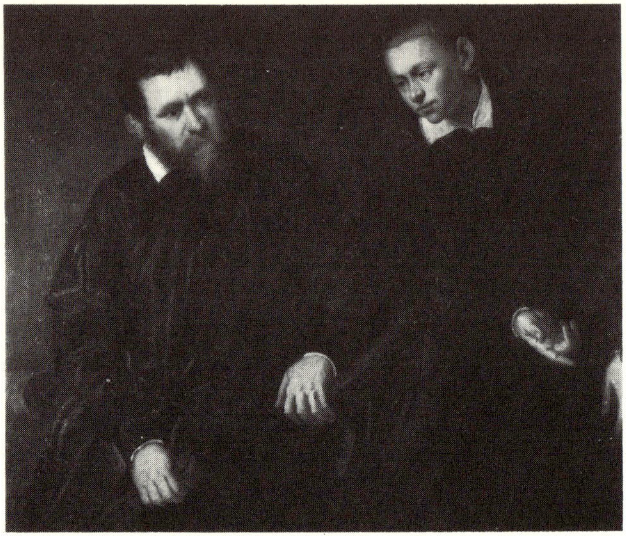

Jacopo Robusti, gen. Tintoretto, *Doppelbildnis eines älteren und eines jüngeren Mannes,* Öl/Lw., 99,5 × 121 cm

nickte, malte, verführte ein Bauernmädchen und machte aus ihm eine Dame von Welt.« Aragon bemüht sich mit Erfolg, durch entwicklungsgeschichtliche Verweise die Täler unter den zeitlosen Gipfeln zu füllen, zwischen denen sein Partner zu kommunizieren liebt.

Was beide gemeinsam zustandebringen, fällt nicht bloß in die Gattung des kunstsinnigen und geistreichen Gesprächs, es ist Kunstwissenschaft. Freilich deren vierter Teil, wenn die ersten drei wie folgt definiert werden: 1. Datier- und Zuschreibungsforschung, 2. Ikonographische Forschung, 3. Ikonologische Auslegung.

Auf der 4. Stufe wandelt das Museum sich vom Friedhof zu einem Ort der »Auferstehung« (Aragon). Interpreten werden zu Schöpfern, die mit den Malern von gleich zu gleich verkehren. In der ästhetischen Begeisterung kann es vorkommen – und ist kein Argument dagegen –, daß Quellen sich nach Interpretationen richten statt andersherum. Um derartige »Fehler« zu bemerken, muß man auf den genannten ersten drei Stufen schon sehr bewandert sein. Deshalb ist das Buch von Aragon und Cocteau, ganz entgegen dem äußeren Anschein der vorliegenden in der DDR

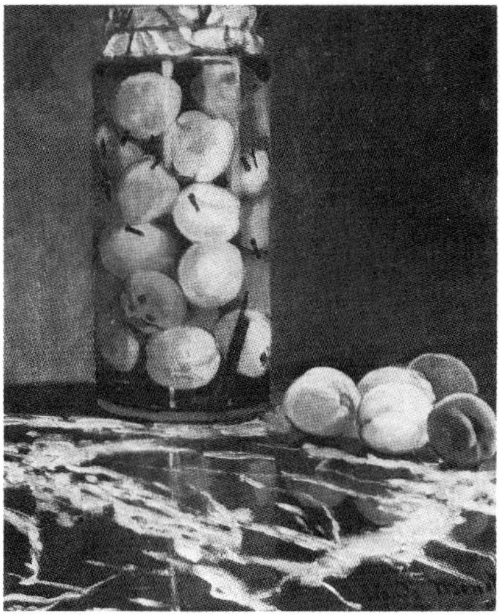

Claude Monet, *Das Pfirsichglas,* Öl/Lw., 55,5 × 46 cm

vorzüglich gedruckten deutschen Fassung, eines für in Kunstgeschichte weit Fortgeschrittene.

Die Kongenialität der Interpreten andererseits muß unmittelbar überzeugen, ja mitreißen, sonst wäre sie reine Anmaßung. Wer aber würde nicht einstimmen in Cocteaus und Aragons Hymnus auf Monets »Pfirsichglas«, das beide (– ein Sieg Cocteaus –) als Höhepunkt ihres Gangs durch die Dresdner Galerie an vorletzter Stelle besprechen? »Das sind Frucht-Fötusse, Geister von Früchten, sie sind tot und suchen uns heim« (Cocteau). »Ja, ein ganz aufwühlendes Bild . . . und man weiß absolut nicht, wodurch es aufwühlt . . . Es ist eine Art Größe, die sich nicht eigentlich vom Sujet ableitet« (Aragon).

Und so ist es die Größe zweier französischer Intellektueller, »berüchtigter Schwätzer«, aristokratischer Anarchisten und Apologeten eines dichterischen Luxus, die 70 »verborgene« Meisterwerke der Dresdner Galerie ans Licht holt, in ihre Wirklichkeit der Gegenwart von 1956.

Aragon, Cocteau, *Gespräche über die Dresdner Galerie,* Geleitwort Hans Mayer, Stuttg. 1981

Dalís Drama

Der Künstler als Opfer seiner falschen Freunde

Große Künstler sind immer umstritten. Zeit seines Lebens hat Salvador Dalí es verstanden, diese grundlegende Wahrheit auf herausfordernde Weise offenzulegen und zuzuspitzen. Sein Leben und sein Werk operieren hart an den wechselvollen, manchmal gefährlichen Grenzgraten zwischen Dichtung und Wahrheit, Echtem und Falschem, Kitsch und Kunst, Genie und Wahnsinn. Absolut und unbezweifelbar klar bleibt für den Kenner der Biographie des spanischen Malers jedoch eines: Nie ging Dalí über die Grenze hinaus; er *ist nicht* verrückt (kitschig, fälschend). Sondern im Gegenteil sehr realistisch.

Hat sich ein zunächst provozierender Künstler einmal durchgesetzt, lockt er unweigerlich eine Schar von Nachahmern, Geschäftemachern und allerlei servilen Gestalten an, die, untereinander rivalisierend, aus ihm ihren Vorteil zu ziehen versuchen. Da es ihnen dabei nicht um die Sache, d. h. um die Kunst selber geht, sind ihnen oft alle Mittel recht, ihre niedrigen Zwecke zu erreichen. Sie schrecken vor Fälschung und Verkitschung nicht zurück und würden es sogar voller Schadenfreude mitansehen, wenn auch der (nach einem bekannten Ausspruch Dalís) »einzige Unterschied« zwischen einem Künstler und einem Wahnsinnigen noch fortfiele. Durch diesen Akt der Entmündigung könnten sie Macht über ihn gewinnen.

Solche allgemeinen Überlegungen gehen demjenigen durch den Kopf, der die dramatischen Ereignisse verfolgte, die sich im Kastell von Púbol zutrugen, einem idyllisch gelegenen Flecken in Katalonien zwischen Gerona und der Costa Brava.

Seit dem Tod seiner Frau Gala im Jahr 1982 wohnte Salvador Dalí in dem von einer hohen Mauer umgebenen Anwesen, zu dem auch ein prachtvoller Garten gehört, wo Statuen sich mit hohen Pappeln und üppigen Hecken abwechseln und ein Teich sich befindet, der von Richard-Wagner-Büsten gesäumt ist. In einem unterirdischen Gewölbe liegt Galas Grab, ein schlichtes, erhabenes Mausoleum.

Der Künstler, der am 11. Mai seinen 80. Geburtstag beging, verließ das Dornröschenschloß über zwei Jahre lang nicht. Aber er empfing auch kaum Besuch. Selbst gute Freunde oder Angehörige (Cousine Montserrat Dalí, Schwester Ana María Dalí) wurden nicht zu ihm vorgelassen. Mit der Zeit wuchs ihr Befremden über die zwischen Dalí und der Außenwelt errichtete Barriere. Woran sie nicht vorbeikamen, das war ein Triumvirat, das die Geschäfte des Malers, ja sein ganzes privates und öffentliches Leben in die Hand genommen hatte: Robert Descharnes als »Sekretär«, Antonio Pitxot, ein Kunstmaler, der einer Familie entstammt, mit der Dalí in seiner Jugend befreundet war, und Miguel Doménech, ein Anwalt, dessen Einfluß in das staatliche Fernsehen und bis in die höchsten Regierungskreise von Madrid hineinreicht.

Der Bürgermeister von Púbol und La Pera (dem ebenso winzigen Nachbardorf), Benjamin, schildert, wie der neue Einwohner, der in den ersten drei Monaten noch so zugänglich war, plötzlich nicht mehr zu sprechen ist. Das Dreimännergremium gibt auf Anfragen immer die gleichen stereotypen Mitteilungen. Señor Dalí sei müde und wolle niemanden mehr empfangen, wolle »nicht mehr gesehen werden«, es gehe ihm »gut«, aber er wolle zurückgezogen leben, »ein bißchen wie Picasso« im Alter.

Die sorgfältige Abschirmung ist nur für solche Personen durchlässig, die mit dem Trio über das Schicksal des gewaltigen Vermögens, das der Künstler mit seinen Werken geschaffen hat, verhandeln. Es umfaßt hauptsächlich den Bestand des Dalí-Museums in Figueras – das im Laufe der Verhandlungen zum größten Teil in eine (private) Stiftung »Gala-Salvador-Dalí« übergeht – sowie die bedeutende, hinsichtlich ihrer genauen Zusammensetzung geheimnisumwitterte Privatsammlung des Meisters, insgesamt Werte weit jenseits der 100-Millionen-Mark-Grenze.

Unter denen, die in die Mauern des Kastells in Púbol Einlaß finden, sind auch Abgesandte der SPADEM (Société de la Propriété Artistique et des Dessins et Modèles) aus Paris, einer Gesellschaft, die Urheberrechte an Kunstwerken verwertet.

Nur ein einziges Mal, sagt Bürgermeister Benjamin, habe er in dieser Zeit der Abgeschiedenheit Dalí gesehen (aber auch bei der Gelegenheit sei ein Mitglied des »Trusts« zugegen gewesen), und zwar, um einen Brief von

Ana María Dalí zu überbringen. Dalí habe ihn aufgefordert, den Brief zu öffnen und vorzulesen. Er enthielt die Bitte der Schwester, ihren Bruder besuchen zu dürfen. Dalí habe daraufhin zu weinen begonnen und wortlos das Zimmer verlassen.

Der Bürgermeister konkretisiert hier auf seine Weise Gerüchte, die in und um Púbol kursieren und seit einiger Zeit in der katalanischen Presse laut wurden. »Ich glaube, Dalí wurde festgehalten. Das war mein Eindruck!«

Höhepunkt der Kette der Merkwürdigkeiten, die in der gräflichen Burg direkt neben der Dorfkirche spukten, war der Ausbruch eines Feuers im Schlafzimmer des Künstlers am 30. August 1984 um 5 Uhr früh. Descharnes, ein Beamter der ständig anwesenden Guardia Civil und eine der vier Dalí betreuenden Krankenschwestern rochen Rauch – so sagten sie vor dem zuständigen Ermittlungsrichter im nahe gelegenen La Bisbal aus. Descharnes präsentiert sich als Dalís Retter; er habe ihn am Ende aus dem qualmerfüllten Zimmer gezogen, Feuerwehr, den Notarzt in Gerona, den Hausarzt García San Miguel, den nebenan wohnenden Hausmeister, Joaquin Chicot, und auch Bürgermeister Benjamin verständigt.

Dalí erlitt Verbrennungen zweiten und dritten Grades am rechten Bein. Als der Hausmeister (seine Frau Dolores ist übrigens Dalís Köchin) eintraf, will er gesehen haben, daß der Künstler verängstigt und hustend in seinem Cadillac saß.

Trotz der bedrohlichen Verletzungen wird Salvador Dalí erst 43 Stunden nach dem Brand (Chicot will dies nicht zugeben) in das Pilar-Krankenhaus in Barcelona eingeliefert – ein eher für seine guten Entbindungen bekanntes Hospital . . . –, nach einem Umweg über die Gala-Salvador-Dalí-Stiftung in Figueras!

Und erst für die Fahrt von Figueras nach Barcelona wird der Cadillac gegen einen Krankenwagen getauscht, in dem man den Patienten an die notwendigen Geräte anschließen kann.

Wie die Mediziner nun feststellen, befindet er sich in einem gravierenden Zustand der Unterernährung (wiegt noch 47 kg). Einige der Krankenschwestern aus Púbol und Dr. San Miguel versorgen Dalí auch in der Pilar-Klinik, so daß mögliche Zweifel an seiner »unvoreingenommenen« Behandlung nicht ausgeräumt sind. Descharnes und Pitxot haben sich neben seinem Krankenzimmer im 4. Stock einquartiert.

Eine Woche nach dem Feuer gibt Dalí vor einem Notar und dem laufenden Tonband des staatlichen Rundfunks seine Zustimmung zu einer Operation unter der Leitung des anerkannten plastischen Chirurgen Robert Benedito, der einzigen Überlebenschance. Die sechsstündige Operation (Transplantation eigener Haut nach dem sog. Thiersch-Verfahren) verläuft erfolgreich.

Betrachtet man die von so vielen Mysterien durchsetzten Lebensumstände Salvador Dalís in den letzten Jahren, so deutet manches darauf hin, daß der große Skandal-Dramaturg nun selber das Opfer einer dramatischen Inszenierung geworden ist, die nicht ihm und seiner Kunst, sondern den Profit- und Ruhmesinteressen seiner falschen Freunde dient.

Mit Gegenargumenten ist das Triumvirat scheinbar bestens ausgerüstet. Hat er nicht immer schon ein »geheimes Leben« geführt (»secret life«, der Titel seiner 1941 geschriebenen Autobiographie – ist er übrigens nicht schon früher von »Sekretären« betrogen worden –), sagte er in dieser seiner Selbstbiographie nicht bereits die Umstände seines Todes vorher (von niemand geliebt, doch im Blickpunkt der ganzen Welt), wußte er als Verehrer von Sigmund Freud nicht um den »Todestrieb«, betonte er nicht oft, daß sein ganzes Werk vom Bewußtsein des Todes durchzogen ist, war nicht zu erwarten, daß ausgerechnet bei einem so verdrängten Thema wie dem Sterben sein inszenatorisches Geschick ihn nicht verlassen würde? Ist es nicht plausibel, daß er nach dem Tod seiner Frau die Nahrungsaufnahme einschränkte, selbstzerstörerische, sadomasochistische, hysterische Impulse verstärkt entwickelte? War nicht vorhersehbar, daß er sich dann in eine Art infantiler Phase zurückbilden würde (Zertrümmerung der Brillen der Ärzte), ja daß seine Einkapselung auf Schloß Púbol wie das Ende eines rückwärts gelaufenen Films den Monaten der intrauterinen Periode entspräche? Ist das Feuer vom 30. August nicht ein »objektiver Zufall« gewesen, wie die Surrealisten ihn so sehr schätzten? Ein Feuer, ausgelöst angeblich durch den »Kurzschluß« einer Klingel, die man eigentlich (im traditionellen Verständnis der Ursache-Wirkungs-Relation) ja betätigt, um Hilfe herbeizurufen . . . Oder war es vielleicht auch eine umkehrende Antwort auf den Beinahe-Tod des Knaben durch Ertrinken auf einer versengten Hängematte? – Litt er nicht an der Parkinsonschen Krankheit, mußten die Krankenschwestern nicht enorme Monatsgehälter erhalten, um für die »Demütigungen« des Unberechenbaren entschädigt zu werden? Und schließlich, ist Dalí nicht zu intelligent, als daß er sich von irgendwem – und sei es einer Dreierbande – gegen seinen Willen manipulieren ließe? – Heuchlerische bis dumme, jedenfalls zynische »Argumente« gegen einen Menschen, der vor allem eines will: leben.

Descharnes ist, wie gesagt, nicht der erste Sekretär, den man verdächtigt, den Maler gefangengehalten und ausgenutzt zu haben. Ein bißchen muß die Opfer-Situation also auch an Dalí (und Gala) liegen? So *könnte* man sich beruhigen . . .

Jener Typ der Aasgeier und Spießer ist recht verbreitet: Sie klammern sich eine Zeitlang am Rockzipfel des Genies fest, dann fallen sie herunter, um durch andere ersetzt zu werden. In diesem Sinne löste Enrique Sabater 1975 seinen Vorgänger John Peter Moore ab, ehe 1981 der Franzose Descharnes das Ruder übernahm. Letztere »Rettungsaktion« – die übrigens gleichbedeutend war mit dem Übergang der Kontrolle der Reproduktionsrechte von der ADAGP (Association pour la Diffusion des Arts Graphiques et Plastiques) auf die SPADEM – wurde damals groß als Comeback des Malers Dalí, der seine Krise überwunden habe, gefeiert.

Es scheint, daß Gala in ihrer energischen Art aus Geldmangel (verursacht u. a. durch ihre Spielleidenschaft, hohe Verluste in Kasinos) die Sekretäre animierte, den Dalí-Graphik-Markt durch unkontrollierte Auflagensteigerungen und Blindsignaturen ihres Mannes zu beleben.

Sinnigerweise haben sich Moore und Sabater trotz aller Differenzen jetzt – in geschmacklos-makabrer Vorwegnahme von Dalís Tod – in der Ankündigung einer gemeinsamen Gegen-Trauerfeier in Cadaqués vereinigt.

Descharnes sprang wohl mit seinen Verbündeten in die Lücke, die Galas Tod hinsichtlich des Salvador-Managements hinterließ. Aber außer daß die drei die Inflationierung der Dalíschen Druckgraphik – wo ja immerhin noch »philosophische« Auseinandersetzungen über den Begriff des Originals möglich sind – weiter betrieben, deutet einiges darauf hin, daß Fälscher mit der Erstellung eines malerischen Alterswerks des selber nicht mehr sonderlich zur Arbeit Aufgelegten beauftragt wurden.

Am Abend des Tages, an dem Dalí operiert wurde, wäre es im Ritz-Hotel in Barcelona beinahe zu einer Schlägerei gekommen. Nur das beherzte Eingreifen der Kellner verhinderte die Eskalation eines heftigen Verbal-Angriffs. Der Pariser Verleger und Kunsthändler Pierre Argillet, ein rüstiger 75jähriger, seit einem halben Jahrhundert ein guter Freund Dalís (mit dem er tatsächlich eine gewisse physiognomische Ähnlichkeit aufweist), traf in der Halle zufällig auf den gerade dort anwesenden Descharnes und konnte nicht umhin, seinem Herzen Luft zu machen, war er doch nach der Brand-Meldung hierher gekommen, »um den Spaniern zu sagen, daß Descharnes unter Mißbrauch des Vertrauens, das er bei Salvador Dalí zu genießen scheint, den Markt der echten und der falschen Werke des Künstlers nach Belieben kontrolliert«. 4000 fälschlich als Originale geltende Graphiken seien mindestens in Umlauf. Dalís Schwäche ausnutzend, habe die Troika ihn Verträge mit der SPADEM, die ihrerseits mit professionellen »Gangster-Editionen« zusammenarbeite, unterzeichnen lassen. Zudem werde dem Maler, der infolge seiner Schüttellähmung »seit Jahren die Hand nicht mehr erhoben hat«, gewissermaßen der Pinsel geführt bzw. ein Alterswerk gänzlich von Fälschern (darunter einem namens Pujol) erstellt.

Auf die Frage, ob der Eingeschlossene vielleicht mit Medikamenten, gar Drogen gefügig gemacht werde, antwortet Argillet: »Das ist nicht nötig. Dalí wird nur von einem beherrscht: der Angst. Vor den kleinsten Dingen des Alltags hat er Angst. Wie oft mußte ich vorgehen, um eine Tür für ihn zu öffnen, weil er Angst hatte vor dem, was dahinter war.«

In die gleiche Richtung zielende Verdächtigungen äußert der bekannte katalanische Schriftsteller Luis Romero, ein ebenfalls jahrzehntelanger Freund Dalís, der in Cadaqués lebt. Im Februar dieses Jahres habe er einen angeblich von Dalí stammenden und unterzeichneten Brief erhalten, in welchem er aufgefordert wurde, sämtliche in seinem Besitz befindliche Dokumente von und über Dalí an den Absender zurückzuschicken. Romero: »Und nun sehen Sie sich mal die Unterschrift an. – Diesen Brief hat Descharnes geschrieben.«

Mit Fälschungen muß und kann das Werk eines großen Künstlers leben, man denke an de Chirico, Magritte, Modigliani . . . Dalís Drama geht weit darüber hinaus.

Zwar verhält es sich nicht so, wie Warhol es einmal für sich ausdrückte: »Ich bin das Loch in der Schallplatte. Selber bin ich nichts, und alles dreht sich um mich.« Dalí ist schon ein bißchen mehr als nichts . . . Und auf dem Krankenbett ruhend (auf dem »Totenbett« sah Pitxot ihn bereits voreilig), läßt er die ganze Welt um sich kreisen.

Personenregister

(ohne mythologische Gestalten)

Nachweis der Erstveröffentlichungen

Die hellenistischen Philosophen, Vortrag, gehalten am 16. 2. 1976 im Archäologischen Institut der Universität Hamburg

Die Entwicklung der pompejanischen Wandmalerei, referiert im März 1977 in den Ruinen von Pompei

Die Nacht in der deutschen Romantik, vorgetragen im Sommer 1975 im Kunstgeschichtlichen Seminar der Universität Hamburg

J. M. W. Turner, unveröffentlichtes Manuskript vom 2. 5. 1976

Wahnsinn und Genie, Vortrag, gehalten am 16. 12. 1975 an der Universität Hamburg, Abschnitt *Noch einmal: Die Monomanen Géricaults und Georgets* Ergänzung vom Sommer 1978

Zur symbolistischen Kunsttheorie, vorgetragen am 2. 7. 1976 an der Universität Hamburg

Kunst ohne Illusion, in: Weltkunst, 53/1, 1. 1. 1983

Die futuristische Architektur und Sant'Elia, Vortrag, gehalten im Mai 1974 an der Universität Hamburg

Anwendung der Gestaltpsychologie auf Kunst und Kunstgeschichte, Vortrag, gehalten am 10. 2. 1977 an der Universität Hamburg

Die Bugattis, in: Pantheon, IV/83, Oktober 1983

Carl Einstein, in: Galerie der Künste, Nr. 4, April 1981

Mythen- und Dogmenbildung in Kunst und Kunstgeschichtsschreibung, Dialog mit Rainer Walther, intoniert im Kunstgeschichtlichen Seminar der Universität Hamburg am 12. 2. 1979

Das schöne Ungeheuer, in: Weltkunst, 52/19, 1. 10. 1982

Man Rays Suche nach dem Stein der Weisen, in: Galerie der Künste, Nr. 11, November 1980

Die große Lektion vom Mysterium, in: Galerie der Künste, Nr. 1, Januar 1981

Kommunikation und Elfenbeinturm, Faltblatt zur Ausstellung, November 1978

Bildrhetorik, in: Weltkunst, 53/16, 15. 8. 1983

So lebt der Mensch, in: Frankfurter Allgemeine Zeitung, 8. 11. 1983

Ein Chamäleon, das an Erschöpfung starb, in: Frankfurter Allgemeine Zeitung, 28. 5. 1983

Linkshänder vom rechten Ufer, in: Frankfurter Allgemeine Zeitung, 9. 1. 1984

Der große Affirmator, unveröffentlichtes Manuskript aus dem Februar 1980

Über den Kitsch, Dialog mit Rainer Walther, präsentiert auf der Ausstellung »Gestaltung zwischen ›good design‹ und Kitsch«, Internationales Design Zentrum, Berlin, 23. 4.-29. 5. 1983

Fläche und Linie zu Punkt, in: Weltkunst, 51/23, 1. 12. 1981

Kunstsammler – Menschensammler, in: Weltkunst, 53/14, 15. 7. 1983

Grenzwerte, in: Galerie der Künste, Nr. 10, Oktober 1980

Rauschenberg im Land des Lächelns, in: Weltkunst, 53/5, 1. 3. 1983

Von Gipfel zu Gipfel, in: Weltkunst, 52/9, 1. 5. 1982

Dalís Drama, in: Bunte, 39, 20. 9. 1984

Verzeichnis der Abbildungen

Seite 31: Nordwand des Tablinums der *Casa di Sallustio*, Pompei. Seite 33: Wände des Cubiculum 16 in der *Villa dei Misteri*. Seite 35: Wand im *Haus des Marcus Obellius Firmus*. Seite 37: Nordwand von Raum 4 der *Villa des Agrippa Postumus* in Boscotrecase, Museo Nazionale, Napoli, Inv.-Nr. 147501. Seite 39: Wand in der *Villa des Cicero* (Wiederherstellung durch P. Herrmann). Seite 40: Nordwand des Tablinums der *Casa di M. Lucrezio Frontone*, Pompei. Seite 47: Salvador Dali, *Rêve causé par le vol d'une abeille autour d'une pomme-grenade une seconde avant l'éveil*, 1944, Öl/Lw., 51 × 41 cm, Sammlung Thyssen-Bornemisza. Seite 48: Caspar David Friedrich, *Zwei Männer in Betrachtung des Mondes*, 1819/20, Öl/Lw., 35 × 44 cm, Dresdner Galerie. Seite 53: William Turner, *Rain, Steam, and Speed – The Great Western Railway*, 1844, Öl/Lw., 91 × 122 cm, National Gallery, London. Seite 62: Francisco de Goya, *Corral de locos*, 1794, Öl/Weißblech, 49 × 33 cm, Meadows Museum, Dallas. Seite 64-66: Stiche von Desmaisons/Tardieu, aus: Jean Etienne Dominique Esquirol, *Des maladies mentales*, Paris 1838. Seite 70: Théodore Géricault, *Monomanie de l'envie*, um 1822, Öl/Lw., 72 × 58 cm, Musée des Beaux-Arts, Lyon. Seite 71: Théodore Géricault, *Monomanie du jeu*, um 1822, Öl/Lw., 77 × 64 cm, Musée du Louvre, Paris. Seite 72: Théodore Géricault, *Monomanie du vol*, um 1822, Öl/Lw., 60 × 50 cm, Museum voor Schone Kunsten, Gent. Seite 75: Francisco de Goya, *Casa de locos*, um 1800, Öl/Holz, 45 × 72 cm, Museo de la Real Academia de Bellas Artes de S. Fernando, Madrid. Seite 76: Théodore Géricault, *Monomanie du commandement militaire*, um 1822, Öl/Lw., 80 × 65 cm, Sammlung Oskar Reinhart, Winterthur. Seite 77: Théodore Géricault, *Monomanie du vol des enfants*, um 1822, Öl/Lw., 65 × 54 cm, Museum of Fine Arts, Springfield, Mass. Seite 79: Francisco de Goya, *Ascensió Juliá*, 1798, Öl/Lw., 56 × 42 cm, Arthur Sachs, Paris (Ausschnitt). Seite 83 links: Stich von Desmaisons/Tardieu, aus: Jean Etienne Dominique Esquirol, *Des maladies mentales*, Paris 1838. Rechts: Jacques Louis David, *Lepelletier de Saint-Fargeau*, um 1792, lavierte Zeichnung, Bibliothèque Nationale, Paris. Seite 86: Eugène Delacroix, *Le Tasse dans la Maison des Fous*, 1827, Öl/Lw., 60 × 50 cm, Sammlung Oskar Reinhart, Winterthur. Seite 87: Eugène Delacroix, *La Mort d'Ophélia*, 1844, Öl/Lw., 22 × 30 cm, Musée du Louvre, Paris. Seite 91: Théodore Géricault, *Mazeppa*, 1822/23, Öl/Papier/Lw., 28,5 × 21,5 cm, Collection du Duc de Trévise. Seite 95: Charles Meryon, *Le Petit Pont*, 1850, Radierung, 1. Zustand, 24,5 × 18,5 cm, Privatsammlung. Seite 97: Charles Meryon, *Le Ministère de la Marine*, 1865/66, Radierung, 5. Zustand, 16,8 × 14,3 cm, Museum of Art, Philadelphia, Penns. Seite 98: Victor Hugo, *Die Türme von Notre-Dame und der Name Victor Hugo*, um 1859, Tinte und Lavierung, 17 × 12 cm, Privatsammlung (Ausschnitt). Seite 107: Paul Gauguin, *D'où venons nous, que sommes nous, où allons nous*, 1897, Öl/Lw., 139 × 375 cm, Museum of Fine Arts, Boston. Seite 118 oben: Kees van Dongen, *Le violoncelliste du Moulin de la Galette*, 1905, Öl/Lw., 65 × 54 cm, Privatsammlung. Unten: Raoul Dufy, *Pêcheurs à la ligne, coup de vent*, 1907, Öl/Lw., 54 × 65 cm, The Museum of Modern Art, New

York. Seite 119: Henri Matisse, *Le bonheur de vivre*, 1906, Öl/Lw., 174 × 238 cm, The Barnes Foundation, Merion, Penns. Seite 129: Antonio Sant'Elia, *La centrale elèttrica*, 25. 2. 1914, farbige Tuschen und Bleistift, Sammlung Paride Accetti, Milano. Seite 131: Antonio Sant' Elia, *Terrassenhaus*, 1914, Tusche und Farbstifte, Villa Comunale dell'Olmo, Como. Seite 133: Antonio Sant'Elia, *Città nuova*, 1914, Tusche, Villa Comunale dell'Olmo, Como. Seite 140: Victor Hugo, *Tintenfleck und Spritzer*, um 1855, Tinte und Lavierung, 8 × 17 cm, Sammlung Valentine Hugo. Seite 143: Henri Matisse, *Luxe, calme et volupté*, 1904, Öl/Lw., 94 × 117 cm, Centre Georges Pompidou, Paris. Seite 144: André Masson, *Kampf der Fische*, 1926/27, Öl, Sand, Bleistift, Kohle/Lw., 36 × 73 cm, The Museum of Modern Art, New York. Seite 145: Salvador Dalí, *Communication: Visage paranoïaque*, in: Le Surréalisme au service de la révolution, n° 3, Dezember 1931. Seite 147: Paul Klee, *Ranke*, 1932, Öl/Lw., Felix Klee, Bern. Seite 165: A. M. Cassandre, Plakatentwurf für *Bugatti*, 159 × 117 cm, Sammlung Poulain, Paris. Seite 166: Bugatti Typ 41 *Royale*, Fahrgestell-Nr. 41111, entworfen von Jean Bugatti, 1932. Seite 199: *Albert Skira*, Photo Editions Albert Skira. Seite 200: Pablo Picasso, Umschlag für *Minotaure* N° I, Juni 1933. Seite 201: René Magritte, Umschlag für *Minotaure* N° 10, Winter 1937. Seite 204: Man Ray, *Le violon d'Ingres*, 1924, retuschierte Originalphotographie, 48 × 38 cm, Sammlung Mr. and Mrs. Melvin Jacobs, New York. Seite 207 oben: Rentmeesters, *Die Jagdgesellschaft*, 1934, Photographie. Unten: Paul Nougé, *Esquisse d'un squelette mental par lui-même*, 1936, unter Verwendung jenes Photos. Seite 215 links: Martin Hoffmann (Ill.), Titelbild *Playboy* (USA), März 1972. Rechts: Umschlaggestaltung des Buches *The Myth of Sisyphus & Other Essays by Albert Camus*, Vintage, o. D., unter Verwendung eines Ausschnitts des Gemäldes *La Clé de verre*, 1959, 130 × 162 cm, Privatsammlung, Houston, von René Magritte. Seite 216: René Magritte, Anzeige in der Zeitschrift *Le Centaure*, Bruxelles 1927. Seite 217: Studio Dongo (René Magritte), *Tonny's Toffée Antoine*, Januar 1931, farbige Reklametafel, 27 × 45 cm, Privatsammlung. Seite 218 oben: René Magritte, farbiges Plakat für den Parfumeur *Provence*, um 1943, 40 × 30 cm, Sammlung Paul Destribats, Paris. Unten links: René Magritte, *Exciting perfumes by MEM*, 1946, Gouache, 34 × 25 cm, Privatsammlung. Unten rechts: René Magritte, *Soir d'Orage – strange perfume by MEM*, 1946, Gouache, 34 × 25 cm, Privatsammlung. Seite 223: René Magritte, *Le sourire*, 1951, Öl/Lw., 65 × 80 cm, Galerie Isy Brachot, Bruxelles/Paris. Seite 227: Standphoto aus dem Film *Le Sang d'un Poète* von Jean Cocteau, 1930 (Photo ARD). Seite 231: Raoul Dufy, *Paris*, 1934, Gobelin, 195 × 155 cm, Centre Georges Pompidou, Paris. Seite 241 links: René Magritte, *Jeune fille*, 1924, Öl/Lw., 55 × 40 cm, Privatsammlung. Rechts: Salvador Dalí, *Les roses sanglantes*, 1930, Öl/Lw., 75 × 64 cm, Jean Bourjou, Bruxelles. Seite 274: Andy Warhol, *Campbell's Tomato Soup*, 1966, Siebdruck auf Tragetüte, 50 × 44 cm (ohne Henkel). Seite 280: Robert Rauschenberg, *Drawing Room I*, 1982, Keramik, 175 × 93 cm, Leo Castelli Gallery, New York. Seite 282: Tintoretto, *Doppelbildnis eines älteren und eines jüngeren Mannes*, Öl/Lw., 100 × 121 cm, Gemäldegalerie, Dresden. Seite 283: Claude Monet, *Das Pfirsichglas*, Öl/Lw., 56 × 46 cm, Gemäldegalerie Dresden.